KB078005

독자의 1초를
아껴주는 정성을
만나보세요!

세상이 아무리 바쁘게 돌아가더라도 책까지 아무렇게나 빨리 만들 수는 없습니다.
인스턴트 식품 같은 책보다 오래 익힌 술이나 장맛이 밴 책을 만들고 싶습니다.
땀 흘리며 일하는 당신을 위해 한 권 한 권 마음을 다해 만들겠습니다.
마지막 페이지에서 만날 새로운 당신을 위해 더 나은 길을 준비하겠습니다.

스프링 코딩 공작소

Spring In Practice

초판 발행 • 2022년 12월 19일

지은이 • 송미영
발행인 • 이종원
발행처 • (주)도서출판 길벗
출판사 등록일 • 1990년 12월 24일
주소 • 서울시 마포구 월드컵로10길 56(서교동)
대표 전화 • 02)332-0931 | **팩스** • 02)323-0586
홈페이지 • www.gilbut.co.kr | **이메일** • gilbut@gilbut.co.kr

기획 및 책임편집 • 정지은(je7304@gilbut.co.kr) | **디자인** • [서–랍] 이유나 | **제작** • 이준호, 손일순, 이진혁
마케팅 • 임태호, 전선하, 차명환, 박민영, 지운집, 박성용 | **영업관리** • 김명자 | **독자지원** • 윤정아, 최희창

교정교열 • 김윤지 | **전산편집** • 여동일 | **출력 및 인쇄** • 금강인쇄 | **제본** • 금강제본

ISBN 979-11-407-0254-1 93000
(길벗 도서번호 080266)

정가 38,000원

독자의 1초를 아껴주는 정성 길벗출판사

(주)도서출판 길벗 | IT교육서, IT단행본, 경제경영서, 어학&실용서, 인문교양서, 자녀교육서
www.gilbut.co.kr

길벗스쿨 | 국어학습, 수학학습, 어린이교양, 주니어 어학학습, 학습단행본
www.gilbutschool.co.kr

페이스북 • www.facebook.com/gbitbook
예제 파일 • https://github.com/gilbutITbook/080266

SPRING IN
PRACTICE

스프링
코딩 공작소

송미영 지음

길벗

스프링 프레임워크(Spring Framework)는 자바 플랫폼을 위한 오픈 소스 애플리케이션 프레임워크로, 간단히 스프링이라고도 합니다. 동적 웹 사이트를 개발할 때 필요한 여러 서비스를 제공하며, 정부24 등 대한민국 공공 기관의 웹 서비스를 개발할 때 사용을 권장하는 전자정부 표준 프레임워크의 기반 기술로 쓰이고 있습니다.

스프링 MVC를 배우는 목적은 웹 쇼핑몰 같은 동적 웹 애플리케이션을 개발하기 위함입니다. 하지만 대부분의 책이 스프링 프레임워크의 기본 이론과 개념만 다루거나 간단한 예제로 설명하기에 웹 애플리케이션을 구축하는 이해력이나 응용력을 배우기에는 다소 아쉬운 면이 있었습니다. 독자가 책 한 권을 충실히 학습했다고 하더라도 실제로 웹 애플리케이션을 개발할 때는 배운 내용을 어디에 어떻게 적용해야 할지 난감할 때가 많습니다.

그에 반해 이 책은 최신 스프링 버전을 기반으로 스프링 MVC의 기본 원리와 개념을 먼저 살펴보고 간단한 예제로 개념 이해도를 높입니다. 그리고 학습한 개념이 웹 애플리케이션 개발에 어떻게 적용되는지 파악할 수 있도록 웹 쇼핑몰을 직접 구축하는 실습도 구성했습니다. 이 쇼핑몰 예제에서 부트스트랩 프레임워크 CSS를 적용한 반응형으로 타일즈, 웹 플로우, 스프링 보안 등 웹 애플리케이션 개발에 필요한 다양한 기능을 구현합니다. 여기에 웹 프로그래밍에서 필요한 회원 가입, 공지 사항, 자유 게시판, 자료실, 방명록, 설문 조사 등 데이터베이스와 연동된 소스를 별도로 제공합니다.

따라서 이 책으로 스프링 기본 개념과 일반적인 웹 애플리케이션 아키텍처인 MVC는 물론, 스프링 MVC 프레임워크의 원리를 이해할 수 있습니다. 또한 단계별로 쇼핑몰을 구축하면서 스프링 MVC를 처음 접하거나 경험이 많지 않은 독자에게는 이 책이 전반적이고 깊이 있는 스프링 MVC 지식을 얻을 수 있는 가이드가 될 수 있을 것입니다.

많은 독자가 이 책으로 스프링 MVC 애플리케이션 개발에 필요한 탄탄한 기초 지식을 쌓고 프로젝트 실무 개발에 좀 더 자신감을 가질 수 있길 바랍니다. 책을 집필하는 데 많은 도움을 주신 길벗출판사의 편집자께도 진심으로 감사의 말씀을 전합니다.

송미영

예제 파일 내려받기

책에서 사용하는 예제 파일은 길벗출판사 웹 사이트에서 도서 이름으로 검색하여 내려받거나 깃허브에서 내려받을 수 있습니다.

- **길벗출판사 웹 사이트**: https://www.gilbut.co.kr
- **길벗출판사 깃허브**: https://github.com/gilbutITbook/080266

예제 파일 구조 및 참고 사항

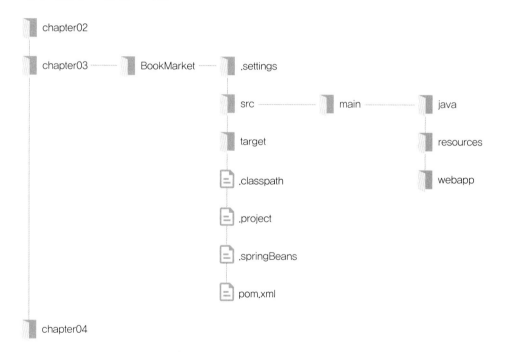

- 책의 모든 예제 코드는 Java 15를 기준으로 합니다.
- 각 장 코드는 chapter02, chapter03처럼 하위 폴더로 구분되어 있습니다.

애플리케이션을 MVC 패턴으로 구성하여 Model, View, Controller의 역할을 명확히 나누어 수행하는 내용을 학습할 수 있었습니다. 또한 log4j.xml 파일의 설정 시작부터 라이브러리 사이의 의존성 관리도 배울 수 있어 좋았습니다. 스프링을 빠르게 익히고 싶다면 이 책으로 도움을 얻을 수 있을 것입니다.

- • **실습 환경:** Eclipse 2022-09, OpenJDK 1.8.0_242

이승표_게임 서버 프로그래머

서비스 규모가 커지면 스프링으로 바꾸는 경우가 많습니다. 스프링 생태계 자료가 풍부하고 시스템이 안정적이기 때문이죠. 이 책은 스프링 MVC를 활용하여 도서 쇼핑몰을 만듭니다. 윈도 기반에서 이클립스를 활용하여 구축하지만 저는 맥과 인텔리제이를 사용해서 실습을 진행했습니다. 실습하는 데 특별히 문제는 없었고 톰캣과 filepath 설정 등만 바꾸어서 진행했습니다. 책은 시작부터 스프링을 설명하기 때문에 자바 언어 공부는 따로 해야 합니다. 스프링 MVC 핵심 로직도 친절하게 설명하기 때문에 전반적인 개념을 잡는 데 좋습니다.

- • **실습 환경:** macOS 11.6.2, Java JDK 17, IntelliJ 2021.2

황시연_백엔드 개발자

개발 시작 전 핵심 스프링 개념을 설명하고 한 번 더 복습할 수 있도록 구성되어 있습니다. 개발에 대한 이해가 높아지도록 책 구성을 만들었다는 점에서 매우 좋았으며, 독자로서 공부하기도 쉬웠습니다. 또한 3년 차 개발자로서 누가 설정해 놓은 개발 환경에 그저 코드만 짜기 일쑤였는데, 이 책을 보면서 개발 환경의 이 코드는 어떤 역할을 하는지, 왜 필요한지 등을 알게 되어 스프링 원리를 깊게 이해할 수 있었습니다. 갓 입사한 신입보다는 저처럼 개발 경력은 조금 있지만 정확하게 원리를 이해하고 싶거나, 처음부터 끝까지 프로그램을 만들고 싶은 사람에게 좋은 길잡이가 될 것입니다. 특히 실습을 따라가다 보면 놓칠 수 있는 내용을 세세하게 설명하고 있어 오류가 발생할 상황을 많이 줄여 주는 것 같습니다. 주니어 개발자에게 추천하고 싶습니다.

- • **실습 환경:** Windows 11, Java JDK 19, Eclipse IDE 2022-09

강솔_자이트솔루션

이 책은 스프링 MVC로 스프링 프레임워크에서 지원되는 다양한 기술(스프링 폼 태그, 스프링 시큐리티, 파일 업로드, 예외 처리, 로그 기록, 다국어 처리, 유효성 검사, RESTful, spring-webflow, tiles, 데이터베이스 연동)을 사용하여 도서 쇼핑몰을 단계별로 구현해 나가는 것에 중점을 둡니다.

스프링 프레임워크는 XML 설정이 매우 중요한데, XML 설정에 상당 부분을 할애하여 XML 설정에 대한 이해를 도와줍니다. 스프링 부트를 사용하지 않는 순수 스프링 프레임워크는 간편 설정을 제공하지 않기 때문에 필요한 라이브러리를 pom.xml에 모두 추가하여 개발 환경을 구성해야 합니다. 직접 라이브러리 사이의 의존 관계는 물론 버전별 호환성도 세세하게 신경 써야 합니다. 그렇게 하지 않으면 라이브러리 사이의 의존 관계가 꼬이거나 호환성 문제로 빌드되지 않거나 애플리케이션이 비정상적으로 동작할 수 있습니다. 또한 스프링 프레임워크를 사용하는 데 필요한 설정들은 XML 기반으로 servlet-context.xml, root-context.xml, security-context.xml, web.xml 등 XML 설정 파일을 직접 설정해야 합니다. 톰캣도 내장된 톰캣이 없으므로 직접 톰캣을 내려받아 환경 설정에 추가하고 해당 톰캣으로 빌드된 WAR 파일로 구동되도록 설정해야 합니다.

이렇듯 불편함을 감수하면서 개발해야 하지만, 그동안 스프링 부트의 편리함과 익숙함에 묻혀 스프링 프레임워크에 대해 잘 몰랐던 부분들을 직접 설정하고 경험하면서 자세히 알 수 있었습니다. 스프링 부트로 개발할 때보다 신경 써야 할 부분이 매우 많지만, 스프링 MVC로 처음 개발하는 사람에게는 스프링 프레임워크를 더 깊이 이해할 수 있는 기회가 될 것입니다.

- **실습 환경:** macOS 12.6(Monterey), IntelliJ IDEA 2022.2.2(Ultimate Edition), OpenJDK 15.0.8

권민승_백엔드 개발자

11장 로그 기록: 로그 기록 만들기 ····· 281

1장

스프링과
스프링 MVC

이 책은 스프링 자체를 이론적으로 자세하게 배우기보다 스프링이 제공하는 스프링 MVC를 이용하여 빠르게 웹 애플리케이션을 만들어 보는 데 중점을 둡니다. 이 장에서는 스프링 기반인 스프링 MVC를 배우기 전에 먼저 스프링이 무엇인지 설명하고, 스프링의 주요 특징을 간략히 알아보겠습니다. 또한 스프링이 제공하는 기능을 손쉽게 사용할 수 있는 웹 애플리케이션 구축 전용 프레임워크인 스프링 MVC의 개요와 주요 구성 요소도 살펴봅니다.

이 장에서 다룰 핵심 내용
- 자바 플랫폼 개발 프레임워크의 대세, 스프링
- MVC 패턴 기반의 웹 프레임워크, 스프링 MVC

1.1 자바 플랫폼 개발 프레임워크의 대세, 스프링

스프링 MVC를 살펴보기 전에 스프링의 개념과 스프링에서 알아야 할 주요 특징을 먼저 알아보겠습니다. 이 책은 스프링 기반의 스프링 MVC 웹 애플리케이션을 만들어 보는 것이 목적이므로 스프링의 개요와 특징은 간략하게 살펴보겠습니다.

1.1.1 스프링이란?

스프링은 표준 및 엔터프라이즈 자바 응용 프로그램을 신속하게 개발하는 데 널리 사용되는 오픈 소스 프레임워크입니다. 보통 '스프링'이라고 하지만, 정확한 표현은 '스프링 프레임워크'입니다. 전 세계 수백만 명의 개발자가 스프링 프레임워크를 사용하여 성능이 뛰어나고 테스트가 쉬우며 재사용이 가능한 코드를 작성합니다.

물론 대규모 자바 애플리케이션을 개발할 때 스프링 외에 기업 환경에 맞는 다른 프레임워크를 선택하여 개발할 수도 있습니다. 그럼에도 스프링을 채택하는 이유는 무엇일까요? 바로 Java EE 플랫폼에서 웹 애플리케이션을 신속하게 개발할 수 있고 모든 인프라 요구 사항을 제공하는 경량급 오픈 소스 프레임워크이기 때문입니다. 규모가 큰 애플리케이션을 개발할 때 복잡함을 제거하여 훨씬 빠르고 간편하게 개발하고 효율적으로 구현할 수 있어 생산성과 품질 면에서도 우수합니다. 또한 개발이 완료된 후 사후 관리를 위한 유지 보수도 손쉽게 할 수 있습니다. 이처럼 스프링은 사용성과 확장성뿐만 아니라 대규모 서버로서 성능도 뛰어나기 때문에 이미 다양한 환경에서 검증되어 대세로 자리 잡았습니다.

일반적으로 웹 서비스를 개발할 때 보통 자바(Java)를 먼저 익힙니다. 그리고 웹 서버에 웹 페이지를 올려 서비스하려고 JSP(Java Server Page)(자바 서버 페이지)를 익힙니다. 자바나 JSP 정도만 익혀도 웹 서비스를 충분히 개발할 수 있는데, 스프링을 배우는 이유는 무엇일까요?

자바는 웹 애플리케이션을 개발할 때 한 클래스 안에서 수직적인 흐름만 제어할 수 있습니다. 반면 스프링은 특정 클래스에 대한 수평적 처리까지 가능하기에 더욱 강력합니다. 스프링은 의존성 주입(Dependency Injection, DI)이나 관점 지향 프로그래밍(Aspect Oriented Programming, AOP)과 같은 기능뿐만 아니라 기본적으로 웹을 개발할 수 있는 웹 MVC 프레임워크도 함께 제공합니다.[1] 이 프레임워크가 바로 이 책에서 배울 스프링 MVC입니다.

1.1.2 꼭 알아야 할 스프링의 주요 특징

스프링을 사용하는 이유는 순수한 비즈니스 로직을 구현하는 것 외에도 기술적으로 고려해야 할 사항이 많은 대규모 애플리케이션 개발의 복잡성을 간소화하기 위해서입니다. 스프링의 특징 중에서 꼭 알고 넘어가야 할 개념을 살펴보겠습니다.

일반적인 자바 객체를 위한 POJO 지원

스프링은 별도의 API(Application Programming Interface)를 이용하여 애플리케이션 코드를 따로 작성하지 않는 정책을 쓰고 있습니다. 또한 스프링에서는 자바 서블릿 코드를 작성할 때처럼 인터페이스를 반드시 구현해야 한다거나 HttpServlet 클래스를 상속하지 않아도 됩니다. 다시 말해 스프링은 일반적인 자바 언어와 꼭 필요한 API 외에는 특정 구현 기술에 종속되지 않으며, 특정 데이터베이스나 서버에 의존하지 않는 자바 클래스만으로 구성해도 프로그래밍이 가능합니다. 이런 개념을 POJO(Plain Old Java Object)라고 합니다.

스프링은 POJO를 지원하면서 특정 환경이나 구현 기술에 종속적인 코드를 비즈니스 로직에서 분리하므로 코드가 훨씬 단순합니다. 개발 후 특정 데이터베이스나 서버 없이도 테스트할 수 있어 개발 속도도 빨라졌습니다. 또한 POJO는 어떤 규약이나 규제가 없으므로 객체 지향적 설계가 자유롭습니다.

> Note ≡ **비즈니스 로직이란?**
>
> 비즈니스 로직(business logic)이란 업무에 필요한 데이터를 처리하는 애플리케이션의 일부를 의미합니다. 이것은 데이터 입력, 수정, 조회, 보고서 처리 등을 수행하는 루틴, 즉 보이지 않는 곳에서 일어나는 각종 처리를 의미합니다. 대개 클라이언트 프로그램은 사용자 인터페이스와 비즈니스 로직으로 구성되며, 서버 프로그램은 대부분 비즈니스 로직만으로 구성됩니다.

---

1   의존성 주입과 관점 지향 프로그래밍은 1.1.2절에서 자세히 설명하니 여기에서는 읽고 넘어가기 바랍니다.

객체 간 결합도를 줄이는 의존성 주입 지원

앞서 설명한 POJO 기반의 객체 구성은 코드가 간단한 형태임에도 매우 강력한 기능을 지원합니다. 스프링이 POJO에 힘을 불어넣는 방법 중 하나는 의존성 주입을 활용한 객체 간 조립입니다.

의존성 주입이란 객체 간 관계를 관리할 때 사용하는 기법입니다. 객체 또는 구성 요소 사이의 의존 관계를 직접 생성하거나 제어하는 것이 아니라 외부의 빈(bean) 설정 파일을 활용하여 스프링 컨테이너가 자동으로 연결하는 방식입니다.

컨테이너가 객체 의존 관계를 자동으로 연결하므로 개발자가 직접 컨테이너 API로 의존적인 객체들의 관계에 관여하지 않아도 됩니다. 개발자는 객체 의존 관계가 필요할 때만 외부의 빈 설정 파일(*.xml)에 관련 정보를 추가해 주면 됩니다. 스프링 의존성 주입을 이용하면 코드가 훨씬 더 간단하고 이해하기 쉬우며, 테스트하기도 쉽습니다. 따라서 프로그램을 쉽게 설계할 수 있고, 이미 개발된 프로그램을 변경해야 할 때도 변경 사항을 적용하기가 쉬워 확장성이 매우 좋습니다. 또한 각 객체 간 의존 관계와 객체들의 생명주기를 간편하게 개발하거나 유지 보수할 수 있는 장점이 있습니다.

> **Note ☰ 객체 간 의존 관계를 관리하는 방법**
>
> 스프링에서 각 객체 간 의존 관계를 관리하는 방법은 크게 생성자에 의존 객체를 인자로 하는 방법과 Setter 메서드에 인자로 하는 방법이 있습니다. 스프링에서는 두 방식을 모두 간단한 애너테이션[2]만으로 처리할 수 있습니다.
>
> - **생성자 의존성 주입**
>
> ```
> public class A {
>     private B b;
>     public A(B b) {
>         this.b = b;
>     }
> }
> ```
>
> - **Setter 메서드 의존성 주입**
>
> ```
> public class A {
>     private B b;
>     public void setB(B b) {
>         this.b = b;
>     }
> }
> ```

---

2 애너테이션이란 주석이라는 사전적 의미로 메타데이터라고도 합니다. JDK 5부터 등장한 것으로, 컴파일 또는 런타임에 해석되며 @으로 시작합니다.

의존성 주입의 주요 장점은 두 객체 간 의존 관계를 줄이는 느슨한 결합도(loose coupling)입니다. 객체 간 의존 관계를 유연하게 처리하려면 인터페이스를 활용해야 합니다. 인터페이스를 활용하면 의존 객체를 바꾸지 않고 인터페이스를 구현한 클래스(이하 인터페이스 구현체라고 함)로 변경하여 사용할 수 있습니다.

Note ≡ **느슨한 결합도란?**

두 객체 간 의존 관계를 줄이는 것(느슨하게 만드는 것)입니다.

다음은 의존 관계의 결합도가 높은 예입니다.

```
public class A {
    public A() {
        b = new B();
    }
}
```

B 클래스가 변경되면 A 클래스에 많은 영향을 미치기 때문에 서로 의존 관계에 있으며, 두 클래스는 결합도가 매우 높다고 할 수 있습니다. 이런 결합도를 낮추려면 두 클래스의 의존 관계를 끊어야 하는데, 이때 다음과 같이 interface(abstract도 방법)를 사용해서 의존 관계를 제한하여 결합도를 느슨하게 합니다.

```
public interface B {

}
public class A {
    public A() {
        b = new B();
    }
}
```

공통 모듈을 재사용하는 AOP 지원

애플리케이션 대부분은 특정 기능을 책임지는 모듈 여러 개로 구성됩니다. 하지만 각 모듈은 대체로 자신의 핵심 기능 외에도 로깅이나 트랜잭션 관리, 보안 등 시스템 서비스를 수행해야 하는 경우가 많습니다. 이런 시스템 서비스는 시스템의 여러 컴포넌트와 관련되므로 이를 공통 관심사(cross-cutting concerns)라고 합니다. 애플리케이션 내부에서 공통 관심사를 비즈니스 로직으로 분리하고, 이 공통 관심사를 효과적으로 애플리케이션에 삽입하는 기술이 관점 지향 프로그래밍입니다. 즉, 핵심적인 기능에서 부가적인 공통 관심사를 분리하여 애스펙트(Aspect)라는 독특한 공통 모듈을 만들어 설계하고 개발하는 방법입니다.

의존성 주입이 애플리케이션의 객체 간 결합도를 낮춘다면, AOP는 애플리케이션 전체에 걸쳐 사용되는 기능을 애스팩트에 담아 재사용할 수 있게 합니다. 이것으로 개발자는 핵심 관점 코드에 비즈니스 기능만 구현하면 되기 때문에 개발 과정이 간소해졌습니다. 또한 공통 모듈을 각 독립된 모듈로 중복 없이 작성하고, 이를 적합한 위치인 XML 설정 파일에 설정해서 핵심 관점 코드와 결합하여 서로 독립된 다차원의 모듈로 만들 수 있습니다.

AOP는 현재 주류인 객체 지향을 대신하기보다 보완하는 패러다임입니다. 객체 지향에 의존 관계 주입과 AOP를 조합시켜 더 유연하고 견고한 소프트웨어를 개발할 수 있습니다.

일관성 있는 모듈의 트랜잭션 지원

데이터베이스를 이용할 때 신경 써야 할 부분은 한 업무를 여러 작업으로 진행할 때의 트랜잭션 처리입니다.

> **Note ≡ 트랜잭션이란?**
>
> 쪼갤 수 없는 최소 단위의 작업입니다. 애플리케이션을 개발할 때 데이터 무결성과 일관성을 보장하는 필수 기법입니다. 즉, 어떤 작업 프로세스를 하나로 묶어 실행하다 작업이 하나라도 실패하면 모두 실패 처리하고, 전체 작업이 성공하면 성공으로 처리하는 논리적인 작업 묶음입니다.

스프링은 데이터베이스 연동 기술과 트랜잭션 서비스 사이의 종속성을 제거하고 트랜잭션을 처리하는 일관된 방법을 제공합니다. 즉, 스프링이 제공하는 트랜잭션 추상 계층을 이용하면 데이터베이스 연동 기술과 상관없이 같은 방식으로 트랜잭션 기능을 활용할 수 있습니다. 또한 트랜잭션 서비스의 종류나 환경이 바뀌더라도 트랜잭션을 사용하는 코드는 그대로 유지하는 유연성도 제공합니다.

트랜잭션 관리 방법은 크게 프로그래밍적 트랜잭션과 선언적 트랜잭션으로 구분할 수 있는데, 스프링은 이 두 가지를 모두 지원합니다. 프로그래밍적 트랜잭션(programmatic transaction) 처리는 코드에서 트랜잭션 범위를 정교하게 정의할 수 있지만, 트랜잭션이 스프링의 종속적인 코드가 될 가능성이 큽니다. 선언적 트랜잭션 처리(declarative transaction)는 코드를 수정하지 않고도 트랜잭션을 적용하거나 변경할 수 있습니다. 또한 간편하게 XML 설정 파일이나 애너테이션을 이용하여 트랜잭션의 범위와 규칙을 정의할 수 있으므로 트랜잭션을 매우 쉽게 관리할 수 있습니다. 이런 장점 때문에 두 방법 중 실제 작업과 트랜잭션 규칙을 분리할 수 있는 선언적 트랜잭션 관리를 권고합니다.

1.2 MVC 패턴 기반의 웹 프레임워크, 스프링 MVC

이제 스프링이 빠르게 웹 서비스 개발 프레임워크의 대세가 될 수 있게 한 스프링 MVC를 살펴보 겠습니다.

1.2.1 스프링 MVC

스프링 MVC는 스프링이 제공하는 웹 애플리케이션 개발 전용 프레임워크로, MVC(모델(Model)– 뷰(View)–컨트롤러(Controller)) 패턴을 사용합니다. 스프링 MVC를 이용하면 웹 애플리케이션의 모델, 뷰, 컨트롤러 사이의 의존 관계를 스프링 컨테이너가 관리하고 스프링이 제공하는 많은 기 능을 자유롭게 확장하여 웹 애플리케이션을 구축할 수 있습니다.

▼ 그림 1–1 스프링 MVC(Model–View–Controller)

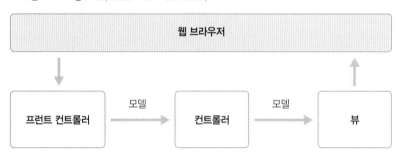

- **모델**(model): 애플리케이션의 데이터가 들어 있는 객체입니다.

- **뷰**(view): 모델의 정보(데이터)를 특정 형식으로 나타냅니다. 일반적으로 JSP와 JSTL은 뷰 페이지를 작성하는 데 사용됩니다.

- **컨트롤러**(controller): 애플리케이션의 비즈니스 로직을 포함합니다. 여기에서 @Controller 애 너테이션은 자바 클래스를 컨트롤러로 표시하는 데 사용됩니다.

- **프런트 컨트롤러**(front controller): 애플리케이션의 흐름을 관리합니다. 스프링 MVC에서 DispatcherServlet 클래스가 프런트 컨트롤러로 작동합니다.

1.2.2 스프링 MVC의 구성 요소

스프링 MVC는 웹 브라우저에서 서버로 들어오는 모든 웹 요청을 받아 처리하고, 결과를 되돌려 주기까지 디스패처 서블릿(DispatcherServlet)의 도움을 받습니다. 디스패처 서블릿은 웹 애플리케이션으로 들어오는 모든 요청을 제어하고 모델-뷰-컨트롤러를 조합하여 웹 브라우저에 출력하는 클래스로, 스프링 MVC의 대표적인 구성 요소입니다.

그럼 디스패처 서블릿을 비롯한 스프링 MVC를 구성하는 요소가 무엇이고 어떤 역할을 하는지 알아보겠습니다.

▼ 표 1-1 스프링 MVC 주요 구성 요소

구성 요소	설명
디스패처 서블릿 (DispatcherServlet)	웹에서 요청을 전달받습니다. 전달받은 요청을 컨트롤러에 전달하고, 컨트롤러가 반환한 결과 값을 뷰에 전달하여 알맞은 응답을 생성합니다.
핸들러 매핑 (HandlerMapping)	클라이언트가 요청한 URL을 어떤 컨트롤러가 처리할지 결정합니다.
컨트롤러(Controller)	클라이언트의 요청을 처리한 후 결과를 반환합니다. 응답 결과에서 보여 줄 데이터를 모델에 담아 전달합니다.
모델 앤 뷰 (ModelAndView)	컨트롤러가 처리한 결과 정보와 뷰 선택에 필요한 정보를 담습니다.
뷰 리졸버 (ViewResolver)	컨트롤러의 처리 결과를 보여 줄 뷰를 결정합니다.
뷰(View)	컨트롤러의 처리 결과 화면을 생성합니다. 주로 JSP 파일로 클라이언트에 응답 결과를 전송합니다.

스프링 MVC의 주요 구성 요소가 웹 요청을 처리하는 과정은 다음과 같습니다.

▼ 그림 1-2 스프링 MVC의 흐름도

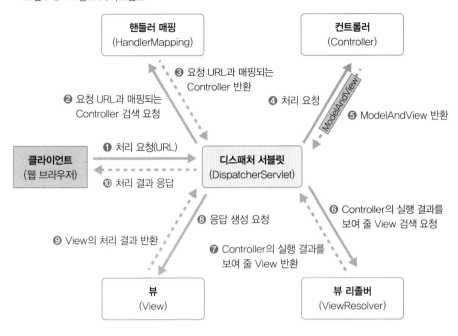

❶ 웹 브라우저(클라이언트)에서 URL을 요청하면 가장 먼저 디스패처 서블릿에 전달됩니다.

❷ URL 요청을 받은 디스패처 서블릿은 어느 컨트롤러에서 요청을 처리할지 결정하려고 핸들러 매핑으로 적합한 컨트롤러를 검색합니다.

❸ 핸들러 매핑은 클라이언트 요청을 처리할 컨트롤러를 결정하여 디스패처 서블릿에 반환합니다.

❹ 컨트롤러는 해당 클라이언트 요청을 전달받습니다. GET 또는 POST 방식을 기반으로 적합한 메서드를 호출합니다.

❺ 호출된 메서드는 정의된 비즈니스 로직으로 모델 데이터를 설정하고 뷰 이름을 디스패처 서블릿에 반환합니다.

❻ 디스패처 서블릿은 웹 브라우저에서 들어온 요청을 처리한 결과를 보여 주려고 뷰 리졸버에 도움을 요청하여 응답 결과를 생성할 뷰 객체를 검색합니다.

❼ 뷰 리졸버는 적절한 뷰를 결정하여 디스패처 서블릿에 뷰를 반환합니다.

❽ 디스패처 서블릿은 데이터가 담긴 모델을 뷰로 보내면 클라이언트 요청에 대한 응답 작업을 완료합니다.

❾ 뷰는 클라이언트 요청에 대한 응답 작업이 완료하여 처리 결과를 디스패처 서블릿에 반환합니다.

⑩ 마지막으로 클라이언트 화면에 응답 결과를 출력합니다. 사용자는 웹 브라우저 화면에서 그 결과를 볼 수 있습니다.

1.3 마치며

스프링 MVC를 배우기 전에 스프링의 정의와 주요 특징을 먼저 간략히 살펴보았습니다. 또한 스프링이 제공하는 웹 서비스 개발 전용 표준인 스프링 MVC와 주요 구성 요소도 살펴보았습니다.

이 책에서는 스프링 자체를 이론적으로 꼼꼼히 배우기보다 스프링이 제공하는 스프링 MVC를 이용하여 손쉽게 웹 애플리케이션을 만들어 보는 데 중점을 둘 것입니다. 다음 장에서는 스프링 MVC 개발 환경을 준비한 후 스프링 MVC 프로그래밍을 간단히 해 보겠습니다.

2^장

스프링 MVC
개발 환경 설정과
맛보기 예제

스프링 MVC를 실습하고자 스프링 통합 개발 도구인 이클립스와 플러그인 형태의 STS를 사용합니다. 이를 위해 필요한 JDK를 설치하고, 웹 서버로는 톰캣을 설치합니다. 설치가 모두 끝나면 스프링 MVC 애플리케이션 제작 방법을 이해할 수 있도록 간단한 웹 애플리케이션을 만들어 보겠습니다.

이 장에서 다룰 핵심 내용

- 스프링 MVC 애플리케이션의 개발 환경 설정
- 첫 번째 스프링 MVC 애플리케이션 구현

2.1 스프링 MVC 애플리케이션 개발 환경 설정

먼저 책의 예제를 따라 하고 실행하는 데 필요한 개발 환경 도구를 설치해 보겠습니다. 스프링을 사용한 적이 있다면 이미 설정된 스프링 개발 환경이 다음과 같은지 확인해 보세요.

▼ 표 2-1 스프링 MVC 개발 환경 도구

요소	프로그램 이름	버전	설명
자바 개발 환경	JDK	Java 15	JSP는 HTML 코드 내에 자바 코드를 작성하기 때문에 자바 개발 도구인 JDK[1]와 JRE[2]를 반드시 설치해야 합니다.
웹 서버	아파치 톰캣 (Apache Tomcat)	Tomcat 9	웹 프로그래밍 언어로 작성된 웹 페이지가 실행되어 웹 브라우저에 나타나도록 하려면 웹 컨테이너[3]를 설치해야 합니다. JSP 웹 컨테이너로 가장 많이 사용되는 톰캣을 사용할 것입니다. 톰캣은 오픈 소스로 누구나 무료로 사용할 수 있습니다.
통합 개발 환경	이클립스 (Eclipse)	2020-09	JSP 코드를 작성하고, 이를 컴파일하여 오류를 검사하고, 실행 결과를 확인할 수 있는 통합 개발 환경(IDE)으로 이클립스를 사용할 것입니다.
스프링 개발 도구	STS	STS 4	이클립스를 기반으로 스프링 개발을 쉽게 하는 플러그인 도구입니다.

Tip ≡ 자바 SE 8 버전을 사용하면 Java SE와 JRE 모두 설치할 수 있습니다. 오라클이 2018년 7월부터 자바를 유료 구독형 라이선스로 개편하면서 Java SE 8(8u211 and later) 버전부터는 보안 업데이트가 되지 않는 형태로 변경되었습니다.

Tip ≡ 앞서 소개한 아파치 톰캣, 이클립스, STS를 모두 포함하고 있는 도구가 있습니다. 바로 STS 번들입니다. 자세한 설치법은 뒷부분의 NOTE를 참고합니다.

---

1 Java Development Kit의 약어로, 자바 애플리케이션을 개발할 때 필요한 개발 도구입니다. 컴파일러를 포함하고 있어 자바 코드를 클래스 파일로 만듭니다.
2 Java Runtime Environment의 약어로, 자바 애플리케이션을 개발할 때 필요한 개발 환경입니다. 개발 환경을 실행할 때 필요한 라이브러리 파일과 기타 파일들을 포함하고 있습니다.
3 웹 서버의 내부에서 서블릿 클래스 또는 JSP 파일을 실행하는 실행 환경을 제공합니다.

2.1.1 자바 설치 및 환경 설정하기

JDK로는 자바 표준 에디션인 Java SE(Java Standard Edition)를 설치하겠습니다. Java SE에는 자바 개발에서 사용되는 필수 API들이 들어 있습니다.

JDK 설치하기

오라클 웹 사이트에 접속하기

1. 오라클 웹 사이트(http://www.oracle.com/kr)에 접속하여 **리소스** → **소프트웨어 다운로드**를 선택합니다.

▼ 그림 2-1 오라클 웹 사이트에서 소프트웨어 내려받기

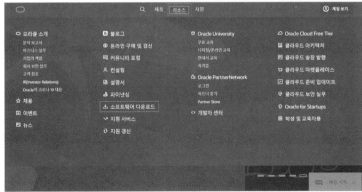

Note ≡   계정 만들기

클라우드 계정이나 오라클(Oracle) 계정이 없다면 클라우드 무료 티어 가입을 하거나 계정을 만들어야 합니다.
오라클 계정을 만들어 봅시다.

1. 화면 오른쪽 위 **계정 보기 → 계정 만들기**를 클릭합니다.

   ▼ 그림 2-2 오라클 계정 만들기

2. Oracle 계정 만들기 화면에서 양식에 맞게 모두 작성합니다. **클릭하여 아래 모든 사항에 동의** 체크 박스에 체
   크한 후 **계정 만들기**를 클릭합니다.

   ▼ 그림 2-3 양식 작성 후 동의

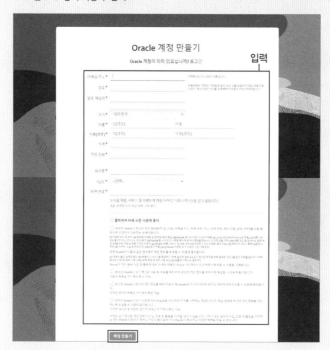

➔ 계속

3. 등록한 이메일을 확인하라는 화면이 나타납니다.

▼ 그림 2-4 이메일 확인 안내

4. 이메일을 열어 **이메일 주소 확인**을 클릭합니다.

▼ 그림 2-5 이메일 확인

5. 성공적으로 계정을 만들었습니다.

▼ 그림 2-6 계정 만들기 성공

2. 화면을 조금 내려 Java에서 **Java (JDK) for Developers**를 클릭합니다.

▼ 그림 2-7 Java에서 'Java (JDK) for Developers' 선택

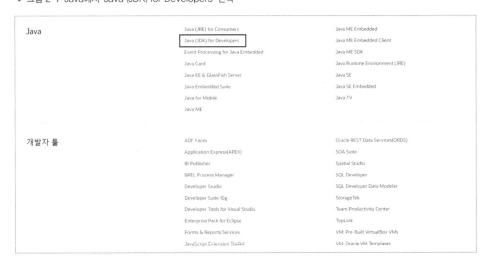

JDK 선택하기

3. 최신 버전인 Java SE 15에서 **JDK Download**를 클릭합니다.

▼ 그림 2-8 [JDK Download] 클릭

Tip ≡ 이 책에서는 Java SE 15 버전으로 실습하지만, Java SE 8 버전 이상은 모두 실습이 가능합니다.

운영 체제 버전에 맞는 설치 파일 선택 및 라이선스 동의하기

4. 운영 체제 버전에 맞는 설치 파일을 선택합니다. 64비트 윈도용인 Windows x64를 선택하고 라이선스 동의 메시지 창에 체크 표시한 후 Download → jdk-15_windows-x64_bin.exe를 클릭하여 내려받습니다.

▼ 그림 2-9 해당하는 운영 체제 선택

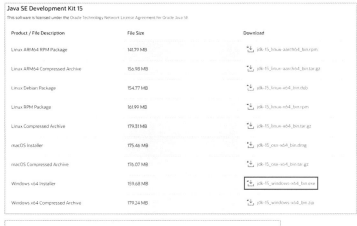

Note ≡ **비트 확인하기**

사용하는 운영 체제가 몇 비트인지 모른다면 윈도 시작 버튼에서 마우스 오른쪽 버튼을 누른 후 **시스템(Y)**을 선택합니다. 장치 사양에서 비트를 확인할 수 있습니다.

▼ 그림 2-10 PC 비트 확인 1

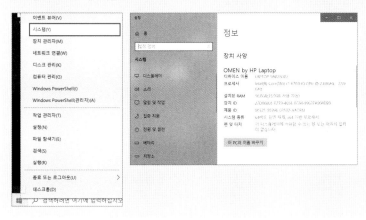

❍ 계속

또는 윈도 시작 버튼에서 **설정 → 시스템 → 정보**를 선택하여 장치 사양에서 비트를 확인할 수 있습니다.

▼ 그림 2-11 PC 비트 확인 2

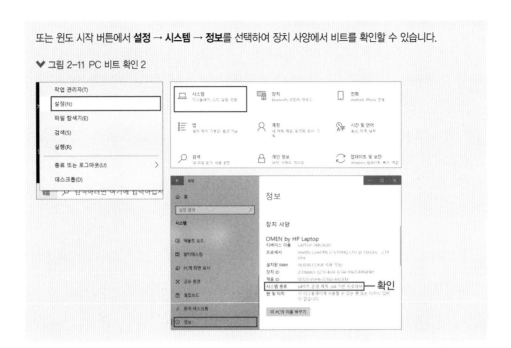

자바 설치하기

5. 내려받은 설치 파일을 더블클릭하여 설치를 시작합니다. 기본 설정으로 그대로 두고 **Next**를 클릭합니다.

▼ 그림 2-12 JDK 설치 화면 1

6. 경로를 설정하는 화면이 나옵니다. 여기도 기본 설정으로 그대로 두고 Next를 클릭합니다.

▼ 그림 2-13 JDK 설치 화면 2

7. Close를 클릭하면 설치가 완료됩니다.

▼ 그림 2-14 JDK 설치 화면 3

자바 설치 위치 확인하기

8. 자바를 설치한 위치를 확인해 보겠습니다. 자바를 기본 설정으로 설치하면 C:\Program Files\Java 폴더에 설치됩니다. Java\jdk 버전 번호\bin 폴더에는 자바 컴파일러 파일인 javac.exe와 JVM을 구동하는 파일인 java. exe가 있습니다.

▼ 그림 2-15 설치된 JDK 확인

OpenJDK를 사용하여 설치하기

OpenJDK는 유료로 전환된 오라클 JDK를 대신하여 썬 마이크로시스템즈(Sun Microsystems)가 만든 무료로 사용할 수 있는 JDK의 오픈 소스입니다. OpenJDK는 모든 JDK의 구현 기준(reference implementation)이 되는 JDK로 어려움 없이 자바 개발이 가능합니다. OpenJDK를 설치하는 방법은 다음과 같습니다.

1. 오라클 웹 사이트(https://jdk.java.net/)에 접속하여 화면에서 **Ready for use → JDK 15**를 클릭합니다.

  ❤ 그림 2-16 OpenJDK 웹 사이트에서 소프트웨어 내려받기

2. 운영 체제 버전에 맞는 설치 파일을 선택합니다. 64비트 윈도용인 Windows/x64의 **zip**을 클릭하여 'openjdk-15_windows-x64_bin.zip' 파일을 내려받습니다.

  ❤ 그림 2-17 openjdk 클릭

3. 내려받은 압축 파일(openjdk-15_windows-x64_bin.zip)을 풀어 보면 jdk-15 하위 폴더가 있습니다. jdk-15 폴더를 C:\Program Files 아래에 openjdk 폴더를 만든 후 이동합니다.

  ❤ 그림 2-18 openjdk 설치 확인

자바 환경 변수 설정하기

다른 프로그램에서 자바 JDK를 참조하려면 윈도 환경 변수를 지정해야 합니다.

환경 변수 창 열기

1. 윈도 탐색기의 내 PC에서 마우스 오른쪽 버튼을 누르고 **속성**을 선택합니다.

▼ 그림 2-19 윈도 내 PC

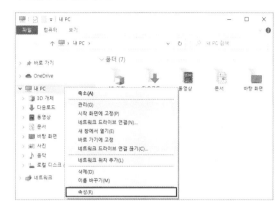

2. **고급 시스템 설정**을 선택합니다.

▼ 그림 2-20 시스템

3. 시스템 속성 창에서 **고급 → 환경 변수**를 클릭합니다.

▼ 그림 2-21 시스템 속성

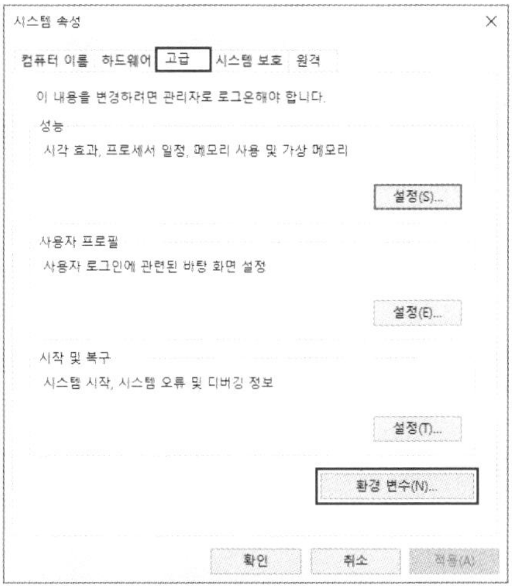

자바 환경 변수 설정하기

4. 환경 변수 창에서 **새로 만들기**를 클릭합니다.

▼ 그림 2-22 환경 변수 새로 만들기

> Tip ≡ 환경 변수에는 사용자 변수와 시스템 변수가 있는데, 사용자 변수는 현재 로그인한 사용자에게만 적용되는 환경 변수고, 시스템 변수는 모든 사용자에게 적용되는 환경 변수입니다.

5. 새 시스템 변수 창이 나타나면 변수 이름에 'JAVA_HOME'을 입력하고, 변수 값에는 JDK가 설치된 디렉터리 C:\Program Files\Java\jdk-15를 지정한 후 **확인**을 클릭합니다.

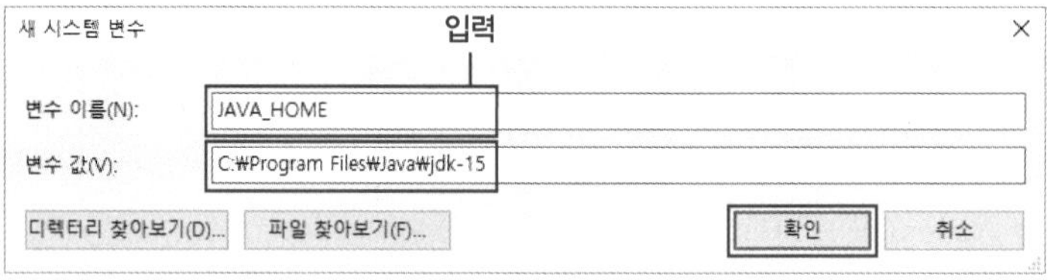

▼ 그림 2-23 변수 이름과 변수 값 설정

6. 환경 변수 창의 Path 변수를 선택하고 **편집**을 클릭합니다.

▼ 그림 2-24 Path 변수 편집 1

7. 환경 변수 편집 창에서 **새로 만들기**를 클릭합니다. Path 변수 값 맨 끝에 앞의 변수 값과 구분하는 ';'을 입력하고, JDK가 설치된 위치를 설정한 환경 변수 '%JAVA_HOME%\bin'을 추가한 후 **확인**을 클릭하여 등록합니다. 환경 변수 창의 **확인**도 클릭합니다.

▼ 그림 2-25 Path 변수 편집 2

Tip ≡ 이렇게 패스(path)를 지정하면 C:\Program Files\Java\jdk-15\bin에 들어 있는 javac[4] 컴파일러를 경로와 상관없이 아무 데서나 사용할 수 있습니다. 콘솔 화면에서 자주 사용하는 명령어는 이렇게 패스를 지정하면 사용하기 편리합니다.

Note ≡ **OpenJDK일 때 환경 변수**

동일한 과정에 환경 변수만 C:\Program Files\openjdk\jdk-15\bin으로 설정하면 됩니다.

---

4 *.java 파일을 *.class 파일로 컴파일해 주는 컴파일러입니다.

자바에 설정한 환경 변수 확인하기

8. 자바에 설정한 환경 변수를 확인해 보겠습니다. 윈도의 시작 버튼에서 'cmd'를 입력하여 명령 프롬프트 창을 띄웁니다. javac -version을 입력하여 설치된 JDK 버전이 나오면 정상적으로 설치된 것입니다.

▼ 그림 2-26 JDK 버전 확인

> **Note ☰ 자바 환경 변수를 설정하는 이유**
>
> 보통 자바를 설치하면 컴퓨터의 어떤 경로에서든 자바 애플리케이션에 접근할 수 있도록 환경 변수를 설정합니다. 이렇게 설정하는 이유는 다음과 같습니다. 첫째, 어떤 위치에서든 소스 코드를 만들고 작업할 때 일일이 전체 경로를 사용하지 않기 위함입니다. 둘째, 클래스나 JAR 파일 등을 참조하여 애플리케이션을 실행하기 위함입니다. 셋째, 버전별로 파일 관리를 쉽게 하기 위함입니다.

2.1.2 웹 서버 톰캣 설치하기

톰캣은 아파치 소프트웨어 재단(Apache Software Foundation)에서 개발한 웹 애플리케이션 서버로, 자바로 만들어진 웹 페이지를 구동하는 엔진이라고 생각하면 됩니다. JSP로 웹 애플리케이션을 실행하기 위해 톰캣을 내려받아 설치해 봅시다.

아파치 웹 사이트에 접속 및 내려받기

1. 아파치 웹 사이트(http://tomcat.apache.org)에 접속하여 **Download → Tomcat 9**를 선택합니다.

❤ 그림 2-27 아파치 웹 사이트에 접속

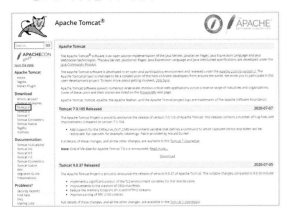

2. 화면 아래쪽에서 **64–bit Windows zip**을 클릭하여 내려받습니다.

❤ 그림 2-28 해당 운영 체제 선택

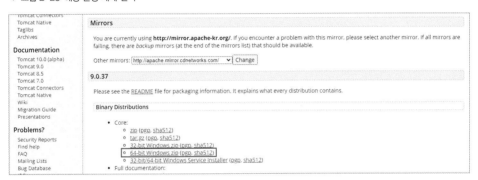

3. 내려받은 apache-tomcat-9.0.37-windows-x64.zip의 압축을 풀고 하위에 있는 apache-tomcat-9.0.37 폴더를 C 드라이브로 옮깁니다(C:\ 경로에 바로 압축을 풀어도 됩니다).

❤ 그림 2-29 내려받은 아파치

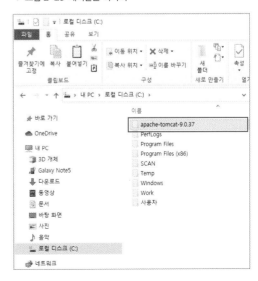

2.1.3 통합 개발 환경 이클립스 설치하기

자바 언어를 기반으로 스프링 애플리케이션을 개발할 때 이클립스를 많이 사용합니다. 이 책에서
는 웹 개발에 필요한 기능이 있는 Eclipse IDE for Java EE Developers를 내려받아 설치해 봅
니다.

이클립스 내려받고 설치하기

이클립스는 자바 통합 개발 환경(IDE) 중 가장 많이 사용되는 개발 도구입니다. 이 책에서는 웹 개
발에 필요한 기능이 들어 있는 Eclipse IDE for Java EE Developers 도구를 설치해 봅시다.

1. 이클립스 웹 사이트(http://www.eclipse.org/downloads/)에 접속하여 **Download 64 bit**
   를 클릭합니다.

   ▼ 그림 2-30 이클립스 웹 사이트에서 내려받기

   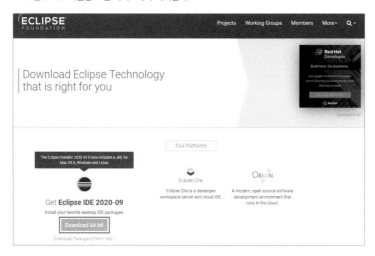

2. 이어지는 화면에서 **Download**를 클릭하여 파일을 내려받습니다.

   ▼ 그림 2-31 이클립스 파일 내려받기

3. 내려받은 설치 파일의 압축을 풀고, 하위에 있는 eclipse 폴더를 C 드라이브로 옮깁니다. C:\eclipse 폴더 안의 eclipse.exe 파일을 더블클릭하여 이클립스를 실행합니다.

❤ 그림 2-32 내려받은 이클립스 실행

4. 이클립스를 실행하면 eclipseinstaller 창이 나옵니다. 여기에서 Eclipse IDE for Enterprise Java Developers를 클릭합니다.

❤ 그림 2-33 eclipseinstaller

5. INSTALL을 클릭하여 설치를 시작합니다.

❤ 그림 2-34 이클립스 설치하기 1

6. Accept Now를 클릭합니다.

▼ 그림 2-35 이클립스 설치하기 2

7. Eclipse.org Foundation\, Inc.; IT; Eclipse. org Foundation\, Inc. 체크 박스에 체크하고 Accept selected를 클릭합니다.

▼ 그림 2-36 이클립스 설치하기 3

8. ▶LAUNCH를 클릭하여 이클립스를 시작합니다.

▼ 그림 2-37 이클립스 설치하기 4

9. Welcome 창을 닫으면 이클립스 창이 나타납니다.

❤ 그림 2-38 처음 실행한 이클립스

이클립스와 톰캣 서버 연동하기

웹 프로젝트를 구동하려면 톰캣 웹 서버를 연동해야 합니다. 여기에서는 앞서 설치한 이클립스에
톰캣 9 버전을 연동해 보겠습니다.

Server 프로젝트 생성하기

1. 이클립스에서 File → New → Other를 선택합니다.

▼ 그림 2-39 톰캣 서버 연동하기

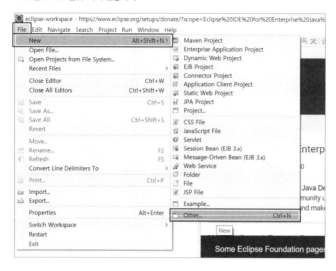

웹 서버 유형 설정하기

2. Select a wizard 창에서 Server → Server를 선택하고 Next를 클릭합니다. Define a New Server 창에서는 Apache → Tomcat v9.0 Server를 선택하고 Next를 클릭합니다.

▼ 그림 2-40 연동할 서버 선택

웹 서버 위치와 JRE 설정하기

3. Tomcat Server 창에서 **Browse**를 클릭하여 톰캣이 설치된 경로를 설정하고, JRE는 **Workbench default JRE**를 클릭한 후 **jre**를 선택합니다. 모두 설정했으면 **Finish**를 클릭합니다.

▼ 그림 2-41 경로와 JRE 설정

연동 확인하기

4. 이클립스의 프로젝트 탐색기에서 Servers 프로젝트가 생성된 것을 확인할 수 있으며, 이클립스 아래쪽 콘솔 창의 [Servers] 탭을 보면 현재 추가된 서버 Tomcat v9.0 Server at localhost가 표시되어 있습니다.

▼ 그림 2-42 톰캣 서버와 연동 결과

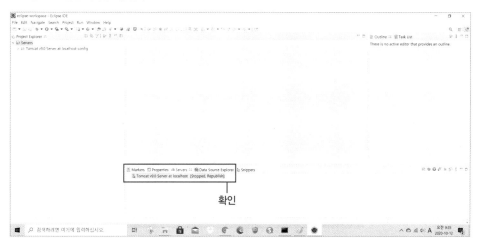

이클립스 아래쪽 콘솔 창에 [Servers] 탭이 없다면 **Window → Show View → Servers**를 클릭합니다.

▼ 그림 2-43 [Servers] 탭 보기

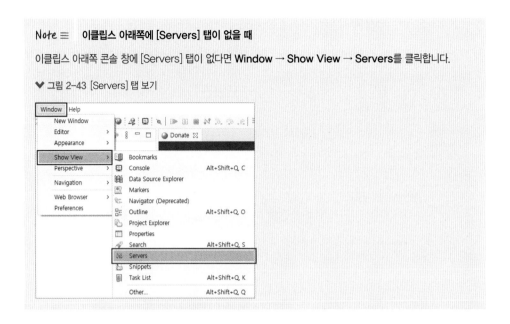

5. 이클립스의 **Window → Preferences**를 선택하여 Preferences 창의 **Server → Runtime Environments**에서 Apache Tomcat v9.0 서버가 등록된 것을 확인합니다. 확인 후 **Apply and Close**를 클릭하여 창을 닫습니다.

▼ 그림 2-44 톰캣 서버의 등록 여부 확인

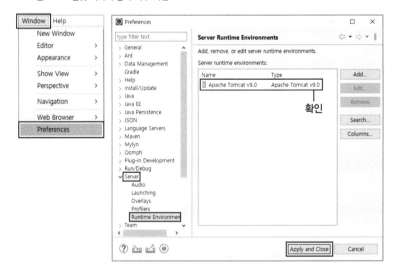

2.1.4 스프링 개발을 위한 STS 설치하기

STS(Spring Tool Suite)란 스프링 애플리케이션을 구축하는 이클립스 기반의 통합 개발 환경입니다. STS를 사용하면 사용하기 쉬운 스프링 프로젝트 템플릿이 제공되어 프로젝트 디렉터리 구조를 신속하게 만들 수 있는 이점이 있습니다. 스프링 개발자에게 꼭 필요한 도구이니 반드시 설치하는 것이 좋습니다.

STS를 설치하는 방법은 크게 두 가지입니다. 설치한 이클립스에 STS 플러그인을 설치하여 스프링 프레임워크를 연동하는 방법과 STS 공식 사이트에서 STS 번들을 내려받아 사용하는 방법이 있습니다. 여기에서는 이클립스의 마켓플레이스에서 STS 플러그인을 내려받아 설치하는 방법을 적용해 보겠습니다.

이클립스 버전에 맞는 STS 선택하기

1. 이클립스의 Help → Eclipse Marketplace를 선택합니다.

❤ 그림 2-45 이클립스 마켓플레이스

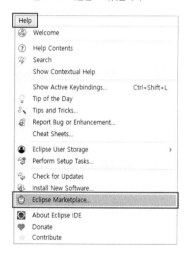

2. Eclipse Marketplace 창의 Find 항목에서 Spring Tool 4를 검색하여 자신이 사용하는 이클립스에 맞는 버전을 설치합니다. 여기에서는 Spring Tools 4 (aka Spring Tool Suite 4) 4.8.0.RELEASE에 있는 Install을 클릭합니다.

❤ 그림 2-46 이클립스 버전에 맞는 STS 설치

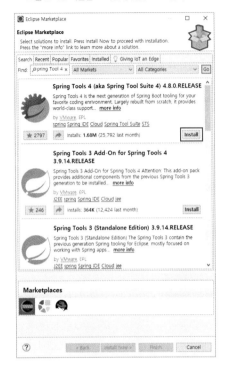

설치 진행하기

3. Eclipse Marketplace 창에 STS에 포함된 각종
   기능이 나타납니다. Confirm을 클릭하여 STS를
   설치합니다.

❤ 그림 2-47 STS의 다양한 기능 확인

4. 소프트웨어 저작권 동의 여부를 묻는 창이 나타나면 동의한 후 Finish를 클릭합니다.

▼ 그림 2-48 소프트웨어 저작권 동의 후 설치

5. 설치가 완료되면 다시 시작하는지 물어보는 창이 나옵니다. Restart Now를 클릭합니다.

▼ 그림 2-49 완료 후 다시 시작

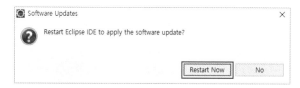

Note ≡   **STS 번들을 내려받아 설치하고 싶나요?**

STS 번들은 스프링 개발 환경에 필요한 이클립스, 톰캣, STS를 모두 포함하는 도구입니다. 이클립스, 톰캣 웹 서버, STS를 각각 설치하기 번거롭거나 사용할 컴퓨터에 이클립스나 톰캣 웹 서버가 전혀 설치되어 있지 않다면 STS 번들로 한 번에 편리하게 스프링 개발 환경을 설정할 수 있습니다. 하지만 자바나 JSP 개발을 하려고 컴퓨터에 한 번이라도 이클립스나 톰캣을 설치한 적이 있다면 굳이 STS 번들로 이클립스, 톰캣 웹 서버를 또 설치하지 않아도 됩니다. 한 컴퓨터에 두 개의 도구를 설치할 필요는 없겠지요?

처음부터 STS 번들을 설치하고 싶은 사람을 위해 설치 방법을 소개합니다.

○ 계속

1. STS 번들은 STS 공식 사이트(http://www.spring.io/tools)에 접속하여 운영 체제에 맞는 파일을 선택합니다. 윈도 버전인 경우 화면에서 WINDOWS 64-BIT를 클릭하여 spring-tool-suite-4-4.7.2.RELEASE-e4.17.0-win32.win32.x86_64.self-extracting.jar 파일을 내려받습니다.

❤ 그림 2-50 해당하는 운영 체제 선택

2. 압축을 풀면 sts-4.7.2.RELEASE 폴더가 생성됩니다. SpringToolSuite4를 클릭하여 STS를 실행합니다.

❤ 그림 2-51 설치된 STS

3. Workspace는 기본적으로 내려받은 폴더에 저장되며 **Browse**를 클릭하여 저장 경로를 변경할 수 있습니다. 작업 공간을 변경하지 않는 경우 **Launch**를 클릭합니다.

❤ 그림 2-52 작업 공간 설정 후 STS 실행

이클립스 설치 버전에 따라 STS를 선택하여 내려받을 수 있으며, 스프링 개발에 필요한 도구 및 소프트웨어들을 STS 번들로 제공하고 있습니다.

이클립스에 STS 추가 설치하기

6. 스프링 MVC 프로젝트 관리를 좀 더 용이하게 할 수 있는 Spring Legacy Project로 생성하기 위해 STS를 추가로 설치하겠습니다.

   이클립스의 Help → Eclipse Marketplace를 선택합니다. Eclipse Marketplace 창의 Find 항목에서 Spring Tool 3를 검색해서 Spring Tools 3 Add-On for Spring Tools 4 3.9.14. RELEASE에 Install을 클릭하여 설치합니다.

▼ 그림 2-53 STS 추가 설치

7. 앞서 설치했던 것과 마찬가지로 STS에 포함된 각종 기능이 표시된 Eclipse Marketplace 창에서 Confirm을 클릭합니다. 소프트웨어 저작권 동의 여부를 묻는 창이 나타나면 동의한 후 Finish를 클릭합니다.

▼ 그림 2-54 STS의 다양한 기능 확인 후 설치

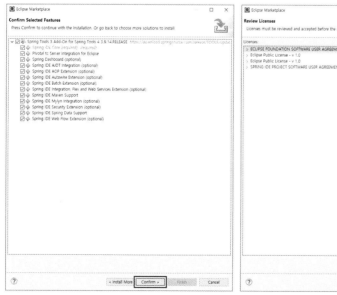

2.2 첫 번째 스프링 MVC 애플리케이션 구현

지금까지 스프링 MVC 애플리케이션 개발에 필수 도구와 소프트웨어를 설치하는 방법을 알아보았습니다. 이제부터 설치된 도구를 활용하여 간단한 스프링 MVC 애플리케이션을 만들어 보고, Hello World!를 출력해서 결과를 확인할 것입니다.

이 장에서는 스프링 MVC 애플리케이션을 만드는 프로젝트를 생성하고 실행 결과를 확인하는 방법만 이해하면 됩니다. 각 과정의 상세한 설명은 3장에서 알아보겠습니다.

2.2.1 프로젝트 생성하기

애플리케이션을 만들기에 앞서 가장 먼저 해야 할 일은 프로젝트를 생성하는 것입니다. 연동된 톰캣 서버로 프로젝트가 실행되는지 확인하는 것이 프로젝트를 생성한 목적입니다.

Spring 프로젝트 생성하기

1. 이클립스에서 File → New → Project를 선택합니다.

▼ 그림 2-55 스프링 프로젝트 생성하기

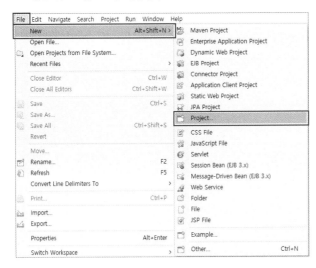

2. 스프링 MVC 프로젝트를 만들 것이기 때문에 New Project 창에서 프로젝트 형식을 Spring 항목의 하위 항목인 [Spring Legacy Project]로 선택한 후 **Next**를 클릭합니다.

▼ 그림 2-56 하위 항목인 [Spring Legacy Project] 선택

3. New Spring Legacy Project 창에서 Project name 항목에 'chap02'를 입력하고 Templates 항목에서 [Spring MVC Project]를 선택한 후 **Next**를 클릭합니다.

▼ 그림 2-57 Project name 입력과 Templates 항목 선택

패키지 이름 설정하기

4. Project Settings 단계에서 패키지 이름 'com.springmvc.controller'를 입력하고 **Finish**를 클릭합니다. 이때 프로젝트 탐색기에 생성된 chap02 프로젝트의 구조는 오른쪽 그림과 같습니다.

▼ 그림 2-58 패키지 이름 설정

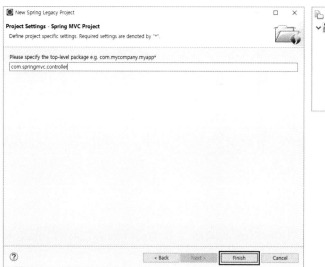

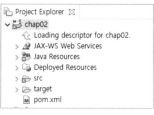

Note ≡ **프로젝트와 하위 폴더에 오류 수정하기**

프로젝트(🗐), 폴더(🗂), 패키지(📦) 및 파일(📄)에 JRE System 라이브러리가 연동되지 않으면 오류가 생길 수도 있습니다. **프로젝트 이름 → Properties**를 선택하면 Properties 창이 열립니다. 다음과 같이 Java Build Path에서 JRE System 라이브러리를 설정합니다.

▼ 그림 2-59 프로젝트와 하위 폴더 오류 수정

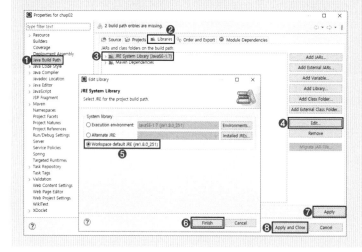

스프링 버전 수정하기

5. pom.xml 파일에서 java 버전, springframework 버전, aspectj 버전, slf4j 버전을 다음과
같이 수정하고 저장합니다.

코드 2-1 chap02/pom.xml

```xml
<?xml version="1.0" encoding="UTF-8"?>
<project xmlns="http://maven.apache.org/POM/4.0.0"
    xmlns:xsi="http://www.w3.org/2001/XMLSchema-instance"
    xsi:schemaLocation="http://maven.apache.org/POM/4.0.0
                        https://maven.apache.org/maven-v4_0_0.xsd">
    <modelVersion>4.0.0</modelVersion>
    <groupId>com.springmvc</groupId>
    <artifactId>controller</artifactId>
    <name>chap02</name>
    <packaging>war</packaging>
    <version>1.0.0-BUILD-SNAPSHOT</version>
    <properties>
        <java-version>15</java-version>
        <org.springframework-version>5.2.8.RELEASE</org.springframework-version>
        <org.aspectj-version>1.9.6</org.aspectj-version>
        <org.slf4j-version>1.7.25</org.slf4j-version>
    </properties>
    <dependencies>
...
```

Note ≡ **web.xml 파일에 오류가 발생할 때**

web.xml 파일 위쪽 web-app 관련 부분에서 http://java.sun.com을 http://JAVA.sun.com이나 http://
Java.sun.com으로 변경합니다.

```xml
<?xml version="1.0" encoding="UTF-8"?>
<web-app version="2.5" xmlns="http://java.sun.com/xml/ns/javaee"
    xmlns:xsi="http://www.w3.org/2001/XMLSchema-instance"
    xsi:schemaLocation="http://JAVA.sun.com/xml/ns/javaee
                        https://java.sun.com/xml/ns/javaee/web-app_2_5.xsd">
```

2.2.2 프로젝트 실행하기

이제 톰캣과 연동하여 잘 실행되는지 확인해 봅시다. 간단한 코드를 입력하여 실행을 확인할 것입니다. 코드 내용은 3장에서 자세히 살펴봅니다.

톰캣 서버에 등록하기

1. 이클립스 아래쪽 콘솔 창의 [Servers] 탭에 있는 Tomcat v9.0 Server at localhost에서 마우스 오른쪽 버튼을 눌러 **Add and Remove**를 선택합니다.

▼ 그림 2-60 톰캣 서버에 등록

2. Add and Remove 창에서 chap02 프로젝트를 선택하고 **Add**를 클릭(또는 더블클릭)하여 오른쪽에 추가한 후 **Finish**를 클릭합니다.

▼ 그림 2-61 프로젝트 추가하기

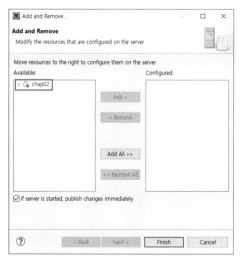
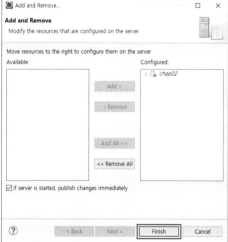

3. Tomcat v9.0 Server at localhost 하위에 chap02 항목이 추가된 것을 확인할 수 있습니다.

▼ 그림 2-62 추가한 프로젝트 확인

실행 결과 확인하기

4. chap02 프로젝트를 클릭하고 이클립스 위에 있는 실행 아이콘 ⊙을 클릭합니다. Run As 창에서 **Run on Server**를 선택하고 **OK**를 클릭합니다. Run on Server 창에서 'Choose an existing server'와 'Tomcat v9.0 Server at localhost'가 선택된 것을 확인한 후 **Finish**를 클릭합니다.

▼ 그림 2-63 실행 결과 확인하기

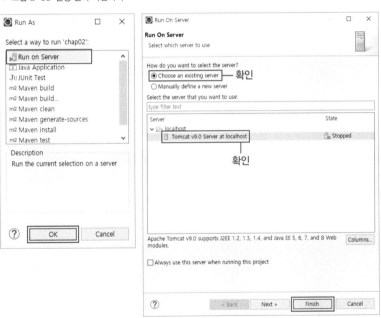

5. 웹 브라우저 창이 열리면 주소창에 'http://localhost:8080/controller/'[5]를 입력합니다. 다음과 같이 웹 브라우저 창에서 실행 결과를 확인할 수 있습니다.

▼ 그림 2-64 웹 브라우저에 표시된 결과

Note ≡ **글자가 깨질 때**

다음과 같이 실행 결과에서 글자가 깨져서 출력되는 것은 웹 컨테이너가 JSP 웹 페이지를 서블릿 프로그램으로 번역하고 서블릿 클래스로 컴파일할 때 JSP 페이지의 문자 인코딩 정보를 알 수 없기 때문입니다.

▼ 그림 2-65 글자가 깨져서 출력

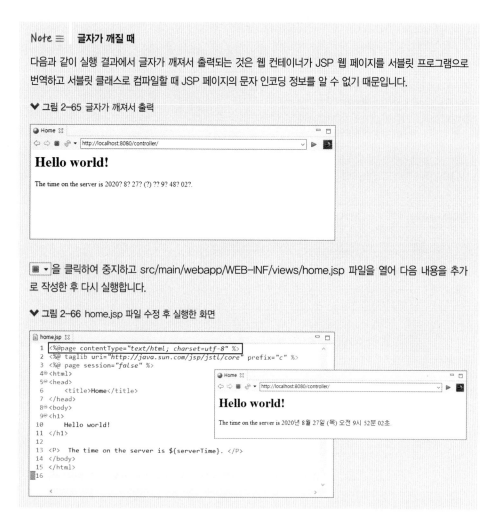

■ ▼을 클릭하여 중지하고 src/main/webapp/WEB-INF/views/home.jsp 파일을 열어 다음 내용을 추가로 작성한 후 다시 실행합니다.

▼ 그림 2-66 home.jsp 파일 수정 후 실행한 화면

---

5 home.jsp 출력을 요청하는 웹 요청 URL입니다.

2.3 마치며

책에 실린 코드를 따라 하고 실행하는 데 필요한 개발 환경 도구로 JDK, 톰캣, 이클립스, STS를 설치해 보았습니다. 또한 설치된 도구를 활용하여 Hello world!를 출력하는 간단한 스프링 MVC 애플리케이션을 만들어 보고, 이를 실행하여 결과도 확인해 보았습니다.

다음 장에서는 이 장에서 작성한 Hello world! 애플리케이션의 구조를 자세히 살펴본 후 본격적으로 도서 쇼핑몰을 구축해 보겠습니다.

memo

3^장

첫 번째 스프링 MVC 애플리케이션 분석: '도서 쇼핑몰' 시작 페이지 만들기

스프링 MVC 프로젝트의 구조와 생성되는 폴더, 파일을 자세히 살펴봅니다.
이 책에서 구축할 도서 쇼핑몰의 첫 번째 단계로 최신 부트스트랩 프레임워크
CSS를 적용한 반응형 도서 쇼핑몰의 시작 페이지를 구현합니다.

이 장에서 다룰 핵심 내용

- 스프링 MVC 프로젝트 구조
- 웹 프로젝트 환경 설정 파일: web.xml
- 서블릿 환경 설정 파일: root-context.xml, servlet-context.xml
- 컨트롤러: HomeController.java
- 뷰: hello.jsp
- 메이븐 관련 환경 설정 파일: pom.xml
- 실습 도서 쇼핑몰 시작 페이지 만들기

3.1 / 스프링 MVC의 프로젝트 구조

이 절에서는 2장에서 작성한 Hello world!를 출력하는 스프링 MVC 애플리케이션의 프로젝트 구조를 살펴봅니다. 여기에서 생성된 프로젝트는 앞으로 계속 기능을 추가하여 구현할 도서 쇼핑몰 애플리케이션의 전체적인 프로젝트 구조이므로 스프링 MVC 프로젝트로 생성되는 폴더 구조를 자세히 알아보겠습니다.

3.1.1 프로젝트 구조

2장에서 스프링 MVC 프로젝트 Spring Legacy Project를 이용하여 생성된 chap02 프로젝트는 그림 3-1 구조로 되어 있습니다. 일반적으로 생성한 스프링 MVC 프로젝트는 크게 자바 파일을 관리하는 서블릿 관련 폴더와 웹 파일을 관리하는 웹 관련 폴더로 구분됩니다.

▼ 그림 3-1 스프링 MVC 프로젝트 구조

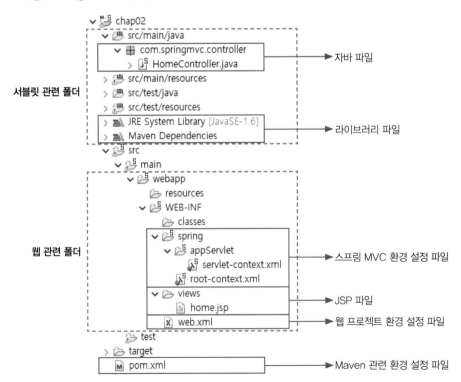

서블릿 관련 폴더

서블릿과 관련된 클래스 파일이 생성되면 src/main/java 폴더에 등록하여 관리합니다. 보통 자바 클래스 파일들은 src/main/java 폴더에 패키지로 생성하여 등록하는데, 개발자가 만든 예외 클래스나 기타 유틸 클래스 파일 등도 src 폴더에 저장합니다.

웹 관련 폴더

웹과 관련된 JSP, 리소스, 스프링 MVC 환경 설정 파일, 웹 프로젝트 환경 설정 파일 등이 생성되면 src/main/webapp 폴더에 등록하여 관리합니다.

- resources 폴더는 웹에 관련된 이미지, 자바스크립트, CSS 등 정적 리소스 파일을 관리합니다.
- spring 폴더는 빈(Bean) 객체들을 등록하는 서블릿 설정 파일인 스프링 MVC 설정 파일(기본형: 서블릿 이름-servlet.xml)을 관리합니다. 그리고 스프링 시큐리티 설정 파일 같은 스프링 관련 설정 파일들이 이곳에 저장됩니다.
- views 폴더는 웹 페이지인 JSP 파일을 관리합니다.
- web.xml 파일은 웹 프로젝트의 설정 파일로 여기에 리스너, 서블릿 필터 등을 설정할 수 있습니다. 이 파일은 반드시 src/main/webapp/WEB-INF 폴더에 위치해야 합니다.
- pom.xml은 메이븐 관련 환경 설정 파일로, 필요한 라이브러리를 추가하여 사용할 수 있게 합니다.

여러 폴더 중 가장 중요한 폴더는 서블릿 관련 폴더인 src/main/java 폴더와 웹 관련 폴더인 src/main/webapp/WEB-INF입니다. 특히 WEB-INF 폴더에서 애플리케이션의 웹과 관련된 모든 파일을 관리하고, 이 폴더 아래의 경로들은 스프링과 관련된 중요한 설정이 들어가므로 실습하는 내용을 주의 깊게 살펴보기 바랍니다.

3.1.2 프로젝트 실행 과정

생성한 스프링 MVC 프로젝트 chap02를 실행하면 웹 브라우저에 home.jsp 파일이 실행됩니다. home.jsp 파일이 실행되는 과정은 다음과 같습니다.

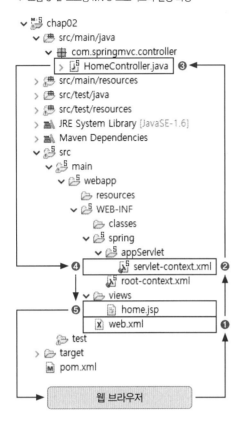

▼ 그림 3-2 스프링 MVC 프로젝트의 실행 과정

❶ web.xml 파일은 웹 브라우저(클라이언트)의 웹 요청 URL을 전달받습니다. web.xml 파일에 설정된 디스패처 서블릿이 클라이언트의 웹 요청 URL을 제어합니다.

❷ servlet-context.xml 파일에서 웹 요청 URL을 처리하는 컨트롤러에 해당하는 클래스를 검색합니다.

❸ HomeController 컨트롤러는 클라이언트의 웹 요청 URL을 처리하고 결과를 출력할 뷰 이름을 디스패처 서블릿에 반환합니다.

❹ 컨트롤러에서 보내온 뷰 이름을 토대로 처리할 뷰를 검색합니다.

❺ 처리 결과가 포함된 뷰를 디스패처 서블릿에 반환하고 최종 결과를 출력합니다.

3.2 환경 설정 파일 살펴보기: web.xml

스프링 MVC 프로젝트의 실행 과정을 간단히 살펴보았습니다. 그럼 이제 웹 프로젝트 환경 설정 파일인 web.xml부터 하나씩 알아봅시다.

web.xml 파일은 웹 프로젝트의 배포 설명자/배치 기술서(deployment descriptor)이며, 웹 프로젝트가 배포되는 데 이용되는 XML 형식의 자바 웹 애플리케이션 환경 설정 부분을 담당합니다. 스프링 웹 프로젝트가 실행되면 가장 먼저 web.xml 파일을 읽어 들이고 위부터 차례로 태그를 해석합니다.

web.xml 파일의 환경 설정은 〈web-app〉으로 시작하고 〈/web-app〉으로 끝나는 곳에 설정합니다.

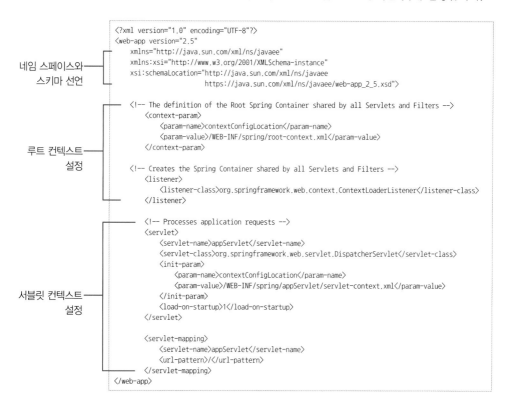

3.2.1 네임 스페이스와 스키마 선언

XML 문서를 작성할 때 요소가 중복되는 것을 피하려면 web.xml 파일 맨 위에 다음과 같이 네임 스페이스와 스키마를 정의해야 합니다.

네임 스페이스는 코드에서 이름은 같지만 내용이 전혀 다른 요소와 충돌하지 않도록, 즉 이런 요소를 구별하는 데 사용합니다.

스키마는 코드의 구조와 요소, 속성의 관계를 정의하여 다양한 자료형을 사용할 수 있도록 정의된 문서 구조, 즉 틀을 의미합니다.

```
<?xml version="1.0" encoding="UTF-8"?>
<web-app version="2.5"
    xmlns="http://java.sun.com/xml/ns/javaee" ❶
    xmlns:xsi="http://www.w3.org/2001/XMLSchema-instance" ❷
    xsi:schemaLocation="http://java.sun.com/xml/ns/javaee ❸
                    http://java.sun.com/xml/ns/javaee/web-app_2_5.xsd">
```

❶ **기본 네임 스페이스 선언:** xmlns 속성은 기본 XML 스키마 네임 스페이스를 명시합니다. 속성 값은 모든 스키마를 가지고 있습니다.

❷ **인스턴스 네임 스페이스 URI 선언:** xmlns:xsi 속성은 인스턴스 네임 스페이스 URI를 지정합니다. 속성 값은 대부분 XML 스키마로 사용되는 표준인 W3C(World Wide Web Consortium) XML 스키마를 나타냅니다.

❸ **참조하는 인스턴스 문서의 URL 선언:** xsi:schemaLocation 속성은 참조하고자 하는 인스턴스 문서의 URL을 지정합니다. 두 개의 속성 값은 공백으로 구분합니다. 첫 번째는 사용할 네임 스페이스(보통 기본 네임 스페이스와 동일)고, 두 번째는 참조할 스키마 파일 이름입니다.

3.2.2 루트 컨텍스트 설정

루트 컨텍스트(root-context)는 모든 서블릿과 필터가 공유할 수 있는 루트 스프링 컨테이너 설정으로, 공통 빈(Service, Repository(DAO), DB, Log 등)을 설정합니다. 주로 View 지원을 제외한 bean을 설정합니다.

기본 설정 파일 외에 사용자가 직접 제어하는 XML 파일을 지정하려면 `<context-param>` 요소를 사용하여 다음과 같이 설정합니다.

```
<!-- The definition of the Root Spring Container shared by all Servlets and Filters -->
<context-param>
    <param-name>contextConfigLocation</param-name>
    <param-value>/WEB-INF/spring/root-context.xml</param-value>
</context-param>

<!-- Creates the Spring Container shared by all Servlets and Filters -->
<listener>
    <listener-class>org.springframework.web.context.ContextLoaderListener</listener-class>
</listener>
```

❶ **스프링 MVC 설정 파일 등록하기:** STS에서 기본적으로 제공하는 기본 설정 파일 외에 사용자가 직접 제어하는 XML 파일 목록을 지정하는 역할을 합니다. `<context-param>` 요소에 설정된 root-context.xml 파일은 모든 서블릿과 필터에서 사용되는 루트 스프링 컨테이너(애플리케이션 컨텍스트, Ioc 컨테이너) 설정입니다.

❷ **스프링 MVC 파일 정보 읽기:** 루트 컨텍스트에 설정된 정보들을 모든 서블릿과 필터에 공유합니다.

3.2.3 서블릿 컨텍스트 설정

서블릿 컨텍스트(ServletContext)는 서블릿 하나가 서블릿 컨테이너와 통신할 때 사용하는 메서드들을 가지고 있는 클래스입니다. 웹 애플리케이션 안에 있는 모든 서블릿을 관리하며 정보를 공유할 수 있게 도와줍니다.

디스패처 서블릿이 모든 요청을 받고 요청 URL을 처리하는 컨트롤러에 매핑할 수 있도록 `<servlet>` 요소를 이용하여 다음과 같이 설정합니다.

```
<!-- Processes application requests -->
<servlet>
    <servlet-name>appServlet</servlet-name>
    <servlet-class>org.springframework.web.servlet.DispatcherServlet</servlet-class>
    <init-param>
        <param-name>contextConfigLocation</param-name>
```

```
                <param-value>/WEB-INF/spring/appServlet/servlet-context.xml</param-value>
        </init-param>
        <load-on-startup>1</load-on-startup> ❷
    </servlet>


    <servlet-mapping>
        <servlet-name>appServlet</servlet-name>
        <url-pattern>/</url-pattern>
    </servlet-mapping>
```

❶ 번호는 ❶, ❸, ❸로 표시

❶ **서블릿 이름과 클래스 등록:** 스프링 MVC 구성 요소인 빈 객체를 등록하려면 서블릿 이름과 클래스를 설정해야 합니다. <servlet-name> 요소에 서블릿 이름을, <servlet-class> 요소에 DispatcherServlet 클래스를 설정합니다. <init-param> 요소는 <context-param> 요소의 역할과 동일합니다.

❷ <load-on-startup> 요소는 로딩하는 순서를 설정하는데, 서블릿이 여러 개일 때는 순번을 주어 로딩할 수 있게 합니다.

❸ **서블릿 매핑[1] 경로 패턴 설정:** 웹 브라우저에서 요청되는 URL에 대한 디스패처 서블릿이 서블릿에 매핑하는 역할을 합니다. <url-pattern> 요소에 서블릿 매핑을 위해 URL 패턴을 설정합니다.

Note ☰   서블릿 매핑에서 <url-pattern> 설정 방법

• 웹 브라우저의 요청 URL을 입력할 때 확장자가 .jsp인 요청을 처리하는 경우

```
<servlet-mapping>
    <servlet-name>dispatcher</servlet-name>
    <url-pattern>*.jsp</url-pattern>
</servlet-mapping>
```

• 웹 브라우저의 요청 URL을 입력할 때 확장자가 .do인 요청을 처리하는 경우

```
<servlet-mapping>
    <servlet-name>dispatcher</servlet-name>
    <url-pattern>*.do</url-pattern>
</servlet-mapping>
```

---

1 특정 서블릿을 요청할 때 URL에 전체 경로를 쓰면 너무 복잡하고 보안에도 취약하기 때문에 간단하게 경로를 표현하는 것이 서블릿 매핑입니다.

3.3 스프링 MVC 환경 설정 파일

스프링 MVC 환경 설정 파일은 빈 객체를 정의하는 root-context.xml과 servlet-context.xml 두 개가 있습니다. root-context.xml 파일에 등록된 빈들은 모든 컨텍스트에서 공유되어 사용되지만, servlet-context.xml 파일에 등록된 빈들은 서블릿 컨텍스트에서만 사용됩니다.

root-context.xml 파일은 뷰(JSP 웹 페이지)와 관련 없는 빈 객체를 설정합니다. 즉, 서비스, 저장소, 데이터베이스, 로그 등 웹 애플리케이션의 비즈니스 로직을 위한 컨텍스트를 설정합니다.

servlet-context.xml 파일은 뷰(JSP 웹 페이지)와 관련 있는 빈 객체를 설정합니다. 즉, 컨트롤러, MultipartResolver, Interceptor, URI와 관련 설정을 담는 클래스를 설정합니다.

▼ 그림 3-3 디스패처 서블릿 구조

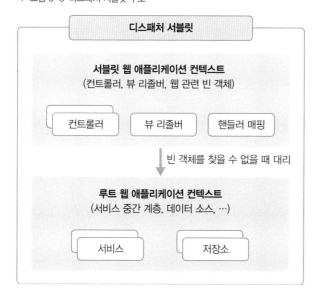

3.3.1 루트 컨텍스트 파일 살펴보기: root-context.xml

root-context.xml 파일은 다른 웹 컴포넌트들과 공유하는 자원들을 선언하는 용도로 사용되며, 뷰와 관련되지 않은 Service, Repository(DAO), DB 등 객체를 정의할 수 있습니다.

```xml
<?xml version="1.0" encoding="UTF-8"?>
<beans xmlns="http://www.springframework.org/schema/beans"
    xmlns:xsi="http://www.w3.org/2001/XMLSchema-instance"
    xsi:schemaLocation="http://www.springframework.org/schema/beans
                        http://www.springframework.org/schema/beans/spring-beans.xsd">

    <!-- Root Context: defines shared resources visible to all other web components -->
</beans>
```

스프링 MVC 프로젝트를 처음 생성하면 root-context.xml 파일에 내용이 없습니다. 이곳은 공통 빈을 설정하는 곳으로 주로 뷰 지원을 제외한 빈 객체를 설정합니다. 현재는 별다른 내용을 작성하지 않았으므로 web.xml에서는 root-context.xml 파일 관련 설명을 건너뛰겠습니다.

3.3.2 서블릿 컨텍스트 파일 살펴보기: servlet-context.xml

servlet-context.xml 파일에는 웹 요청을 직접 처리할 컨트롤러의 매핑을 설정(HandlerMapping)하거나 뷰를 어떻게 처리할지 설정(ViewResolver)할 수 있습니다.

```xml
<?xml version="1.0" encoding="UTF-8"?>
<beans:beans xmlns="http://www.springframework.org/schema/mvc"
    xmlns:xsi="http://www.w3.org/2001/XMLSchema-instance"
    xmlns:beans="http://www.springframework.org/schema/beans"
    xmlns:context="http://www.springframework.org/schema/context"
    xsi:schemaLocation="http://www.springframework.org/schema/mvc https://www.springframework.org/schema/mvc/spring-mvc.xsd
        http://www.springframework.org/schema/beans https://www.springframework.org/schema/beans/spring-beans.xsd
        http://www.springframework.org/schema/context https://www.springframework.org/schema/context/spring-context.xsd">

    <!-- DispatcherServlet Context: defines this servlet's request-processing infrastructure -->

    <!-- Enables the Spring MVC @Controller programming model -->
    <annotation-driven />                                              ──── 컨트롤러 매핑 설정

    <!-- Handles HTTP GET requests for /resources/** by efficiently serving up static
        resources in the ${webappRoot}/resources directory -->
    <resources mapping="/resources/**" location="/resources/"/>        ──── 정적 리소스 설정

    <!-- Resolves views selected for rendering by @Controllers to .jsp resources in the /WEB-INF/views directory -->
    <beans:bean class="org.springframework.web.servlet.view.InternalResourceViewResolver">
        <beans:property name="prefix" value="/WEB-INF/views/"/>
        <beans:property name="suffix" value=".jsp"/>                    ──── 뷰 매핑 설정
    </beans:bean>

    <context:component-scan base-package="com.springmvc.controller"/>  ──── 자바 클래스의 빈 객체 설정

</beans:beans>
```

컨트롤러 매핑 설정하기

요청 URL을 처리하는 컨트롤러에 매핑할 수 있도록 다음과 같이 설정합니다. 이 설정으로 요청 URL과 같은 컨트롤러의 @RequestMapping 애너테이션에 지정된 URL을 매핑합니다.

```
<!-- Enables the Spring MVC @Controller programming model -->
<annotation-driven />
```

<annotation-driven> 요소는 @Controller, @RequestMapping 같은 애너테이션[2]을 사용할 때 필요한 빈 객체들을 자동으로 등록합니다. 또한 핸들러 매핑과 핸들러 어댑터의 빈 객체도 대신 등록합니다.

<annotation-driven> 요소를 사용하지 않으려면 다음과 같이 핸들러 매핑과 핸들러 어댑터의 빈 객체를 등록해야 합니다.

```
<!-- HandlerMapping -->
<beans:bean class="org.springframework.web.servlet.mvc.method.annotation.
            RequestMappingHandlerMapping"/>

<!-- HandlerAdapter -->
<beans:bean class="org.springframework.web.servlet.mvc.method.annotation.
            RequestMappingHandlerAdapter"/>
```

정적 리소스 설정하기

요청에 대해 JS, CSS 이미지 등 리소스 파일을 매핑하려면 다음과 같이 설정해야 합니다.

```
<!-- Handles HTTP GET requests for /resources/** by efficiently serving up static resources
    in the ${webappRoot}/resources directory -->
<resources mapping="/resources/**" location="/resources/"/>
```

<resources> 요소는 서버에서 앞서 처리될 필요가 없는 정적 리소스 파일을 처리하는 역할을 합니다. <resources> 요소에 웹 애플리케이션의 물리적 경로 이름을 설정하고 이 경로에 정적 리소스 파일들을 저장하면 소스 코드나 웹 브라우저의 주소창에서 해당 리소스의 경로를 사용하여 직접 접속할 수 있습니다.

---

2 애너테이션이란 @을 이용한 주석으로, 자바 코드에 주석을 달아 특별한 의미를 부여한 것입니다.

정적 리소스란 클라이언트에서 요청이 들어왔을 때 요청 리소스가 이미 만들어져 있어 그대로 응답하는 것입니다.

▼ 표 3-1 resources 요소의 속성

속성	설명
mapping	웹 요청 경로 패턴을 설정합니다. 컨텍스트 경로를 제외한 나머지 부분의 경로와 매핑합니다.
location	웹 애플리케이션 내에서 실제 요청 경로의 패턴에 해당하는 자원 위치를 설정합니다. 위치가 여러 곳이면 각 위치를 쉼표로 구분합니다.
cache-period	웹 브라우저에 캐시 시간 관련 응답 헤더를 전송합니다. 초 단위로 캐시 시간을 지정합니다. 값이 0이면 웹 브라우저가 캐시하지 않도록 하고, 값을 설정하지 않으면 캐시 관련 응답 헤더를 전송하지 않습니다.

뷰 매핑 설정하기

사용자에게 응답 결과를 보여 주려고 컨트롤러가 모델을 반환하고 디스패처 서블릿이 JSP 파일을 찾을 수 있게 다음과 같이 설정합니다.

```
<!-- Resolves views selected for rendering by @Controllers to .jsp resources
  in the /WEB-INF/views directory -->
<beans:bean class="org.springframework.web.servlet.view.InternalResourceViewResolver">
    <beans:property name="prefix" value="/WEB-INF/views/"/>
    <beans:property name="suffix" value=".jsp"/>
</beans:bean>
```

컨트롤러에서 설정한 뷰 이름으로 실제 사용할 뷰를 선택하는 뷰 리졸버 객체를 설정합니다. 이때 컨트롤러가 설정한 뷰 이름 앞뒤로 prefix 프로퍼티와 suffix 프로퍼티를 추가한 값이 실제로 사용될 뷰의 경로가 됩니다. 컨트롤러에서 설정된 뷰 이름이 home이라면 뷰의 실제 경로는 /WEB-INF/views/home.jsp가 되는 것입니다.

자바 클래스의 빈 객체 설정하기

자바 클래스를 생성할 때 빈 객체를 자동으로 등록하려면 다음과 같이 설정해야 합니다.

```
<context:component-scan base-package="com.springmvc.controller"/>
```

<component-scan> 요소는 스프링 MVC에서 사용할 빈 객체를 일일이 XML에 등록하지 않아도

필요한 애너테이션을 자동으로 인식할 수 있게 합니다.

〈component-scan〉 요소를 사용하지 않으면 다음과 같이 @Controller가 선언된 HomeController 컨트롤러를 빈 객체로 등록해야 합니다. 또한 의존 관계가 있는 자바 클래스가 있다면 〈bean〉 요소를 이용하여 빈 객체를 일일이 등록해야 합니다.

```
<!-- Controller" -->
<beans:bean class="com.springmvc.controller.HomeController"/>
```

Note ≡ **context:component-scan 요소가 자동으로 인식하는 애너테이션**

▼ 표 3-2 context:component-scan 요소가 자동으로 인식하는 애너테이션

애너테이션	설명
@Component	특별히 역할 구분 없이 컴포넌트라고 알려 주는 역할을 합니다.
@Repository, @Service, @Controller	각각 DB 작업 관련, 서비스 관련, MVC 컨트롤러 컴포넌트를 의미합니다. 어떤 종류의 컴포넌트인지 알려 주는 역할을 합니다.
@Required	필수 프로퍼티임을 명시하는 데 사용합니다.
@Autowired	의존 관계를 자동 설정할 때 사용하며, 타입을 이용하여 의존하는 객체를 삽입해 줍니다.
@Inject	특정 프레임워크에 종속되지 않는 애플리케이션을 구성하는 데 사용합니다.

SPRING

3.4 컨트롤러: HomeController.java

컨트롤러는 클라이언트 요청을 처리할 자바 클래스를 의미합니다. 이 컨트롤러를 구현하고 처리하는 것은 개발자 역량이 가장 많이 투입되는 단계입니다.

HomeController 컨트롤러에서 스프링 MVC 구현의 주요 코드를 살펴봅니다.

```
package com.springmvc.controller;

import java.text.DateFormat;
import java.util.Date;
```

```java
import java.util.Locale;

import org.slf4j.Logger;
import org.slf4j.LoggerFactory;
import org.springframework.stereotype.Controller;
import org.springframework.ui.Model;
import org.springframework.web.bind.annotation.RequestMapping;
import org.springframework.web.bind.annotation.RequestMethod;

/**
 * Handles requests for the application home page.
 */
@Controller ❶
public class HomeController {

    private static final Logger logger = LoggerFactory.getLogger(HomeController.class);

    /**
     * Simply selects the home view to render by returning its name.
     */
    @RequestMapping(value="/", method=RequestMethod.GET) ❷
    public String home(Locale locale, Model model) {
        logger.info("Welcome home! The client locale is {}.", locale);

        Date date = new Date();
        DateFormat dateFormat = DateFormat.getDateTimeInstance(DateFormat.LONG,
                                DateFormat.LONG, locale);

        String formattedDate = dateFormat.format(date);

        model.addAttribute("serverTime", formattedDate); ❹

        return "home"; ❺
    }

}
```

❸

---

❶ **컨트롤러:** @Controller는 자바 클래스 HomeController가 컨트롤러임을 알려 줍니다.

❷ **요청 매핑:** @RequestMapping은 설정된 파라미터와 같은 요청이 있을 때 home() 메서드를 수행 시키는 역할을 합니다. 웹 클라이언트에서 들어온 요청에 해당하는 비즈니스 로직을 찾아 줍니 다. value 파라미터는 요청 URL이고, method 파라미터는 GET이나 POST 방식을 설정하며,

기본값은 GET 방식으로 생략할 수 있습니다.[3]

❸ **요청 처리 메서드:** home()은 요청 처리 메서드입니다.

❹ **뷰로 값 전달:** 비즈니스 로직을 수행한 결과를 뷰에 보냅니다. model.addAttribute()는 serverTime이라는 이름으로 formattedDate를 전송하는 것을 의미합니다.

❺ **뷰 이름 반환:** 수행 결과를 어디로 전송할지 설정하는 곳입니다. home은 home.jsp 파일을 의미합니다. 서블릿 컨텍스트 파일(servlet-context.xml)에서 설정된 뷰 리졸버에 따라 자동으로 앞에는 /WEB-INF/views/를 붙이고, 뒤에는 .jsp를 붙여 (suffix)'src/main/webapp/WEB-INF/views/home.jsp'를 호출합니다.

3.5 뷰: hello.jsp

SPRING

사용자가 보는 뷰 결과 화면은 JSP 파일입니다. 다음과 같이 JSP 파일을 작성합니다.

```jsp
<%@ page contentType="text/html; charset=utf-8" %>
<%@ taglib uri="http://java.sun.com/jsp/jstl/core" prefix="c" %> ❶
<%@ page session="false" %>
<html>
<head>
<title>Home</title>
</head>

<body>
<h1>
    Hello world!
</h1>

<P> The time on the server is ${serverTime}. </P> ❷
</body>
</html>
```

---

3 GET 방식은 클라이언트의 데이터를 URL 뒤에 붙여 쿼리 스트링을 통해 전송합니다. 전송하는 데이터 길이는 제한적입니다. POST 방식은 데이터를 URL에 붙여 전송하지 않고 HTTP 몸체에 포함하여 전송하며, 길이에 제한 없이 전송합니다.

❶ JSTL 태그 선언: JSTL을 사용하는 선언 부분입니다.

❷ 모델 데이터 출력: EL(Expression Language)을 사용하여 컨트롤러에서 전송한 모델 데이터를 출력합니다. HomeController 컨트롤러의 model.addAttribute() 자바 클래스에서 serverTime이라는 이름으로 formattedDate를 전송한 결과 값, 즉 모델로 보낸 serverTime이 뷰에서 ${serverTime} 방식으로 전송된 값 formattedDate를 화면에 출력합니다.

3.6 메이븐 환경 설정 파일: pom.xml

pom.xml 파일은 POM(Project Object Model)을 설정하는 부분으로 프로젝트 내 빌드 옵션을 설정합니다. XML 태그를 사용하여 프로젝트에 필요한 메이븐(Maven) 라이브러리를 설정합니다.

메이븐은 프로젝트 내에 사용할 라이브러리뿐만 아니라 해당 라이브러리가 작동하는 데 필요한 다른 라이브러리까지 프로젝트의 전체적인 라이프 사이클을 관리하는 도구입니다. 네트워크를 통해 자동으로 내려받기도 합니다.

3.6.1 프로젝트 정보: 〈project〉

프로젝트 전체에 적용되는 모든 정보를 기술할 때는 pom.xml 파일의 〈project〉 루트 요소 안에 설정합니다.

```
<?xml version="1.0" encoding="UTF-8"?>
<project xmlns=http://maven.apache.org/POM/4.0.0
         xmlns:xsi="http://www.w3.org/2001/XMLSchema-instance"
         xsi:schemaLocation="http://maven.apache.org/POM/4.0.0
                             https://maven.apache.org/maven-v4_0_0.xsd">
    <modelVersion>4.0.0</modelVersion> ❶
    <groupId>com.springmvc</groupId> ❷
    <artifactId>controller</artifactId> ❸
    <name>chap02</name> ❹
    <packaging>war</packaging> ❺
    <version>1.0.0-BUILD-SNAPSHOT</version> ❻
    ...
</project>
```

❶ 모델 버전: POM 모델 버전을 나타냅니다.

❷ 그룹 ID: 스프링 MVC 프로젝트를 생성할 때 입력한 그룹의 도메인 이름이 설정됩니다.

❸ 아티팩트 ID: 프로젝트에 할당한 고유 ID입니다.

❹ 프로젝트 이름: 프로젝트를 식별하는 고유 ID입니다.

❺ 패키지 유형: 프로젝트를 어떤 형태(JAR, WAR, EAR, POM, ZIP)로 패키지할지 설정합니다. 웹 애플리케이션의 개발은 WAR을 지정합니다.

❻ 프로그램 버전: 기본으로 1.0-SNAPSHOT이 설정됩니다. 메이븐의 버전 명명 규칙은 완성되지 않은 버전은 SNAPSHOT으로, 완성된 공식 배포 버전은 RELEASE로 구분합니다.

3.6.2 속성 정보: 〈properties〉

pom.xml 파일 내부에서 사용할 속성을 정의할 때는 〈properties〉 요소에서 설정합니다. 주로 버전 정보처럼 공통으로 많이 사용하는 내용을 설정합니다.

```
<properties>
    <java-version>15</java-version> ❶
    <org.springframework-version>5.2.8.RELEASE</org.springframework-version> ❷
    <org.aspectj-version>1.9.6</org.aspectj-version> ❸
    <org.slf4j-version>1.7.25</org.slf4j-version> ❹
</properties>
```

❶ 자바 버전입니다.

❷ 스프링 프레임워크 버전입니다.

❸ aspectj 버전: 스프링 AOP의 핵심 모듈 중 하나인 애스팩터 버전을 나타냅니다.

❹ slf4j 버전: 여러 로거를 선택해서 사용할 수 있게 하는 로깅 버전을 나타냅니다.

3.6.3 의존성 라이브러리 정보: 〈dependencies〉

의존성 라이브러리 정보는 pom.xml 파일 내 〈dependencies〉 요소 안에 설정합니다. 또한 각각의 의존성 라이브러리 정보는 〈dependency〉 요소를 사용하여 작성합니다. 원하는 만큼

〈dependencies〉 요소 안에 설정합니다. 예를 들어 다음 형태로 구성할 수 있습니다.

```
<dependencies>
    <dependency>
            <groupId>그룹 ID</groupId> ❶
            <artifactId>아티팩트 ID</artifactId> ❷
            <version>버전</version> ❸
            <scope>범위</scope> ❹
    </dependency>
</dependencies>
```

❶ **그룹 ID:** 그룹의 도메인 이름을 설정합니다.

❷ **아티팩트 ID:** 프로젝트에 할당한 고유 ID를 설정합니다.

❸ **버전:** 스프링 AOP의 핵심 모듈 중 하나인 애스팩터 버전을 나타냅니다.

❹ **범위:** 해당 라이브러리를 어떤 상황에 사용하는지 설정합니다. 이 코드는 해당 애플리케이션이 실행될 때 사용한다면 특별히 지정하지 않아도 됩니다.

다음은 프로젝트를 생성할 때 pom.xml 파일 내 기본적으로 설정되는 의존성 라이브러리 정보입니다.

```
<!-- Spring -->
<dependency>
                      ❶
...
</dependency>
<!-- AspectJ -->
<dependency>
                      ❷
...
</dependency>
<!-- Logging -->
<dependency>
                      ❸
...
</dependency>
<!-- @Inject -->
<dependency>
                      ❹
...
</dependency>
<!-- Servlet -->
<dependency>
                      ❺
...
</dependency>
```

```
<!-- Test -->
<dependency>
...
</dependency>
```
⑥

❶ 스프링 라이브러리인 `spring-context`, `spring-webmvc`를 사용할 수 있는 설정입니다.

❷ AOP를 사용하는 AspectJ 라이브러리 설정입니다.

❸ 로그를 기록하는 slf4j 관련 라이브러리 설정입니다.

❹ JSR-330 표준 애너테이션 중 `@Inject`를 사용하는 `inject` 라이브러리 설정입니다.

❺ 자바에서 지원하는 `servlet-api`, `jsp-api`, `jstl` 라이브러리를 사용할 수 있는 설정입니다.

❻ 자바용 단위 테스트 도구를 사용하는 `junit` 라이브러리 설정입니다.

3.6.4 빌드 정보: 〈build〉

프로젝트를 빌드할 때 필요한 요소들을 불러오고 싶다면 〈build〉 요소 안에 설정합니다. 〈plugins〉 요소를 이용하여 빌드에서 사용할 플러그인을 설정합니다.

```
<build>
    <plugins>
        <plugin>
            <artifactId>maven-eclipse-plugin</artifactId>
            <version>2.9</version>
            <configuration>
                <additionalProjectnatures>
                    <projectnature>org.springframework.ide.eclipse.core.springnature
                        </projectnature>
                </additionalProjectnatures>
                <additionalBuildcommands>
                    <buildcommand>org.springframework.ide.eclipse.core.springbuilder
                        </buildcommand>
                </additionalBuildcommands>
                <downloadSources>true</downloadSources>
                <downloadJavadocs>true</downloadJavadocs>
            </configuration>
        </plugin>
```
❶

```
    ┌── <plugin>
    │       <groupId>org.apache.maven.plugins</groupId>
    │       <artifactId>maven-compiler-plugin</artifactId>
    │       <version>2.5.1</version>
    │       <configuration>
    │           <source>1.6</source>
❷   │           <target>1.6</target>
    │           <compilerArgument>-Xlint:all</compilerArgument>
    │           <showWarnings>true</showWarnings>
    │           <showDeprecation>true</showDeprecation>
    │       </configuration>
    └── </plugin>
    ┌── <plugin>
    │       <groupId>org.codehaus.mojo</groupId>
    │       <artifactId>exec-maven-plugin</artifactId>
❸   │       <version>1.2.1</version>
    │       <configuration>
    │           <mainClass>org.test.int1.Main</mainClass>
    │       </configuration>
    └── </plugin>
    </plugins>
</build>
```

❶ 이클립스 프로젝트를 생성하려고 플러그인을 설정합니다.

❷ 소스 코드를 컴파일하려고 플러그인을 설정합니다.

❸ 자바 프로그램을 실행하려고 자바 플러그인을 설정합니다.

SPRING

3.7 　실습 도서 쇼핑몰 시작 페이지 만들기

스프링 MVC 프로젝트로 앞으로 구축할 도서 쇼핑몰 애플리케이션의 시작 페이지를 만들어 보고
부트스트랩 CSS를 적용해 보겠습니다.

3.7.1 시작 페이지 만들기

우리가 앞으로 책 전체에서 만들 도서 쇼핑몰 애플리케이션의 시작 페이지는 다음 단계에 따라 진행할 것입니다.

- 프로젝트 생성하기
- 컨트롤러 작성하기
- 웹 페이지 작성하기
- 프로젝트 실행하기

프로젝트 생성하기

1. 이클립스에서 File → New → Project를 선택합니다. New Project 창에서 프로젝트 형식을 Spring 항목의 하위 항목인 [Spring Legacy Project]로 선택한 후 Next를 클릭합니다.

▼ 그림 3-4 Spring Legacy Project 생성

2. New Spring Legacy Project 창의 Project name 항목에 'BookMarket'을 입력한 후 Templates 항목에서 [Spring MVC Project]를 선택하고 Next를 클릭합니다.

▼ 그림 3-5 프로젝트 이름 설정

▼ 그림 3-5 프로젝트 이름 설정

3. Project Settings 단계에서 패키지 이름 'com.springmvc.controller'를 입력하고 **Finish**를 클릭합니다. 이때 프로젝트 탐색기에 생성된 BookMarket 프로젝트 구조는 오른쪽 그림과 같습니다.

▼ 그림 3-6 프로젝트 패키지 이름 설정과 프로젝트 구조

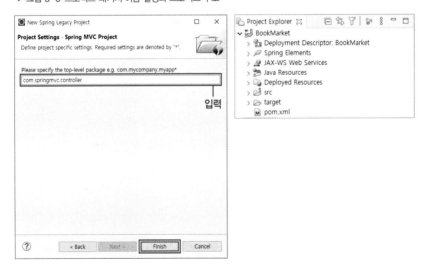

4. pom.xml 파일에서 java, springframework, aspectj, slf4j 버전을 다음과 같이 수정합니다.

코드 3-1 BookMarket/pom.xml

```
...
    <properties>
        <java-version>15</java-version>
        <org.springframework-version>5.2.8.RELEASE</org.springframework-version>
        <org.aspectj-version>1.9.6</org.aspectj-version>
        <org.slf4j-version>1.7.25</org.slf4j-version>
    </properties>
...
```

컨트롤러 작성하기

클라이언트의 요청 URL을 처리하는 컨트롤러인 자바 클래스를 구현합니다.

1. 이클립스의 프로젝트 탐색기에서 BookMarket 프로젝트를 선택한 후 마우스 오른쪽 버튼을 눌러 **New → Class**를 선택합니다. New Java Class 창의 Package 항목에서 com. springmvc.controller를 확인하고, Name 항목에는 'WelcomeController'를 입력한 후 **Finish**를 클릭합니다.

▼ 그림 3-7 자바 클래스 생성

2. 생성된 컨트롤러 WelcomeController에 다음과 같이 작성하고 저장합니다. 파일 위치는 BookMarket/src/main/java/com/springmvc/controller/입니다.

코드 3-2 BookMarket/src/main/java/com/springmvc/controller/WelcomeController.java

```java
package com.springmvc.controller;

import org.springframework.stereotype.Controller;
import org.springframework.ui.Model;
import org.springframework.web.bind.annotation.RequestMapping;
import org.springframework.web.bind.annotation.RequestMethod;

@Controller ❶
public class WelcomeController {
    @RequestMapping(value="/home", method=RequestMethod.GET) ❷
    public String welcome(Model model) {
        model.addAttribute("greeting", "Welcome to BookMarket"); ❹
❸      model.addAttribute("strapline", "Welcome to Web Shopping Mall!"); ❺
        return "welcome"; ❻
    }
}
```

❶ @Controller를 선언하여 자바 클래스 WelcomeController가 컨트롤러임을 나타냅니다.

❷ @RequestMapping은 클라이언트의 요청 URL이 /home이면 WelcomeController 컨트롤러 의 welcome() 메서드에 매핑합니다.

❸ welcome() 메서드는 클라이언트의 요청 URL 처리를 직접 담당하는 요청 처리 메서드입니다.

❹, ❺ addAttribute() 메서드는 Model 타입 객체의 멤버 메서드로 이를 이용하여 뷰에 전달할 정보를 담습니다. 코드 3-2에서 문자열인 'Welcome to BookMarket'과 'Welcome to Web Shopping Mall!'이 각각 greeting과 strapline 속성 이름에 저장되어 JSP 웹 페이지로 전달됩니다.

❻ 클라이언트 요청 URL에 대해 처리된 결과를 사용자에게 보여 주는 뷰입니다. 웹 브라우저에 출력되는 웹 페이지는 welcome.jsp 파일이 됩니다.

웹 페이지 작성하기

도서 쇼핑몰 애플리케이션의 인사말을 출력할 웹 페이지를 작성합니다.

1. BookMarket 프로젝트 아래에서 src/main/webapp/WEB-INF/views 폴더를 선택한 후
마우스 오른쪽 버튼을 눌러 **New → File**을 선택합니다. Create New File 창에서 현재 경
로 BookMarket/src/main/webapp/WEB-INF/views를 확인하고, File name 항목에
'welcome.jsp'를 입력한 후 **Finish**를 클릭합니다.

❤ 그림 3-8 JSP 페이지 생성

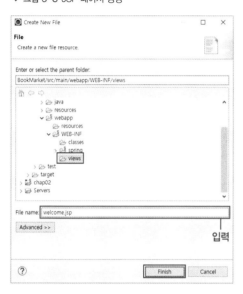

2. 생성된 welcome.jsp 파일에 다음 내용을 작성하고 저장합니다. 위치는 BookMarket/src/
main/webapp/WEB-INF/views입니다.

코드 3-3 BookMarket/src/main/webapp/WEB-INF/views/welcome.jsp

```
<%@ page contentType="text/html; charset=utf-8" %>
<html>
<head>
<title>Welcome</title>
</head>
<body>
    <h1>${greeting}</h1> ❶
    <p>${strapline}</p> ❷
</body>
</html>
```

❶ WelcomeController 컨트롤러의 welcome( ) 메서드에서 전송된 모델 데이터 greeting 속성 값을 출력합니다.

❷ WelcomeController 컨트롤러의 welcome( ) 메서드에서 전송된 모델 데이터 strapline 속성 값을 출력합니다.

프로젝트 실행하기

필요한 코드를 모두 작성했습니다. 이제 제대로 구현되었는지 실행해 봅니다.

1. 이클립스 아래쪽에 있는 콘솔 창에서 [Servers] 탭을 클릭합니다. Tomcat v9.0 Server at localhost에서 마우스 오른쪽 버튼을 눌러 **Add and Remove**를 선택합니다. Add and Remove 창의 Available 항목에서 **BookMarket**을 더블클릭하거나 **Add**를 클릭하여 Configured 항목에 추가한 후 **Finish**를 클릭합니다.

▼ 그림 3-9 톰캣 서버에 실행할 프로젝트 등록

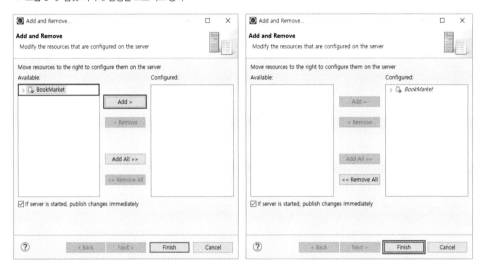

2. [Servers] 탭에서 Tomcat v9.0 Server at localhost 항목 하위에 BookMarket이 추가된 것을 확인합니다.

▼ 그림 3-10 추가한 프로젝트 확인

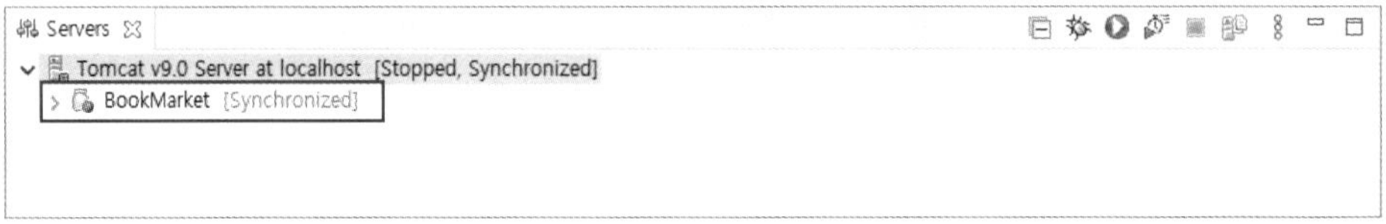

3. 이클립스 툴바에서 ▶을 클릭합니다. Run As → Run on Server를 선택하여 실행합니다.

▼ 그림 3-11 프로젝트 실행

4. 웹 브라우저 주소창에 'http://localhost:8080/controller/home'을 입력하면 다음과 같이 웹 브라우저 창에서 실행 결과를 확인할 수 있습니다.

▼ 그림 3-12 실행 결과

3.7.2 부트스트랩 CSS를 적용하여 시작 페이지 만들기

부트스트랩 CSS 내려받기

1. https://getbootstrap.com/에서 부트스트랩 CSS 압축 파일을 내려받습니다. 이 책은 부트스트랩 v4.5.3 버전으로 실습했으니 이에 맞추어 4.5 버전을 내려받으면 좋습니다.

▼ 그림 3-13 부트스트랩 내려받기

Download

Download Bootstrap to get the compiled CSS and JavaScript, source code, or include it with your favorite package managers like npm, RubyGems, and more.

Compiled CSS and JS

Download ready-to-use compiled code for **Bootstrap v4.5.3** to easily drop into your project, which includes:

- Compiled and minified CSS bundles (see CSS files comparison)
- Compiled and minified JavaScript plugins

This doesn't include documentation, source files, or any optional JavaScript dependencies (jQuery and Popper.js).

Download

2. 압축을 풀면 css 폴더에 다양한 CSS 파일이 들어 있습니다.

▼ 그림 3-14 다양한 CSS 파일

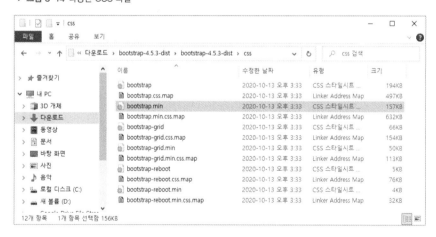

CSS 리소스 폴더 만들기

3. src/main/webapp/resources에 css 폴더를 생성합니다. 내려받은 부트스트랩 파일 (bootstrap.min.css)을 css 폴더로 드래그&드롭하여 등록합니다.

❤ 그림 3-15 부트스트랩 CSS 생성 경로

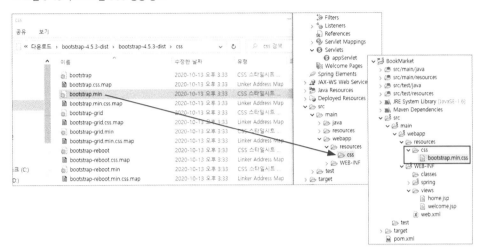

뷰 페이지에 부트스트랩 CSS 연결하기

4. src/main/webapp/WEB-INF/views 폴더의 뷰 페이지 welcome.jsp 파일에 부트스트랩 CSS를 연결합니다.

코드 3-4 BookMarket/src/main/webapp/WEB-INF/views/welcome.jsp

```
<%@ page contentType="text/html; charset=utf-8" %>
<html>
<head>
<link href="./resources/css/bootstrap.min.css" rel="stylesheet">
<title>Welcome</title>
</head>
<body>
...
```

뷰 페이지에 부트스트랩 CSS 적용하기

5. 부트스트랩이 제공하는 스타일시트를 적용하도록 welcome.jsp 파일을 수정한 후 저장합니다.

코드 3-5 BookMarket/src/main/webapp/WEB-INF/views/welcome.jsp

```
...
<body>
    <nav class="navbar navbar-expand navbar-dark bg-dark">
        <div class="container">
            <div class="navbar-header">
❶               <a class="navbar-brand" href="./home">Home</a>
            </div>
        </div>
    </nav>
    <div class="jumbotron">
        <div class="container">
❷           <h1 class="display-3">${greeting}</h1>
        </div>
    </div>
    <div class="container">
        <div class="text-center">
❸           <h3>${strapline}</h3>
        </div>
    </div>
    <footer class="container">
        <hr>
❹       <p>&copy; WebMarket</p>
    </footer>
</body>
</html>
```

▼ **그림 3-16** 부트스트랩 CSS 적용 구조

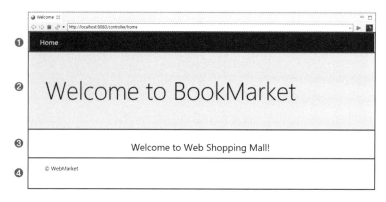

094

프로젝트 실행하기

6. 웹 브라우저에 'http://localhost:8080/controller/home'을 입력하여 실행 결과를 확인합니다.

▼ 그림 3-17 실행 결과

3.7.3 프로젝트 실행 경로 변경

앞서 도서 쇼핑몰 애플리케이션의 시작 페이지를 만들어 실행해 보았습니다. 웹 브라우저에 주소를 입력할 때는 http://localhost:8080/controller/home처럼 패키지 이름으로 요청해야 합니다. 그래서 도서 쇼핑몰의 애플리케이션은 프로젝트 이름으로 BookMarket을 http://localhost:8080/BookMarket/home처럼 요청하여 실행할 수 있도록 변경해 보겠습니다.

1. BookMarket 프로젝트에서 마우스 오른쪽 버튼을 눌러 **Properties**를 선택합니다. Properties for BookMarket 창에서 [Web Project Settings]를 선택하고, Context root에 'BookMarket'을 입력한 후 **Apply and Close**를 클릭합니다. 다음 창이 나오면 **OK**를 클릭합니다.

▼ 그림 3-18 프로젝트 속성 설정 화면

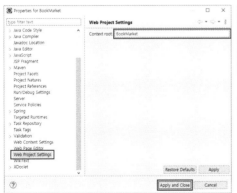
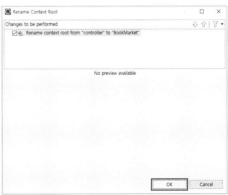

2. 프로젝트를 다시 실행하고 웹 브라우저에 'http://localhost:8080/BookMarket/home'을 입력하여 실행 결과를 확인합니다. 정상적으로 잘 나왔음을 확인할 수 있습니다.

▼ 그림 3-19 프로젝트 실행 결과

Note ☰ **오류가 발생한 경우**

다음 오류 메시지가 발생하는 것은 컴파일이 제대로 되지 않아서입니다.

▼ 그림 3-20 오류 화면

다음과 같이 다시 컴파일하여 수행합니다.

1. [Servers] 탭에 있는 Tomcat v9.0 Server at localhost에 등록된 BookMarket 프로젝트를 클릭합니다. Delete 를 누르거나 마우스 오른쪽 버튼을 눌러 **Remove**를 선택해서 BookMarket 프로젝트를 삭제합니다.

▼ 그림 3-21 BookMarket 프로젝트 삭제

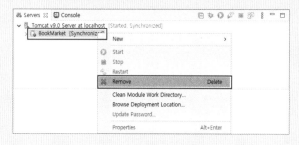

➲ 계속

2. 이클립스 툴바의 실행하기를 클릭하면 오른쪽 그림이 출력됩니다. 이때 [Restart server]를 선택하면 서버를 재시작하는데, 프로젝트의 모든 코드를 다시 컴파일하게 됩니다.

▼ 그림 3-22 프로젝트 실행

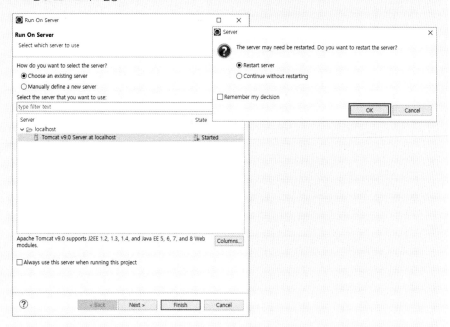

SPRING

3.8 마치며

스프링 MVC 프로젝트의 구조 및 생성되는 폴더, 파일을 자세히 살펴보았고, 부트스트랩 프레임 워크 CSS를 적용한 반응형 도서 쇼핑몰의 시작 페이지를 구현했습니다.

다음 장에서는 웹 애플리케이션의 계층적 구조를 살펴본 후 이를 적용하여 도서 쇼핑몰의 계층적 공통 모듈을 만들어 보겠습니다.

memo

4장

스프링 MVC
애플리케이션의
계층적 구조:
'도서 쇼핑몰' 계층적
공통 모듈 만들기

이 장에서는 규모가 크고 구조가 복잡한 애플리케이션을 개발할 때 유지 보수의
편리성과 코드의 확장성을 높여 주는 웹 애플리케이션의 계층적 구조를 살펴봅
니다. 그리고 계층적 구조를 적용하여 도서 쇼핑몰의 공통 모듈을 구현합니다.

4.1 / 웹 애플리케이션의 계층적 구조

계층적 구조는 웹 애플리케이션을 개발할 때 유연성, 확장성, 재사용성을 높이고자 보편적으로 많이 적용하는 설계 방식입니다. 이 절에서는 계층적 구조를 자세히 살펴보겠습니다.

4.1.1 계층적 구조

계층적 구조는 관심사를 분리해서 각 계층을 느슨하게 결합하고 계층 간에 유연하게 동작시킬 수 있습니다. 계층적 구조 없이 한곳에서 모든 작업을 한꺼번에 한다면 코드의 복잡성 증가, 유지 보수의 어려움과 유연성 부족, 중복 코드의 증가, 낮은 확장성 등 문제가 발생할 수 있습니다. 웹 애플리케이션을 좀 더 효율적으로 개발하고, 개발한 이후 유지 보수를 쉽게 하기 위해 시스템 구조를 계층화하여 개발하는 것이 일반적입니다.

계층적 구조는 퍼시스턴스 계층, 서비스 계층, 프레젠테이션 계층으로 분리합니다. 스프링 MVC에서 MVC 패턴은 프레젠테이션 계층의 일부입니다.

❤ 그림 4-1 스프링 MVC 애플리케이션의 계층

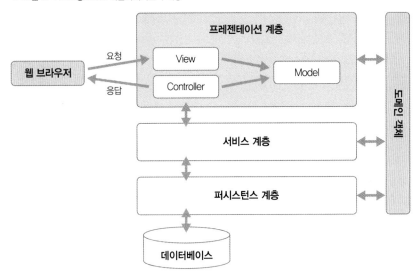

- **도메인 객체**(domain object): 데이터 모델로, 객체 정보를 저장하는 곳입니다.

- **퍼시스턴스 계층**(persistence layer): 데이터 액세스 계층이라고도 합니다. 데이터베이스나 파일에 접근하여 데이터를 처리하는 곳입니다.

- **서비스 계층**(service layer): 비즈니스 계층이라고도 합니다. 이 계층은 애플리케이션이 제공하는 포괄적인 서비스를 표현합니다. 클라이언트에서 요청한 데이터를 가져오거나 변경하려고 퍼시스턴스 계층을 호출하며, 프레젠테이션 계층과 퍼시스턴스 계층 사이를 연결하는 역할을 합니다.

- **프레젠테이션 계층**(presentation layer): 애플리케이션과 사용자의 최종 접점입니다. 사용자에게서 데이터를 입력받거나 데이터 결과를 웹 서버에 전달하여 사용자에게 보여 주는 계층입니다. 즉, 애플리케이션 요청을 받아들여 처리하며, 동시에 처리된 결과를 사용자에게 보여 줍니다.

4.1.2 계층적 구조의 구현 과정

애플리케이션의 코드를 계층적 구조로 작성한다면 계층 간 데이터를 전달하기 위해 데이터에 접근하는 것이 먼저입니다. 도메인 객체 〉 퍼시스턴스 계층 〉 서비스 계층 〉 프레젠테이션 계층(컨트롤러→뷰) 순으로 개발을 진행합니다.

❤ 그림 4-2 계층적 구조의 구현 과정

일반적으로 퍼시스턴스 계층과 서비스 계층은 스프링의 주요 특징 중 하나인 객체 간 결합을 느슨하게 연결(loosely coupled)하는 데 인터페이스를 사용합니다. 이는 나중에 소스 코드를 변경하거나 유지 보수할 때 유연하게 대응할 수 있도록 하기 위함입니다.

4.2 도서 쇼핑몰의 계층적 공통 모듈 만들기

웹 애플리케이션을 개발할 때 보편적인 설계 방식인 계층적 구조를 구축할 도서 쇼핑몰 애플리케이션에 적용하여 프레젠테이션 계층, 서비스 계층, 퍼시스턴스 계층과 도메인 객체 등의 클래스를 작성해 보겠습니다.

4.2.1 도서 쇼핑몰 애플리케이션의 계층적 구조

3장에서 구현한 도서 쇼핑몰의 시작 페이지에 계층적 구조를 적용해 봅시다. 이 절의 실습 예제를 마친 후 이클립스의 프로젝트 탐색기에서 프로젝트 구성을 살펴보면 다음과 구조가 같을 것입니다.

❤ 그림 4-3 도서 쇼핑몰의 프로젝트 구조

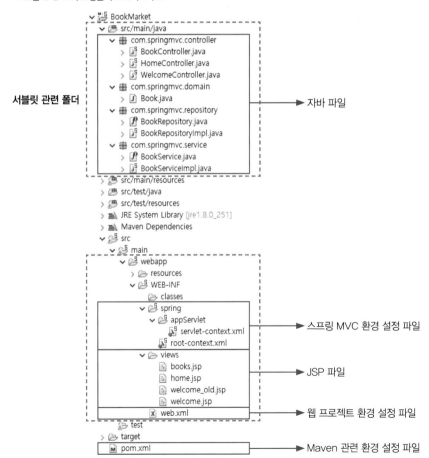

도서 쇼핑몰에 계층적 구조를 구현하는 과정은 다음과 같습니다.

▼ 그림 4-4 도서 쇼핑몰의 계층적 구조 구현 과정

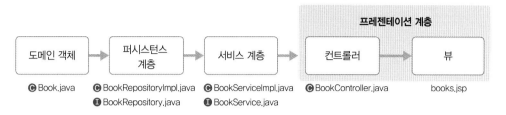

4.2.2 실습 도서 기본 정보가 담긴 도메인 객체

도메인 객체는 애플리케이션에서 다른 계층들의 토대가 되는 역할을 하는 데이터 객체입니다. 우리가 만드는 도서 쇼핑몰 애플리케이션에서 도메인 객체는 도서 목록을 표시하는 개별 도서들의 정보를 의미합니다. 또한 도서 주문 처리에서 필요한 주문 고객의 정보, 배송 주소, 주문 항목 등을 도메인 객체로 이해할 수 있습니다.

도메인 객체는 데이터 모델로, 필요한 속성(필드)들을 정의하고 각 속성에 Setter()와 Getter() 메서드를 만들어 주어야 합니다.

Note ≡ **도메인 객체의 속성에 Setter()와 Getter() 메서드를 만들어야 하나요?**

Setter()와 Getter() 메서드를 사용하는 주요 목적은 도메인 객체의 속성에 아무 클래스나 접근하지 못하도록 하는 것입니다. 즉, Setter()와 Getter()에 제한을 두어 각 계층의 제한된 범위 안에서만 Setter()와 Getter() 메서드로 접근이 가능하도록 하는 것입니다.

또한 스프링 MVC에서 뷰인 웹 페이지가 도메인 객체의 속성을 접근할 때 Setter()와 Getter() 메서드로 직접 접근할 수 있도록 한 것으로 꼭 필요한 부분이니 번거롭더라도 작성하기 바랍니다.

도메인 객체 Book 클래스 생성하기: Book.java

Book 클래스 만들기

1. BookMarket 프로젝트의 src/main/java를 클릭한 후 마우스 오른쪽 버튼을 눌러 **New →**
   Class를 선택합니다.

▼ 그림 4-5 Book 클래스 생성 1

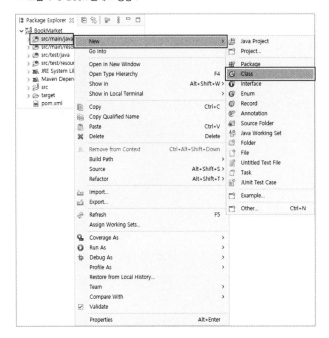

2. New Java Class 창에서 Package 항목에는 'com.springmvc.domain'을, Name 항목에는 'Book'을 입력한 후 **Finish**를 클릭합니다.

▼ 그림 4-6 Book 클래스 생성 2

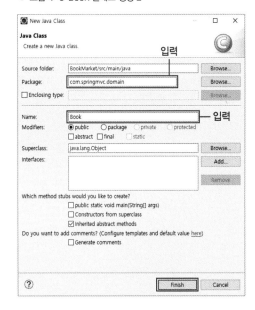

3. 생성한 Book 클래스 안에 다음과 같이 필드를 선언합니다.

코드 4-1 BookMarket/src/main/java/com.springmvc.domain/Book.java

```java
package com.springmvc.domain;

public class Book {
    private String bookId;        // 도서ID
    private String name;          // 도서명
    private int unitPrice;        // 가격
    private String author;        // 저자
    private String description;   // 설명
    private String publisher;     // 출판사
    private String category;      // 분류
    private long unitsInStock;    // 재고 수
    private String releaseDate;   // 출판일(월/년)
    private String condition;     // 신규 도서 또는 중고 도서 또는 전자책
}
```

기본 생성자 추가하기

Book 클래스에 기본 생성자를 추가하고, 선언된 필드 중 bookId, name, unitPrice를 매개변수로 하여 생성자를 추가하겠습니다.

4. 기본 생성자를 추가하기 위해 이클립스에서 **Source → Generate Constructors from Superclass**를 선택합니다. 창이 뜨면 Object에 체크된 것을 확인하고 **Generate**를 클릭합니다.

❤ 그림 4-7 기본 생성자 생성

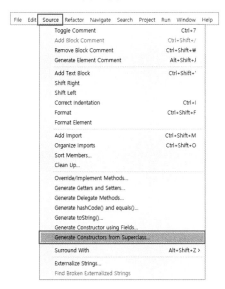
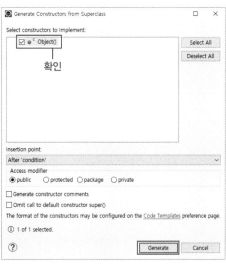

일반 생성자 추가하기

5. Source → Generate Constructor using Fields를 선택합니다. 창이 뜨면 bookId, name, unitPrice 필드만 체크한 후 **Generate**를 클릭하여 일반 생성자를 자동으로 추가합니다.

▼ 그림 4-8 일반 생성자 생성

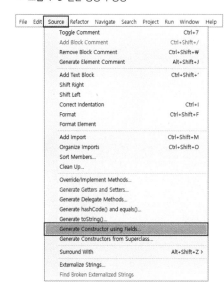

6. Book 클래스를 보면 기본 생성자와 생성자가 추가된 것을 확인할 수 있습니다.

코드 4-2 BookMarket/src/main/java/com.springmvc.domain/Book.java

```java
package com.springmvc.domain;

public class Book {
    ...
    private String condition; // 신규 도서 또는 중고 도서 또는 전자책

    public Book() {
        super();
        // TODO Auto-generated constructor stub
    }

    public Book(String bookId, String name, int unitPrice) {
        super();
        this.bookId = bookId;
        this.name = name;
        this.unitPrice = unitPrice;
    }
}
```

❶기본 생성자

❷일반 생성자

Setter()와 Getter() 메서드 추가하기

7. Source → Generate Getters and Setters를 선택해서 창이 나타나면 모든 필드를 선택하거나 Select All을 클릭합니다. 모두 선택되었다면 Generate를 클릭합니다.

❤ 그림 4-9 Setter()와 Getter() 메서드 생성

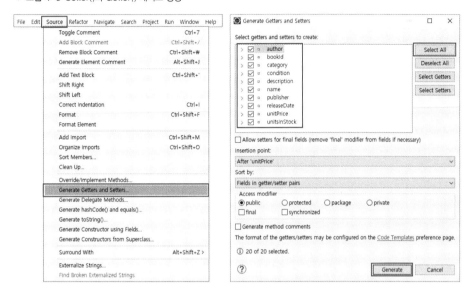

8. Book 클래스에서 모든 필드의 Setter()와 Getter() 메서드가 자동으로 추가되었습니다.

코드 4-3 BookMarket/src/main/java/com.springmvc.domain/Book.java

```java
package com.springmvc.domain;

public class Book {
    ...
    public Book(String bookId, String name, int unitPrice) {
        super();
        this.bookId = bookId;
        this.name = name;
        this.unitPrice = unitPrice;
    }

    public String getBookId() {
        return bookId;
    }

    public void setBookId(String bookId) {
        this.bookId = bookId;
    }
```

```java
public String getName() {
    return name;
}

public void setName(String name) {
    this.name = name;
}

public int getUnitPrice() {
    return unitPrice;
}

public void setUnitPrice(int unitPrice) {
    this.unitPrice = unitPrice;
}

public String getAuthor() {
    return author;
}

public void setAuthor(String author) {
    this.author = author;
}

public String getDescription() {
    return description;
}

public void setDescription(String description) {
    this.description = description;
}

public String getPublisher() {
    return publisher;
}

public void setPublisher(String publisher) {
    this.publisher = publisher;
}

public String getCategory() {
    return category;
}
```

```
public void setCategory(String category) {
    this.category = category;
}

public long getUnitsInStock() {
    return unitsInStock;
}

public void setUnitsInStock(long unitsInStock) {
    this.unitsInStock = unitsInStock;
}

public String getReleaseDate() {
    return releaseDate;
}

public void setReleaseDate(String releaseDate) {
    this.releaseDate = releaseDate;
}

public String getCondition() {
    return condition;
}

public void setCondition(String condition) {
    this.condition = condition;
}
}
```

4.2.3 실습 도서 정보를 관리하는 퍼시스턴스 계층

퍼시스턴스 계층은 일반적으로 도메인 객체에 접근할 수 있는 저장소 객체(repository object)입니다. 즉, 데이터 액세스 계층을 의미합니다. @Repository 애너테이션을 사용하여 표현할 수 있고, 특정 클래스에 @Repository를 선언하면 해당 클래스는 저장소 객체라는 의미입니다.

앞서 구현한 도메인 객체, 즉 도서별 정보를 객체화시켜 저장소에 저장하고 수정이나 삭제할 수 있는 퍼시스턴스 계층을 만들어 봅니다. 도서 쇼핑몰 애플리케이션에서 저장소 객체는 데이터베이스를 대신하여 메모리에 도서 정보를 저장하고 관리합니다.

저장소 객체 생성하기: BookRepository.java, BookRepositoryImpl.java

BookRepository 인터페이스 만들기

1. BookMarket 프로젝트에서 마우스 오른쪽 버튼을 눌러 **New → Interface**를 선택합니다. New Java Interface 창의 Package 항목에는 'com.springmvc.repository'를, Name 항목에는 'BookRepository'를 입력한 후 **Finish**를 클릭합니다.

▼ 그림 4-10 BookRepository 인터페이스 생성

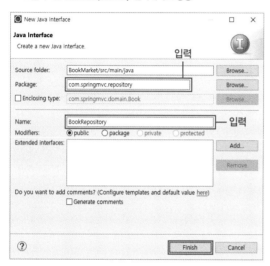

2. 생성한 BookRepository 인터페이스 안에 다음과 같이 메서드를 선언합니다.

> **코드 4-4** BookMarket/src/main/java/com/springmvc/repository/BookRepository.java

```java
package com.springmvc.repository;

import java.util.List;
import com.springmvc.domain.Book;

public interface BookRepository {
    List<Book> getAllBookList();
}
```

BookRepositoryImpl 클래스 만들기

3. BookMarket 프로젝트에서 마우스 오른쪽 버튼을 눌러 **New → Class**를 선택합니다. Package 항목에는 'com.springmvc.repository'를, Name 항목에는 'BookRepositoryImpl'을 입력합니다. Interfaces 항목에는 BookRepository 인터페이스를 구현체로 등록한 후 **Finish**를 클릭합니다.

Interfaces 항목에 BookRepository 인터페이스를 등록하는 방법은 다음과 같습니다. New Java Class 창에서 ❶Add를 클릭하고 ❷BookRepository를 검색하여 ❸검색된 목록에서 해당 BookRepository 인터페이스를 선택합니다. ❹OK를 클릭하면 ❺Interfaces 항목에 등록됩니다.

▼ 그림 4-11 BookRepositoryImpl 클래스 생성

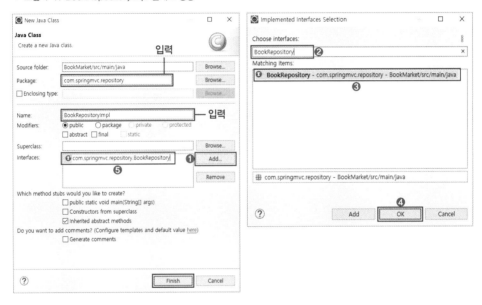

4. BookRepositoryImpl 클래스를 다음과 같이 작성합니다.

코드 4-5 BookMarket/src/main/java/com/springmvc/repository/BookRepositoryImpl.java

```
package com.springmvc.repository;

import java.util.List;
import com.springmvc.domain.Book;
import java.util.ArrayList;
import org.springframework.stereotype.Repository;

@Repository
public class BookRepositoryImpl implements BookRepository {
```

```java
    private List<Book> listOfBooks = new ArrayList<Book>();

    public BookRepositoryImpl() {
        Book book1 = new Book("ISBN1234", "C# 교과서", 30000);
        book1.setAuthor("박용준");
        book1.setDescription(
                "C# 교과서는 생애 첫 프로그래밍 언어로 C#을 시작하는 독자를 대상으로 한다. 특히 응용
                프로그래머를 위한 C# 입문서로, C#을 사용하여 게임(유니티), 웹, 모바일, IoT 등을 개
                발할 때 필요한 C# 기초 문법을 익히고 기본기를 탄탄하게 다지는 것이 목적이다.");
        book1.setPublisher("길벗");
        book1.setCategory("IT전문서");
        book1.setUnitsInStock(1000);
        book1.setReleaseDate("2020/05/29");
        Book book2 = new Book("ISBN1235", "Node.js 교과서", 36000);
        book2.setAuthor("조현영");
        book2.setDescription(
                "이 책은 프런트부터 서버, 데이터베이스, 배포까지 아우르는 광범위한 내용을 다룬
                다. 군더더기 없는 직관적인 설명으로 기본 개념을 확실히 이해하고, 노드의 기능
                과 생태계를 사용해 보면서 실제로 동작하는 서버를 만들어보자. 예제와 코드는 최
                신 문법을 사용했고 실무에 참고하거나 당장 적용할 수 있다.");
        book2.setPublisher("길벗");
        book2.setCategory("IT전문서");
        book2.setUnitsInStock(1000);
        book2.setReleaseDate("2020/07/25");
        Book book3 = new Book("ISBN1236", "어도비 XD CC 2020", 25000);
        book3.setAuthor("김두한");
        book3.setDescription(
                "어도비 XD 프로그램을 통해 UI/UX 디자인을 배우고자 하는 예비 디자이너의 눈높
                이에 맞게 기본적인 도구를 활용한 아이콘 디자인과 웹&앱 페이지 디자인, UI 디자
                인, 앱 디자인에 애니메이션과 인터랙션을 적용한 프로토타이핑을 학습합니다.");
        book3.setPublisher("길벗");
        book3.setCategory("IT활용서");
        book3.setUnitsInStock(1000);
        book3.setReleaseDate("2019/05/29");

        listOfBooks.add(book1);
        listOfBooks.add(book2);
        listOfBooks.add(book3);
    }

    @Override
    public List<Book> getAllBookList() {
        // TODO Auto-generated method stub
        return listOfBooks;
    }
}
```

❶ **기본 생성자:** 도메인 객체에서 정의된 모든 필드 값을 설정합니다.

❷ **도서 목록 가져오기:** 저장된 도서 목록의 정보를 가져오는 getAllBookList() 메서드를 작성
합니다.

Note ≡   **패키지를 자동으로 임포트(import)하는 방법**

- **오류 해결 팝업 창을 이용하는 방법**

  오류가 발생한 곳에 마우스를 가져가 조그마한 팝업 창이 뜨면 해당 패키지를 선택합니다.

  ✔ 그림 4-12 팝업 창 이용 방법

- **단축키를 이용하는 방법**

  Ctrl + Shift + o 를 눌러 팝업 창이 뜨면 해당 패키지를 선택합니다.

  ✔ 그림 4-13 단축키 이용 방법

4.2.4 실습 요청한 도서 목록을 반환하는 서비스 계층

서비스 계층은 애플리케이션이 제공하는 포괄적인 서비스들을 표현하는 계층으로 프레젠테이션 계층과 퍼시스턴스 계층 사이를 연결합니다. @Service 애너테이션을 이용하여 표현할 수 있고, 특정 클래스에 @Service를 선언할 경우 해당 클래스가 서비스 객체임을 의미합니다.

앞서 구현한 퍼시스턴스 계층과 앞으로 구현할 프레젠테이션 계층을 연결하는 서비스 계층을 만들어 봅니다.

서비스 객체 생성하기: BookService.java, BookServiceImpl.java

BookService 인터페이스 만들기

1. BookMarket 프로젝트에서 마우스 오른쪽 버튼을 눌러 New → Interface를 선택합니다. New Java Interface 창에서 Package 항목에는 'com.springmvc.service'를, Name 항목에는 'BookService'를 입력한 후 Finish를 클릭합니다.

▼ 그림 4-14 BookService 인터페이스 생성

2. BookService 인터페이스 안에 다음과 같이 메서드를 선언합니다.

> 코드 4-6 BookMarket/src/main/java/com/springmvc/service/BookService.java

```
package com.springmvc.service;

import java.util.List;
import com.springmvc.domain.Book;
```

```
public interface BookService {
    List<Book> getAllBookList();
}
```

BookServiceImpl 클래스 만들기

3. BookMarket 프로젝트에서 마우스 오른쪽 버튼을 눌러 **New → Class**를 선택합니다. New
Java Class 창에서 Package 항목에는 'com.springmvc.service'를, Name 항목에는
'BookServiceImpl'을, Interfaces 항목에는 BookService 인터페이스를 등록한 후 **Finish**를
클릭합니다.

Interfaces 항목에 BookService 인터페이스를 등록하는 방법은 다음과 같습니다. New
Java Class 창에서 ❶**Add**를 클릭하고 ❷BookService를 검색하여 ❸검색된 목록에서 해당
BookService 인터페이스를 선택합니다. ❹**OK**를 클릭하면 ❺Interfaces 항목에 등록됩니다.

❤ 그림 4-15 BookServiceImpl 클래스 생성

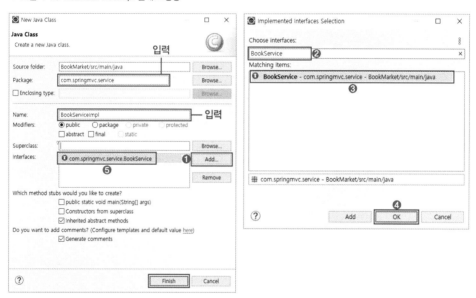

4. BookServiceImpl 클래스 안에 다음과 같이 작성합니다.

코드 4-7 BookMarket/src/main/java/com.springmvc.service/BookServiceImpl.java

```
package com.springmvc.service;

import java.util.List;
import com.springmvc.domain.Book;
```

```
import org.springframework.beans.factory.annotation.Autowired;
import org.springframework.stereotype.Service;
import com.springmvc.repository.BookRepository;

@Service
public class BookServiceImpl implements BookService {
    @Autowired
    private BookRepository bookRepository;

    public List<Book> getAllBookList() {
        // TODO Auto-generated method stub
❶       return bookRepository.getAllBookList();
    }
}
```

❶ **도서 목록 가져오기:** 저장된 도서 목록 정보를 가져오는 getAllBookList() 메서드를 작성합니다.

Note ≡ **컴포넌트 스캔(〈context:component-scan〉)을 설정하여 Setter() 메서드를 @Autowired로 대체할 수 있어요!**

외부 패키지에 정의된 BookRepository 클래스에 접근하려면 클래스 인스턴스인 bookRepository에 대한 Setter() 메서드를 매번 작성해야 해서 번거로웠습니다. 하지만 @Autowired 애너테이션을 선언하여 대체하면 훨씬 편합니다.

@Autowired를 사용하지 않는 경우는 다음과 같습니다.

```
package com.springmvc.service;
...
@Service
public class BookServiceImpl implements BookService {
    private BookRepository bookRepository;

    public void setBookRepository(BookRepository bookRepository) {
        this.bookRepository = bookRepository;
    }
}
```

4.2.5 실습 MVC를 담당하는 프레젠테이션 계층

프레젠테이션 계층은 웹 브라우저로 들어오는 요청을 처리하여 처리 결과를 웹 브라우저에 표현합니다. 프레젠테이션 계층은 웹에서 들어오는 요청을 처리하는 자바 클래스인 컨트롤러, 웹 요청의 처리 결과를 웹 브라우저에 보여 주는 JSP 웹 페이지인 뷰, JSP 웹 페이지에 출력할 데이터인 모델을 포함합니다.

앞서 생성한 클래스 간 의존 관계를 설정하고 요청한 도서 목록을 호출하는 컨트롤러와 도서 목록을 출력하는 뷰도 만들어 봅니다. 컨트롤러는 @Controller를 이용하여 표현합니다. 뷰는 자바 서버 페이지 표준 태그 라이브러리(JavaServer Pages Standard Tag Library, JSTL)를 적용하여 웹 페이지를 표현합니다. 스프링 MVC에서 가장 중요한 역할인 웹 요청을 처리하는 컨트롤러를 구현하는 방법은 5장에서 자세히 살펴보겠습니다.

요청한 도서 목록을 호출하는 컨트롤러 구현하기: BookController.java

1. src/main/java 폴더의 com.springmvc.controller 패키지에 BookController 클래스를 생성합니다.

▼ 그림 4-16 BookController 클래스 생성

2. BookController 클래스에 다음 내용을 작성합니다.

코드 4-8 BookMarket/src/main/java/com/springmvc/controller/BookController.java

```java
package com.springmvc.controller;

import java.util.List;
import org.springframework.beans.factory.annotation.Autowired;
import org.springframework.stereotype.Controller;
import org.springframework.ui.Model;
import org.springframework.web.bind.annotation.RequestMapping;
import org.springframework.web.bind.annotation.RequestMethod;
import com.springmvc.domain.Book;
import com.springmvc.service.BookService;

@Controller
public class BookController {
    @Autowired
    private BookService bookService; ❶

    @RequestMapping(value="/books", method=RequestMethod.GET) ❷
    public String requestBookList(Model model) {
        List<Book> list = bookService.getAllBookList();
        model.addAttribute("bookList", list); ❹
        return "books"; ❺
    }
}
```
(❸ 표시는 `public String requestBookList(Model model) { ... }` 블록을 가리킴)

---

❶ 웹 애플리케이션을 개발할 때 유연성과 확장성을 높이려면 BookController 컨트롤러에서 저장소 객체인 BookRepository로 직접 접근하지 말고, 서비스 객체인 BookService로 저장소 객체에 접근해야 합니다.

❷ **요청 매핑 @RequestMapping:** 컨트롤러에서 웹 요청을 처리할 메서드에 매핑하는 애너테이션 설정입니다. 웹 브라우저의 주소창에 'http://localhost:8080/BookMarket/books'를 입력하면 @RequestMapping("/books")로 매핑되어 요청 처리 메서드 requestBookList()가 실행됩니다.

❸ **요청 처리 메서드:** requestBookList()는 웹 요청을 처리할 메서드입니다.

❹ **모델 데이터:** 모델 속성 이름 bookList에 저장된 도서 목록을 저장합니다.

❺ **뷰 이름:** books로 반환하므로 JSP 파일은 books.jsp가 됩니다.

컨트롤러와 의존 관계의 빈 객체 등록하기: servlet-context.xml

1. 빈 객체를 등록하려면 src/main/webapp/WEB-INF/spring/appServlet 폴더에 있는 servlet-context.xml 파일을 수정해야 합니다. ⟨context:component-scan⟩ 요소의 base-package 속성 값을 공통 패키지인 com.springmvc.*로 수정합니다.

코드 4-9 BookMarket/src/main/webapp/WEB-INF/spring/appServlet/servlet-context.xml

```xml
<?xml version="1.0" encoding="UTF-8"?>
<beans:beans xmlns="http://www.springframework.org/schema/mvc"
...
    <context:component-scan base-package="com.springmvc.*"/>
</beans:beans>
```

Tip ≡ ⟨context:component-scan⟩ 요소에 대한 자세한 내용은 5장을 참고하기 바랍니다.

도서 목록을 출력하는 뷰 구현하기: books.jsp

1. src/main/webapp/WEB-INF/views 폴더에서 마우스 오른쪽 버튼을 눌러 **New** → **JSP File**을 선택합니다. New JSP File 창의 File name 항목에 'books.jsp'를 입력한 후 **Finish**를 클릭합니다.

▼ 그림 4-17 JSP 파일 생성

2. 생성된 books.jsp에 다음 내용을 작성합니다.

코드 4-10 BookMarket/src/main/webapp/WEB-INF/views/books.jsp

```jsp
<%@ page contentType="text/html; charset=utf-8" %>
<%@ taglib prefix="c" uri="http://java.sun.com/jsp/jstl/core" %>
<%@ taglib prefix="fn" uri="http://java.sun.com/jsp/jstl/functions" %> ❶

<html>
<head>
<link href="<c:url value="/resources/css/bootstrap.min.css"/>" ❷
      rel="stylesheet">
<title>도서 목록</title>
</head>
<body>
    <nav class="navbar navbar-expand  navbar-dark bg-dark">
        <div class="container">
            <div class="navbar-header">
                <a class="navbar-brand" href="./home">Home</a>
            </div>
        </div>
    </nav>
    <div class="jumbotron">
        <div class="container">
            <h1 class="display-3">도서 목록</h1>
        </div>
    </div>
    <div class="container">
        <div class="row" align="center">
        ┌┄ <c:forEach items="${bookList}" var="book">
        ┆       <div class="col-md-4">
        ┆           <h3>${book.name}</h3>
        ┆           <p>${book.author}
        ❸              <br>${book.publisher} | ${book.releaseDate}
        ┆           <p align=left>${fn:substring(book.description, 0, 100)}...
        ┆           <p>${book.unitPrice}원
        ┆       </div>
        └┄ </c:forEach>
        </div>
        <hr>
        <footer>
            <p>&copy; BookMarket</p>
        </footer>
    </div>
</body>
</html>
```

❶ prefix="fn"은 JSTL의 function 태그를 JSP에서 사용함을 나타냅니다.

❷ 뷰 화면을 표현하려고 부트스트랩에서 제공하는 스타일시트(bootstrap.css)의 URL을 연결하여 적용한 것입니다.

❸ JSTL의 〈for Each〉...〈/for Each〉 구문을 이용한 반복문으로, 모든 도서의 목록을 출력합니다. ${bookList}는 BookController 컨트롤러에서 전달된 모델 데이터를 var 속성 값인 book으로 다시 정의합니다. book을 이용하여 모델 데이터 name, author, publisher, releaseDate, description, unitPrice 등을 출력합니다.

4.2.6 실습 실행 결과 확인하기

웹 브라우저 주소창에 'http://localhost:8080/BookMarket/books'를 입력하여 실행하면 저장소 객체에 저장된 도서 목록을 출력합니다.

웹 요청 URL에 대한 실행 결과 확인하기

1. 현재 프로젝트의 구현 파일을 열어 놓고 이클립스에서 **Run → Run**을 선택하거나 툴바에서 ▶을 클릭합니다. Run On Server 창에서 **localhost → Tomcat v9.0 Server at localhost**를 선택하고 **Finish**를 클릭합니다.

▼ 그림 4-18 톰캣 서버 실행

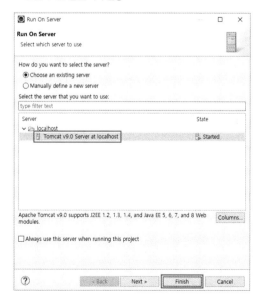

2. 웹 브라우저 주소창에 'http://localhost:8080/BookMarket/books'를 입력하여 실행 결과를 확인합니다.

▼ 그림 4-19 실행 결과

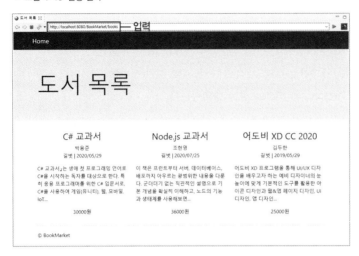

4.3 / 마치며

웹 애플리케이션을 개발할 때 쉽게 유지 보수를 하고 확장성을 높일 수 있는 계층적 구조를 살펴보았습니다. 또 도서 쇼핑몰 애플리케이션에 계층적 구조를 적용하여 공통 모듈도 구현했습니다.

다음 장에서는 웹 요청을 처리하는 컨트롤러를 구현하는 과정을 자세히 살펴본 후 이를 적용하여 도서 쇼핑몰에서 도서 목록을 출력해 보겠습니다.

5장

컨트롤러 구현:
'도서 쇼핑몰'에서
도서 목록 출력하기

이 장에서는 웹 요청을 처리하는 컨트롤러를 구현합니다. 컨트롤러를 정의하는 @Controller, 요청 처리 메서드의 경로를 매핑하는 @RequestMapping, 뷰 이름과 모델을 살펴봅니다. 그리고 컨트롤러를 구현하여 도서 쇼핑몰의 도서 목록을 출력해 볼 것입니다.

이 장에서 다룰 핵심 내용

- **컨트롤러 개요**
- **컨트롤러 정의**
  - 실습 @Controller로 컨트롤러를 정의하여 도서 목록 출력하기
- **@RequestMapping을 이용한 요청 매핑 경로 설정**
  - 실습 컨트롤러에 @RequestMapping 작성하기
  - 실습 메서드에 @RequestMapping 작성하기
  - 실습 단순화한 @RequestMapping 사용하기
- **요청 처리 메서드와 모델 유형**
  - 실습 ModelAndView 클래스를 사용하여 결과 반환하기

5.1 컨트롤러 개요

이 절에서는 컨트롤러를 알아보겠습니다. 컨트롤러는 무엇이고 어떻게 구현하는지 살펴봅니다.

5.1.1 컨트롤러

스프링 MVC는 웹에서 사용자 요청을 받으면 가장 먼저 디스패처 서블릿에 전달합니다. 사실 디스패처 서블릿은 요청을 전달받는 창구 역할만 할 뿐 실제로는 컨트롤러(Controller)가 요청을 처리합니다.

❤ 그림 5-1 사용자 요청을 처리하는 과정

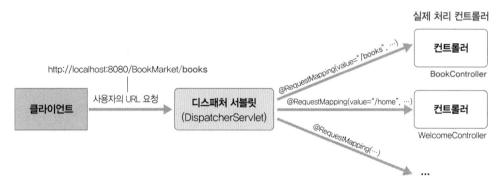

컨트롤러는 웹 브라우저에서 들어온 사용자 요청을 구현된 메서드에서 처리하고 그 결과를 뷰에 전달하는 스프링의 빈 객체입니다. 즉, 웹 요청을 전달받아 그 내용을 해석한 후 요청을 처리할 수 있는 메서드를 호출합니다. 해당 요청을 처리하고 나서 사용자에게 결과를 반환합니다.

컨트롤러를 구현하는 것은 개발자 역량이 필요한 부분으로, 컨트롤러로 사용할 클래스와 클래스 내부에 사용자 요청을 처리하는 메서드를 구현하는 것을 컨트롤러를 구현한다고 표현합니다.

5.1.2 컨트롤러 구현 과정

4장에서 작성한 도서 쇼핑몰 애플리케이션에서는 WelcomeController와 BookController 두 자바 클래스를 컨트롤러로 사용합니다. WelcomeController 클래스는 사용자의 웹 요청 URL http://localhost:8080/BookMarket/home을 받아 웹 브라우저 화면에 도서 쇼핑몰의 인사말을 출력합니다. BookController 클래스는 웹 요청 URL http://localhost:8080/BookMarket/books를 받아 웹 브라우저 화면에 전체 도서 목록을 출력합니다. 그러면 이런 자바 클래스가 어떻게 컨트롤러 역할을 하는지 그 원리를 살펴보겠습니다.

다음은 도서 쇼핑몰에서 전체 도서 목록을 가져와 웹 브라우저에 출력하는 BookController 컨트롤러를 구현하는 과정입니다.

▼ 그림 5-2 컨트롤러 구현 과정

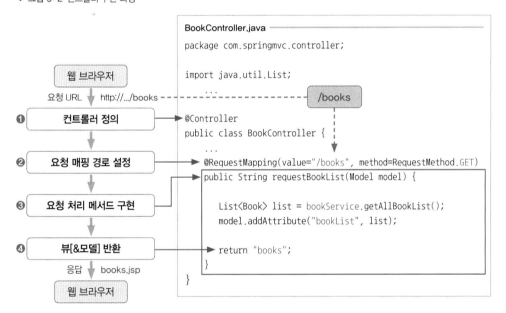

❶ 컨트롤러로 사용할 자바 클래스에 @Controller를 선언합니다.

❷ 사용자의 웹 요청 URL과 클래스 또는 메서드가 매핑되도록 @RequestMapping을 설정합니다.

❸ 사용자 요청을 처리하는 메서드를 만듭니다.

❹ 처리된 결과를 반환하도록 메서드 안에 뷰 이름이나 뷰 이름을 포함한 모델을 설정합니다.

5.2 컨트롤러 정의

컨트롤러가 사용자 요청을 전달받아 처리하고 결과를 반환할 수 있도록 특정 자바 클래스를 컨트롤러로 정의하는 @Controller 및 해당 컨트롤러와 의존 관계에 있는 모든 자바 클래스를 빈 객체로 등록하는 방법을 알아봅시다.

5.2.1 @Controller를 이용한 컨트롤러 정의

컨트롤러는 메서드를 포함하고 있는 일반적인 자바 클래스가 아니라 웹 브라우저에서 들어온 요청을 처리하는 메서드를 포함하고 있는 특정 자바 클래스입니다. 이때 @Controller를 선언하여 특정 자바 클래스가 컨트롤러 역할을 하도록 합니다.

@Controller를 사용하려면 org.springframework.stereotype.Controller를 임포트해야 합니다.

다음은 Example01Controller 클래스에 @Controller를 선언하여 컨트롤러를 정의한 예입니다.

@Controller를 사용하여 컨트롤러 정의

```java
package com.springmvc.chap05;

import org.springframework.stereotype.Controller;
import org.springframework.web.bind.annotation.RequestMapping;
import org.springframework.web.bind.annotation.RequestMethod;

@Controller ❶
public class Example01Controller {
    @RequestMapping(value="/exam01", method=RequestMethod.GET)
    public void requestMethod() {
❷       System.out.println("@Controller 예제입니다"); ❸
    }
}
```

❶ 웹 요청 URL에 대해 디스패처 서블릿이 컨트롤러를 선택할 수 있도록 자바 클래스가 컨트롤러임을 알려 줍니다.

❷ 웹 요청 URL http://localhost:8080/chap05/exam01을 처리하는 요청 처리 메서드입니다.

❸ 웹 요청 URL에 대한 응답으로 콘솔 창에 '@Controller 예제입니다'를 출력합니다.

다음은 앞의 코드를 실행한 결과입니다.

❤ 그림 5-3 실행 결과

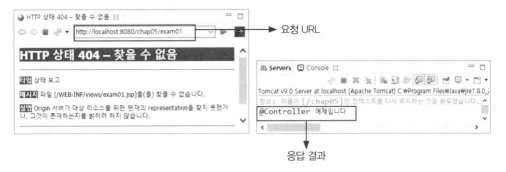

요청 URL

응답 결과

5.2.2 〈context:component-scan〉 요소로 컨트롤러 등록

스프링 MVC는 컨트롤러 역할을 하는 자바 클래스, 즉 @Controller가 선언된 컨트롤러를 여러 개 가질 수 있습니다. 웹에서 사용자 요청이 들어오면 디스패처 서블릿은 @Controller가 선언된 컨트롤러 여러 개를 스캔합니다. 이때 디스패처 서블릿이 모든 컨트롤러를 인식할 수 있도록 컨트롤러는 물론, 컨트롤러와 의존 관계에 있는 자바 클래스들을 스프링 MVC 설정 파일(servlet-context.xml)에 빈 객체로 등록해야 합니다.

하지만 하나씩 등록하려면 번거롭습니다. 이처럼 하나씩 등록해야 하는 번거로움을 해결한 것이 컴포넌트 스캔(〈context:component-scan〉)입니다. 형식은 다음과 같습니다.

```
<context:component-scan base-package="패키지 이름"/>
컴포넌트(@Controller, @Autowired...) 자동 인식 기능 지원
```

〈context:component-scan〉 요소를 이용하면 @Controller가 선언된 컨트롤러를 빈 객체로 자동으로 등록할 뿐만 아니라 의존 관계에 있는 자바 클래스도 빈 객체로 자동 등록합니다.

4장 도서 쇼핑몰의 계층적 공통 모듈 구축에서 생성한 컨트롤러인 BookController와 Welcome Controller, BookController와 의존 관계에 있는 자바 클래스인 저장소 객체 Book RepositoryImpl과 서비스 객체 BookServiceImpl은 서로 다른 패키지 경로에 있습니다. 이처럼 생성된 모든 컨트롤러 및 의존 관계에 있는 자바 클래스를 일일이 스프링 MVC 환경 설정 파일에 빈 객체로 등록해야 한다면 번거롭겠죠.

다음과 같이 〈context:component-scan〉 요소의 base-package 속성에 공통 패키지 com.

springmvc.*를 설정하면 설정된 패키지 하위에 있는 컨트롤러 및 의존 관계에 있는 자바 클래스를 검색하여 빈 객체로 자동으로 등록합니다.

스프링 MVC 환경 설정 파일에 컴포넌트 스캔 적용

```xml
<?xml version="1.0" encoding="UTF-8"?>
<beans:beans xmlns:context="http://www.springframework.org/schema/context"
    xsi:schemaLocation="http://www.springframework.org/schema/context
                        http://www.springframework.org/schema/context/spring-context-
                        4.0.xsd">

    ...
    <context:component-scan base-package="com.springmvc.*"/> // 컨트롤러의 빈 객체 등록
</beans:beans>
```

4장에서 구축한 도서 쇼핑몰에서 <context:component-scan> 요소를 이용하지 않으면 다음과 같이 스프링 MVC 환경 설정 파일 servlet-context.xml에 컨트롤러 및 의존 관계에 있는 자바 클래스를 빈 객체로 하나씩 직접 등록해야 합니다.

스프링 MVC 환경 설정 파일에 하나씩 등록

```xml
<beans:bean class="com.springmvc.controller.HomeController"/>

<beans:bean id="bookRepositoryImpl" class="com.springmvc.repository.BookRepositoryImpl"/>

<beans:bean id="bookServiceImpl" class="com.springmvc.service.BookServiceImpl">
    <beans:property name="bookRepository" ref="bookRepositoryImpl"/>
</beans:bean>

<beans:bean class="com.springmvc.controller.BookController">
    <beans:property name="bookService" ref="bookServiceImpl"/>
</beans:bean>
```

또한 자바 파일에서 컨트롤러와 의존 관계에 있는 클래스의 프로퍼티에 선언된 @Autowired를 인식할 수 없기 때문에 다음과 같이 프로퍼티의 Setter() 메서드도 모두 작성해야 합니다.

> Tip ≡ @Autowired는 의존 관계에 있는 클래스의 프로퍼티(멤버 변수)에 대해 Setter() 메서드를 대신하여 선언하는 애너테이션입니다.

BookController.java

```java
private BookService bookService;
```

```
public void setBookService(BookService bookService) {
    this.bookService = bookService;
}
```

BookService.java

```
private BookRepository bookRepository;

    public void setBookRepository(BookRepository bookRepository) {
        this.bookRepository = bookRepository;
    }
```

5.2.3 실습 @Controller로 컨트롤러를 정의하여 도서 목록 출력하기

1. com.springmvc.controller 패키지의 BookController 클래스로 이동합니다. BookController 클래스에 @Controller가 정의된 것을 확인합니다.

코드 5-1 BookController.java

```
package com.springmvc.controller;

import java.util.List;

import org.springframework.beans.factory.annotation.Autowired;
import org.springframework.stereotype.Controller; // 확인
import org.springframework.ui.Model;
import org.springframework.web.bind.annotation.RequestMapping;
import org.springframework.web.bind.annotation.RequestMethod;

import com.springmvc.domain.Book;
import com.springmvc.service.BookService;

@Controller // 확인
public class BookController {

    @Autowired // 클래스의 프로퍼티(멤버 변수)에 선언
    private BookService bookService;

    @RequestMapping(value="/books", method=RequestMethod.GET) ❶
```

```
  ┌── public String requestBookList(Model model) {
  ┆        List<Book> list = bookService.getAllBookList(); ❸
  ❷        model.addAttribute("bookList", list); ❹
  ┆        return "books"; ❺
  └── }
}
```

다음과 같이 @Controller가 정의된 BookController 클래스는 컨트롤러 역할을 합니다.

❶ 요청 매핑 경로를 books로 지정합니다.

❷ 요청 처리 메서드를 정의합니다.

❸ 도서 목록을 가져옵니다.

❹ 도서 목록을 모델 속성 bookList에 저장합니다.

❺ 뷰 이름 books로 반환합니다.

5.3 @RequestMapping을 이용한 요청 매핑 경로 설정

스프링 MVC에서는 어떤 컨트롤러와 메서드가 웹에서 들어온 사용자 요청을 처리할지 매핑할 수 있습니다. @RequestMapping이 이런 매핑을 지원하며 형식은 다음과 같습니다.

```
@RequestMapping(value="웹 요청 URL"[, method=RequestMethod.HTTP 요청 방식, ...])
```

※ 제공 패키지: org.springframework.web.bind.annotation

@RequestMapping에는 다음 속성을 사용할 수 있습니다.

속성	타입	설명
value	String	기본 매핑 경로 이름
method	RequestMethod	매핑할 HTTP 요청 방식(GET, POST, HEAD, OPTIONS, PUT, DELETE, TRACE)
headers	String	매핑된 요청의 헤더
name	String	해당 매핑에 이름 지정
params	String	매핑된 요청 매개변수
path	String	서블릿 환경에서만 경로 매핑 URL
consumes	String	매핑된 요청의 소비 가능한 미디어 유형
produces	String	매핑된 요청의 생산 가능한 미디어 유형

5.3.1 컨트롤러에 @RequestMapping 적용

@RequestMapping은 두 가지 형식이 있습니다. 클래스 수준의 @RequestMapping과 메서드 수준의 @RequestMapping입니다. 이 절에서는 클래스 수준의 @RequestMapping을 설명하겠습니다.

웹에서 사용자가 요청한 URL에 매핑되는 @RequestMapping이 컨트롤러에 선언될 경우를 클래스 수준의 @RequestMapping이라고 합니다. 이를 사용할 때는 기본 매핑 경로를 설정하지 않은 @RequestMapping만 선언된 요청 처리 메서드가 있어야 합니다.

다음은 컨트롤러에 @RequestMapping을 적용한 클래스 수준의 @RequestMapping 예입니다. 웹 요청 URL이 http://.../exam02이면 Example02Controller 컨트롤러의 requestMethod() 메서드에 매핑되어 요청을 처리합니다.

컨트롤러에 @RequestMapping 적용

```
package com.springmvc.chap05;

import org.springframework.stereotype.Controller;
import org.springframework.web.bind.annotation.RequestMapping;
import org.springframework.web.bind.annotation.RequestMethod;
```

---

1 이 책에서는 속성과 프로퍼티를 구분하여 사용합니다. 속성은 메서드 안의 이름을, 프로퍼티는 클래스의 멤버 변수를 의미합니다.

```
@Controller
@RequestMapping(value="/exam02", method=RequestMethod.GET) ❶
public class Example02Controller {

    @RequestMapping ❷
    public void requestMethod() {
        System.out.println("@RequestMapping 예제입니다.");
        System.out.println("웹 요청 URL은  /exam02 입니다.");
    }
}
```

또는 다음과 같이 @RequestMapping의 속성을 생략할 수도 있습니다.

```
package com.springmvc.chap05;

import org.springframework.stereotype.Controller;
import org.springframework.web.bind.annotation.RequestMapping;
import org.springframework.web.bind.annotation.RequestMethod;

@Controller
@RequestMapping("/exam02")
public class Example02Controller {

    @RequestMapping
    public void requestMethod() {
        System.out.println("@RequestMapping 예제입니다.");
        System.out.println("웹 요청 URL은 /exam02 입니다.");
    }
}
```

다음은 앞의 코드를 실행한 결과입니다.

▼ 그림 5-4 실행 결과

5.3.2 실습 컨트롤러에 @RequestMapping 작성하기

컨트롤러에 @RequestMapping을 작성하여 저장된 도서 목록을 출력하는 요청 매핑 경로를 설정해
봅시다.

1. com.springmvc.controller 패키지의 BookController 클래스로 이동합니다. @RequestMapping
   을 이용한 요청 매핑 경로를 BookController 컨트롤러의 선언부에 추가하고 다음과 같이 수정
   합니다.

코드 5-2 BookController.java

```java
package com.springmvc.controller;
...
@Controller
@RequestMapping("/books") // 추가 ❶
public class BookController {

    @Autowired
    private BookService bookService;

    @RequestMapping // 수정 ❷
    public String requestBookList(Model model) {
        List<Book> list = bookService.getAllBookList();
        model.addAttribute("bookList", list);
        return "books";
    }
}
```

❶ 클래스 수준의 @RequestMapping 및 웹 요청 URL과 매핑할 기본 경로를 선언합니다.

❷ 클래스 수준의 @RequestMapping 경로에 대한 실제 요청을 처리할 메서드에 매핑합니다.

❸ 실제 요청을 처리하는 메서드입니다.

2. 웹 브라우저 주소창에 'http://localhost:8080/BookMarket/books'를 입력하면 실행 결과
   를 확인할 수 있습니다.

❤ 그림 5-5 실행 결과

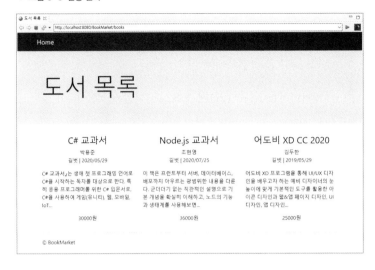

5.3.3 메서드에 @RequestMapping 적용

5.3.1절에서는 클래스 수준의 @RequestMapping을 설명했습니다. 이 절에서는 메서드 수준의 @RequestMapping을 알아보겠습니다.

웹에서 사용자가 요청한 URL에 대해 컨트롤러 안의 어떤 메서드를 처리할지 선언하여 사용하는 경우를 메서드 수준의 @RequestMapping이라고 합니다. 그리고 메서드 수준의 @RequestMapping에서 method 속성의 기본값은 GET 방식이므로 생략할 수 있습니다.

다음은 메서드에 @RequestMapping을 적용한 메서드 수준의 @RequestMapping 예입니다. 웹 요청 URL이 http://localhost:8080/.../exam03이면 컨트롤러인 Example03Controller 클래스의 requestMethod( ) 메서드에 매핑되어 요청을 처리합니다. 이는 앞서 살펴본 클래스 수준의 @RequestMapping을 적용한 결과와 동일합니다.

메서드에 @RequestMapping 적용

```
package com.springmvc.chap05;

import org.springframework.stereotype.Controller;
import org.springframework.web.bind.annotation.RequestMapping;
import org.springframework.web.bind.annotation.RequestMethod;

@Controller
public class Example03Controller {
```

```
    @RequestMapping(value="/exam03", method=RequestMethod.GET)
    public void requestMethod() {
        System.out.println("@RequestMapping 예제입니다.");
        System.out.println("웹 요청 URL은 /exam03 입니다.");
    }
}
```

앞과 같이 @RequestMapping의 value와 method 속성이 HTTP 요청 방식의 기본값인 GET 방식이
면 다음과 같이 생략하여 표현할 수 있습니다.

```
...

@Controller
public class Example03Controller {

    @RequestMapping("/exam03")
    public void requestMethod() {
        System.out.println("@RequestMapping 예제입니다.");
        System.out.println("웹 요청 URL은 /exam03 입니다.");
    }
}
```

다음은 앞의 코드를 실행한 결과입니다.

▼ 그림 5-6 실행 결과

5.3.4 실습 메서드에 @RequestMapping 작성하기

다음은 메서드에 @RequestMapping을 작성하여 저장된 도서 목록을 출력할 수 있게 하는 요청 매
핑 경로를 설정합니다.

1. com.springmvc.controller 패키지의 컨트롤러인 BookController로 이동합니다. 메서드에
   @RequestMapping을 적용한 requestAllBooks() 메서드를 다음과 같이 추가합니다.

135

```
package com.springmvc.controller;
...
@Controller
@RequestMapping("/books")
public class BookController {

    ...

    @RequestMapping("/all") ❶
    public String requestAllBooks(Model model) {
        List<Book> list = bookService.getAllBookList();
❷       model.addAttribute("bookList", list);
        return "books";
    }
}
```

❶ 메서드 수준의 @RequestMapping 및 웹 요청 URL과 매핑할 기본 경로를 선언합니다.

❷ 메서드 수준의 @RequestMapping 경로에 대한 실제 요청을 처리하는 메서드입니다.

2. 웹 브라우저 주소창에 'http://localhost:8080/BookMarket/books/all'을 입력하여 실행 결과를 확인합니다.

▼ 그림 5-7 실행 결과

5.3.5 메서드 수준의 @RequestMapping 단순화

스프링 4.3부터는 HTTP 요청 방식에 대한 매핑을 단순화하고, 요청 처리 메서드 의미를 좀 더 잘 표현하는 데 도움이 되도록 메서드 수준의 @RequestMapping을 다음과 같이 변형하여 지원합니다.

예를 들어 HTTP 요청 방식이 GET인 경우 @GetMapping 애너테이션으로 표현하고 이를 GET @RequestMapping으로 읽습니다.

❤ 표 5-2 단순화한 다양한 @RequestMapping

애너테이션	설명	method 속성 사용
@GetMapping	매핑할 HTTP 요청 방식이 GET인 경우	method = RequestMethod.GET
@PostMapping	매핑할 HTTP 요청 방식이 POST인 경우	method = RequestMethod.POST
@PutMapping	매핑할 HTTP 요청 방식이 PUT인 경우	method = RequestMethod.PUT
@DeleteMapping	매핑할 HTTP 요청 방식이 DELETE인 경우	method = RequestMethod.DELETE
@PatchMapping	매핑할 HTTP 요청 방식이 PATCH인 경우	method = RequestMethod.PATCH

다음은 앞서 살펴본 @RequestMapping을 GET @RequestMapping으로 단순화한 예입니다.

메서드에 @RequestMapping을 단순화하여 적용

```
package com.springmvc.chap05;

import org.springframework.stereotype.Controller;
import org.springframework.web.bind.annotation.GetMapping;
import org.springframework.web.bind.annotation.RequestMapping;

@Controller
@RequestMapping("/home")
public class Example04Controller {

    @GetMapping("/exam04")
    public void requestMethod() {
        System.out.println("@RequestMapping 예제입니다.");
        System.out.println("웹 요청 URL은 /home/exam04 입니다.");
    }
}
```

다음은 앞의 코드를 실행한 결과입니다.

✔ 그림 5-8 실행 결과

5.3.6 실습 단순화한 @RequestMapping 사용하기

단순화한 메서드 수준의 @RequestMapping을 작성하여 저장된 도서 목록을 출력하는 요청 매핑 경로를 설정합니다.

1. BookController에 있는 요청 처리 메서드 requestBookList()와 requestAllBooks()에 @RequestMapping을 단순화하여 작성합니다.

코드 5-4 BookController.java

```java
package com.springmvc.controller;
...
import org.springframework.web.bind.annotation.GetMapping; // 추가
...
@Controller
@RequestMapping("/books")
public class BookController {

    @Autowired
    private BookService bookService;

    @GetMapping ❶ // 수정
    public String requestBookList(Model model) {
        List<Book> list = bookService.getAllBookList();
        model.addAttribute("bookList", list);
        return "books";
    }

    @GetMapping("/all") ❷ // 수정
    public String requestAllBooks(Model model) {
        List<Book> list = bookService.getAllBookList();
        model.addAttribute("bookList", list);
```

```
        return "books";
    }
}
```

❶ 사용자의 웹 요청 URL이 /books인 경우 requestBookList( ) 메서드가 처리하도록 매핑시
킵니다. 이는 @RequestMapping과 같습니다.

❷ 사용자의 웹 요청 URL이 /books/all인 경우 requestAllBooks( ) 메서드가 처리하도록 매
핑시킵니다. 이는 @RequestMapping(value="/all", method=RequestMethod.GET) 또는
@RequestMapping("/all")과 같습니다.

2. 웹 브라우저 주소창에 'http://localhost:8080/BookMarket/books' 또는 'http://
localhost:8080/BookMarket/books/all'을 입력하여 실행 결과를 확인합니다.

❤ 그림 5-9 실행 결과

5.4 요청 처리 메서드와 모델 유형

요청 처리 메서드는 스프링 MVC에서 사용자 요청을 처리하는 메서드를 의미합니다. @Request
Mapping에 설정된 요청 매핑 경로에 따라 호출되며, 기본 형식은 다음과 같습니다.

```
@RequestMapping(...)
public String 메서드 이름() {
```

```
    // 모델(객체)에 응답 데이터 저장
    return "뷰 이름";
}
```

요청 처리 메서드에는 사용자 요청을 처리한 결과를 웹 브라우저 화면에 보여 주는 (중요한 역할을 담당하는) 모델과 뷰가 있습니다. 모델은 사용자의 웹 요청을 처리한 결과 데이터를 관리하고 전달합니다. 뷰는 처리된 결과 데이터를 웹 브라우저에 출력하는 웹 페이지 역할을 합니다.

❤ 표 5-3 응답 데이터를 저장하는 모델 유형

모델(&뷰) 클래스	설명
Model	데이터(또는 객체) 정보를 저장하는 데 사용합니다.
ModelMap	데이터(또는 객체) 정보를 저장하는 데 사용합니다.
ModelAndView	모델 정보 및 뷰 정보를 저장하는 데 사용합니다.

5.4.1 Model 인터페이스를 이용한 메서드 작성

Model 인터페이스는 사용자 요청에 대한 처리 결과를 뷰에 보여 주는 데 필요한 데이터를 Model 객체의 addAttribute() 메서드에 담아 전달합니다. 형식은 다음과 같습니다.

```
Model addAttribute(String attributeName, Object attributeValue)
```

- 역할: 제공된 이름으로 제공된 속성을 등록합니다.
- 매개변수:
  - attributeName: 모델 속성 이름(null이 될 수 없음)
  - attributeValue: 모델 속성 값(null이 될 수 있음)

※ 제공 패키지: org.springframework.ui

다음은 요청 처리 메서드 requestMethod()에 Model 객체를 사용하여 모델 속성 이름 data와 data2에 뷰로 전송할 값을 각각 저장하는 예입니다. 뷰 이름을 webpage05로 반환하면 webpage05.jsp 파일을 웹 브라우저에 출력합니다.

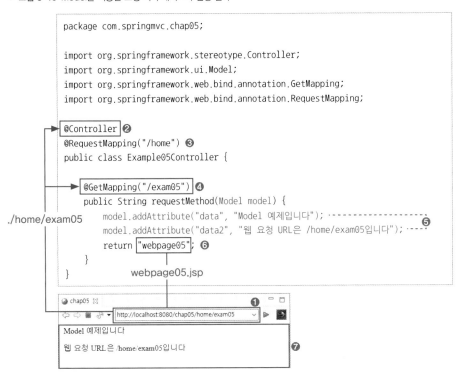

❶~❼ 사용자의 웹 요청 URL http://localhost:8080/chap05/home/exam05에 대한 응답으로 웹 브라우저에 webpage05 페이지를 출력하는 과정입니다.

앞의 예제에서 모델 속성 이름 data와 data2에 웹 브라우저로 전송할 데이터 값을 저장합니다. 이렇게 저장된 데이터는 다음과 같이 뷰 페이지에서 모델 속성 이름으로 접근할 수 있습니다.

JSP 웹 페이지에 전달된 모델 속성을 이용한 webpage05.jsp

```
<%@ page contentType="text/html; charset=utf-8" %>
<html>
<head>
<title>chap05</title>
</head>
<body>
    <p>${data}
    <p>${data2}
</body>
</html>
```

5.4.2 ModelMap 클래스를 이용한 메서드 작성

ModelMap 클래스는 Model 인터페이스와 동일하게 사용자 요청에 대한 처리 결과를 뷰에 보여 주는 데 필요한 데이터를 Model 객체의 addAttribute() 메서드에 담아 전달합니다. 형식은 다음과 같습니다.

ModelMap addAttribute(String attributeName, Object attributeValue)

- 역할: 지정된 이름(attributeName)과 속성(attributeValue)을 등록합니다.
- 매개변수:
  - attributeName: 모델 속성의 이름(null이 될 수 없음)
  - attributeValue: 모델 속성의 값(null이 될 수 있음)

※ 제공 패키지: org.springframework.ui

다음은 ModelMap 객체를 적용한 예로 앞서 살펴본 Model 객체를 이용한 것과 동일하게 모델 속성 이름 data와 data2에 뷰로 전송할 데이터를 저장하고 뷰 이름 webpage05로 반환합니다.

ModelMap을 적용한 요청 처리 메서드 작성

```
package com.springmvc.chap05;

import org.springframework.stereotype.Controller;
import org.springframework.ui.ModelMap;
import org.springframework.web.bind.annotation.GetMapping;
import org.springframework.web.bind.annotation.RequestMapping;


@Controller
@RequestMapping("/home")
public class Example06Controller {

    @GetMapping("/exam06")
    public String requestMethod(ModelMap model) {
        model.addAttribute("data", "ModelMap 예제입니다");
        model.addAttribute("data2", "웹 요청 URL은 /home/exam06 입니다");
        return "webpage05";
    }
}
```

다음은 앞의 코드를 실행한 결과입니다.

▼ 그림 5-11 실행 결과

5.4.3 ModelAndView 클래스를 사용한 메서드 작성

ModelAndView 클래스는 모델과 뷰 이름을 합쳐 놓은 것입니다. 사용자 요청에 대한 처리 결과 데이터를 ModelAndView 객체의 addObject() 메서드에 담아 전달하고 setViewName() 메서드로 뷰 이름을 설정합니다. 형식은 다음과 같습니다.

ModelAndView addObject(String attributeName, Object attributeValue)

- 역할: 지정된 이름(attributeName)으로 제공된 속성(attributeValue)을 등록합니다.
- 매개변수:
  - attributeName: 모델 속성의 이름(null이 될 수 없음)
  - attributeValue: 모델 속성의 값(null이 될 수 있음)

※ 제공 패키지: org.springframework.web.servlet

---

void setViewName(String viewName)

- 역할: ModelAndView를 위한 뷰 이름을 설정합니다.
- 매개변수:
  - viewName: 뷰 이름

※ 제공 패키지: org.springframework.web.servlet

다음은 ModelAndView 객체를 적용한 예로, 앞서 살펴본 Model과 ModelMap 객체를 사용한 예와 동일합니다.

❤ 그림 5-12 ModelAndView를 적용한 요청 처리 메서드와 실행 결과

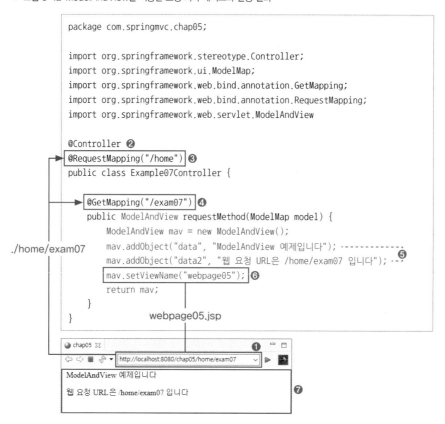

❶~❼ 사용자의 웹 요청 URL http://localhost:8080/chap05/home/exam07에 대한 응답으
로 웹 브라우저에 webpage05 페이지를 출력하는 과정입니다.

❤ 표 5-4 모델(뷰) 클래스 유형

	Model(ModelMap) 클래스	ModelAndView 클래스
뷰에 사용할 데이터	addAttribute() 메서드 사용	addObject() 메서드 사용
요청할 뷰 이름	없음 ※ 요청 처리 함수 안에 문자열로 뷰 이름을 반환해야 합니다.	setViewName()

5.4.4 실습 ModelAndView 클래스를 사용하여 결과 반환하기

저장소 객체에 저장된 도서 목록을 웹 브라우저에 모두 출력해 보겠습니다. 도서 목록의 데이터
를 모델 속성에 저장하여 뷰 페이지에 전달합니다. 그리고 모델과 뷰를 한 번에 처리할 수 있는

ModelAndView 클래스를 사용하여 결과를 출력해 보겠습니다.

1. BookController 클래스에 다음과 같이 추가하고 수정합니다. 요청 매핑 경로가 /books/all인 requestAllBooks() 메서드에 ModelAndView 객체를 사용하여 모델과 뷰를 처리합니다.

코드 5-5 BookController.java

```java
package com.springmvc.controller;
...
import org.springframework.web.servlet.ModelAndView; // 추가
...
@Controller
@RequestMapping("/books")
public class BookController {

    ...

    @GetMapping
    public String requestBookList(Model model) {
        List<Book> list = bookService.getAllBookList();
        model.addAttribute("bookList", list);
        return "books";
    }

    @GetMapping("/all") // 수정
    public ModelAndView requestAllBooks() {
        ModelAndView modelAndView = new ModelAndView(); ❶
        List<Book> list = bookService.getAllBookList();
        modelAndView.addObject("bookList", list); ❷
        modelAndView.setViewName("books"); ❸
        return modelAndView; ❹
    }

}
```

❶ ModelAndView 클래스의 modelAndView 인스턴스를 생성합니다.

❷ 도서 목록을 가져와 저장된 list 값을 모델 속성 bookList에 저장합니다.

❸ 뷰 이름을 books로 설정하여 books.jsp 파일을 출력합니다.

❹ ModelAndView 클래스의 modelAndView 인스턴스를 반환합니다.

2. 웹 브라우저 주소창에 'http://localhost:8080/BookMarket/books/all'을 입력하여 실행 결과를 확인합니다.

❤ 그림 5-13 실행 결과

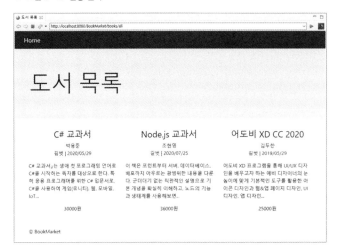

5.5 마치며

웹 요청을 처리하는 컨트롤러를 구현하는 과정을 자세히 살펴보았습니다. 그리고 이를 적용하여 도서 쇼핑몰에서 도서 목록을 출력해 보았습니다.

다음 장에서는 다양한 요청 조건이 포함된 웹 요청 URL을 처리하는 요청 처리 메서드의 매개변수를 살펴보겠습니다. 그리고 이를 이용하여 도서 쇼핑몰에서 다양한 조건으로 검색된 도서 목록을 출력해 보겠습니다.

6 장

요청 처리 메서드의 파라미터 유형: 다양한 조건으로 검색한 도서 목록 출력하기

요청 처리 메서드에는 다양한 요청 조건이 포함됩니다. 이런 요청 처리 메서드의 파라미터에 사용하는 @PathVariable, @MatrixVariable, @RequestParam 을 살펴보겠습니다. 그리고 이를 이용하여 웹 쇼핑몰에서 다양한 조건으로 검색된 도서 목록을 출력합니다.

이 장에서 다룰 핵심 내용

- **경로 변수와 @PathVariable**
  - 실습 @PathVariable을 이용하여 도서 분야와 일치하는 도서 목록 출력하기
- **매트릭스 변수와 @MatrixVariable**
  - 실습 @MatrixVariable을 이용하여 매트릭스 변수 값과 일치하는 도서 목록 출력하기
- **요청 파라미터와 @RequestParam**
  - 실습 @RequestParam을 이용하여 도서 ID와 일치하는 도서의 상세 정보 출력하기

6.1 경로 변수와 @PathVariable

웹 요청 URL에 포함된 파라미터 값을 전달받는 경로 변수와 이를 처리하는 요청 처리 메서드의 매개변수에 선언하는 @PathVariable 애너테이션을 알아보겠습니다. 그리고 이를 이용하여 요청 URL에 포함된 요청 조건을 충족하는 도서 목록을 출력해 봅시다.

6.1.1 경로 변수의 개요

경로 변수(path variables)는 웹 요청 URL에 포함된 파라미터 값을 전달받는 데 사용하는 변수입니다. 이때 매핑 경로를 설정하는 @RequestMapping(단순화한 @RequestMapping 포함)에 중괄호({ })를 사용하여 웹 요청 URL에 포함된 요청 조건 값을 전달받습니다. 중괄호 안에 명시된 것이 경로 변수이며, 하나 또는 그 이상의 경로 변수를 포함할 수 있습니다.

다음을 보면 @GetMapping에 설정된 요청 매핑 경로에서 중괄호 안에 명시된 color가 경로 변수에 해당합니다. 웹 요청 URL이 http://.../cars/red라면 경로 변수 color는 값으로 red를 전달받게 됩니다.

▼ 그림 6-1 웹 요청 URL에 포함된 경로 변수와 @PathVariable의 매핑

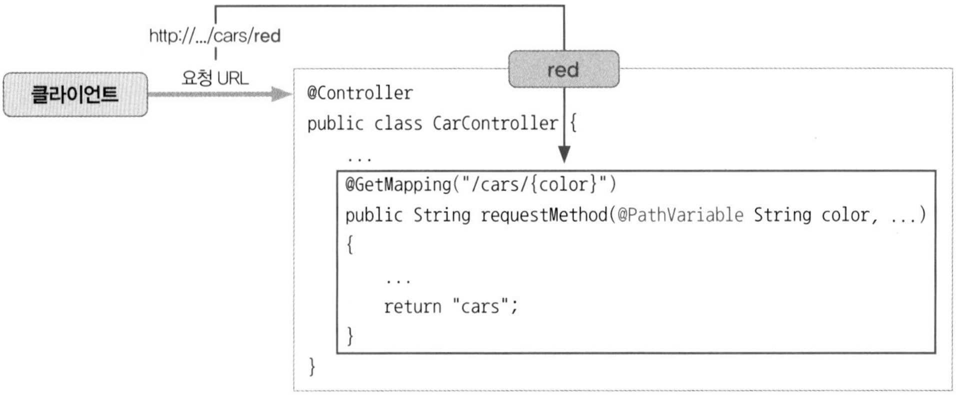

이처럼 @RequestMapping에 설정된 요청 매핑 경로가 경로 변수를 포함하면 요청 처리 메서드의
파라미터에 @PathVariable로 경로 변수의 값을 전달받을 수 있습니다.

6.1.2 @PathVariable을 이용한 경로 변수 처리

@PathVariable은 @RequestMapping에 설정된 경로 변수의 값을 요청 처리 메서드의 매개변수로
전달받으며, 형식은 다음과 같습니다.

```
// 경로 변수 이름을 그대로 사용할 때
@RequestMapping("경로 변수")
public String 메서드 이름(@PathVariable 경로 변수, ...) {
    ...
}
// 경로 변수 이름을 재정의하여 사용할 때
@RequestMapping("경로 변수")
public String 메서드 이름(@PathVariable(경로 변수) 매개변수, ...) {
    ...
}
```

※ 제공 패키지: org.springframework.web.bind.annotation

이때 사용자의 웹 요청 URL에 포함된 경로 변수의 값은 요청 처리 메서드의 매개변수 데이터 타
입(data type)에 맞게 자동으로 변환됩니다. 또한 요청 처리 메서드에 @PathVariable이 선언된 매
개변수를 여러 개 설정할 수 있습니다.

다음은 @PathVariable을 이용하여 경로 변수에 접근하는 예입니다.

웹 요청 URL로 전송된 파라미터 값을 경로 변수 이름 bookId로 전달받고, 이를 요청 처리 메서드
requestMethod()에서 동일한 경로 변수 이름으로 전달받습니다.

예를 들어 사용자의 웹 요청 URL이 http://.../home/exam01/ISBN1234이면 요청 처리 메
서드인 requestMethod()에서 @PathVariable이 설정된 매개변수 bookId가 경로 변수의 값인
ISBN1234를 전달받게 됩니다.

❤ 그림 6-2 @PathVariable을 이용한 경로 변수 접근

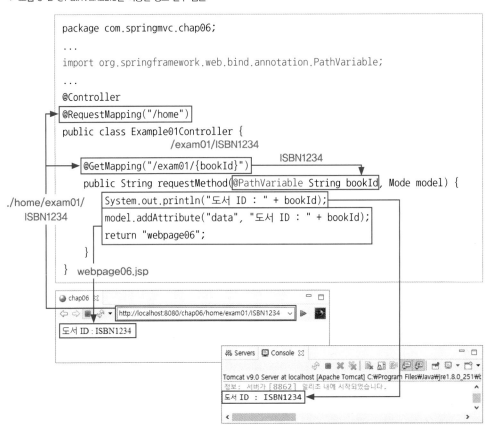

다음은 웹 브라우저의 응답 페이지로 출력되는 뷰 페이지로 webpage06.jsp 코드입니다.

webpage06.jsp

```jsp
<%@ page contentType="text/html; charset=utf-8" %>
<html>
<head>
<title>chap06</title>
</head>
<body>
    <p>${data}
</body>
</html>
```

다음은 @PathVariable을 이용하여 경로 변수 여러 개에 접근하는 예입니다. 웹 요청 URL에 포함된 파라미터 값들을 경로 변수 category와 publisher로 전달받고, 이를 요청 처리 메서드 requestMethod( )에서 동일한 경로 변수 이름으로 전달받습니다.

다음과 같이 사용자의 웹 요청 URL이 http://.../home/exam02/IT전문서/publisher/길벗이면 경로 변수 category 값은 IT전문서고, 경로 변수 publisher 값은 길벗이 됩니다.

▼ 그림 6-3 @PathVariable을 이용한 다중 경로 변수 접근

```
@Controller
@RequestMapping("/home")
public class Example02Controller {
                    exam02/IT전문서/publisher/길벗

    @GetMapping("/exam02/{category}/publisher/{publisher}")
    public String requestMethod(@PathVariable String category,
                                @PathVariable String publisher, Model model) {

        System.out.println("도서 분야 : " + category);
        System.out.println("출판사 : " + publisher);
        model.addAttribute("data", "도서 분야 : " + category + "<br>"
                                   + "출판사 : " + publisher);
        return "webpage06";
    }
}
```

chap06 ⊠

http://localhost:8080/chap06/home/exam02/IT전문서/publisher/길벗

도서 분야 : IT전문서
출판사 : 길벗

Servers Console ⊠

Tomcat v9.0 Server at localhost [Apache Tomcat] C:₩Program Files₩Java₩jre1.8.0_251₩
정보: 서버가 [8646] 밀리초 내에 시작되었습니다.
도서 분야 : IT전문서
출판사 : 길벗

한글 깨짐 현상을 방지하려면 web.xml 파일에 다음과 같이 필터 요소 `<filter>`를 설정해야 합니다.

```xml
<?xml version="1.0" encoding="UTF-8"?>
<web-app ...>
...
    <filter>
        <filter-name>encodingFilter</filter-name>
        <filter-class>org.springframework.web.filter.CharacterEncodingFilter
                    </filter-class>
        <init-param>
            <param-name>encoding</param-name>
            <param-value>UTF-8</param-value>
        </init-param>
    </filter>
    <filter-mapping>
        <filter-name>encodingFilter</filter-name>
        <url-pattern>/*</url-pattern>
    </filter-mapping>
</web-app>
```

메서드 안에 설정된 @PathVariable 매개변수의 데이터 타입은 int, long, Date 등 어떤 타입이든 가능합니다. 스프링이 적절한 타입으로 자동 변환해 주기 때문입니다. 타입 변환에 실패한다면 TypeMismatchException 예외가 발생합니다.

따라서 매개변수의 데이터 타입은 URL 내용이 적절히 변환될 수 있는 것으로 사용해야 합니다. 메서드의 매개변수에 int 타입을 사용할 때 반드시 해당 경로 변수의 값은 숫자여야 합니다. 데이터 타입이 일치하지 않는 값이 전송되었을 때 별다른 예외 처리를 하지 않으면 HTTP 400 – Bad Request 응답 코드가 전달될 것입니다.

적용 예제

```java
@GetMapping(value="/books/{id}")
public String myMethod(@PathVariable int id) {
    // 구현 생략...
    return "book";
}
```

6.1.3 실습 @PathVariable을 이용하여 도서 분야와 일치하는 도서 목록 출력하기

@PathVariable을 이용하여 웹 요청 URL에 전송된 도서 분야(category)의 값을 경로 변수 category로 전달받습니다. 그리고 저장소 객체(메모리 저장소)에 저장된 도서 목록 중 경로 변수의 값과 일치하는 도서를 검색하여 도서 목록을 출력하겠습니다.

1. com.springmvc.repository 패키지의 BookRepository 인터페이스에 getBookListByCategory() 메서드를 선언합니다.

코드 6-1 BookRepository.java

```java
package com.springmvc.repository;

import java.util.List;

import com.springmvc.domain.Book;

public interface BookRepository {
    List<Book> getAllBooks();
    List<Book> getBookListByCategory(String category);
}
```

2. com.springmvc.repository 패키지의 BookRepositoryImpl 클래스에 getBookListByCategory() 메서드를 구현합니다. getBookListByCategory() 메서드는 웹 요청 URL로 전송된 경로 변수의 값과 도서 목록의 도서 분야(category 필드 값)를 비교하여 일치하는 도서 정보를 저장한후 이를 반환합니다.

코드 6-2 BookRepositoryImpl.java

```java
package com.springmvc.repository;
...
@Repository
public class BookRepositoryImpl implements BookRepository {
    ...
    public List<Book> getAllBookList() {
        return listOfBooks;
    }

    public List<Book> getBookListByCategory(String category) {
        List<Book> booksByCategory = new ArrayList<Book>(); ❷
```

```
            for (int i = 0; i < listOfBooks.size(); i++) {
                Book book = listOfBooks.get(i); ❸
            ┌···if (category.equalsIgnoreCase(book.getCategory()))
        ❹ │
        ❶   └······ booksByCategory.add(book); ❹
            }
            return booksByCategory; ❺
    └·· }
}
```

❶ 도서 분야와 일치하는 도서 목록을 가져오는 getBookListByCategory() 메서드입니다.

❷ 일치하는 도서 분야를 저장하는 객체 변수 booksByCategory를 선언합니다.

❸ book에 도서 목록의 i번째 도서 정보를 저장합니다.

❹ 대·소문자와 관계없이 매개변수 category와 도서 분야가 일치하는 도서 목록 i번째의 도서 정보를 booksByCategory에 저장합니다.

❺ 매개변수 category와 일치하는 도서 목록을 반환합니다.

3. com.springmvc.service 패키지의 BookService 인터페이스에 getBookListByCategory() 메서드를 선언합니다.

코드 6-3 BookService.java

```
package com.springmvc.service;

import java.util.List;

import com.springmvc.domain.Book;

public interface BookService {
    List<Book> getAllBooks();
    List<Book> getBookListByCategory(String category);
}
```

4. com.springmvc.service 패키지의 BookServiceImpl 클래스에 getBookListByCategory() 메서드를 구현합니다. getBookListByCategory() 메서드는 웹 요청 URL에 포함된 경로 변수의 값을 저장소 객체에 전달한 후 실행하여 결과를 반환합니다.

이때 반환되는 결과는 웹 요청 URL에 포함된 경로 변수의 값과 도서 목록에서 도서 분야(category 필드 값)를 비교해서 일치한 도서 정보입니다.

```java
package com.springmvc.service;
...
@Service
public class BookServiceImpl implements BookService {

    ...
    public List<Book> getAllBookList() {
        return bookRepository.getAllBookList();
    }

    public List<Book> getBookListByCategory(String category) {        ❶
        List<Book> booksByCategory = bookRepository.getBookListByCategory(category);   ❷
        return booksByCategory;   ❸
    }
}
```

❶ 도서 분야와 일치하는 도서 목록을 저장소 객체에서 가져오는 getBookListByCategory() 메서드입니다.

❷ 저장소 객체에서 매개변수 category와 일치하는 도서 목록을 가져와 booksByCategory에 저장합니다.

❸ 도서 목록이 저장된 booksByCategory를 반환합니다.

5. BookController 클래스에 requestBooksByCategory() 메서드를 구현합니다.

```java
package com.springmvc.controller;
...
import org.springframework.web.bind.annotation.PathVariable;

@Controller
@RequestMapping("/books")
public class BookController {

    @Autowired
    private BookService bookService;
    ...
    @GetMapping("/{category}")   ❶ // 추가
    public String requestBooksByCategory(@PathVariable("category") String bookCategory,
                                    Model model) {   ❷
```

```java
        List<Book> booksByCategory = bookService.getBookListByCategory(bookCategory); ❸
        model.addAttribute("bookList", booksByCategory); ❹
        return "books"; ❺
    }
}
```

---

❶ @GetMapping에 설정된 요청 매핑 경로는 URL 템플릿 패턴으로 /{category}를 사용했고 여기에서 category는 경로 변수가 됩니다. @RequestMapping(value="/category", method=RequestMethod.GET) 또는 @RequestMapping("/category")와 같습니다.

❷ @PathVariable("category")를 선언하여 경로 변수 category에 대해 매개변수 이름을 bookCategory로 재정의했습니다. 예를 들어 웹 요청 URL이 http://.../books/IT전문서라면 bookCategory 값은 IT전문서가 됩니다.

❸ bookService.getBookListByCategory() 메서드를 호출하여 매개변수 bookCategory와 일치하는 도서 목록을 서비스 객체에서 가져와 booksByCategory에 저장합니다.

❹ booksByCategory 값을 모델 속성 bookList에 저장합니다.

❺ 뷰 이름인 books로 반환하므로 JSP 파일은 books.jsp가 됩니다.

6. src/main/webapp/WEB-INF 폴더에 있는 웹 프로젝트 설정 파일 web.xml에 다음 코드를 추가합니다. 웹 요청 URL에 한글을 포함하여 전송할 수 있게 하는 코드입니다.

코드 6-6 web.xml

```xml
<?xml version="1.0" encoding="UTF-8"?>
<web-app ...>
...
    <servlet-mapping>
        <servlet-name>appServlet</servlet-name>
            <url-pattern>/</url-pattern>
    </servlet-mapping>

    <filter>
        <filter-name>encodingFilter</filter-name>
        <filter-class>org.springframework.web.filter.CharacterEncodingFilter
                    </filter-class>
        <init-param>
            <param-name>encoding</param-name>
            <param-value>UTF-8</param-value>
        </init-param>
```

```
    </filter>
    <filter-mapping>
        <filter-name>encodingFilter</filter-name>
        <url-pattern>/*</url-pattern>
    </filter-mapping>
</web-app>
```

7. 웹 브라우저 주소창에 'http://localhost:8080/BookMarket/books/IT전문서'를 입력하면
   실행 결과를 확인할 수 있습니다.

❤ 그림 6-4 실행 결과

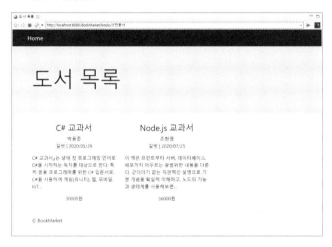

8. 또한 웹 브라우저 주소창에 'http://localhost:8080/BookMarket/books/IT활용서'를 입력
   하면 실행 결과를 확인할 수 있습니다.

❤ 그림 6-5 실행 결과

6.2 매트릭스 변수와 @MatrixVariable

웹에서 들어오는 웹 요청 URL에 포함된 다중 파라미터 값을 전달받는 매트릭스 변수와 이를 처리하는 요청 처리 메서드의 매개변수에 선언하는 @MatrixVariable 애너테이션을 알아보겠습니다. 그리고 이를 이용하여 요청 URL에 포함된 다중 요청 조건에 충족되는 도서 목록을 출력해 봅시다.

6.2.1 매트릭스 변수의 개요

매트릭스 변수(matrix variables)는 경로 변수와 마찬가지로 웹 요청 URL에 포함된 파라미터 값을 전달받는 데 사용됩니다. 세미콜론으로 데이터를 구분하여 다중 데이터를 전달받는 것이 차이입니다. @RequestMapping의 경로 변수에 '매트릭스 변수 = 값' 형태로 사용하며, 여기에서 매트릭스 변수가 여러 개일 경우 color=red,green,blue처럼 콤마(,)로 구분하거나 color=red;color=green;color=blue처럼 변수 이름을 반복하여 사용합니다.

다음과 같이 웹 요청 URL이 http://.../cars/car;color=red;year=2019라면 매트릭스 변수 color와 year 값은 red와 2019입니다.

❤ 그림 6-6 웹 요청 URL에 포함된 매트릭스 변수와 @MatrixVariable의 매핑

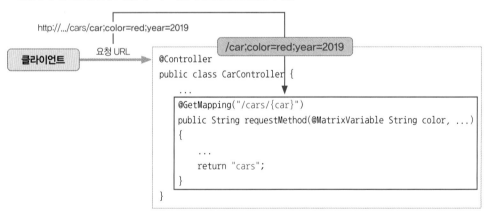

@RequestMapping에 설정된 요청 매핑 경로에 매트릭스 변수를 포함하는 경우 요청 처리 메서드의 파라미터에 @MatrixVariable을 이용하여 매트릭스 변수 값을 전달받을 수 있습니다.

6.2.2 @MatrixVariable을 이용한 매트릭스 변수 처리

@MatrixVariable은 @RequestMapping에 설정된 경로 변수에 포함된 매트릭스 변수의 값을 요청 처리 메서드의 매개변수로 전달받으며, 형식은 다음과 같습니다.

```
// 경로 변수 내 매트릭스 변수를 그대로 사용할 때
@RequestMapping("경로 변수")
public String 메서드 이름(@MatrixVariable 매트릭스 변수, ...) {
    ...
}
// 경로 변수 내 매트릭스 변수를 재정의하여 사용할 때
@RequestMapping("경로 변수")
public String 메서드 이름(@MatrixVariable(매트릭스 변수) 매개변수, ...) {
    ...
}
```

※ 제공 패키지: org.springframework.web.bind.annotation

@MatrixVariable을 사용하려면 스프링 MVC 설정 파일인 servlet-context.xml의 ⟨annotation-driven⟩ 요소에 enable-matrix-variables=true를 반드시 설정해야 합니다.

```
⟨annotation-driven enable-matrix-variables="true"/⟩
```

@MatrixVariable에서 사용하는 속성은 다음과 같습니다.

▼ 표 6-1 @MatrixVariable의 속성

속성	타입	설명
defaultValue	String	기본값으로 대체하여 사용합니다.
name	String	매트릭스 변수의 이름입니다.
pathVar	String	하나 이상의 경로 구분(/)에 동일한 이름을 명확하게 구분하는 데 사용합니다. 매트릭스 변수가 있는 URI 경로 변수의 이름입니다.
required	boolean	매트릭스 변수가 요구되는지 여부를 설정합니다.
value	String	매트릭스 변수 'name=value'에서 name을 가리킵니다.

요청 처리 메서드의 매개변수에 @MatrixVariable을 설정하여 @RequestMapping의 요청 매핑 경로에서 매트릭스 변수에 접근하는 방법을 알아보겠습니다.

다음은 @MatrixVariable을 이용하여 매트릭스 변수에 접근하는 예입니다. 웹 요청 URL에 포함된 파라미터 값을 경로 변수 이름 bookId로 전달받아 요청 처리 메서드 requestMethod()에서 매트릭스 변수 category로 접근합니다.

사용자의 웹 요청 URL이 http://.../home/exam03/ISBN1234;category=IT전문서이면 요청 처리 메서드 requestMethod()에서 첫 번째 매개변수인 경로 변수 bookId는 ISBN1234를, 두 번째 매개변수인 매트릭스 변수 category는 경로 변수 bookId 내에서 category를 추출하여 IT전문서를 전달받습니다.

▼ 그림 6-7 @MatrixVariable을 이용한 매트릭스 변수 접근

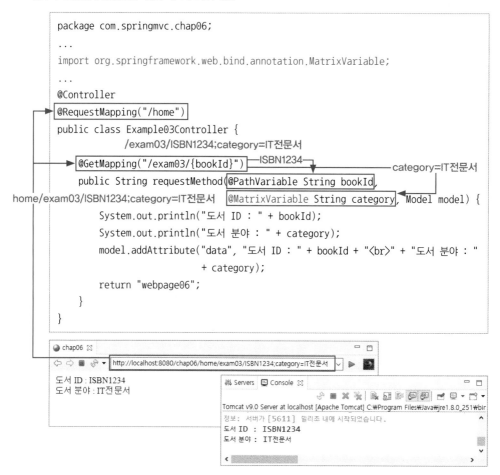

매트릭스 변수는 웹 요청 URL의 어느 곳에나 위치할 수 있으므로 어떤 매트릭스 변수를 어떤 요소에 매핑할지 결정하려면 @MatrixVariable의 value와 pathVar 속성을 사용해야 합니다. 다음 예로 살펴보겠습니다.

사용자의 웹 요청 URL이 http://.../home/exam04/ISBN1234;publisher=길벗/category/IT
전문서;publisher=이지톡이면 요청 처리 메서드 requestMethod()에서 첫 번째 매개변수인 경로
변수 bookId에는 매트릭스 변수 publisher를, 두 번째 매개변수인 경로 변수 category에는 매트
릭스 변수 publisher를 매핑합니다. 접근된 매트릭스 변수를 각각 q1과 q2로 재정의했으므로 q1
값은 길벗이 되고, q2 값은 이지톡이 됩니다.

♥ 그림 6-8 @MatrixVariable에 value와 pathVar 속성 사용

웹 요청 URL에 매트릭스 변수의 포함 여부와 상관없이 @MatrixVariable의 required 속성 값을
false로 설정하여 선택 사항으로 사용할 수 있고, defaultValue 속성을 사용하여 기본값을 설정
할 수도 있습니다. 다음 예로 살펴보겠습니다.

사용자의 웹 요청 URL이 http://.../home/exam05/ISBN1234로 name=value 형식의 매트릭스 변수를 포함하고 있지 않으면 @MatrixVariable의 required 속성 값은 false고, defaultValue 속성 값은 매트릭스 변수 값이 되어 q 값은 길벗이 됩니다.

❤ 그림 6-9 @MatrixVariable에 required 및 defaultValue 속성 사용

다음은 웹 요청 URL의 어느 위치에나 포함될 수 있는 매트릭스 변수를 MultiValueMap 객체에 저장하여 처리하는 예입니다.

사용자의 웹 요청 URL이 http://.../home/exam06/ISBN1234;publisher=이지톡;name=스프링/category/IT전문서;publisher=길벗;author=송미영이면 요청 처리 메서드 requestMethod()에 첫 번째 매개변수인 matrixVars는 {publisher=[이지톡, 길벗], name=[스프링], author=[송미영]}이 되고, 두 번째 매개변수인 matrixVars2는 {publisher=[길벗], author=[송미영]}이 됩니다.

```
package com.springmvc.chap06;
...
import org.springframework.util.MultiValueMap;
...
@Controller
@RequestMapping("/home")
public class Example06Controller {

    @GetMapping("/exam06/{bookId}/category/{category}")
    public String  requestMethod (
        @MatrixVariable MultiValueMap<String, String> matrixVars,
        @MatrixVariable(pathVar="category") MultiValueMap<String, String> matrixVars2,
        Model model) {

        System.out.println(matrixVars);
        System.out.println(matrixVars2);

        model.addAttribute("data", matrixVars + "<br>" + matrixVars2);
        return "webpage06";
    }
}
```

▼ 그림 6-10 실행 결과

6.2.3 실습 @MatrixVariable을 이용하여 매트릭스 변수 값과 일치하는 도서 목록 출력하기

@MatrixVariable을 이용하여 웹 요청 URL에 포함된 도서 분야(category) 및 출판사(publisher)를 전달받아 저장소 객체(메모리 저장소)에 저장된 도서 목록 중에서 매트릭스 변수 값과 일치하는 도서를 검색하여 도서 목록을 출력하는 요청 처리 메서드를 구현해 보겠습니다.

1. src/main/webapp/WEB-INF/spring/appServlet 폴더에 있는 스프링 MVC 설정 파일
   servlet-context.xml에 매트릭스 변수를 사용할 수 있도록 다음 내용을 추가합니다.

코드 6-7 servlet-context.xml

```xml
<?xml version="1.0" encoding="UTF-8"?>
<beans:beans...>
...
    <annotation-driven enable-matrix-variables="true"/>

    <resources mapping="/resources/**" location="/resources/"/>

    ...
</beans:beans>
```

2. BookRepository 인터페이스에 getBookListByFilter() 메서드를 선언합니다.

코드 6-8 BookRepository.java

```java
package com.springmvc.repository;
...
import java.util.Map;
import java.util.Set;

public interface BookRepository {
    List<Book> getAllBooks();
    List<Book> getBookListByCategory(String category);
    Set<Book> getBookListByFilter(Map<String, List<String>> filter);
}
```

3. BookRepositoryImpl 클래스에 getBookListByFilter() 메서드를 추가합니다. getBook
   ListByFilter() 메서드는 도서 출판사(publisher) 및 도서 분야(category)를 포함한 웹 요청 URL
   에 대해 도서를 검색하여 도서 목록을 반환합니다.

코드 6-9 BookRepositoryImpl.java

```java
package com.springmvc.repository;
...
import java.util.Map;
import java.util.Set;
import java.util.HashSet;

@Repository
public class BookRepositoryImpl implements BookRepository {
```

```
...

public List<Book> getBookListByCategory(String category) {
    List<Book> booksByCategory = new ArrayList<Book>();
    for (int i = 0; i < listOfBooks.size(); i++) {
        Book book = listOfBooks.get(i);
        if (category.equalsIgnoreCase(book.getCategory()))
            booksByCategory.add(book);
    }
    return booksByCategory;
}

public Set<Book> getBookListByFilter(Map<String, List<String>> filter) {
    Set<Book> booksByPublisher = new HashSet<Book>();
    Set<Book> booksByCategory = new HashSet<Book>();

    Set<String> booksByFilter = filter.keySet();

    if (booksByFilter.contains("publisher")) {
        for (int j = 0; j < filter.get("publisher").size(); j++) {
            String publisherName = filter.get("publisher").get(j);
            for (int i = 0; i < listOfBooks.size(); i++) {
                Book book = listOfBooks.get(i);
❶
                if (publisherName.equalsIgnoreCase(book.getPublisher()))
                    booksByPublisher.add(book);
            }
        }
    }

    if (booksByFilter.contains("category")) {
        for (int i = 0; i < filter.get("category").size(); i++) {
            String category = filter.get("category").get(i);
❷          List<Book> list = getBookListByCategory(category);
            booksByCategory.addAll(list);
        }
    }

    booksByCategory.retainAll(booksByPublisher); ❸
    return booksByCategory;
}

}
```

❶ 매트릭스 변수 중 publisher를 포함하는 경우에 실행됩니다. 전체 도서 목록 중에서 publisher 필드 값과 일치하는 도서를 검색하여 booksByPublisher 객체에 등록합니다.

❷ 매트릭스 변수 중 category를 포함하는 경우에 실행되고, 전체 도서 목록 중 category 값과 일치하는 도서를 검색하여 booksByCategory 객체에 등록합니다.

❸ booksByCategory 객체에 등록된 도서와 booksByPublisher에 등록된 도서 목록 중 중복되는 도서만 남기고 나머지는 삭제한 후 booksByCategory 객체로 반환합니다.

4. BookService 인터페이스에 getBooksByFilter() 메서드를 선언합니다.

코드 6-10 BookService.java

```java
package com.springmvc.service;
...
import java.util.Map;
import java.util.Set;

public interface BookService {
    List<Book> getAllBooks();
    List<Book> getBookListByCategory(String category);
    Set<Book> getBookListByFilter(Map<String, List<String>> filter);
}
```

5. BookServiceImpl 클래스에 getBookListByFilter() 메서드를 추가합니다. getBook ListByFilter() 메서드는 웹 요청 URL에서 매트릭스 변수에 해당되는 publisher 및 category 와 일치하는 도서를 검색하여 해당 도서 목록을 반환합니다.

코드 6-11 BookMarket/src/com/springmvc/service/BookServiceImpl.java

```java
package com.springmvc.service;
...
import java.util.Map;
import java.util.Set;

@Service
public class BookServiceImpl implements BookService {
    ...
    public List<Book> getBookListByCategory(String category) {
        List<Book> booksByCategory = bookRepository.getBookListByCategory(category);
        return booksByCategory;
    }
```

```
    public Set<Book> getBookListByFilter(Map<String, List<String>> filter) {
        Set<Book> booksByFilter = bookRepository.getBookListByFilter(filter);
        return booksByFilter;
    }
}
```

6. BookController 클래스에 requestBooksByFilter( ) 메서드를 추가합니다. 웹 요청 URL이 http://
   .../books/filter/bookFilter;publisher=길벗;category=IT전문서라면 @RequestMapping의
   요청 매핑 경로 /filter/{bookFilter}와 매핑하게 되어 getBooksByFilter( ) 메서드가 실행
   됩니다.

코드 6-12 BookController.java

```
package com.springmvc.controller;
...
import java.util.Set;
import java.util.Map;
import org.springframework.web.bind.annotation.MatrixVariable;

@Controller
@RequestMapping("/books")
public class BookController {

    @Autowired
    private BookService bookService;
    ...
    @GetMapping("/filter/{bookFilter}")
    public String requestBooksByFilter(
    @MatrixVariable(pathVar="bookFilter") Map<String, List<String>> bookFilter,
    Model model) {
        Set<Book> booksByFilter = bookService.getBookListByFilter(bookFilter);
        model.addAttribute("bookList", booksByFilter);
        return "books";
    }
}
```

7. 웹 브라우저 주소창에 'http://localhost:8080/BookMarket/books/filter/bookFilter;
publisher=길벗;category=IT전문서'를 입력하면 실행 결과를 확인할 수 있습니다.

▼ 그림 6-11 실행 결과

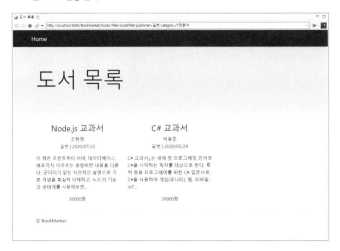

8. 웹 브라우저 주소창에 'http://localhost:8080/BookMarket/books/filter/bookFilter;
publisher=길벗;category=IT전문서,IT활용서'를 입력하면 실행 결과를 확인할 수 있습니다.
BookController 클래스의 requestBooksByFilter() 메서드에서 매트릭스 변수 bookFilter 값
은 {publisher : [길벗]}, {category : [IT전문서, IT활용서]}가 됩니다.

▼ 그림 6-12 실행 결과

6.3 요청 파라미터와 @RequestParam

웹 요청 URL에 포함된 쿼리문을 처리하는 요청 처리 메서드의 파라미터에 사용하는 @RequestParam
애너테이션을 알아보겠습니다. @RequestParam을 이용하여 URL에 포함된 요청 파라미터를 충족
하는 도서 정보를 출력해 봅시다.

6.3.1 요청 파라미터의 개요

요청 파라미터(request parameters)는 일반적인 웹 서버 애플리케이션의 GET 방식의 쿼리문 '변수명
=값' 형태로 데이터를 전송합니다. 웹 요청 URL에 다중 쿼리문을 가지면 color=red&year=2019
처럼 &로 구분하여 표현합니다.

다음과 같이 웹 요청 URL이 http://.../cars?color=red라면 요청 파라미터 이름은 color고 값은
red를 전달받습니다.

▼ 그림 6-13 웹 요청 URL에 포함된 요청 파라미터와 @RequestParam의 매핑

@GetMapping에 설정된 요청 매핑 경로에 쿼리문이 포함된 경우 요청 처리 메서드의 매개변수에
@RequestParam을 이용하여 요청 파라미터의 값을 전달받을 수 있습니다.

@RequestParam은 컨트롤러의 요청 처리 메서드를 구현할 때 가장 많이 사용하는 애너테이션으로,
대체로 요청 파라미터의 수가 많지 않을 때 사용합니다.

6.3.2 @RequestParam을 이용한 요청 파라미터 처리

@RequestParam은 일반적으로 메서드의 매개변수에 설정하는데, 기본값은 웹 요청 URL로 전송되는 요청 파라미터 이름과 똑같이 설정합니다. 이 요청 파라미터 값은 메서드 매개변수의 데이터 타입에 따라 적절하게 변환됩니다.

@RequestParam은 @RequestMapping의 요청 매핑 경로에 포함된 요청 파라미터 값을 요청 처리 메서드의 매개변수로 전달받는데, 형식은 다음과 같습니다.

```
// 요청 파라미터를 그대로 사용할 때
@RequestMapping("요청 경로")
public String 메서드 이름(@RequestParam 요청 파라미터, ...) {
    ...
}
// 요청 파라미터를 재정의하여 사용할 때
@RequestMapping("요청 경로")
public String 메서드 이름(@RequestParam(요청 파라미터) 매개변수, ...) {
    ...
}
```

※ 제공 패키지: org.springframework.web.bind.annotation

@RequestParam에서 사용하는 속성은 다음과 같습니다.

❤ 표 6-2 @RequestParam의 속성

옵션 요소	타입	설명
defaultValue	String	요청 매개변수가 없거나 빈 값이면 기본값으로 대체하여 사용합니다.
name	String	전달하는 요청 매개변수의 이름입니다.
required	boolean	요청 매개변수가 요구되는지 여부를 설정합니다.
value	String	name()에 대한 별칭입니다.

요청 처리 메서드의 매개변수에 @RequestParam을 이용하여 웹 요청 URL에서 전송되는 요청 파라미터에 접근하는 방식을 예로 살펴보겠습니다.

웹 요청 URL이 http://.../home/exam07?id=ISBN1234이면 요청 파라미터는 id=ISBN1234를, requestMethod() 메서드의 매개변수 id의 값은 ISBN1234를 전달받습니다.

```
package com.springmvc.chap06;

...
import org.springframework.web.bind.annotation.RequestParam;

...
@Controller
@RequestMapping("/home")
public class Example07Controller {

        /exam07?id=ISBN1234                          id=ISBN1234
    @GetMapping("/exam07")
    public String requestMethod(@RequestParam String id, Model model) {
        System.out.println("도서 ID : " + id);
        model.addAttribute("data", "도서 ID : " + id);
        return "webpage06";
    }
}
```

home/exam07?id=ISBN1234

6.3.3 [실습] @RequestParam을 이용하여 도서 ID와 일치하는 도서의 상세 정보 출력하기

@RequestParam을 이용하여 도서 ID와 일치되는 도서 정보를 출력하는 요청 처리 메서드를 구현해 보겠습니다.

1. BookRepository 인터페이스에 도서 ID와 일치하는 도서를 검색하는 getBookById( ) 메서드를 선언합니다.

코드 6-13 BookRepository.java

```
package com.springmvc.repository;
...
public interface BookRepository {
```

```
    List<Book> getAllBooks();
    List<Book> getBookListByCategory(String category);
    Set<Book> getBookListByFilter(Map<String, List<String>> filter);
    Book getBookById(String bookId);
}
```

2. BookRepositoryImpl 클래스에 도서 ID와 일치하는 도서를 검색하는 getBookById() 메서드를
   구현합니다. getBookById() 메서드는 매개변수 bookId가 전달받은 도서 ID와 저장소 객체에
   저장된 도서 목록의 ID를 비교하여 일치하는 도서 정보를 반환합니다. 이때 일치하는 도서가
   없으면 IllegalArgumentException 예외를 발생시킵니다.

코드 6-14 BookRepositoryImpl.java

```
package com.springmvc.repository;
...
@Repository
public class BookRepositoryImpl implements BookRepository {
    ...
    public Set<Book> getBookListByFilter(Map<String, List<String>> filter) {
    ...
    }

    public Book getBookById(String bookId) {
        Book bookInfo = null;
        for (int i = 0; i < listOfBooks.size(); i++) {
            Book book = listOfBooks.get(i);
            if (book != null && book.getBookId() != null && book.getBookId().
                equals(bookId)) {
                bookInfo = book;
                break;
            }
        }
        if (bookInfo == null)
            throw new IllegalArgumentException("도서 ID가 " + bookId + "인 해당 도서를
                    찾을 수 없습니다.");
            return bookInfo;
    }
}
```

3. BookService 인터페이스에 getBookById( ) 메서드를 선언합니다.

```
package com.springmvc.service;

...


public interface BookService {

    ...
    Book getBookById(String bookId);
}
```

4. BookServiceImpl 클래스에 getBookById( ) 메서드를 구현합니다.

```
package com.springmvc.service;
...
@Service
public class BookServiceImpl implements BookService {

    ...
    public Set<Book> getBookListByFilter(Map<String, List<String>> filter) {
        Set<Book> booksByFilter = bookRepository.getBookListByFilter(filter);
        return booksByFilter;
    }

    public Book getBookById(String bookId) {
        Book bookById = bookRepository.getBookById(bookId);
        return bookById;
    }
}
```

5. BookController 클래스에 getBookById( ) 메서드를 추가합니다.

```
package com.springmvc.controller;
...
import org.springframework.web.bind.annotation.RequestParam;

@Controller
@RequestMapping("/books")
public class BookController {
```

```
    @Autowired
    private BookService bookService;
    ...
    @GetMapping("/book") ❶
    public String requestBookById(@RequestParam("id") String bookId, Model model) { ❷
        Book bookById = bookService.getBookById(bookId);
        model.addAttribute("book", bookById);
        return "book";
    }
}
```

❶ @RequestMapping(value="/book", method=RequestMethod.GET) 또는 @RequestMapping
("/book")과 같습니다.

❷ requestBookById() 메서드에서 요청 파라미터 id를 bookId로 재정의했습니다. 웹 요청
URL이 http://.../books/book?id=ISBN1234이면 메서드의 매개변수 bookId의 값은
ISBN1234가 됩니다.

6. WEB-INF/views 폴더의 books.jsp 파일에서 도서 상세 페이지로 이동할 수 있도록 다음 내
용을 추가합니다.

코드 6-18 books.jsp

```
<%@ page contentType="text/html; charset=utf-8" %>
...
<html>
    ...
    <div class="container">
    <div class="row" align="center">
        <c:forEach items="${bookList}" var="book">
            <div class="col-md-4">
                <h3>${book.name}</h3>
                <p>${book.author}
                    <br> ${book.publisher} | ${book.releaseDate}
                <p align=left>${fn:substring(book.description, 0, 100)}...
                <p>${book.unitPrice}원
                <p><a href="<c:url value="/books/book?id=${book.bookId}"/>"
                        class="btn btn-Secondary" role="button">상세정보 &raquo;</a> ❶
            </div>
        </c:forEach>
    </div>
    <hr>
    <footer>
```

```
        <p>&copy; BookMarket</p>
    </footer>
</div>
</html>
```

❶ 도서 목록에 [상세정보〉〉] 버튼을 만들고, 이 버튼을 누르면 /books/book?id=${book.
  bookId}처럼 요청 경로 및 해당 도서 ID를 전달합니다.

7. 웹 브라우저 주소창에 'http://localhost:8080/BookMarket/books'를 입력하면 [상세정보
   〉〉] 버튼이 생성된 것을 확인할 수 있습니다.

▼ 그림 6-15 실행 결과

8. **상세정보 〉〉** 버튼을 눌렀을 때 도서의 상세 정보를 표시하려면 WEB-INF/views 폴더에
   book.jsp 파일을 생성하여 다음 내용을 작성해야 합니다.

코드 6-19 book.jsp

```
<%@ page contentType="text/html; charset=utf-8" %>
<%@ taglib prefix="c" uri="http://java.sun.com/jsp/jstl/core" %>

<html>
<head>
<link href="<c:url value="/resources/css/bootstrap.min.css"/>" rel="stylesheet">
<title>도서 상세 정보</title>
</head>
<body>
    <nav class="navbar navbar-expand navbar-dark bg-dark">
        <div class="container">
```

```
            <div class="navbar-header">
                <a class="navbar-brand" href="./home">Home</a>
            </div>
        </div>
    </nav>
    <div class="jumbotron">
        <div class="container">
            <h1 class="display-3">도서 정보</h1>
        </div>
    </div>

    <div class="container">
        <div class="row">
            <div class="col-md-12">
                <h3>${book.name}</h3>
                <p>${book.description}</p>
                <br>
                <p><b>도서코드 : </b><span class="badge badge-info">${book.bookId}</span>
                <p><b>저자</b> : ${book.author}
                <p><b>출판사</b> : ${book.publisher}
                <p><b>출판일</b> : ${book.releaseDate}
                <p><b>분류</b> : ${book.category}
                <p><b>재고수</b> : ${book.unitsInStock}
                <h4>${book.unitPrice}원</h4>
                <br>
                <p><a href="#" class="btn btn-primary">도서주문 &raquo;</a>
                <a href="<c:url value="/books"/>" class="btn btn-secondary">도서 목록
                    &raquo;</a> ❷
            </div>
        </div>
    </div>
    <hr>
    <footer>
        <p>&copy; BookMarket</p>
    </footer>
    </div>
</body>
</html>
```

---

❶ ${book.필드 이름}으로 사용하여 requestBookById() 메서드의 모델 속성 book에 저장된 도서의 상세 정보를 출력합니다.

❷ **도서 목록 》** 버튼을 누르면 전체 도서 목록으로 이동합니다.

9. 웹 브라우저 주소창에 'http://localhost:8080/BookMarket/books'를 입력하여 실행한 후 **상세정보 >>** 버튼을 누르거나 'http://localhost:8080/BookMarket/books/book?id=ISBN1234'를 입력하면 실행 결과를 직접 확인할 수 있습니다.

❤ 그림 6-16 실행 결과

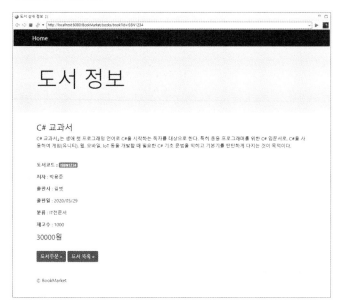

SPRING

6.4 마치며

웹 요청이 들어오면 요청 처리 메서드에서 파라미터로 사용할 수 있는 애너테이션을 살펴보았고, 다양한 조건으로 검색한 도서 목록도 출력해 보았습니다.

다음 장에서는 스프링에서 지원하는 폼 태그의 개념과 사용법을 살펴본 후 도서 등록 페이지를 만들어 보겠습니다.

memo

7 장

스프링 폼 태그:
도서 등록 페이지
만들기

스프링 폼 태그란 무엇이며, 스프링 폼 태그에서 입력받은 데이터를 처리하는
@ModelAttribute와 데이터를 제한하는 @InitBinder를 살펴봅니다.
스프링 폼 태그를 적용하여 도서 쇼핑몰에서 도서 등록 페이지를 구현합니다.

이 장에서 다룰 핵심 내용

- **스프링 폼 태그 개요**
  - **실습** 스프링 폼 태그로 도서 등록 페이지 만들기
- **@ModelAttribute를 이용한 데이터 바인딩**
  - **실습** @ModelAttribute를 이용하여 새로운 도서 등록하기
- **@InitBinder를 이용한 커스텀 데이터 바인딩**
  - **실습** @InitBinder를 이용하여 커스텀 데이터 바인딩하기

7.1 스프링 폼 태그 개요

동적 웹 애플리케이션에서 가장 중요한 기능은 사용자에게 정보를 입력받아 처리하는 것입니다. 이렇게 사용자가 입력하거나 선택한 정보를 웹 서버로 전달하는 스프링 폼 태그를 알아봅니다. 그리고 스프링 폼 태그를 사용하여 도서 등록 페이지를 만들어 봅시다.

7.1.1 스프링 폼 태그

스프링 폼 태그는 스프링 MVC와 연동되는 태그 라이브러리입니다. 스프링 폼 태그를 사용하면 폼에서 전달되는 파라미터 이름으로 Setter() 메서드를 작성한 클래스의 프로퍼티(필드 이름)에 접근할 수 있고 컨트롤러가 다루는 데이터를 참조할 수 있어 동적 웹 애플리케이션을 더 쉽고 편리하게 개발하고 유지 관리할 수 있습니다.

스프링 폼 태그를 사용하려면 뷰 페이지 위쪽에 다음과 같이 스프링 폼 태그 라이브러리를 선언해야 합니다.

```
<%@ taglib prefix="form" uri="http://www.springframework.org/tags/form" %>
```

앞의 코드에서 prefix="form"은 태그 이름이 form인 라이브러리의 태그를 뷰 페이지의 어느 곳이든 이용한다는 것을 나타냅니다.

만약 prefix="form"으로 선언했다면, 스프링 폼 태그는 <form:태그 이름> 형식으로 사용합니다. 스프링 폼 태그의 유형은 다음과 같습니다.

❤ 표 7-1 스프링 폼 태그의 종류

태그 유형	설명	출력되는 HTML 태그
<form>	폼의 시작과 끝을 나타낼 때 사용합니다.	<form>
<input>	사용자가 일반 텍스트를 입력할 수 있는 입력 필드를 만들 때 사용합니다.	<input type="text">

⊙ 계속

태그 유형	설명	출력되는 HTML 태그
`<checkbox>`	많은 옵션 중 여러 개(다중)를 선택할 때 사용합니다.	`<input type="checkbox">`
`<checkboxes>`	`<form:checkbox>` 목록을 나타낼 때 사용합니다.	
`<radiobutton>`	많은 옵션 중 하나를 선택할 때 사용합니다.	`<input type="radio">`
`<radiobuttons>`	`<form:radiobutton>` 목록을 나타낼 때 사용합니다.	
`<password>`	사용자가 텍스트를 입력하면 자동으로 (*)로 변환되어 입력할 때 사용합니다.	`<input type="password">`
`<select>`	콤보 박스나 리스트 박스를 나타낼 때 사용합니다.	`<select>`
`<option>`	`<SELECT>...</SELECT>`에 포함되어 목록을 구성할 때 사용합니다.	`<option>`
`<options>`	`<form:option>` 목록을 나타낼 때 사용합니다.	
`<textarea>`	사용자가 여러 줄의 텍스트를 입력할 수 있도록 입력 박스를 제공할 때 사용합니다.	`<textarea>`
`<hidden>`	웹 브라우저가 출력하지 않는 입력 폼으로 사용합니다.	`<input type="hidden">`
`<errors>`	유효성 검사(validation)에서 생긴 오류 메시지를 나타낼 때 사용합니다.[1]	

7.1.2 스프링 폼 태그 사용법

`<form>` 태그

`<form>` 태그는 단독으로 쓰지 않고 사용자에게 데이터를 입력받아 상호 작용하는 다양한 입력 양식과 관련된 내용을 포함하는 최상위 태그로 사용합니다. 형식은 다음과 같습니다.

```
<form:form 속성1="값1" [속성2="값2" ...]>
    // 다양한 입력 양식 태그(<input>, <select>, <textarea>)
</form:form>
```

`<form>` 태그는 다음과 같은 속성이 있으며, 모든 속성은 필수가 아닌 선택입니다.

---

1   13장을 참고하기 바랍니다.

▼ 표 7-2 〈form〉 태그의 속성

속성	설명
modelAttribute(또는 commandName)	참조하는 커맨드 객체를 설정합니다. 반드시 첫 글자는 소문자여야 합니다.
action	데이터를 받아 처리하는 웹 페이지의 URL을 설정합니다.
method	데이터가 전송되는 HTTP 방식을 설정합니다.
name	폼을 식별하는 이름을 설정합니다.
target	폼 처리 결과의 응답을 실행할 프레임을 설정합니다.
enctype	폼을 전송하는 콘텐츠 MIME 유형을 설정합니다.
accept-charset	폼 전송에 사용할 문자 인코딩을 설정합니다.

〈form〉 태그는 HTML의 〈form〉 태그와 다르게 modelAttribute 속성을 지원하여 〈input〉이나 〈hidden〉 같은 태그들이 커맨드 객체의 프로퍼티(필드 이름)에 접근할 수 있게 합니다.

다음은 〈form〉 태그를 사용한 예로, HTML 코드를 열어 보면 다음과 같이 HTML의 〈form〉 태그로 출력됩니다.

〈form〉 태그 사용 예

```
<form:form modelAttribute="member">
    ...
</form:form>
```

앞의 예처럼 〈form:form〉 태그의 method와 action 속성을 지정하지 않으면 다음과 같이 HTML로 출력되는 〈form〉 태그의 method 속성 값은 post로 설정되고, action 속성 값은 현재 요청 URL이 됩니다.

출력된 HTML 〈form〉 코드

```
<form id="member" action="/chap07/member" method="post">
    ...
</form>
```

〈form〉 안에 사용하는 태그

스프링 폼 태그들은 〈form:form〉 태그 내 중첩되어 사용되며, 반드시 종료(/) 태그로 닫아야 합니다. 형식은 다음과 같고, 사용법은 HTML 태그와 동일합니다. 〈form:form〉 태그 내 modelAttribute 속성을 설정하면 중첩되는 〈form:form〉 태그에 반드시 path 속성을 설정해야 합니다. 그래야 커맨드 객체의 필드에 접근할 수 있습니다.

```
〈form:form modelAttribute="커맨드 객체"〉
    〈form:태그 이름 path="커맨드 객체의 프로퍼티(필드)"/〉
〈/form:form〉
```

❤ 그림 7-1 스프링 폼 태그 사용 예

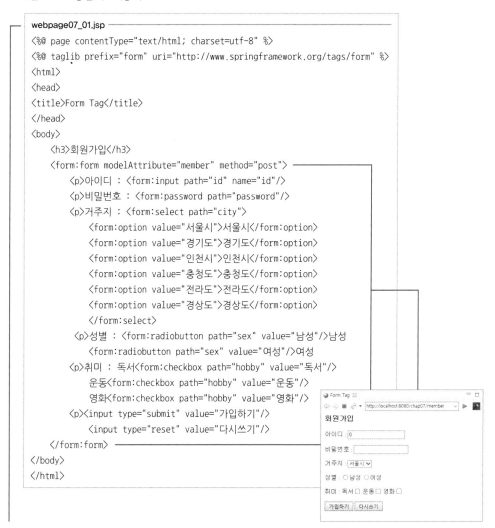

```
Member.java
package com.springmvc.chap07;

import java.util.Date;

public class Member {

    private int id;
    private String password;
    private String city;
    private String sex;
    private String[] hobby;
    private Date birth;

    public Member() {
        super();
    }

    public int getId() {
        return id;
    }
    ... // Setter()와 Getter() 메서드 생략

    public void setBirth(Date birth) {
        this.birth = birth;
    }
}
```

```
Example01Controller.java
package com.springmvc.chap07;
...
@Controller
public class Example01Controller {

    @GetMapping("/member")
    public String showForm(Model model) {
        Member member = new Member();
        System.out.println("@GetMapping---------------");
        System.out.println("아이디: " + member.getId());
        System.out.println("비밀번호: " + member.getPassword());
        System.out.println("거주지 : " + member.getCity());
        System.out.println("성 별: " + member.getSex());
        System.out.println("취 미: " + member.getHobby());
        model.addAttribute("member", member);
        return "webpage07_01";
    }
}
```

```
@GetMapping---------------
아이디: 0
비밀번호: null
거주지 : null
성 별: null
취 미: null
```

기본 GET 방식으로 전송하므로 사용자 웹 요청 URL이 http://.../member이면 Example01
Controller 컨트롤러의 @GetMapping("/member")로 매핑되어 요청 처리 메서드 showForm()으로
webpage07_01.jsp 파일을 출력합니다.

❤ 그림 7-2 실행 결과

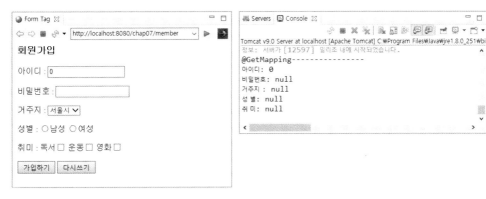

7.1.3 실습 스프링 폼 태그로 도서 등록 페이지 만들기

스프링 폼 태그를 사용하여 신규 도서 정보를 등록할 수 있는 도서 등록 페이지를 구현해 보겠습
니다.

1. 도서를 등록하는 폼 페이지를 출력하려면 BookController 클래스에 GET 방식의 request
AddBookForm() 메서드를 추가해야 합니다.

코드 7-1 BookController.java

```java
package com.springmvc.controller;
...

@Controller
@RequestMapping("/books")
public class BookController {
...
    @GetMapping("/book")
    public String requestBookById(@RequestParam("id") String bookId, Model model) {
        Book bookById = bookService.getBookById(bookId);
        model.addAttribute("book", bookById);
        return "book";
    }
```

```
    @GetMapping("/add") ❶
┌ public String requestAddBookForm(Book book) {
❷      return "addBook"; ❸
└ }
}
```

❶ @RequestMapping(value="/add", method=RequestMethod.GET) 또는 @RequestMapping
("/add")와 같습니다.

❷ 웹 요청 URL이 /add일 때 처리하는 요청 처리 메서드입니다.

❸ 뷰 이름을 addBook으로 반환하여 addBook.jsp 파일을 출력합니다.

2. src/main/webapp/WEB-INF/views 폴더에 addBook.jsp 파일을 생성하고 다음 코드를
   작성합니다. 다음 코드는 웹 브라우저에서 사용자 요청 URL이 http://.../books/add이면 출
   력되는 웹 페이지입니다.

코드 7-2 addBook.jsp

```
<%@ page contentType="text/html; charset=utf-8" %>
<%@ taglib prefix="c" uri="http://java.sun.com/jsp/jstl/core" %>
<%@ taglib prefix="form" uri="http://www.springframework.org/tags/form" %> ❶

<html>
<head>
<link href="<c:url value="/resources/css/bootstrap.min.css"/>" rel="stylesheet">
<title>도서 등록</title>
</head>
<body>
    <nav class="navbar navbar-expand navbar-dark bg-dark">
        <div class="container">
            <div class="navbar-header">
                <a class="navbar-brand" href="./home">Home</a>
            </div>
        </div>
    </nav>
    <div class="jumbotron">
        <div class="container">
            <h1 class="display-3">도서 등록</h1>
        </div>
    </div>

    <div class="container">
```

```
<form:form modelAttribute="book" class="form-horizontal">
<fieldset>
<div class="form-group row">
    <label class="col-sm-2 control-label">도서ID</label>
    <div class="col-sm-3">
        <form:input path="bookId" class="form-control"/> ❸
    </div>
</div>
<div class="form-group row">
    <label class="col-sm-2 control-label">도서명</label>
    <div class="col-sm-3">
        <form:input path="name" class="form-control"/> ❹
    </div>
</div>
<div class="form-group row">
   <label class="col-sm-2 control-label">가격</label>
   <div class="col-sm-3">
       <form:input path="unitPrice" class="form-control"/> ❺
   </div>
</div>
<div class="form-group row">
   <label class="col-sm-2 control-label">저자</label>
   <div class="col-sm-3">
       <form:input path="author" class="form-control"/> ❻
   </div>
</div>
<div class="form-group row">
   <label class="col-sm-2 control-label">상세정보</label>
   <div class="col-sm-5">
       <form:textarea path="description" cols="50" rows="2"
           class="form-control"/> ❼
   </div>
</div>
<div class="form-group row">
   <label class="col-sm-2 control-label">출판사</label>
   <div class="col-sm-3">
       <form:input path="publisher" class="form-control"/> ❽
   </div>
</div>
<div class="form-group row">
   <label class="col-sm-2 control-label">분야</label>
   <div class="col-sm-3">
       <form:input path="category" class="form-control"/> ❾
```

❷

```
                    </div>
                </div>
                <div class="form-group row">
                    <label class="col-sm-2 control-label">재고수</label>
                    <div class="col-sm-3">
                        <form:input path="unitsInStock" class="form-control"/> ❿
                    </div>
                </div>
                <div class="form-group row">
                    <label class="col-sm-2 control-label">출판일</label>
                    <div class="col-sm-3">
                        <form:input path="releaseDate" class="form-control"/> ⓫
                    </div>
                </div>
❷       <div class="form-group row">
                    <label class="col-sm-2 control-label">상태</label>
                    <div class="col-sm-3">
                        <form:radiobutton path="condition" value="New"/>New
                 ⓬     <form:radiobutton path="condition" value="Old"/>Old
                        <form:radiobutton path="condition" value="E-Book"/>E-Book
                    </div>
                </div>
                <div class="form-group row">
                    <div class="col-sm-offset-2 col-sm-10">
                    <input type="submit" class="btn btn-primary" value ="등록"/>
                    </div>
                </div>
                </fieldset>
        </form:form>
            <hr>
        <footer>
            <p>&copy; BookMarket</p>
        </footer>
        </div>
    </body>
</html>
```

---

❶ 스프링 폼 태그를 사용하려고 태그 라이브러리를 설정합니다.

❷ `<form:form>` 태그로 modelAttribute 속성에 참조할 커맨드 객체 book을 설정합니다.

    `<form:form>` 태그의 modelAttribute 속성 값은 사용자 웹 요청 URL에 매핑되는 컨트롤러 안에 요청 처리 메서드의 매개변수로 선언한 도메인 커맨드 객체 이름 Book과 일치해야 합

니다. 이때 modelAttribute 속성 값에 설정하는 커맨드 이름의 첫 글자는 소문자를 사용해
야 합니다.

❸ ⟨form:input⟩ 태그로 커맨드 객체 book의 필드 bookId를 설정합니다.

❹ ⟨form:input⟩ 태그로 커맨드 객체 book의 필드 name을 설정합니다.

❺ ⟨form:input⟩ 태그로 커맨드 객체 book의 필드 unitPrice를 설정합니다.

❻ ⟨form:input⟩ 태그로 커맨드 객체 book의 필드 author를 설정합니다.

❼ ⟨form:input⟩ 태그로 커맨드 객체 book의 필드 description을 설정합니다.

❽ ⟨form:input⟩ 태그로 커맨드 객체 book의 필드 publisher를 설정합니다.

❾ ⟨form:input⟩ 태그로 커맨드 객체 book의 필드 category를 설정합니다.

❿ ⟨form:input⟩ 태그로 커맨드 객체 book의 필드 unitsInStock을 설정합니다.

⓫ ⟨form:input⟩ 태그로 커맨드 객체 book의 필드 releaseDate를 설정합니다.

⓬ ⟨form:radiobutton⟩ 태그로 커맨드 객체 book의 필드 condition을 설정합니다.

3. 웹 브라우저 주소창에 'http://localhost:8080/BookMarket/books/add'를 입력하면 실행
결과를 확인할 수 있습니다.

❤ 그림 7-3 실행 결과

7.2 @ModelAttribute를 이용한 데이터 바인딩

웹 요청 URL을 처리하는 요청 처리 메서드가 호출되기 전에 커맨드 객체에 데이터를 미리 담는 @ModelAttribute 애너테이션을 알아봅니다. @ModelAttribute를 이용하여 새로운 도서 정보를 등록해 봅니다.

> **Note ≡ 데이터 바인딩을 알려 주세요!**
>
> 데이터 바인딩이란 웹 페이지에서 전달되는 요청 파라미터 값을 동적으로 도메인 객체의 프로퍼티에 설정해 주는 것을 의미합니다. 일반적으로 웹 애플리케이션에서 사용자가 입력하여 웹 페이지에서 전달되는 값은 문자열입니다. 이 문자열로 전달된 파라미터는 도메인 객체의 프로퍼티 타입(int, boolean, char 등)에 맞게 변환해야 합니다. 이렇게 사용자가 입력한 문자열 값을 프로퍼티 타입에 맞추어 자동으로 변환하여 할당하는 것을 데이터 바인딩이라고 합니다.

7.2.1 요청 처리 메서드의 매개변수에 @ModelAttribute 적용

폼 페이지에서 입력된 데이터가 전달되면 @ModelAttribute는 커맨드 객체에 매핑되어 프로퍼티에 데이터를 채우는 역할을 합니다. @ModelAttribute를 컨트롤러 안의 @RequestMapping이 적용된 요청 처리 메서드의 매개변수로 설정하여 사용하며, 형식은 다음과 같습니다.

```
public String 메서드 이름(@ModelAttribute 매개변수, Model model) {
    // model.addAttribute(...);
    return "뷰";
}
```

※ 제공 패키지: org.springframework.web.bind.annotation

요청 처리 메서드의 매개변수에 @ModelAttribute를 사용하면 폼 페이지에서 입력된 데이터를 자동으로 할당해 주기 때문에 폼 입력 양식의 구문을 개별적으로 분석하지 않아도 됩니다. 또한 요청 처리 메서드의 매개변수인 커맨드 객체 이름도 자유롭게 변경하여 사용할 수 있습니다.

다음은 요청 처리 메서드의 매개변수에 @ModelAttribute를 적용한 예입니다.

폼 페이지에서 전달된 파라미터 값이 @ModelAttribute가 설정된 커맨드 객체 member에 자동으로 할당되고, 해당 커맨드 객체의 프로퍼티 값을 뷰 페이지에 출력합니다.

Example02Controller.java

```java
package com.springmvc.chap07;

...
import org.springframework.web.bind.annotation.ModelAttribute;
import org.springframework.web.bind.annotation.PostMapping;

@Controller
public class Example02Controller {
    @PostMapping("/member")
    public String submitForm(@ModelAttribute Member member, Model model) {
        System.out.println("@PostMapping---------------");
        System.out.println("아이디: " + member.getId());
        System.out.println("비밀번호: " + member.getPassword());
        System.out.println("거주지 : " + member.getCity());
        System.out.println("성 별: " + member.getSex());
        System.out.print("취 미: ");
        for (int i = 0; i < member.getHobby().length; i++)
            System.out.print("["+ member.getHobby()[i]+ "] ");

        model.addAttribute("member", member);
        return "webpage07_02";
    }
}
```

```
@PostMapping---------------
아이디: 1004
비밀번호: 1234
거주지 : 인천시
성 별: 여성
취 미: [독서] [영화]
```

webpage07_02.jsp

```jsp
<%@ page contentType="text/html; charset=utf-8" %>
<%@ taglib prefix="c" uri="http://java.sun.com/jsp/jstl/core" %>

<html>
<head>
<title>Form Tag</title>
</head>
<body>
    <h3>회원정보</h3>
    <p> 아이디 : ${member.id}
    <p> 비밀번호 : ${member.password}
    <p> 거주지 : ${member.city}
    <p> 성 별 : ${member.sex}
    <p> 취 미 : <c:forEach items="${member.hobby}" var="hobby">
        [<c:out value="${hobby}"/>]
        </c:forEach>
</body>
```

```
회원정보

아이디 : 1004

비밀번호 : 1234

거주지 : 인천시

성 별 : 여성

취 미 : [독서] [영화]
```

7

스프링 폼 태그: 도서 등록 페이지 만들기

191

예를 들어 웹 요청 URL이 http://.../member이면 Example01Controller 컨트롤러의 요청 처리 메서드 showForm()으로 webpage07_01.jsp 파일을 출력합니다. 해당 폼 페이지의 항목에 데이터를 입력한 후 [가입하기] 버튼을 누르면 POST 방식으로 전송하므로 Example02Controller 컨트롤러의 @PostMapping("/member")로 매핑되어 요청 처리 메서드 submitForm()으로 webpage07_02.jsp 파일을 출력합니다.

▼ 그림 7-5 실행 결과

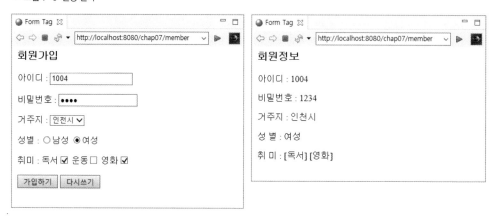

스프링 MVC는 @ModelAttribute와 관계없이 데이터 바인딩과 커맨드 객체에 데이터를 담는 일을 처리하므로 앞 예제의 submitForm() 메서드를 다음과 같이 작성해도 동일한 결과를 얻을 수 있습니다.

@ModelAttribute를 사용하지 않은 경우

```
@PostMapping("/member")
public String submitForm(Member member, Model model) {
    ...
    model.addAttribute("member", member);
    return "webpage07_submit";
}
```

앞의 두 예제가 동일한 결과를 얻은 것은 뷰 페이지 webpage07_01.jsp 파일에서는 <form:form> 태그에서 커맨드 객체 이름의 첫 글자는 소문자로 해야 한다는 규칙대로 modelAttribute ="member"로 요청 처리 메서드의 매개변수 이름을 만들었기 때문입니다.

스프링 MVC 규칙을 따르지 않고도 커맨드 객체 이름을 자유롭게 바꾸어서 사용할 수 있습니다. 다음은 앞의 예제에서 커맨드 객체 이름 member를 group으로 변경한 예입니다.

커맨드 객체 이름을 변경한 경우

```java
@PostMapping("/member")
public String submitForm(@ModelAttribute("member") Member group, Model model) {

    ...
    model.addAttribute("member", group);
    return "webpage07_submit";
}
```

7.2.2 메서드에 @ModelAttribute 적용

컨트롤러 안에 @RequestMapping이 적용되지 않은 별도의 일반 메서드를 만들어 해당 메서드에 @ModelAttribute를 적용하는 것을 메서드 수준의 @ModelAttribute라고 합니다. 형식은 다음과 같습니다.

```java
@ModelAttribute("모델 속성 이름")
public String 메서드 이름() {
    ...
}


@ModelAttribute
public void 메서드 이름(Model model) {
    // model.addAttribute(...);
}
```

※ 제공 패키지: org.springframework.web.bind.annotation

메서드 수준의 @ModelAttribute는 뷰 페이지에서 공통으로 사용할 수 있는 커맨드 객체의 프로퍼티(멤버 변수, 필드)를 설정하여 뷰 페이지에 출력하는 역할을 합니다.

@RequestMapping이 선언된 요청 처리 메서드처럼 웹 요청 URL을 처리할 수 없지만, 먼저 호출되며 컨트롤러 안에 여러 개 만들 수 있습니다.

다음은 메서드 수준의 @ModelAttribute를 적용하는 예로, @ModelAttribute가 설정된 모델 속성 값을 뷰 페이지에 출력합니다.

```
Example03Controller.java
package com.springmvc.chap07;
...
@Controller
public class Example03Controller {

    @GetMapping("/exam03")
    public String showForm() {
        return "webpage07_03";
    }

    @ModelAttribute("title")
    public String setTitle() {
        return "@ModelAttribute 유형";
    }

    @ModelAttribute
    public void setsubTitle(Model model) {
        model.addAttribute("subtitle", "메소드에 @ModelAttribute 애노테이션 적용하기");
    }
}
```

```
webpage07_03.jsp
<%@ page contentType="text/html; charset=utf-8" %>
<html>
<head>
<title>Form Tag</title>
</head>
<body>
    <h2>${title}</h2>
    <h4>${subtitle}</h4>
</body>
</html>
```

사용자 웹 요청 URL이 http://.../exam03이면 Example03Controller 컨트롤러의 요청 처리 메서드 showForm()으로 webpage07_03.jsp 파일을 출력하기 전에, @ModelAttribute가 선언된 setTitle()과 setsubTitle() 메서드를 먼저 호출하여 모델 속성 title과 subtitle 값을 저장합니다. 그리고 webpage07_03.jsp 파일에 각각 title과 subtitle 값을 출력합니다.

▼ 그림 7-7 실행 결과

7.2.3 실습 @ModelAttribute를 이용하여 새로운 도서 등록하기

@ModelAttribute로 도서 등록 페이지에서 입력된 파라미터 값을 커맨드 객체로 바인딩하여 저장소 객체에 신규 도서 정보를 저장하는 기능을 구현해 보겠습니다.

1. BookRepository 인터페이스에 setNewBook() 메서드를 선언합니다.

> 코드 7-3 BookRepository.java

```java
package com.springmvc.repository;
...
public interface BookRepository {
    ...
    Book getBookById(String bookId);
    void setNewBook(Book book);
}
```

2. BookRepositoryImpl 클래스에 setNewBook() 메서드를 추가합니다. setNewBook() 메서드는 새로 등록되는 도서 정보를 저장소 객체에 저장합니다.

> 코드 7-4 BookRepositoryImpl.java

```java
package com.springmvc.repository;
...
@Repository
public class BookRepositoryImpl implements BookRepository {
    ...
    public Book getBookById(String bookId) {
        ...
    }

    public void setNewBook(Book book) {        ❶
        listOfBooks.add(book);      ❷
    }
}
```

❶ 신규 도서 정보를 저장하는 메서드입니다.

❷ 신규 도서 정보를 listOfBooks에 추가로 저장합니다.

3. BookService 인터페이스에 setNewBook( ) 메서드를 선언합니다.

코드 7-5 BookService.java

```java
package com.springmvc.service;
...
public interface BookService {
    ...
    Book getBookById(String bookId);
    void setNewBook(Book book);
}
```

---

4. BookServiceImpl 클래스에 setNewBook( ) 메서드를 추가합니다.

코드 7-6 BookServiceImpl.java

```java
package com.springmvc.service;
...
@Service
public class BookServiceImpl implements BookService {
    ...
    public Book getBookById(String bookId) {
        Book bookById = bookRepository.getBookById(bookId);
        return bookById;
    }

    public void setNewBook(Book book) {      ❶
        bookRepository.setNewBook(book);  ❷
    }
}
```

---

❶ 신규 도서 정보를 저장소 객체에 저장하는 메서드입니다.

❷ 저장소 객체의 setNewBook( ) 메서드를 호출합니다.

5. BookController 클래스에 있는 GET 방식의 requestAddNewBookForm( ) 메서드에서 커맨드 객체 이름을 NewBook으로 수정합니다.

코드 7-7 BookController.java

```java
package com.springmvc.controller;
...
import org.springframework.web.bind.annotation.ModelAttribute;
...
```

```
@Controller
@RequestMapping("/books")
public class BookController {

    ...

    @GetMapping("/add") ❶
    public String requestAddBookForm(@ModelAttribute("NewBook") Book book) { ❷
        return "addBook";
    }
}
```

❶ @RequestMapping(value="/add", method=RequestMethod.GET) 또는 @RequestMapping
("/add")와 같습니다.

❷ @ModelAttribute를 이용하여 커맨드 객체 이름을 NewBook으로 수정합니다.

6. 마찬가지로 BookController 클래스에 POST 방식의 submitAddNewBook() 메서드를 추가합니다.

```
package com.springmvc.controller;
...
import org.springframework.web.bind.annotation.PostMapping;

@Controller
@RequestMapping("/books")
public class BookController {
    ...
    @GetMapping("/add")
    public String requestAddBookForm(@ModelAttribute("NewBook") Book book) {
        return "addBook";
    }

    @PostMapping("/add") ❶
    public String submitAddNewBook(@ModelAttribute("NewBook") Book book) {
        bookService.setNewBook(book); ❸
        return "redirect:/books"; ❹
    }
}
```

❶ @RequestMapping(value="/add", method=RequestMethod.POST)와 같습니다.

❷ @ModelAttribute를 이용하여 커맨드 객체 이름을 NewBook으로 수정합니다.

❸ 신규 도서 정보를 저장하려고 서비스 객체의 setNewBook() 메서드를 호출합니다.

❹ 웹 요청 URL을 강제로 /books로 이동시켜 @RequestMapping("/books")에 매핑합니다.

Note ≡ 뷰 리다이렉션

뷰 리다이렉션(view redirection)이란 사용자 웹 요청에 따라 현재 뷰 페이지에서 다른 뷰 페이지로 이동하는 것을 의미합니다. 뷰 다이렉션에는 redirect 방식과 forward 방식이 있습니다. 컨트롤러의 요청 처리 메서드는 기본적으로 GET 방식을 사용하므로 뷰 페이지 이동 방식은 forward 방식을 따릅니다.

```
@RequestMapping(...)
public String 함수 이름() {
    // 모델 객체로 응답 데이터 저장
    return "redirect:/요청 URL"; // 또는 "forword:/요청 URL"
}
```

1. redirect 방식
- 웹 브라우저가 요청 URL을 변경하면서 응답 뷰 페이지로 이동하는 방식입니다.
- 웹 브라우저에서 URL을 요청하면 응답 뷰 페이지의 URL로 이동합니다. 이때 웹 브라우저는 새로운 요청을 생성하여 이동할 URL에 다시 요청합니다. 그래서 처음 보냈던 최초 요청 정보는 이동된 URL에서는 더는 유효하지 않게 됩니다.
- 폼에서 데이터를 입력받아 등록하여 시스템(세션, DB)에 변화가 생기는 요청(로그인, 회원 가입, 글쓰기 등)이 있을 때 사용합니다.

2. forward 방식
- 웹 브라우저가 최초 요청한 URL을 유지하면서 응답 뷰 페이지를 표현하는 방식입니다.
- 현재 뷰 페이지에서 이동할 URL로 요청 정보를 그대로 전달하므로 사용자가 최초로 요청한 요청 정보는 이동된 URL에서도 유효합니다. 실제로 웹 브라우저는 다른 페이지로 이동했음을 알 수 없습니다. 따라서 웹 브라우저에는 최초에 호출한 URL이 표시되고, 이동한 페이지의 URL 정보는 확인할 수 없습니다.
- 시스템에 변화가 없는 단순 조회 요청(글 목록 보기, 검색 등)일 때 사용합니다.

---

7. 도서 등록 페이지에 제목을 출력하려면 BookController 클래스에 메서드 수준의 @ModelAttribute를 선언한 addAttributes() 메서드를 추가해야 합니다.

코드 7-9 BookController.java

```
package com.springmvc.controller;
...
@Controller
@RequestMapping("/books")
```

```
public class BookController {

    ...
    @PostMapping("/add")
    public String submitAddNewBook(@ModelAttribute("NewBook") Book book) {
        bookService.setNewBook(book);
        return "redirect:/books";
    }

    @ModelAttribute ❶
    public void addAttributes(Model model) {
        model.addAttribute("addTitle", "신규 도서 등록"); ❷
    }
}
```

❶ 메서드 수준의 @ModelAttribute를 선언합니다.

❷ 모델 속성 이름 addTitle에 신규 도서 등록을 저장합니다.

8. addBook.jsp 파일에서 <form:form> 태그에 작성된 modelAttribute 속성 값 book을 NewBook
으로 수정한 후 모델에서 전달된 제목을 출력합니다.

코드 7-10 addBook.jsp

```
<%@ page contentType="text/html; charset=utf-8" %>
    ...
    <div class="container">
        <form:form modelAttribute="NewBook" class="form-horizontal"> ❶ // 수정
        <fieldset>
        <legend>${addTitle}</legend> ❷ // 추가
        <div class="form-group row">
            <label class="col-sm-2 control-label">도서ID</label>
            <div class="col-sm-3">
                <form:input path="bookId" class="form-control"/>
            </div>
        </div>
    ...
```

❶ 커맨드 객체를 NewBook으로 수정합니다.

❷ 컨트롤러에서 전달된 모델 속성 이름 addTitle 값을 출력합니다.

9. 웹 브라우저 주소창에 'http://localhost:8080/BookMarket/books/add'를 입력한 실행 결과에서 도서 정보를 입력하고 **등록** 버튼을 누르면 입력한 도서 정보가 새로 등록된 것을 확인할 수 있습니다.

❖ 그림 7-8 실행 결과

7.3 @InitBinder를 이용한 커스텀 데이터 바인딩

SPRING

폼 페이지에서 전송되는 요청 파라미터의 데이터 바인딩을 사용자가 정의할 수 있습니다. 이때 사용되는 @InitBinder 애너테이션을 알아봅니다. @InitBinder를 이용하여 도서 등록 페이지의 데이터 바인딩을 작성해 봅시다.

7.3.1 메서드에 @InitBinder 적용

@InitBinder는 사용자가 입력한 데이터가 커맨드 객체의 프로퍼티에 매핑되기 전에 데이터 바인딩을 사용자 정의(customizing)할 수 있고 WebDataBinder 객체를 초기화하는 메서드와 함께 사용됩니다. 형식은 다음과 같습니다.

```
@InitBinder
public void 메서드 이름(WebDataBinder binder, ...) {
    // 구현 생략
}

@InitBinder("커맨드 객체 이름")
public void 메서드 이름(WebDataBinder binder, ...) {
    // 구현 생략
}
```

※ 제공 패키지: org.springframework.web.bind.annotation
※ WebDataBinder 제공 패키지: org.springframework.web.bind

@InitBinder가 선언된 메서드의 매개변수로 WebDataBinder를 사용하여 폼 페이지에서 입력된 데이터들을 커맨드 객체의 프로퍼티로 전체 또는 일부만 전달할지 구성할 수 있습니다.

7.3.2 폼 파라미터의 커스텀 데이터 바인딩

setAllowedFields() 메서드에서 매개변수의 기본값은 폼 페이지의 모든 파라미터이지만, 폼 페이지에서 원하지 않는 파라미터가 할당되는 것을 방지하려면 데이터 바인딩을 허용하는 폼 파라미터를 설정합니다. 반대에 해당하는 메서드는 setDisallowedFields()입니다.

```
public void setAllowedFields("폼 파라미터 이름1", ...)
public void setDisallowedFields("폼 파라미터 이름1", ...)
```

다음은 setAllowedFields() 메서드를 사용하여 폼 페이지에서 전달된 파라미터에 대해 데이터 바인딩을 허용하는 예입니다.

앞의 예제에서 폼 페이지의 hobby 파라미터를 제외한 모든 파라미터를 바인딩하겠습니다.

데이터 바인딩을 허용하는 setAllowedFields() 메서드 적용

```
package com.springmvc.chap07;
...
import org.springframework.web.bind.WebDataBinder;
import org.springframework.web.bind.annotation.InitBinder;
...
@Controller
public class Example04Controller {
```

```
@GetMapping("/exam04")
public String showFrom(Model model) {
    model.addAttribute("member", new Member());
    return "webpage07_01";
}

@PostMapping("/exam04")
public String submit(@ModelAttribute Member member, Model model) {
    model.addAttribute("member", member);
    return "webpage07_02";
}

@InitBinder
public void initBinder(WebDataBinder binder) {          ──▶ hobby 항목이 없음
    binder.setAllowedFields("id", "password", "city", "sex");
}
}
```

예를 들어 사용자 웹 요청 URL이 http://.../exam04이면 Example04Controller 컨트롤러의 요청 처리 메서드 showForm()으로 webpage07_01.jsp 파일을 출력합니다. 이때 해당 폼 페이지에서 입력된 값인 파라미터에 대해 setAllowedFields() 메서드는 취미 항목을 제외한 아이디, 비밀번호, 거주지, 성별 항목만 허용하여 webpage07_02.jsp 파일을 출력합니다.

❤ 그림 7-9 실행 결과

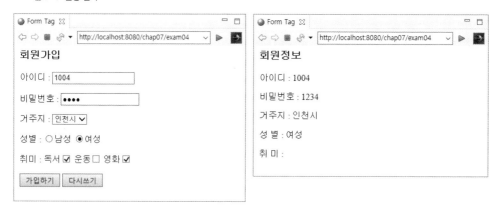

setDisallowedFields() 메서드에서 매개변수의 기본값은 none입니다. 마찬가지로 이 메서드에서도 폼 페이지에서 원하지 않는 파라미터가 바인딩되는 것을 방지하려면 데이터 바인딩을 허용하지 않는 폼 파라미터를 설정해야 합니다.

```
public void setDisallowedFields(String... disallowedFields)
```

다음은 setDisallowedFields() 메서드를 사용하여 폼 페이지에서 전달된 파라미터에 대해 데이터 바인딩을 허용하지 않는 예입니다. 앞의 예처럼 폼 페이지의 파라미터 중 hobby 파라미터가 바인딩되지 않도록 했습니다.

데이터 바인딩을 허용하지 않는 setDisallowedFields() 메서드 적용

```
@InitBinder
public void initBinder(WebDataBinder binder) {
    binder.setDisallowedFields("hobby");
}
```

7.3.3 실습 @InitBinder를 이용하여 커스텀 데이터 바인딩하기

@InitBinder를 사용하여 도서 등록 페이지에서 입력된 모든 파라미터 값을 커맨드 객체로 바인딩해서 저장소 객체에 신규 도서 정보를 저장하는 것을 구현해 보겠습니다.

1. BookController 클래스에서 initBinder() 메서드를 추가합니다. 이때 @InitBinder를 설정하여 커맨드 객체의 모든 프로퍼티(필드)를 허용합니다.

코드 7-11 BookController.java

```
package com.springmvc.controller;
...
import org.springframework.web.bind.WebDataBinder;
import org.springframework.web.bind.annotation.InitBinder;
...
@Controller
@RequestMapping("/books")
public class BookController {
    ...
    @ModelAttribute
    public void addAttributes(Model model) {
        model.addAttribute("addTitle", "신규 도서 등록");
    }

    @InitBinder
    public void initBinder(WebDataBinder binder) {
```

```
        binder.setAllowedFields("bookId", "name", "unitPrice", "author", "description",
        "publisher", "category", "unitsInStock", "totalPages", "releaseDate", "condition"); ❶
    }
}
```

❶ 폼 페이지에서 바인딩할 커맨드 객체의 프로퍼티(필드) 이름들을 설정합니다.

실행 결과는 그림 7-8과 같으니 확인하기 바랍니다.

7.4 마치며

스프링 폼 태그부터 스프링 폼 태그에서 입력된 데이터를 바인딩하는 애너테이션까지 살펴보았습니다. 또한 스프링 폼 태그를 적용하여 도서 쇼핑몰에서 도서 등록 페이지도 구현해 보았습니다.

다음 장에서는 스프링에서 지원하는 시큐리티 태그의 개념과 사용법을 살펴본 후 인증 처리 페이지를 만들어 보겠습니다.

8장

스프링 시큐리티: 로그인/로그아웃 페이지 만들기

사용자 인증 및 페이지 접근 권한을 설정하는 시큐리티 태그를 살펴봅니다. 시큐리티 태그를 적용하여 도서 쇼핑몰의 로그인과 로그아웃 페이지를 구현하고, 인증된 사용자만 도서 등록 페이지에 접근하는 권한을 가질 수 있도록 구현합니다.

이 장에서 다룰 핵심 내용

- **스프링 시큐리티 개요**
- **접근 권한과 사용자 권한 설정**
- **뷰 페이지에 사용하는 시큐리티 태그**
  - **실습** 스프링 시큐리티 태그로 도서 등록 페이지에 접근 권한 설정하기
- **로그인과 로그아웃 처리**
  - **실습** 스프링 시큐리티 태그로 로그인/로그아웃 페이지 구현하기

8.1 / 스프링 시큐리티 개요

웹 애플리케이션에서는 허가된 사용자만 특정 웹 페이지에 접근할 수 있도록 제한하는 보안 기능이 필수입니다. 웹 서비스를 개발할 때 보안 기능을 손쉽게 구현할 수 있는 스프링 시큐리티를 알아봅니다. 스프링 시큐리티를 이용하여 로그인 및 로그아웃 페이지를 만들어 봅시다.

8.1.1 스프링 시큐리티

스프링 시큐리티(security)는 스프링 기반 애플리케이션의 보안(인증과 권한)을 담당하는 프레임워크입니다. 스프링 시큐리티를 이용하면 웹 애플리케이션에 로그인할 때 아이디와 비밀번호를 입력하여 사용자를 인증(authentication)하고 로그인한 후 접근 가능한 경로를 제한할 수 있는 권한 부여(authorization) 작업 등을 효율적으로 구현할 수 있습니다. 구현 시간도 줄일 수 있습니다.

스프링 시큐리티를 이용하려면 반드시 다음과 같은 환경 설정이 필수입니다.

pom.xml 파일에 의존 라이브러리 등록하기

스프링 MVC에서 스프링 시큐리티를 사용하려면 pom.xml 파일에 spring-security-web.jar을 spring-security-config.jar과 의존 라이브러리로 등록해야 합니다.

```
<dependency>
    <groupId>org.springframework.security</groupId>
    <artifactId>spring-security-web</artifactId>
    <version>5.6.3</version>
</dependency>

<dependency>
    <groupId>org.springframework.security</groupId>
    <artifactId>spring-security-config</artifactId>
    <version>5.6.3</version>
</dependency>
```

- **spring−security−web.jar:** 필터 및 웹 보안 인프라 관련 코드를 포함합니다. 서블릿 API 종속성이 있는 모든 것, 스프링 시큐리티 웹 인증 서비스 및 URL 기반 액세스를 제어하는 경우에 필요한 모듈입니다. 기본 패키지는 `org.springframework.security.web`입니다.
- **spring−security−config.jar:** 보안 네임 스페이스 구문을 분석하는 코드를 포함합니다. 구성을 위해 스프링 시큐리티 XML 네임 스페이스를 사용하는 경우에 필요한 모듈입니다. 기본 패키지는 `org.springframework.security.config`입니다.

web.xml 파일에 시큐리티 필터 등록하기

스프링 MVC에서 서블릿 필터로 스프링 시큐리티를 동작하여 모든 웹 요청에 대해 권한을 확인하도록 하려면 스프링 시큐리티 필터를 등록해야 합니다. web.xml 파일에 다음과 같이 서블릿 필터 DelegatingFilterProxy를 등록합니다.

```
<filter>
    <filter-name>springSecurityFilterChain</filter-name>
    <filter-class>org.springframework.web.filter.DelegatingFilterProxy</filter-class>
</filter>
<filter-mapping>
    <filter-name>springSecurityFilterChain</filter-name>
    <url-pattern>/*</url-pattern>
</filter-mapping>
```

web.xml 파일에 스프링 시큐리티 설정 파일 등록하기

시큐티리 설정 파일은 스프링 시큐리티에 사용되는 빈을 위한 파일로, web.xml 파일의 〈context-param〉 요소에 시큐리티 설정 파일을 등록하여 읽게 합니다.

시큐리티 설정 파일이 security−context.xml이라면 다음과 같이 등록합니다.

```
<context-param>
    <param-name>contextConfigLocation</param-name>
    <param-value>/WEB-INF/spring/root-context.xml
                /WEB-INF/spring/security-context.xml
    </param-value>
</context-param>
```

8.1.2 스프링 시큐리티 태그

시큐리티 태그는 접근 권한을 위한 태그와 사용자 권한을 위한 태그로 분류할 수 있습니다.

접근 권한 태그는 허가된 사용자만 특정 페이지에 접근하게 하고, 인증을 처리하는 로그인 페이지를 호출하거나 로그아웃을 처리하도록 설정하는 데 사용합니다. 사용자 권한 태그는 인증을 처리하기 위해 사용자 정보를 가져오는 데 사용합니다.

다음은 접근 권한을 위한 태그와 사용자 권한을 위한 태그로 사용하는 주요 시큐리티 태그 유형입니다.

▼ 표 8-1 주요 스프링 시큐리티 태그의 종류

태그	설명
`<http>`	시큐리티의 시작과 끝을 나타내는 데 사용합니다.
`<intercept-url>`	시큐리티가 감시해야 할 URL과 그 URL에 접근 가능한 권한을 정의하는 데 사용합니다.
`<form-login>`	로그인 관련 설정을 하는 데 사용합니다.
`<logout>`	로그아웃 관련 설정을 하는 데 사용합니다.
`<authentication-manager>`	사용자 권한 서비스의 시작과 끝을 나타내는 데 사용합니다.
`<authentication-provider>`	사용자 정보를 인증 요청하는 데 사용합니다.
`<user-service>`	사용자 정보를 가져오는 데 사용합니다.
`<user>`	사용자 정보를 나타내는 데 사용합니다.

Tip ≡ 스프링 시큐리티 태그와 관련된 자세한 내용은 https://docs.spring.io/spring-security/site/docs/5.4.0-RC1/reference/html5/를 참고하기 바랍니다.

8.2 접근 권한과 사용자 권한 설정

SPRING

접근 권한과 사용자 권한을 위한 스프링 시큐리티 태그를 알아봅시다. 스프링 시큐리티 태그를 사용하여 도서 등록 페이지의 접근 권한 및 사용자 권한 설정을 만들어 보겠습니다.

8.2.1 접근 권한을 설정하는 시큐리티 태그

인증이 허가된 특정 사용자에 따라 특정 경로에 접근할 수 있게 설정하는 태그로 〈http〉와 〈intercept-url〉이 있습니다.

〈http〉 태그

〈http〉 태그는 스프링 시큐리티 설정의 핵심으로 시작과 끝 태그(〈http〉...〈/http〉) 안에 스프링 시큐리티와 관련된 내용을 포함하는 최상위 태그입니다.

다음은 〈http〉 태그 안에 사용할 수 있는 속성입니다.

❤ 표 8-2 〈http〉 태그의 속성

속성	설명
auto-config	일반적인 웹 애플리케이션에 필요한 기본 보안 서비스를 자동으로 설정합니다.
use-expressions	〈intercept-url〉 태그의 access 속성에서 스프링 표현 언어(SpEL)를 사용할 수 있습니다.

다음은 〈http〉 태그를 사용하는 예입니다.

〈http〉 태그 적용 예

```
<http auto-config='true' use-expressions="true">
    // 생략
</http>
```

- **auto-config**: 기본 로그인 페이지, HTTP 기본 인증, 로그아웃 기능 등 제공 여부를 알려 줍니다.

- **use-expressions**: 스프링 표현 언어의 사용 여부를 알려 줍니다.

> Note ≡ **스프링 표현 언어를 알려 주세요!**
>
> 스프링 표현 언어(Spring Expression Language, SpEL for Short)는 런타임 시점에서 특정 객체 정보에 접근하거나 조작하는 것을 지원하는 강력한 표현 언어 중 하나입니다. 스프링 표현 언어는 웹 프로그래밍 언어(JSP나 JSF)의 표현 언어 구문이 모두 다르기 때문에 이를 해결하는 통합 표현 언어라고 할 수 있습니다. 또한 독립적으로 사용할 수 있어 해당 애플리케이션에서 사용하거나 다른 자바빈에 주입하여 사용할 수 있습니다.
>
> 구문은 Unified EL(웹 페이지에 표현식을 포함시키고자 자바 웹 응용 프로그램에서 주로 사용되는 특수 용도 프로그래밍 언어)과 유사하며 추가 기능, 특히 메서드 호출 및 기본 문자열 템플릿 기능을 제공합니다.

〈intercept-url〉 태그

〈intercept-url〉 태그는 접근 권한에 대한 URL 패턴을 설정할 때 사용됩니다. 〈http〉 태그 안에 여러 개 설정할 수 있으며, 선언된 순서대로 접근 권한이 적용됩니다.

다음은 〈intercept-url〉 태그 안에 사용할 수 있는 속성입니다.

▼ 표 8-3 〈intercept-url〉 태그의 속성

속성	설명
pattern	ant 경로 패턴(?(문자 한 개와 매칭), *(0개 이상의 문자와 매칭), **(0개 이상의 디렉터리와 매칭))을 사용하여 접근 경로를 설정합니다.
access	pattern 속성에 설정된 경로 패턴에 접근할 수 있도록 사용자 권한을 설정합니다.
requires-channel	정의된 패턴 URL로 접근하면 설정된 옵션 URL로 리다이렉션합니다. 옵션으로는 http, https, any가 있습니다.

다음은 〈intercept-url〉 태그를 적용한 예입니다.

〈intercept-url〉 태그 적용 예

```xml
<?xml version="1.0" encoding="UTF-8"?>
<beans:beans...>

    <http use-expressions="true">
        <intercept-url pattern="/admin/**" access="hasAuthority('ROLE_ADMIN')"/> ❶
        <intercept-url pattern="/manager/**" access="hasRole('ROLE_MANAGER')"/> ❷
        <intercept-url pattern="/member/**" access="IsAuthenticated()"/> ❸
        <intercept-url pattern="/**" access="permitAll"/> ❹
    </http>
...
</beans:beans>
```

❶ /admin/** 경로는 ROLE_ADMIN 권한이 있는 사용자만 접근할 수 있습니다.

웹 요청 URL이 http://.../admin이거나 http://.../admin/main이라면 ROLE_ADMIN 권한이 있는 사용자만 접근할 수 있으며, 그 외에는 접근할 수 없습니다.

❷ /manager/** 경로는 ROLE_MANAGER 권한이 있는 사용자만 접근할 수 있습니다.

웹 요청 URL이 http://.../manager/이거나 http://.../manager/main이라면 ROLE_MANAGER 권한이 있는 사용자만 접근할 수 있으며, 그 외에는 접근할 수 없습니다.

❸ /member/** 경로는 인증된 사용자만 접근할 수 있습니다.

웹 요청 URL이 http://.../member이거나 http://.../member/main이라면 인증된 사용자만 접근할 수 있으며, 그 외에는 접근할 수 없습니다.

❹ /** 경로는 권한에 상관없이 모두 접근할 수 있습니다.

웹 요청 URL이 http://.../이거나 http://.../home이거나 http://.../home/main이라면 누구든지 접근할 수 있습니다.

⟨intercept-url⟩ 태그의 access 속성에 스프링 표현 언어를 사용하려면 ⟨http⟩ 태그 안에 use-expressions를 true로 설정해야 합니다.

다음은 스프링 표현 언어(SpEL)를 정리한 것입니다.

▼ 표 8-4 스프링 표현 언어

표현	설명
hasRole([role])	• 현 권한자가 지정된 [role]을 가졌다면 true로 반환합니다. • [role]에서 'ROLE_' 접두어를 생략할 수 있습니다.
hasAnyRole([role1, role2])	• 현 권한자가 지정된 [role1, role2]에서 하나라도 가졌다면 true를 반환합니다. • 콤마로 구분하여 표현하고 'ROLE_' 접두어를 생략할 수 있습니다.
hasAuthority([authority])	• 현 권한자가 지정된 [authority]를 가졌다면 true로 반환합니다. • [authority]에서 'ROLE_' 접두어를 생략할 수 있습니다.
hasAnyAuthority([authority1, authority2])	• 현 권한자가 지정된 [authority1, authority2]에서 하나라도 가졌다면 true를 반환합니다. • 콤마로 구분하여 표현하고 'ROLE_' 접두어를 생략할 수 있습니다.
principal	현 사용자를 나타내는 주요 객체에 직접 접근할 수 있도록 허락합니다.
authentication	SecurityContext에서 얻은 현 인증 객체에 직접 접근할 수 있도록 허락합니다.
permitAll	현 권한자에 상관없이 항상 true입니다.
denyAll	현 권한자에 상관없이 항상 false입니다.
isAnonymous()	현 권한자가 익명의 사용자이면 true를 반환합니다.
isRememberMe()	현 권한자가 기억된 사용자이면 true를 반환합니다.
isAuthenticated()	사용자가 익명이 아니면 true를 반환합니다.
isFullyAuthenticated()	익명의 사용자이거나 기억된 사용자가 아니면 true를 반환합니다.

스프링 표현 언어 방식이 아닐 때는 다음과 같이 설정할 수 있습니다.

▼ 표 8-5 [role]과 [authority]의 기본 권한 표현

권한	설명
ROLE_ADMIN	관리자
ROLE_USER	일반 사용자
ROLE_ANONYMOUS	모든 사용자
ROLE_RESTRICTED	제한된 사용자
IS_AUTHENTICATED_FULLY	인증된 사용자
IS_AUTHENTICATED_ANONYMOUSLY	익명 사용자
IS_AUTHENTICATED_REMEMBERED	REMEMBERED 사용자

8.2.2 사용자 권한을 설정하는 시큐리티 태그

사용자 권한(authentication) 서비스 태그는 허가된 사용자의 아이디와 비밀번호 등 사용자 정보를 직접 설정하는 데 사용하며, 태그 유형은 다음과 같습니다.

▼ 표 8-6 사용자 권한 태그의 유형

종류	설명
`<authentication-manager>`	사용자 권한 인증을 위한 최상위 태그입니다.
`<authentication-provider>`	사용자 정보를 인증 요청 처리할 경우 사용합니다.
`<user-service>`	사용자 정보(사용자 ID, 사용자 암호, 권한 등)를 가져올 때 사용합니다.
`<user>`	name, password, authorities 속성으로 사용자 정보를 나타낼 때 사용합니다.

다음은 사용자 두 명에 대한 아이디와 비밀번호 등 사용자 권한 정보를 설정하는 예입니다.

사용자 권한 태그 예

```
<?xml version="1.0" encoding="UTF-8"?>
<beans:beans...>
...
<authentication-manager>
    <authentication-provider>
        <user-service>
            <user name="admin" password="{noop}1234" authorities="ROLE_ADMIN, ROLE_USER"/> ❶
```

```
            <user name="manager" password="{noop}1235" authorities="ROLE_MANAGER"/> ❷
            <user name="guest" password="{noop}1236" authorities="ROLE_USER"/> ❸
        </user-service>
    </authentication-provider>
</authentication-manager>
</beans:beans>
```

❶ 〈user〉 태그에서 사용자 이름이 admin이고 비밀번호가 1234인 사용자는 관리자 및 일반 사용자 권한인 ROLE_ADMIN과 ROLE_USER를 가집니다.

❷ 〈user〉 태그에서 사용자 이름이 manager고 비밀번호가 1235인 사용자는 매니저 권한인 ROLE_MANAGER를 가집니다.

❸ 〈user〉 태그에서 사용자 이름이 guest고 비밀번호가 1236인 사용자는 일반 사용자 권한인 ROLE_USER를 가집니다.

Note ≣   〈user-service〉 태그에 사용자 정보를 가져오는 방법

• 〈user〉 태그로 사용자 정보 가져오기

〈user〉 태그 안에 사용자 이름, 비밀번호, 권한 정보를 직접 작성하여 가져옵니다.

```
<authentication-manager>
    <authentication-provider>
    <user-service>
        <user name="user1" password="111" authorities="ROLE_USER"/>
        <user name="user2" password="222" authorities="ROLE_USER"/>
    </user-service>
    </authentication-provider>
</authentication-manager>
```

• 메시지 리소스 파일(*.properties)로 사용자 정보 가져오기

메시지 리소스 파일에 사용자 이름, 비밀번호, 권한 정보 등을 작성합니다. 그다음 〈user-service〉 태그 안에 메시지 리소스 파일을 설정하여 사용자 정보를 가져옵니다.

```
<authentication-manager>
    <authentication-provider>
    <user-service properties="WEB-INF/user/users.properties"/>
    </authentication-provider>
</authentication-manager>
```

❍ 계속

- **데이터베이스에서 사용자 정보 가져오기**

  <authentication-provider> 태그 안에 <jdbc-user-service> 태그를 사용하여 데이터베이스에서 사용자 정보를 조회하여 가져옵니다.

```
<authentication-manager>
    <authentication-provider>
    <jdbc-user-service data-source-ref="dataSource"/>
    </authentication-provider>
</authentication-manager>
```

다음은 접근 권한과 사용자 권한을 설정하는 예입니다.

Example01Controller.java

```java
package com.springmvc.chap08;
...
@Controller
public class Example01Controller {

    @GetMapping("/exam01")
    public String requestMethod(Model model) {
        return "webpage08_01";
    }

    @GetMapping("/admin/main")
    public String requestMethod2(Model model) {
        model.addAttribute("data", "/webpage01/adminPage.jsp");
        return "webpage01/adminPage";
    }

    @GetMapping("/manager/main")
    public String requestMethod3(Model model) {
        model.addAttribute("data", "/webpage01/managerPage.jsp");
        return "webpage01/managerPage";
    }
```

```
@GetMapping("/member/main")
public String requestMethod4(Model model) {
    model.addAttribute("data", "/webpage01/memberPage.jsp");
    return "webpage01/memberPage";
}

@GetMapping("/home/main")
public String requestMethod5(Model model) {
    model.addAttribute("data", "/webpage01/homePage.jsp");
    return "webpage01/homePage";
}
}
```

다음은 웹 요청 URL이 http://.../admin/main, http://.../manager/main, http://.../
member/main, http://.../home/main일 때 Example01Controller 컨트롤러의 요청 처리 메서
드 requestMethod2(), requestMethod3(), requestMethod4(), requestMethod5()에 매핑되어 출
력되는 뷰 페이지입니다.

adminPage.jsp, managerPage.jsp, memberPage.jsp, homePage.jsp

```
<%@ page contentType="text/html; charset=utf-8" %>
<%@ taglib prefix="c" uri="http://java.sun.com/jsp/jstl/core" %>
<html>
<head>
<title>Security</title>
</head>
<body>
    <h3>접근 권한과 사용자 권한 설정 예</h3>
    <p>뷰 페이지는 ${data} 입니다.
    <p><a href="<c:url value='/exam01' />">[웹 요청 URL /exam01로 이동하기]</a>
</body>
</html>
```

다음은 웹 요청 URL이 http://.../exam01일 때 Example01Controller 컨트롤러의 요청 처리 메
서드 requestMethod()에 매핑되어 출력되는 뷰 페이지입니다.

webpage08_01.jsp

```
<%@ page contentType="text/html; charset=utf-8" %>
<%@ taglib prefix="c" uri="http://java.sun.com/jsp/jstl/core" %>
<!DOCTYPE html>
```

스프링 시큐리티: 로그인/로그아웃 페이지 만들기

```
<html>
<head>
<title>Security</title>
</head>
<body>
<h3>스프링 시큐리티 예제</h3>
<ul>
    <li>웹 요청 URL : <a href="<c:url value='/home/main' />">/home/main</a></li>
    <li>웹 요청 URL : <a href="<c:url value='/member/main' />">/member/main</a></li>
    <li>웹 요청 URL : <a href="<c:url value='/manager/main' />">/manager/main</a></li>
    <li>웹 요청 URL : <a href="<c:url value='/admin/main' />">/admin/main</a></li>
</ul>
</body>
</html>
```

다음은 웹 요청 URL이 http://.../exam01일 때 Example01Controller 컨트롤러의 요청 처리 메서드 requestMethod()에 매핑되어 webpage08_01.jsp 파일이 출력됩니다. 이때 누구나 /home/main 경로로 접근할 수 있습니다. 로그인 인증을 하게 되면 ROLE_USER와 ROLE_ADMIN 권한은 /member/main 경로에, ROLE_MANAGER 권한은 /manager/main 경로에, ROLE_ADMIN 권한은 /admin/main 경로에 접근할 수 있습니다.

❤ 그림 8-1 실행 결과

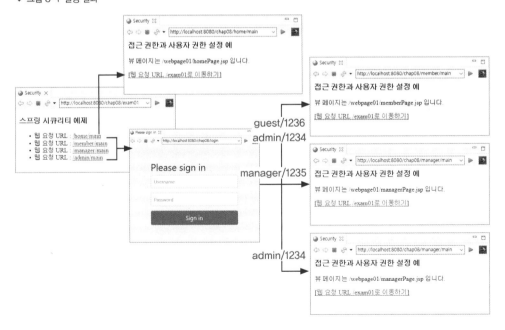

216

8.3 뷰 페이지에 사용하는 시큐리티 태그

스프링 시큐리티는 JSP 뷰 페이지에서 보안 정보에 접근하고, 보안 제약 조건을 적용하는 태그 라이브러리를 지원합니다. 이런 태그 중 하나를 사용하려면 JSP에 다음과 같이 태그 라이브러리를 선언해야 합니다.

```
<%@ taglib prefix="sec" uri="http://www.springframework.org/security/tags" %>
```

앞의 코드에서 prefix="sec"는 뷰 페이지 내 어느 곳에서든 sec 이름을 사용하면 uri에 적힌 http://~~/tags 라이브러리의 태그를 사용할 수 있다는 것을 나타냅니다.

스프링 시큐리티 태그를 사용하려면 pom.xml 파일에 spring-security-taglibs.jar을 의존 라이브러리로 등록해야 합니다.

```
<dependency>
    <groupId>org.springframework.security</groupId>
    <artifactId>spring-security-taglibs</artifactId>
    <version>5.6.3</version>
</dependency>
```

8.3.1 권한 태그: ⟨sec:authorize⟩

권한 태그는 태그 안의 내용을 평가할지 여부를 결정하며, ⟨sec:authorize⟩ 태그로 표현하여 사용합니다.

다음은 ⟨sec:authorize⟩ 태그의 속성을 정리한 것입니다.

▼ 표 8-7 ⟨sec:authorize⟩ 태그의 속성

속성	설명
access	접근 권한 설정을 위한 정규 표현식을 설정합니다.
url	접근 권한이 설정된 사용자만 접근하도록 경로를 설정합니다.
var	접근 권한이 설정된 사용자를 변수로 재정의하여 설정합니다.

```
// 사용자가 설정된 권한일 때
<sec:authorize access="hasRole('ROLE_ADMIN')">...</sec::authorize>

// 사용자가 설정 권한을 가지고 있지 않을 때
<sec:authorize access="!hasRole('ROLE_ADMIN')">...</sec::authorize>

// 사용자가 둘 중 하나의 권한을 가질 때
<sec:authorize access="hasAnyRole('ROLE_ADMIN','ROLE_MANAGER')"">...</sec:authorize>

// 사용자가 로그인할 때
<sec:authorize access="isAuthenticated()">...</sec:authorize>

// 사용자가 로그인하지 않을 때
<sec:authorize access="isAnonymous()">...</sec:authorize>
```

다음은 권한 태그 <sec:authorize>를 사용한 예입니다.

웹 요청 URL이 http://.../exam02, http://.../manager/tag일 때 Example02Controller 컨트롤러의 요청 처리 메서드 requestMethod(), requestMethod2()로 출력되는 뷰 페이지 코드입니다.

Example02Controller.java

```java
package com.springmvc.chap08;
...
@Controller
public class Example02Controller {

    @GetMapping("/exam02")
    public String requestMethod(Model model) {
        return "webpage08_02";
    }

    @GetMapping("/admin/tag")
    public String requestMethod2(Model model) {
        return "webpage08_02";
    }
}
```

webpage08_02.jsp

```jsp
<%@ page contentType="text/html; charset=utf-8" %>
<%@ taglib prefix="c" uri="http://java.sun.com/jsp/jstl/core" %>
<%@ taglib prefix="sec" uri="http://www.springframework.org/security/tags" %>
```

```
<html>
<head>
<title>Security</title>
</head>
<body>
<h2>스프링 시큐리티 태그 예</h2>
<sec:authorize access="hasRole('ROLE_MANAGER')" var="isAdmin">
    <p><h3>매니저 권한 화면입니다.</h3>
</sec:authorize>
<c:choose>
    <c:when test="${isAdmin}">
        <p>ROLE_MANAGER 권한 로그인 중입니다.
        <p><a href="<c:url value='/exam02' />">[웹 요청 URL /exam02로 이동하기]</a>
    </c:when>
    <c:otherwise>
        <p>로그인 중이 아닙니다.
        <p><a href="<c:url value='/manager/tag' />">[웹 요청 URL /manager/tag로 이동하기]</a>
    </c:otherwise>
</c:choose>
</body>
</html>
```

다음은 앞의 코드를 실행한 결과입니다.

▼ 그림 8-2 실행 결과

8.3.2 인증 태그: 〈sec:authentication〉

인증 태그는 시큐리티 설정 파일에 저장된 현재 authentication 객체에 대한 접근을 허용합니다. 〈security:authentication〉으로 표현하여 사용합니다. 그리고 JSP 뷰 페이지에서 property 속성을 사용하여 현재 authentication 객체에 직접 접근할 수 있습니다.

다음은 〈security:authentication〉 태그의 속성을 정리한 것입니다.

❤ 표 8-8 〈security:authentication〉 태그의 속성

속성	설명
property	접근 권한이 설정된 현재 authentication 객체 이름입니다.
scope	접근 권한이 설정된 영역입니다.
var	접근 권한이 설정된 사용자를 변수로 재정의하여 설정합니다.

다음은 인증 태그를 설정한 예입니다.

웹 요청 URL이 http://.../exam03, http://.../admin/tag일 때 컨트롤러 Example03Controller
의 요청 처리 메서드 requestMethod(), requestMethod2()로 출력되는 뷰 페이지 코드입니다.

Example03Controller.java

```java
package com.springmvc.chap08;
...
@Controller
public class Example03Controller {

    @GetMapping("/exam03")
    public String requestMethod(Model model) {
        return "webpage08_03";
    }

    @GetMapping("/admin/tag")
    public String requestMethod2(Model model) {
        return "webpage08_03";
    }
}
```

webpage08_03.jsp

```jsp
<%@ page contentType="text/html; charset=utf-8" %>
<%@ taglib prefix="c" uri="http://java.sun.com/jsp/jstl/core" %>
<%@ taglib prefix="sec" uri="http://www.springframework.org/security/tags" %>
<html>
<head>
<title>Security</title>
</head>
<body>
```

```
<h2>스프링 시큐리티 태그 예</h2>
<sec:authorize access="hasRole('ROLE_ADMIN')" var="isAdmin">
    <p><h3>관리자 권한 화면입니다.</h3>
</sec:authorize>
<c:choose>
    <c:when test="${isAdmin}">
        <p>로그인 중입니다.
        <p>비밀번호: <sec:authentication property="principal.password"/>
        <sec:authentication property="authorities" var="roles" scope="page"/>
        <p>권한 :
            <ul>
                <c:forEach var="role" items="${roles}">
                    <li>${role}</li>
                </c:forEach>
            </ul>
        <p>이름 : <sec:authentication property="principal.username"/>
        <p><a href="<c:url value='/exam03' />">[웹 요청 URL /exam03로 이동하기]</a>
    </c:when>
    <c:otherwise>
        <p>로그인이 아닙니다.
        <p><a href="<c:url value='/admin/tag' />">[웹 요청 URL /admin/tag로 이동하기]</a>
    </c:otherwise>
</c:choose>
</body>
</html>
```

다음은 앞의 코드를 실행한 결과입니다.

▼ 그림 8-3 실행 결과

8.3.3 실습 스프링 시큐리티 태그로 도서 등록 페이지에 접근 권한 설정하기

스프링 시큐리티 태그를 사용하여 도서 등록 페이지에 접근할 수 있도록 사용자 정보를 설정하고 도서 등록 페이지에 접근 권한 설정을 구현해 보겠습니다.

1. 메이븐 관련 환경 설정 파일 pom.xml에 스프링 시큐리티 의존 라이브러리를 등록합니다.

코드 8-1 pom.xml

```xml
<?xml version="1.0" encoding="UTF-8"?>
<project xmlns="http://maven.apache.org/POM/4.0.0"...>
...
<properties>
    <java-version>15</java-version>
    <org.springframework-version>5.2.8.RELEASE</org.springframework-version>
    <org.aspectj-version>1.9.6</org.aspectj-version>
    <org.slf4j-version>1.7.25</org.slf4j-version>
    <security.version>5.6.3</security.version>
</properties>
<dependencies>
    <!-- Spring -->
    ...

    <!-- Spring Security -->
    <dependency>
        <groupId>org.springframework.security</groupId>
        <artifactId>spring-security-web</artifactId>
        <version>${security.version}</version>
    </dependency>
    <dependency>
        <groupId>org.springframework.security</groupId>
        <artifactId>spring-security-config</artifactId>
        <version>${security.version}</version>
    </dependency>

    <!-- AspectJ -->
    <dependency>
        <groupId>org.aspectj</groupId>
        <artifactId>aspectjrt</artifactId>
        <version>${org.aspectj-version}</version>
    </dependency>
...
</project>
```

2. 웹 프로젝트 설정 파일 web.xml에 시큐리티 필터를 등록합니다.

코드 8-2 web.xml

```xml
<?xml version="1.0" encoding="UTF-8"?>
<web-app...>
    ...
    <filter-mapping>
        <filter-name>encodingFilter</filter-name>
        <url-pattern>/*</url-pattern>
    </filter-mapping>

    <filter>
        <filter-name>springSecurityFilterChain</filter-name>
        <filter-class>org.springframework.web.filter.DelegatingFilterProxy</filter-class>
    </filter>
    <filter-mapping>
        <filter-name>springSecurityFilterChain</filter-name>
        <url-pattern>/*</url-pattern>
    </filter-mapping>
</web-app>
```

3. 계속해서 web.xml 파일에 시큐리티 설정 파일(security-context.xml)의 위치 경로를 등록합니다.

코드 8-3 web.xml

```xml
<?xml version="1.0" encoding="UTF-8"?>
<web-app...>
    <!-- The definition of the Root Spring Container shared by all Servlets and
      Filters -->
    <context-param>
        <param-name>contextConfigLocation</param-name>
        <param-value>/WEB-INF/spring/root-context.xml
                     /WEB-INF/spring/security-context.xml</param-value>
    </context-param>
    ...
</web-app>
```

```
<web-app...>
<servlet>
    <servlet-name>appServlet</servlet-name>
    <servlet-class>org.springframework.web.servlet.DispatcherServlet</servlet-class>
    <init-param>
        <param-name>contextConfigLocation</param-name>
        <param-value>/WEB-INF/spring/appServlet/servlet-context.xml
                     /WEB-INF/spring/security-context.xml // 시큐리티 설정 파일 등록
        </param-value>
    </init-param>
</servlet>
    ...
</web-app>
```

4. src/webapp/WEB-INF/spring 폴더에 스프링 시큐리티 설정 파일 security-context.xml 을 생성하고 다음과 같이 작성합니다.

시큐리티 태그를 사용하여 접근 권한 사이트를 설정하고, 사용자 권한 서비스 태그로 권한을 부여합니다.

코드 8-4 security-context.xml

```
<?xml version="1.0" encoding="UTF-8"?>
<beans:beans
    xmlns="http://www.springframework.org/schema/security"
    xmlns:beans="http://www.springframework.org/schema/beans"
    xmlns:xsi="http://www.w3.org/2001/XMLSchema-instance"
    xsi:schemaLocation="http://www.springframework.org/schema/beans
                    http://www.springframework.org/schema/beans/spring-beans.xsd
                    http://www.springframework.org/schema/security
                    http://www.springframework.org/schema/security/spring-
                    security.xsd">

    <http use-expressions="true">
        <intercept-url pattern="/books/add"
                    access="hasAuthority('ROLE_ADMIN')"/> ❷
❶       <form-login/>
        <csrf/>
        <logout/>
    </http>
```

```
··· <authentication-manager>
        <authentication-provider>
            <user-service>
                <user name="Admin" password="{noop}Admin1234"
❸                      authorities="ROLE_ADMIN"/> ❹
            </user-service>
        </authentication-provider>
··· </authentication-manager>
</beans:beans>
```

❶ 시큐리티 태그로 접근 권한을 설정합니다.

❷ ROLE_ADMIN 권한을 가진 사용자만 /books/add에 접근할 수 있습니다.

❸ 시큐리티 태그로 사용자 권한을 설정합니다.

❹ 사용자 이름은 Admin, 비밀번호는 Admin1234인 ROLE_ADMIN 권한을 정의합니다.

5. 웹 브라우저 주소창에 'http://localhost:8080/BookMarket/books/add'를 입력하면 실행 결과를 확인할 수 있습니다.

시큐리티 설정 파일에 설정한 사용자 이름 Admin과 비밀번호 Admin1234를 입력한 후 **Sign in** 버튼을 누릅니다. 사용자 인증에 성공하면 /books/add 경로로 이동하여 뷰 페이지인 addBook.jsp 파일을 출력합니다.

▼ 그림 8-4 실행 결과

6. 다음은 사용자 아이디와 비밀번호를 잘못 입력하여 사용자 인증에 실패해 봅니다. 다음과 같은
   실행 결과를 확인할 수 있습니다.

▼ 그림 8-5 실행 결과

8.4 로그인과 로그아웃 처리

로그인과 로그아웃 설정을 위한 스프링 시큐리티 태그를 알아봅니다. 스프링 시큐리티 태그를 사용하여 로그인과 로그아웃을 설정하고, 로그인으로 인증된 사용자만 도서 등록 페이지에 접근할 수 있는 권한을 가지고 로그아웃하면 인증된 사용자가 해제되도록 만들어 봅시다.

8.4.1 〈form-login〉 태그

〈form-login〉 태그는 인증되지 않은 사용자가 특정 경로에 접근하거나 사용자 인증이 필요할 때 로그인 페이지를 보여 주는 데 사용됩니다. 이때 다음 속성들을 사용하여 로그인 페이지를 출력하고 로그인하는 사용자 정보를 전송합니다.

▼ 표 8-9 〈form-login〉 태그의 속성

속성	설명
login-page	로그인 페이지 경로를 지정합니다.
login-processing-url	로그인 요청 처리 경로를 지정합니다. 〈form〉 태그의 action 속성 값을 설정합니다.
default-target-url	로그인에 성공하면 이동할 기본 경로를 지정합니다.
always-use-default-target	ture 값으로 설정하면 항상 default-target-url 속성의 설정된 경로로 시작합니다.
authentication-failure-url	로그인에 실패하면 이동할 경로를 지정합니다. 기본값은 /login?error입니다.
username-parameter	로그인할 때 사용자 계정 이름에 대한 파라미터 이름을 설정합니다.
password-parameter	로그인할 때 사용자 비밀번호에 대한 파라미터 이름을 설정합니다.

〈form-login〉 태그를 사용한 예

```xml
<?xml version="1.0" encoding="UTF-8"?>
<http...>
    <form-login login-page="/login" ❶
                login-processing-url="/login" ❷
                default-target-url="/admin" ❸
                username-parameter="username" ❹
                password-parameter="password" ❺
                authentication-failure-url="/user/loginform?error=true" ❻
    />
</http>
```

❶ 설정된 경로인 /login으로 사용자 인증을 위한 로그인 페이지를 호출합니다.

❷ 설정된 경로인 /login으로 로그인 요청을 처리합니다.

❸ 설정된 경로인 /admin으로 로그인에 성공하면 자동으로 이동합니다.

❹ 로그인 페이지에서 입력된 사용자 계정 이름을 설정된 사용자 계정 이름 username으로 전달받습니다.

❺ 로그인 페이지에서 입력된 사용자 비밀번호를 설정된 비밀번호 password로 전달받습니다.

❻ 설정된 경로 /user/loginform으로 로그인에 실패하면 자동으로 이동합니다.

8.4.2 〈logout〉 태그

〈logout〉 태그는 로그아웃을 처리하는 데 사용되며, 다음 속성들로 로그아웃 페이지를 출력합니다.

▼ 표 8-10 〈logout〉 태그의 속성

속성	설명
delete-cookies	로그아웃에 성공할 때 삭제할 쿠키 이름을 지정합니다. 콤마로 구분합니다.
invalidate-session	로그아웃할 때 세션을 제거할지 지정합니다. 기본값은 true입니다.
logout-success-url	로그아웃에 성공할 때 이동할 경로를 지정합니다. 기본값은 /login?logout입니다.
logout-url	로그아웃 요청 처리 경로를 지정합니다. 〈form〉 태그의 action 속성의 지정 값을 설정합니다.
success-handler-ref	로그아웃에 성공할 때 이동을 제어하려면 LogoutSuccessHandler를 지정합니다.

〈logout〉 태그를 사용한 예

```
<http>
    <logout logout-url="/logout" ❶
            logout-success-url="/logout" ❷
    />
</http>
```

❶ 설정된 경로인 /logout으로 로그아웃 페이지를 호출합니다.

❷ 로그아웃에 성공할 때 설정된 경로인 /logout으로 자동 이동합니다.

다음은 로그인과 로그아웃 처리 예입니다.

Example04Controller.java

```
package com.springmvc.chap08;
...
@Controller
public class Example04Controller {

    @GetMapping("/login")
    public String requestMethod(Model model) {
        return "loginform";
    }

    @GetMapping("/admin")
```

```
    public String requestMethod2(Model model) {
        return "webpage08_04";
    }


    @GetMapping("/logout")
    public String logout(Model model) {
        return "loginform";
    }
}
```

---

loginform.jsp

```
<%@ page contentType="text/html; charset=utf-8" %>
<html>
<head>
<title>로그인</title>
</head>
<body>
<h1>로그인</h1>
<form action="./login" method="post">
    <p>사용자명 <input type="text" name="username" placeholder="username">
    <p>비밀번호 <input type="password" name="password" placeholder="password">
    <p><button type="submit">로그인</button>
    <input type="hidden" name="${_csrf.parameterName}" value="${_csrf.token}"/>
</form>
</body>
</html>
```

---

webpage08_04.jsp

```
<%@ page contentType="text/html; charset=utf-8" %>
<%@ taglib prefix="sec" uri="http://www.springframework.org/security/tags" %>
<html>
<head>
<title>Security</title>
</head>
<body>
<h2>스프링 시큐리티 예</h2>

<sec:authorize access="isAuthenticated()">
    <h5><sec:authentication property="principal.username"/>님, 반갑습니다.</h5>
    <form action="./logout" method="POST">
    <button type="submit">LOGOUT</button>
        <input name="${_csrf.parameterName}" type="hidden" value="${_csrf.token}"/>
```

```
      </form>
</sec:authorize>
</body>
</html>
```

다음은 앞의 코드를 실행한 결과입니다.

❤ 그림 8-6 실행 결과

웹 요청 URL: http://.../chap08/admin

8.4.3 실습 스프링 시큐리티 태그로 로그인 페이지 구현하기

스프링 시큐리티 태그를 사용하여 로그인과 로그아웃 정보를 설정해 봅시다. 그리고 도서 등록 페이지의 접근 권한을 인증하는 로그인과 로그아웃 페이지를 구현합니다. 로그인 인증에 실패하면 오류 메시지가 출력되도록 해 보겠습니다.

1. 스프링 시큐리티 설정 파일 security-context.xml에 다음과 같이 작성합니다. 시큐리티 태그를 사용하여 <form-login> 태그로 로그인 관련 내용을 설정합니다.

```
<?xml version="1.0" encoding="UTF-8"?>
<beans:beans...>

    ...
    <http use-expressions="true">
        <intercept-url pattern="/books/add" access="hasRole('ROLE_ADMIN')"/>
        <form-login login-page="/login" ❶
                    default-target-url="/books/add" ❷
                    authentication-failure-url="/loginfailed" ❸
                    username-parameter="username" ❹
                    password-parameter="password"/> ❺
        <csrf/>
        <logout/>
    </http>
        <authentication-manager>
            <authentication-provider>
                <user-service>
                    <user name="Admin" password="{noop}Admin1234"
                          authorities="ROLE_ADMIN"/>
                </user-service>
            </authentication-provider>
        </authentication-manager>
</beans:beans>
```

❶ 로그인 페이지의 경로입니다.

❷ 인증에 성공할 때의 경로입니다.

❸ 인증에 실패할 때의 경로입니다.

❹ 사용자 계정 이름입니다.

❺ 사용자 계정의 비밀번호입니다.

2. com.springmvc.controller 패키지에 LoginController 클래스를 생성하고 다음과 같이 작성합니다. 시큐리티 설정 파일에 선언한 /login, /loginfailed 경로에 대한 매핑 요청 처리 메서드입니다.

코드 8-6 LoginController.java

```
package com.springmvc.controller;

import org.springframework.stereotype.Controller;
import org.springframework.ui.Model;
import org.springframework.web.bind.annotation.GetMapping;
```

```
@Controller
public class LoginController {

    @GetMapping("/login") ❶
    ┌── public String login() {
    ❷       return "login"; ❸
    └── }

    @GetMapping("/loginfailed") ❹
    ┌── public String loginerror(Model model) {
    │       model.addAttribute("error", "true"); ❻
    ❺       return "login"; ❼
    └── }
}
```

❶ 시큐리티 설정 파일에 login-page="/login"으로 요청할 때 매핑합니다.

❷ 웹 요청 URL이 /login일 때의 요청 처리 메서드입니다.

❸ 뷰 이름 login으로 반환하여 login.jsp 파일을 출력합니다.

❹ 시큐리티 설정 파일에 authentication-failure-url="/loginfailed"로 요청할 때 매핑합니다.

❺ 웹 요청 URL이 /loginfailed일 때의 요청 처리 메서드입니다.

❻ 모델 속성 error에 true 값을 저장합니다.

❼ 뷰 이름 login으로 반환하여 login.jsp 파일을 출력합니다.

3. src/main/webapp/WEB-INF/views 폴더에 login.jsp 파일을 생성하고 다음을 작성합니다.

코드 8-7 login.jsp

```
<%@ page contentType="text/html; charset=utf-8" %>
<%@ taglib prefix="c" uri="http://java.sun.com/jsp/jstl/core" %>

<html>
<head>
<link href="<c:url value="/resources/css/bootstrap.min.css"/>" rel="stylesheet">
<title>로그인</title>
</head>
<body>
    <nav class="navbar navbar-expand navbar-dark bg-dark">
        <div class="container">
            <div class="navbar-header">
                <a class="navbar-brand" href="./home">Home</a>
```

```
            </div>
        </div>
    </nav>
    <div class="jumbotron">
        <div class="container">
            <h1 class="display-3">로그인</h1>
        </div>
    </div>
    <div class="container col-md-4">
        <div class="text-center">
            <h3 class="form-signin-heading">Please login</h3>
        </div>
        <c:if test="${not empty error}">
            <div class="alert alert-danger">
                UserName과 Password가 올바르지 않습니다.<br />
            </div>
        </c:if>
        <form class="form-signin" action="<c:url value="/login"/>" method="post"> ❷
            <div class="form-group row">
                <input type="text" name="username" class="form-control"
                    placeholder="User Name" required autofocus> ❸
            </div>
            <div class="form-group row">
                <input type="password" name="password" class="form-control"
                    placeholder="Password" required> ❹
            </div>
            <div class="form-group row">
                <button class="btn btn-lg btn-success btn-block" type="submit">로그인
                    </button>
                <input type="hidden" name="${_csrf.parameterName}" value="${_csrf.
                    token}"/> ❺
            </div>
        </form>
    </div>
</body>
</html>
```

Components marked: ❶ (c:if block), ❷, ❸, ❹, ❺

❶ 인증에 실패했을 때 모델 속성 error에 저장된 값이 있다면 오류를 출력합니다.

❷ <form> 태그 선언 및 로그인 인증을 위한 요청 경로를 설정합니다.

❸ <input> 태그로 사용자 계정 이름을 설정합니다.

❹ <input> 태그로 사용자 비밀번호를 설정합니다.

❺ CSRF 공격을 방어하려고 설정합니다.

4. 웹 브라우저 주소창에 'http://localhost:8080/BookMarket/login'을 입력해서 로그인 페이지로 이동합니다. 사용자 이름과 비밀번호를 임의로 입력해서 다음과 같이 사용자 인증에 실패하는 것을 확인해 봅니다.

❤ 그림 8-7 실행 결과

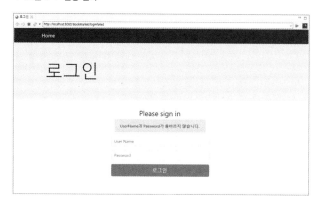

5. 이번에는 사용자 이름 'Admin'과 비밀번호 'Admin1234'를 입력합니다. **로그인** 버튼을 눌러 사용자 인증이 성공하면 /books/add 경로로 이동하여 뷰 페이지인 addBook.jsp 파일을 출력합니다.

❤ 그림 8-8 실행 결과

Note ≡   CSRF 공격에 대해 알아 두세요!

스프링 시큐리티 3.2 버전부터는 CSRF 공격에 대한 방어 기능을 제공합니다. CSRF(Cross Site Request Forgery) 공격이란 한 번 인증된 세션 정보로 악의적인 목적에서 똑같이 구성된 다른 페이지로 요청을 보내는 것을 의미합니다.

웹 쇼핑몰에서 CSRF 공격을 당하는 경우를 소개하겠습니다. 고객이 웹 쇼핑몰에 로그인한 후 로그아웃하지 않고 다른 웹 쇼핑몰을 방문할 때가 있습니다. 새로 방문한 웹 쇼핑몰의 HTML 코드가 로그아웃하지 않은 이전 웹 쇼핑몰과 동일하다면 고객 의도와는 다르게 다른 사람의 정보를 사용할 수 있습니다.

따라서 웹 쇼핑몰 서버에서는 고객의 요청 폼이 해당 웹 쇼핑몰의 올바른 폼인지 구분할 수 있는 고유한 값을 표현하는 방법인 Syncronized Token 패턴을 사용합니다. 이는 모든 요청에 세션 쿠키와 더불어 임의로 생성되는 토큰을 HTTP 파라미터로 제공하는 방법입니다. 이에 스프링 시큐리티는 CSRF 공격을 막고자 랜덤 토큰 인증 방식을 제공합니다.

스프링 시큐리티 3.2 이상 버전에서는 웹 요청을 할 때 적절한 CSRF 토큰을 포함하지 않으면 다음 오류가 발생합니다.

❤ 그림 8–9 CSRF 토큰 오류 발생

HTTP Status 403 - Invalid CSRF Token 'null' was found on the request parameter '_csrf' or header 'X-CSRF-TOKEN'.

type Status report

message Invalid CSRF Token 'null' was found on the request parameter '_csrf' or header 'X-CSRF-TOKEN'.

description Access to the specified resource has been forbidden.

Apache Tomcat/8.0.36

CSRF 토큰 오류를 해결하려면 호출하는 URL의 파라미터에 토큰 값을 추가해야 합니다.

CSRF 토큰 전송 방법

```
<form action="/login?${_csrf.parameterName}=${_csrf.token}" method="GET">
    ...
</form>
/login?${_csrf.parameterName}=${_csrf.token}
```

또는 CSRF 토큰 전송 방법으로 두 가지 예를 추가합니다.

```
<a href="/login?${_csrf.parameterName}=${_csrf.token}">login</a>
```

예제처럼 GET 방식이나 URL에 토큰 파라미터를 추가하면 토큰 값이 노출되므로 다음과 같이 <input> 태그 안에 hidden 타입을 설정하여 POST 방식으로 전송해야 합니다.

```
<form action="/login" method="POST">
    ...
    <input type="hidden" name="${_csrf.parameterName}" value="${_csrf.token}"/>
</form>
```

8.4.4 [실습] 스프링 시큐리티 태그로 로그아웃 페이지 구현하기

1. security-context.xml 파일에 다음과 같이 작성합니다. 시큐리티 태그를 사용하여 〈form-logout〉 태그로 로그아웃 처리를 설정합니다.

코드 8-8 security-context.xml

```xml
<?xml version="1.0" encoding="UTF-8"?>
<beans:beans...>

    ...
    <http use-expressions="true">
        <intercept-url pattern="/books/add" access="hasRole('ROLE_ADMIN')"/>
        <form-login login-page="/login"
                    default-target-url="/books/add"
                    authentication-failure-url="/loginfailed"
                    username-parameter="username"
                    password-parameter="password"/>
        <csrf/>
        <logout logout-success-url="/logout"/> ❶
    </http>

...
</beans:beans>
```

❶ 로그아웃할 때 이동할 경로입니다.

2. 시큐리티 설정 파일에 선언된 /logout 경로에 대한 매핑 요청 처리 메서드를 LoginController 클래스에 작성합니다.

코드 8-9 LoginController.java

```java
package com.springmvc.controller;
...
@Controller
public class LoginController {
    ...
    @GetMapping("/loginfailed")
        public String loginerror(Model model) {
        model.addAttribute("error", "true");
        return "login";
    }
```

```
    @GetMapping("/logout")
··· public String logout(Model model) {
❶      return "login"; ❷
··· }
}
```

❶ 웹 요청 URL이 /logout일 때 요청 처리 메서드입니다.

❷ 뷰 이름 login으로 반환하여 login.jsp 파일을 출력합니다.

3. [Logout] 버튼을 설정하려면 addBook.jsp 파일을 다음과 같이 추가해야 합니다.

코드 8-10 addBook.jsp

```
<%@ page contentType="text/html; charset=utf-8" %>
<%@ taglib prefix="c" uri="http://java.sun.com/jsp/jstl/core" %>
<%@ taglib prefix="form" uri="http://www.springframework.org/tags/form" %>
    ...
    <div class="jumbotron">
        <div class="container">
            <h1 class="display-3">도서 등록</h1>
        </div>
    </div>

    <div class="container">
        <div class="float-right">
    ··· <form:form action="${pageContext.request.contextPath}/logout" method="POST">
❶          <input type="submit" class="btn btn-sm btn-success" value="Logout"/>
    ··· </form:form>
        </div>
        <br><br>
        <form:form modelAttribute="NewBook" class="form-horizontal">
    ...
```

❶ <form> 태그 선언 및 로그아웃을 위한 요청 경로를 설정합니다.

4. 사용자 인증이 성공하면 /books/add 경로로 이동하여 뷰 페이지인 addBook.jsp 파일을 출력합니다. 그리고 [Logout] 버튼이 추가된 것을 확인할 수 있습니다.

❤ 그림 8-10 실행 결과

8.5 마치며

스프링 시큐리티 태그가 무엇인지 살펴보고 이를 적용하여 도서 쇼핑몰의 로그인과 로그아웃 페이지를 구현해 보았습니다. 또 인증된 사용자만 도서 등록 페이지에 접근 권한을 가질 수 있도록 구현해 보았습니다.

다음 장에서는 스프링에서 지원하는 파일 업로드의 개념과 사용법을 살펴본 후 이미지 파일 업로드 처리를 만들어 보겠습니다.

9장

파일 업로드 처리: 이미지 파일 업로드하기

정적 리소스인 이미지 파일을 처리하는 방법과 함께 웹 서버에 이미지 파일을 업로드하는 환경 설정과 처리 방법도 살펴봅니다. 그리고 이 장에서 배운 내용을 기반으로 도서 이미지 파일을 업로드하도록 구현해 봅시다.

이 장에서 다룰 핵심 내용

- 파일 업로드의 개요
- MultipartFile을 사용한 파일 업로드
  - **실습** 리소스를 이용한 도서 이미지 출력하기
  - **실습** 도서 이미지 파일 업로드하기

9.1 파일 업로드의 개요

웹 애플리케이션에서 파일을 업로드할 때 가장 많이 사용하는 기능이 멀티파트(multipart)입니다. 스프링 MVC도 멀티파트 기능을 지원합니다. 이를 이용하여 파일 업로드를 손쉽게 구현할 수 있습니다. 먼저 환경 설정과 웹 페이지의 구성을 알아봅니다.

9.1.1 파일 업로드

파일 업로드(file upload)는 파일을 웹 브라우저에서 서버로 전송하여 저장하는 것을 의미합니다. 서버로 업로드할 수 있는 파일에는 텍스트 파일, 바이너리 파일, 이미지 파일, 문서 등 다양한 종류가 있습니다. 웹 브라우저에서 서버로 파일을 전송하려면 JSP 페이지에 폼 태그를, 전송된 파일을 서버에 저장하려면 오픈 라이브러리를 사용해야 합니다. 파일을 업로드하려면 반드시 다음과 같은 환경 설정은 필수입니다.

pom.xml 파일에 의존 라이브러리 등록하기

스프링 MVC에서 파일 업로드 기능을 지원하는 commons-fileupload.jar과 commons-io.jar 파일을 라이브러리로 등록해야 합니다. pom.xml 파일에 다음과 같이 의존 라이브러리 정보를 등록합니다.

```
<dependency>
    <groupId>commons-fileupload</groupId>
    <artifactId>commons-fileupload</artifactId>
    <version>1.4</version>
</dependency>
<dependency>
    <groupId>commons-io</groupId>
    <artifactId>commons-io</artifactId>
    <version>2.11.0</version>
</dependency>
```

servlet-context.xml 파일에 시큐리티 필터 등록하기

스프링 MVC는 파일을 업로드하기 위해 별도의 처리 없이 서버로 전송하는 매개변수와 파일 정보를 쉽게 전달받을 수 있는 멀티파트 기능을 지원합니다. 스프링의 멀티파트 기능을 이용하려면 다음과 같이 MultipartResolver를 servlet-context.xml 파일에 등록해야 합니다.

```
<beans:bean id="multipartResolver"
            class="org.springframework.web.multipart.commons.CommonsMultipartResolver">
    <beans:property name="maxUploadSize" value="100000"/> ❶
    <beans:property name="defaultEncoding" value="utf-8"/> ❷
    <beans:property name="uploadTempDir" ref="uploadDirResource"/> ❸
</beans:bean>

<beans:bean id="uploadDirResource"
            class="org.springframework.core.io.FileSystemResource">
    <beans:constructor-arg value="c:/upload/"/>
</beans:bean>
```

❶ 업로드할 수 있는 파일의 최대 크기입니다.

❷ 기본 인코딩입니다.

❸ 임시 저장 공간입니다.

9.1.2 파일 업로드를 위한 웹 페이지

웹 브라우저에서 서버로 파일을 전송할 수 있는 JSP 페이지가 필요합니다. JSP 페이지의 폼 태그를 작성할 때는 몇 가지 규칙을 반드시 따라야 합니다. 형식은 다음과 같습니다.

```
<form method="POST" enctype="multipart/form-data">
    <input type="file" name="요청 매개변수 이름">
</form>
```

다음은 JSP 페이지에 파일을 업로드하는 폼 태그를 사용한 예입니다.

▼ 그림 9-1 파일 업로드를 위한 폼 태그 사용 예

❶ 〈form〉 태그의 method 속성은 반드시 POST 방식으로 설정해야 합니다.

❷ 〈form〉 태그의 enctype 속성은 반드시 multipart/form-data로 설정해야 합니다.

❸ 〈input〉 태그의 type 속성은 file로 설정해야 합니다. 파일 여러 개를 업로드하려면 두 개 이 상의 〈input〉 태그를 사용해야 하고, name 속성은 서로 다른 값으로 설정해야 합니다.

9.2 MultipartFile을 사용한 파일 업로드

SPRING

스프링 MVC에서 MultipartFile 인터페이스를 사용하여 파일을 업로드하는 방법을 알아봅니다. 그리고 이를 이용하여 도서 이미지 파일을 서버에 업로드하고 출력하는 페이지를 만들어 봅시다.

9.2.1 MultipartFile 인터페이스의 개요

MultipartFile 인터페이스는 컨트롤러에 멀티파트 요청으로 들어오는 매개변수 중에서 업로드 된 파일 및 파일 데이터를 표현할 때 사용됩니다. 여기에서 MultipartFile을 사용하려면 org. springframework.web.multipart.MultipartFile을 임포트해야 합니다.

MultipartFile 인터페이스의 주요 메서드는 다음과 같습니다.

❤ 표 9-1 MultipartFile 인터페이스의 주요 메서드

메서드 이름	타입	설명
getName( )	String	멀티파트 폼에서 매개변수 이름을 반환합니다.
getContentType( )	String	파일의 콘텐츠 형식을 반환합니다.
getOriginalFilename( )	String	클라이언트의 파일 시스템에서 실제 파일 이름을 반환합니다.
isEmpty( )	boolean	업로드한 파일이 있는지 반환합니다.
getSize( )	long	바이트의 파일 크기를 반환합니다.
getBytes( )	byte[ ]	바이트의 배열로 파일 내용을 반환합니다.
getInputStream( )	InputStream	파일 폼의 내용을 읽어 InputStream을 반환합니다.
transferTo(File dest)	void	수신된 파일을 지정한 대상 파일에 전송합니다.

9.2.2 파일 업로드 유형

@RequestParam 이용하기

@RequestParam으로 파일을 업로드하는 방법은 멀티파트 요청이 들어올 때 요청 처리 메서드의 매개변수에 @RequestParam이 적용된 MultipartFile 타입의 매개변수를 사용하는 것입니다.

다음은 @RequestParam을 이용하여 폼 페이지에서 MultipartFile 타입으로 전송되는 매개변수나 업로드한 파일 데이터를 전달받는 예입니다. 업로드한 파일 데이터를 전달받으려면 @RequestParam과 MultipartFile 타입의 매개변수를 사용해야 합니다.

@RequestParam을 적용한 파일 업로드 예

Example01Controller.java

```java
package com.springmvc.chap09;

import java.io.File;
import java.io.IOException;
import org.springframework.web.multipart.MultipartFile;
...
@Controller
@RequestMapping("/exam01")
```

```java
public class Example01Controller {

    @GetMapping("/form")
    public String requestForm() {
        return "webpage09_01";
    }
    @PostMapping("/form")
    public String submitForm(@RequestParam("name") String name,
                             @RequestParam("fileImage") MultipartFile file) {
        String filename = file.getOriginalFilename();
        File f = new File("c:\\upload\\" + name + "_" + filename);

        try {
            file.transferTo(f);
        } catch (IOException e) {
            e.printStackTrace();
        }
        return "webpage09_submit";
    }
}
```

webpage09_01.jsp

```jsp
<%@ page contentType="text/html; charset=utf-8" %>
<html>
<head>
<title>File Upload</title>
</head>
<body>
    <h3>파일업로드</h3>
    <form action="form" method="post" enctype="multipart/form-data">
        <p>이름 : <input type="text" name="name"/>
        <p>파일 : <input type="file" name="fileImage"/>
        <p><input type="submit" value="전송하기"/>
            <input type="reset" value="다시쓰기"/>
    </form>
</body>
</html>
```

```
<%@ page contentType="text/html; charset=utf-8" %>

<html>
<head>
<title>File Upload</title>
</head>
<body>
    <h3>파일업로드</h3>
    파일업로드 성공했습니다.
</body>
</html>
```

다음은 앞의 코드를 실행한 결과입니다.

▼ 그림 9-2 실행 결과

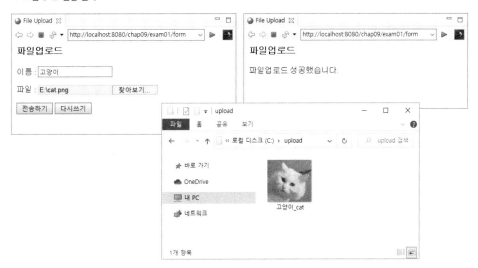

MultipartHttpServletRequest 인터페이스 사용하기

MultipartHttpServletRequest 인터페이스를 사용하여 파일을 업로드하는 방법은 스프링이 제공하는 HttpServletRequest와 MultipartRequest 인터페이스를 상속받아 파일을 업로드하는 것입니다. 이때 웹 요청 정보를 얻으려면 HttpServletRequest가 제공하는 getParameter() 메서드를, MultipartFile 데이터를 받으려면 MultipartRequest가 제공하는 메서드를 사용해야 합니다.

MultipartRequest 인터페이스의 주요 메서드는 다음과 같습니다.

❤ 표 9-2 MultipartRequest 인터페이스의 주요 메서드

메서드 이름	타입	설명
getFile(String name)	MultipartFile	이 요청에 업로드된 파일의 설명과 내용을 반환합니다. 없을 때는 null을 반환합니다.
getFileMap()	Map<String, MultipartFile>	이 요청에 포함된 멀티파트 파일의 Map을 반환합니다.
getFileNames()	Iterator<String>	이 요청에 포함된 멀티파트의 매개변수 이름이 포함된 String 객체의 Iterator를 반환합니다.
getFiles(String name)	List<MultipartFile>	이 요청에 업로드된 파일의 내용과 설명을 반환합니다. 없으면 빈 List를 반환합니다.
getMultiFileMap()	MultiValueMap<String, MultipartFile>	이 요청에 포함된 멀티파트의 MultiValueMap을 반환합니다.
getMultipartContentType (String aramOrFileName)	String	지정된 요청 부분의 content 타입을 결정합니다.

다음은 MultipartHttpServletRequest를 이용하여 폼 페이지에서 멀티파트 타입으로 전송되는 매개변수나 업로드한 파일 데이터를 모두 전달받는 예입니다.

MultipartHttpServletRequest를 적용한 파일 업로드 예

```
package com.springmvc.chap09;

import java.io.File;
import java.io.IOException;
import org.springframework.web.multipart.MultipartFile;
import org.springframework.web.multipart.MultipartHttpServletRequest;
...
@Controller
@RequestMapping("/exam02")
public class Example02Controller {

    @GetMapping("/form")
    public String requestForm() {
        return "webpage09_01";
    }

    @PostMapping("/form")
    public String submitForm(MultipartHttpServletRequest request) {
```

```
        String name = request.getParameter("name");
        MultipartFile file = request.getFile("fileImage");
        String filename = file.getOriginalFilename();
        File f = new File("c:\\upload\\" + name + "_" + filename);

        try {
            file.transferTo(f);
        } catch (IOException e) {
            e.printStackTrace();
        }
        return "webpage09_submit";
    }
}
```

다음은 앞의 코드를 실행한 결과입니다.

▼ 그림 9-3 실행 결과

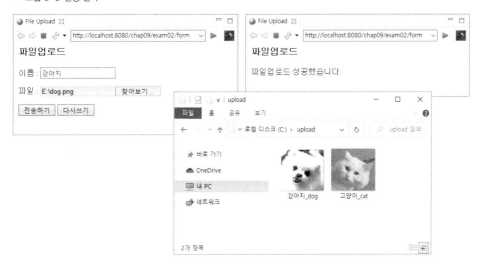

@ModelAttribute 이용하기

@ModelAttribute를 이용하여 파일을 업로드하는 방법은 멀티파트 요청 매개변수와 동일한 이름
으로 커맨드 객체에 MultipartFile 타입의 프로퍼티를 추가하는 것입니다.

예를 들어 다음과 같이 폼 페이지에서 업로드 파일의 매개변수 이름이 imageFile이면 커맨드 객
체에 동일한 이름으로 MultipartFile 타입의 imageFile 프로퍼티를 추가해야 합니다.

```
package com.springmvc.chap09;

import org.springframework.web.multipart.MultipartFile;

public class Member {
    private String name;
    private MultipartFile imageFile;

    ... // Setter()와 Getter() 메서드 생략
}
```

다음은 앞서 정의한 커맨드 객체로 모든 웹 요청 정보를 전달받는 예입니다.

커맨드 객체를 사용하여 파일 업로드하기

Example03Controller.java

```
package com.springmvc.chap09;

import java.io.File;
import java.io.IOException;

import javax.servlet.http.HttpServletRequest;
import javax.servlet.http.HttpSession;

import org.springframework.web.bind.annotation.ModelAttribute;
...
@Controller
@RequestMapping("/exam03")
public class Example03Controller {

    @GetMapping("/form")
    public String requestForm(Member member) {
        return "webpage09_02";
    }

    @PostMapping("/form")
    public String submitForm(@ModelAttribute("member") Member member, HttpServletRequest
                            request, HttpSession session) {
        String name = member.getName();
        String filename = member.getImageFile().getOriginalFilename();
        try {
            member.getImageFile().transferTo(new File("c:\\upload\\" + name + "_" +
                                            filename));
```

```
        } catch (IOException e) {
            e.printStackTrace();
        }
        return "webpage09_submit";
    }
}
```

---

webpage09_02.jsp

```
<%@ page contentType="text/html; charset=utf-8" %>
<%@ taglib prefix="form" uri="http://www.springframework.org/tags/form" %>
<html>
<head>
<title>File Upload</title>
</head>
<body>
    <h3>파일업로드</h3>
    <form:form action="form" modelAttribute="member" method="post" enctype="multipart/
            form-data">
        <p>이름 : <form:input path="name"/>
        <p>파일 : <form:input path="imageFile" type="file"/>
        <p><input type="submit" value="전송하기"/>
            <input type="reset" value="다시쓰기"/>
    </form:form>
</body>
</html>
```

다음은 앞의 코드를 실행한 결과입니다.

▼ 그림 9-4 실행 결과

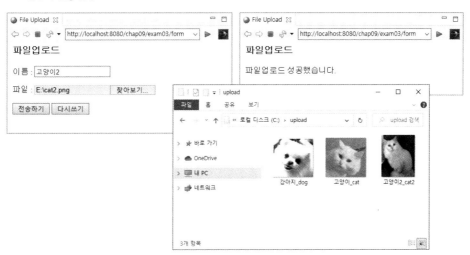

9.2.3 실습 리소스를 이용한 도서 이미지 출력하기

이미지 파일을 정적 리소스로 관리하여 도서 목록과 도서 상세 페이지에 이미지를 출력해 보겠습니다.

1. src/main/webapp/resources 폴더에 images 폴더를 만듭니다. images 폴더에 도서별 이미지의 파일 이름을 도서ID.png 파일로 만들어 저장합니다.

❤️ 그림 9-5 images 폴더를 만들어 이미지 파일 저장하기

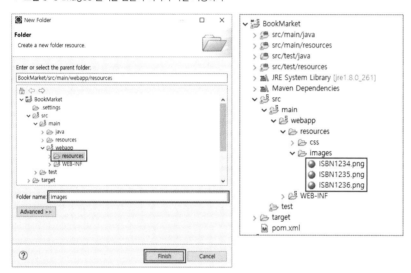

2. 스프링 MVC 환경 설정 파일 servlet-context.xml에 다음 내용이 작성되어 있는지 확인합니다.

코드 9-1 servlet-context.xml

```xml
<?xml version="1.0" encoding="UTF-8"?>
<beans:beans...>
    ...
    <!-- Handles HTTP GET requests for /resources/** by efficiently serving up static
        resources in the ${webappRoot}/resources directory -->
    <resources mapping="/resources/**" location="/resources/"/>
</beans:beans>
```

3. 전체 도서 목록의 뷰 페이지인 books.jsp 파일을 수정하여 도서별 이미지를 출력합니다.

코드 9-2 books.jsp

```
<%@ page contentType="text/html; charset=utf-8" %>
    ...
    <c:forEach items="${bookList}" var="book">
    <div class="col-md-4">
    <img src="<c:url value="/resources/images/${book.bookId}.png"/>" style="width: 60%"/>
        <h3>${book.name}</h3>
        <p>${book.author}
        <br>${book.publisher} | ${book.releaseDate}
        <p align=left>${fn:substring(book.description, 0, 100)}...
        <p>${book.unitPrice}원
        <p><a href="<c:url value="/books/book?id=${book.bookId}"/>" class="btn btn-
            Secondary" role="button">상세정보 &raquo;</a>
    </div>
    </c:forEach>
    ...
```

4. 도서 상세 정보의 뷰 페이지인 book.jsp 파일을 수정하여 도서 이미지를 출력합니다.

코드 9-3 book.jsp

```
<%@ page contentType="text/html; charset=utf-8" %>
    ...
    <div class="container">
    <div class="row">
        <div class="col-md-4">
            <img src="<c:url value="/resources/images/${book.bookId}.png"/>"
                style="width: 100%"/>
        </div>
        <div class="col-md-8">
            <h3>${book.name}</h3>
            <p>${book.description}
            <br>
    ...
```

5. 웹 브라우저 주소창에 'http://localhost:8080/BookMarket/books'를 입력하면 실행 결과를 확인할 수 있습니다.

❤ 그림 9–6 실행 결과

9.2.4 실습 도서 이미지 파일 업로드하기

커맨드 객체를 사용하여 도서 등록 페이지에 도서 이미지의 파일 업로드를 작성하고 이를 처리하여 출력하는 것을 구현해 보겠습니다.

1. 메이븐 관련 환경 설정 파일 pom.xml에 파일 업로드 관련 의존 라이브러리를 등록합니다.

코드 9-4 pom.xml

```
<?xml version="1.0" encoding="UTF-8"?>
<project...>
...
    <properties>
        <java-version>15</java-version>
        <org.springframework-version>5.2.8.RELEASE</org.springframework-version>
        <org.aspectj-version>1.9.6</org.aspectj-version>
        <org.slf4j-version>1.7.25</org.slf4j-version>
        <security-version>5.6.3</security-version>
        <commons-fileupload-version>1.4</commons-fileupload-version>
        <commons-io-version>2.11.0</commons-io-version>
    </properties>
...
```

```xml
<!-- Spring Security -->
<dependency>
    <groupId>org.springframework.security</groupId>
    <artifactId>spring-security-web</artifactId>
    <version>${security-version}</version>
</dependency>
<dependency>
    <groupId>org.springframework.security</groupId>
    <artifactId>spring-security-config</artifactId>
    <version>${security-version}</version>
</dependency>

<!-- File Upload -->
<dependency>
    <groupId>commons-fileupload</groupId>
    <artifactId>commons-fileupload</artifactId>
    <version>${commons-fileupload-version}</version>
</dependency>
<dependency>
    <groupId>commons-io</groupId>
    <artifactId>commons-io</artifactId>
    <version>${commons-io-version}</version>
</dependency>
...
</project>
```

2. 파일을 업로드하려면 servlet-context.xml 파일에 다음 내용을 추가합니다.

코드 9-5 servlet-context.xml

```xml
<?xml version="1.0" encoding="UTF-8"?>
<beans:beans...>

    ...
    <context:component-scan base-package="com.springmvc.*"/>

    <beans:bean id="multipartResolver"
            class="org.springframework.web.multipart.commons.CommonsMultipartResolver">
        <beans:property name="maxUploadSize" value="10240000"/> ❶
    </beans:bean>
</beans:beans>
```

❶ 업로드할 파일의 최대 크기고, 이 파일의 최대 크기는 10,240,000바이트로 설정합니다.

3. C: 드라이브에 upload 폴더를 만듭니다. upload 폴더에 도서별 이미지 파일을 저장합니다. 파일 이름은 도서ID.png로 합니다. 도서 등록 페이지에서 업로드할 이미지 파일은 C:\ upload 폴더에 저장될 것입니다.

❤ 그림 9-7 upload 폴더 만들어 이미지 파일 저장하기

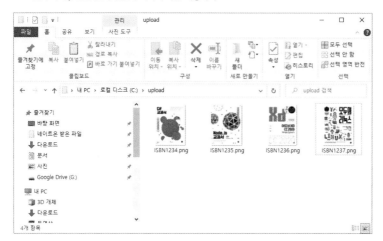

4. com.springmvc.domain 패키지의 Book 클래스에 도서 이미지에 대한 필드 이름인 bookImage를 추가하고, Setter()와 Getter() 메서드를 추가로 작성합니다.

코드 9-6 Book.java

```java
package com.springmvc.domain;

import org.springframework.web.multipart.MultipartFile;

public class Book {
    ...
    private String condition;       // 신규 도서 또는 중고 도서 또는 전자책
    private MultipartFile bookImage; // 도서 이미지

    ...
    public Book(String bookId, String name, int unitPrice) {
        super();
        this.bookId = bookId;
        this.name = name;
        this.unitPrice = unitPrice;
    }
```

```
    ┌·· public MultipartFile getBookImage() {
    ┊        return bookImage;
    ┊    }
  ❶
    ┊    public void setBookImage(MultipartFile bookImage) {
    ┊        this.bookImage = bookImage;
    └·· }
}
```

❶ MultipartFile 타입인 bookImage의 Setter()와 Getter() 메서드입니다.

5. 도서 이미지를 등록하려면 BookController 컨트롤러에 submitAddNewBook()과 initBinder()
메서드를 수정해야 합니다.

코드 9-7 BookController.java

```
package com.springmvc.controller;
...
import java.io.File;
import org.springframework.web.multipart.MultipartFile;

@Controller
@RequestMapping("/books")
public class BookController {
    ...
    @GetMapping("/add")
    public String requestAddBookForm(@ModelAttribute("NewBook") Book book) {
        return "addBook";
    }

    @PostMapping("/add")
    public String submitAddNewBook(@ModelAttribute("NewBook") Book book) {
        MultipartFile bookImage = book.getBookImage(); ❶

        String saveName = bookImage.getOriginalFilename(); ❷
        File saveFile = new File("C:\\upload", saveName);

        if (bookImage != null && !bookImage.isEmpty()) {
            try {
                bookImage.transferTo(saveFile); ❸
            } catch (Exception e) {
                throw new RuntimeException("도서 이미지 업로드가 실패하였습니다", e);
            }
```

```
        }

        bookService.setNewBook(book);
        return "redirect:/books";
    }

    @ModelAttribute
    public void addAttributes(Model model) {
        model.addAttribute("addTitle", "신규 도서 등록");
    }

    @InitBinder
    public void initBinder(WebDataBinder binder) {
        binder.setAllowedFields("bookId", "name", "unitPrice", "author", "description",
                                "publisher", "category", "unitsInStock", "totalPages",
                                "releaseDate", "condition", "bookImage"); ❹
    }
}
```

❶ 신규 도서 등록 페이지에서 커맨드 객체의 매개변수 중 도서 이미지에 해당하는 매개변수를 MultipartFile 객체의 bookImage 변수로 전달합니다.

❷ MultipartFile 타입으로 전송받은 이미지 파일 이름을 얻습니다.

❸ 도서 이미지 파일을 C:\upload 경로로 업로드합니다.

❹ <form:input> 태그의 file 타입에서 name 속성 이름 bookImage에 바인딩되도록 bookImage 를 추가로 설정합니다.

6. 도서 등록 페이지 addBook.jsp 파일에 도서 이미지의 파일을 업로드하려면 다음과 같이 내용을 추가해야 합니다.

코드 9-8 addBook.jsp

```
<%@ page contentType="text/html; charset=utf-8" %>
    ...
    <br><br>
    <form:form modelAttribute="NewBook"
               action="./add?${_csrf.parameterName}=${_csrf.token}"
❶              class="form-horizontal"
               enctype="multipart/form-data">
    ...
```

```
        <div class="form-group row">
            <label class="col-sm-2 control-label">상태</label>
            <div class="col-sm-3">
                <form:radiobutton path="condition" value="New"/>New
                <form:radiobutton path="condition" value="Old"/>Old
                <form:radiobutton path="condition" value="E-Book"/>E-Book
            </div>
        </div>
        <div class="form-group row">
            <label class="col-sm-2 control-label" >도서이미지</label>
            <div class="col-sm-7">
❷               <form:input path="bookImage" type="file" class="form-control"/>
            </div>
        </div>
        ...
```

❶ 파일을 업로드하려면 멀티파트 요청으로 인코딩 속성인 enctype="multipart/form-data" 를 <form:form> 태그 안에 설정해야 합니다. 그리고 action 속성에 CSRF 공격 방어 기능을 위해 CSRF 토큰을 포함합니다.

> Tip ≡ 자세한 CSRF 공격 내용은 8장을 참고하세요.

❷ 이미지 파일을 첨부하려면 <form:input> 태그 안에 type="file"을 설정해야 합니다.

7. 도서 등록 페이지 books.jsp 파일에 업로드한 도서 이미지의 파일을 출력하려면 다음 내용으로 수정해야 합니다.

코드 9-9 books.jsp

```
<%@ page contentType="text/html; charset=utf-8" %>
    ...
    <div class="container">
        <div class="row" align="center">
            <c:forEach items="${bookList}" var="book">
                <div class="col-md-4">
                    <c:choose>
                        <c:when test="${book.getBookImage() == null}">
                            <img src="<c:url value="C:\\upload\\${book.getBookId()}.
                                png"/>" style="width: 60%"/>
                        </c:when>
```

```
            <c:otherwise>
                <img src="<c:url value="C:\\upload\\${book.getBookImage().
                    getOriginalFilename()}"/>" style="width: 60%"/>
            </c:otherwise>
        </c:choose>
        <h3>${book.name}</h3>
        <p>${book.author}
    ...
```

8. 도서 상세 페이지 book.jsp 파일에 업로드한 도서 이미지의 파일을 출력하려면 다음과 같이
   수정합니다.

코드 9-10 book.jsp

```
<%@ page contentType="text/html; charset=utf-8" %>
    ...
    <div class="container">
        <div class="row">
            <div class="col-md-4">
                <c:choose>
                    <c:when test="${book.getBookImage() == null}">
                        <img src="<c:url value="C:\\upload\\${book.getBookId()}.
                            png"/>" style="width: 100%"/>
                    </c:when>
                    <c:otherwise>
                        <img src="<c:url value="C:\\upload\\${book.getBookImage().
                            getOriginalFilename()}"/>" style="width: 100%"/>
                    </c:otherwise>
                </c:choose>
            </div>
            <div class="col-md-8">
                <h3>${book.name}</h3>
                <p>${book.description}</p>
    ...
```

9. 웹 브라우저 주소창에 'http://localhost:8080/BookMarket/books/add'를 입력하면 로그
   인 화면이 나옵니다. 로그인 후 도서를 등록해 봅시다.

◆ 그림 9-8 실행 결과

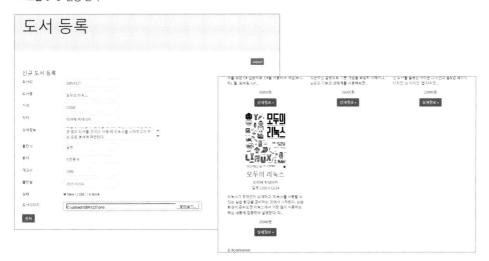

9.3 마치며

정적 리소스인 이미지 파일을 처리하는 방법과 웹 서버에 이미지 파일을 업로드할 수 있는 환경을 설정하고 처리하는 방법을 살펴보고, 이를 적용하여 도서 이미지 파일의 업로드 처리를 구현해 보았습니다.

다음 장에서는 스프링에서 지원하는 예외 처리를 살펴본 후 도서 쇼핑몰에서 발생할 수 있는 예외 처리 페이지를 만들어 보겠습니다.

memo

10^장

예외 처리:
도서 검색 오류에 대한
예외 처리하기

예외 처리를 HTTP 상태 코드로 응답하는 @ResponseStatus 애너테이션,
컨트롤러 기반의 @ExceptionHandler 애너테이션, @ControllerAdvice
애너테이션을 살펴봅니다. 또한 예외 처리 애너테이션을 적용하여 도서 쇼핑
몰에서 발생하는 예외 처리를 구현합니다.

이 장에서 다룰 핵심 내용

- 예외 처리의 개요
- @ResponseStatus를 이용한 HTTP 상태 코드 기반 예외 처리
  - 실습 @ResponseStatus를 이용하여 예외 처리하기
- @ExceptionHandler를 이용한 컨트롤러 기반 예외 처리
  - 실습 @ExceptionHandler를 이용하여 예외 처리하기
- @ControllerAdvice를 이용한 전역 예외 처리
  - 실습 @ControllerAdvice를 이용하여 예외 처리하기

10.1 예외 처리의 개요

웹 요청 URL을 잘못 입력하거나 서버에서 쿼리문을 잘못 전달하면 프로그램이 강제 종료되거나 웹 서버가 기본적으로 제공하는 오류 페이지를 만나게 됩니다. 잘못된 웹 요청에 따라 오류가 발생할 때 사용자에게 오류 메시지를 확인시키거나 정상적인 상태를 유지할 수 있는 처리 방법을 알아봅니다.

10.1.1 예외 처리

예외 처리는 일반적으로 프로그램이 처리되는 동안 특정한 문제가 일어났을 때 처리를 중단하고 다른 처리를 하는 것을 의미하며, 오류 처리라고도 합니다. 즉, 프로그램을 실행할 때 발생할 수 있는 예외 상황에 대비한 코드를 작성하여 프로그램이 비정상으로 종료되는 것을 막아야 합니다. 그리고 정상적인 실행 상태를 유지하는 예외 처리가 필요합니다.

자바 구문에 어긋난 코드 때문에 발생하는 오류, 컴파일할 때 발생하는 문법 오류, 프로그램을 실행할 때 상황에 따라 발생하는 실행 오류 등 웹 애플리케이션에서는 모든 유형의 오류가 발생할 수 있으므로 예외 처리는 안전 측면에서 필수입니다.

10.1.2 예외 처리 방법의 종류

스프링 MVC에서는 웹 요청에 따라 컨트롤러의 요청 처리 메서드가 실행하는 중에 발생한 예기치 않은 예외를 처리할 수 있도록 다음과 같은 유용한 애너테이션을 제공합니다.

❤ 표 10-1 예외 처리를 위한 애너테이션

애너테이션	설명
@ResponseStatus	예외 처리를 위한 가장 간단한 방법으로, 발생한 예외를 HTTP 상태 코드로 매핑시켜 응답하는 애너테이션입니다.
@ExceptionHandler	컨트롤러 안에 요청 처리 메서드에서 발생하는 오류나 예외를 직접 구체화하여 예외 처리를 위한 메서드에 선언하는 애너테이션입니다.
@ControllerAdvice	여러 컨트롤러에서 발생하는 오류의 공통점을 묶어 예외 처리를 위한 클래스에 선언하는 애너테이션입니다.

10.2 @ResponseStatus를 이용한 HTTP 상태 코드 기반 예외 처리

웹 요청에 따라 예외가 발생하면 웹 브라우저에 출력하는 HTTP 상태 코드와 매핑시키는 @ResponseStatus를 알아봅니다. @ResponseStatus를 이용하여 도서 쇼핑몰의 예외 처리 페이지를 만들어 봅니다.

10.2.1 HTTP 상태 코드의 개요

웹 브라우저에서 서버에 어떤 요청을 전달하면 서버는 응답을 보내 줍니다. 즉, 적절하게 처리되어 성공 응답과 함께 결과 값을 보내 주기도 하고, 정상적인 처리가 되지 않으면 실패 응답과 함께 오류 정보를 보내 주기도 합니다. 이와 같이 웹 브라우저에서 HTTP 요청을 보낸 결과, 즉 서버가 정상적으로 처리되었거나 오류가 발생했는지 알려 주는 정보를 담고 있는 것이 HTTP 상태 코드입니다.

다음은 웹 요청에 따라 예외가 발생하여 웹 브라우저에 HTTP 상태 코드 404를 응답한 결과입니다.

✔ 그림 10-1 요청 URI에 해당하는 리소스가 없을 때 발생하는 오류

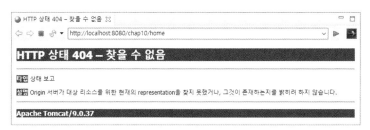

웹 요청을 할 때 예외 처리로 응답하는 HTTP 상태 코드의 주요 목록은 다음과 같습니다.

✔ 표 10-2 HTTP 상태 코드의 주요 유형

응답 상태 코드		설명
400	BAD_REQUEST	일반적인 요청 실패에 사용합니다.
401	UNAUTHORIZED	클라이언트 인증에 문제가 있을 때 사용합니다.
403	FORBIDDEN	인증 상태에 상관없이 액세스를 금지할 때 사용합니다.
404	NOT_FOUND	요청 URI에 해당하는 리소스가 없을 때 사용합니다.

● 계속

응답 상태 코드		설명
405	METHOD_NOT_ALLOWED	HTTP 메서드가 지원되지 않을 때 사용합니다.
406	NOT_ACCEPTABLE	요청된 리소스 미디어 타입을 제공하지 못할 때 사용합니다.
409	CONFLICT	리소스 상태에 위반되는 행위를 했을 때 사용합니다.
412	PRECONDITION_FAILED	조건부 연산을 지원할 때 사용합니다.
415	UNSUPPORTED_MEDIA_TYPE	요청 페이로드에 있는 미디어 타입이 처리되지 못했을 때 사용합니다.
500	INTERNAL_SERVER_ERROR	API가 잘못 작동할 때 사용합니다.

스프링 MVC에서는 예외 처리를 위해 간단한 방법으로 HTTP 상태 코드와 매핑하는 @Response
Status를 제공합니다.

10.2.2 @ResponseStatus를 이용한 예외 처리

@ResponseStatus는 웹 요청을 할 때 예외가 발생하면 지정된 HTTP 상태 코드를 웹 브라우저에
전달합니다. 이런 기능은 ResponseStatusExceptionResolver 클래스가 제공하며, 이 클래스는 디
스패처 서블릿에 기본적으로 등록되어 있어 별도로 구성할 필요 없습니다.

형식은 다음과 같습니다.

```
// 예외 메서드에 사용할 때
@ResponseStatus(value=HttpStatus.상태 코드, reason="오류 설명")
@RequestMapping(...)
public String 메서드 이름() {
    ...
}
// 예외 클래스에 사용할 때
@ResponseStatus(value=HttpStatus.상태 코드, reason="오류 설명")
public class 클래스 이름 extends RuntimeException {
    ...
}
```

※ 제공 패키지: org.springframework.web.bind.annotation

@ResponseStatus에서 value 속성은 HttpStatus에 정의되어 있는 HTTP 상태 코드를 지정하고,
reason 속성으로 자세한 설명을 설정할 수도 있습니다. @ResponseStatus에서 사용하는 속성은
다음과 같습니다.

❤ 표 10-3 @ResponseStatus에서 사용하는 속성

요소	타입	설명
code	HttpStatus	응답에 사용되는 상태 코드입니다.
reason	String	응답에 사용되는 이유를 설명합니다.
value	HttpStatus	코드에 대한 별칭입니다.

다음은 메서드에 @ResponseStatus를 선언하여 웹 요청에 대해 예외가 발생하면 지정된 HTTP 400 응답 상태 코드를 웹 브라우저에 전달해서 오류 메시지를 출력하는 예입니다.

메서드에 선언한 @ResponseStatus

```
package com.springmvc.chap10;
...
import org.springframework.http.HttpStatus;
import org.springframework.web.bind.annotation.ResponseStatus;

@Controller
public class Example01Controller {
    @ResponseStatus(value=HttpStatus.BAD_REQUEST, reason="요청 실패했습니다.")
    @GetMapping("/exam01")
    public String requestMethod(Model model) {
        System.out.println("chapter10_01 예제입니다");
        model.addAttribute("data", "@ResponseStatus 처리 예제입니다");
        return "webpage10_01";
    }
}
```

다음은 앞의 코드를 실행한 결과입니다.

❤ 그림 10-2 실행 결과

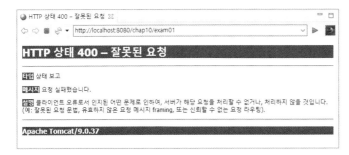

265

다음은 클래스에 @ResponseStatus를 선언하여 웹 요청에 대해 예외가 발생하면 지정된 HTTP 404 응답 상태 코드를 웹 브라우저에 전달해서 오류 메시지를 출력하는 예입니다.

클래스에 선언한 @ResponseStatus

```java
package com.springmvc.chap10;

import org.springframework.http.HttpStatus;
import org.springframework.web.bind.annotation.ResponseStatus;

@SuppressWarnings("serial")
@ResponseStatus(value=HttpStatus.NOT_FOUND, reason="찾을 수 없습니다")
public class Example02Exception extends Exception {
    public Example02Exception(String message) {
        super(message);
        System.out.print(message);
    }
}
```

```java
package com.springmvc.chap10;
...
@Controller
public class Example02Controller {
    @GetMapping("/exam02")
    public void handleRequest() throws Exception {
        throw new Exception(new Example02Exception("Example02Exception 메시지입니다"));
    }
}
```

다음은 앞의 코드를 실행한 결과입니다.

▼ 그림 10-3 실행 결과

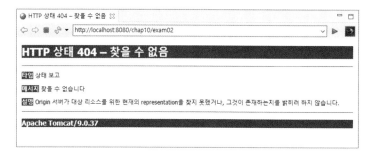

10.2.3 실습 @ResponseStatus를 이용하여 예외 처리하기

@ResponseStatus를 이용하여 도서 목록 중 존재하지 않는 도서 분야(category)를 요청하는 경우
예외 처리를 구현해 보겠습니다.

1. src/main/java 폴더에 com.springmvc.exception 패키지를 생성하고 CategoryException 클
래스를 만들어 다음 내용을 작성합니다.

코드 10-1 CategoryException.java

```java
package com.springmvc.exception;

import org.springframework.http.HttpStatus;
import org.springframework.web.bind.annotation.ResponseStatus;

@SuppressWarnings("serial")
@ResponseStatus(value=HttpStatus.NOT_FOUND, reason="요청한 도서 분야를 찾을 수 없습니다.") ❶
public class CategoryException extends RuntimeException {

}
```

❶ 예외가 발생하면 웹 브라우저에 상태 코드 404와 오류 메시지 '요청한 도서 분야를 찾을 수
없습니다.'를 출력합니다.

2. BookController 클래스에 requestBooksByCategory() 메서드 내용을 다음과 같이 추가합니다.

코드 10-2 BookController.java

```java
package com.springmvc.controller;
...
import com.springmvc.exception.CategoryException;

@Controller
@RequestMapping("/books")
public class BookController {
    ...

    @GetMapping("/{category}")
    public String requestBooksByCategory(@PathVariable("category") String
                                    bookCategory, Model model) {
        List<Book> booksByCategory = bookService.getBookListByCategory(bookCategory);

        if (booksByCategory == null || booksByCategory.isEmpty()) {
```

```
            throw new CategoryException();
        }
        model.addAttribute("bookList", booksByCategory);
        return "books";
    }
    ...
}
```

3. 웹 브라우저 주소창에 'http://localhost:8080/BookMarket/books/IT교육서'를 입력하면
실행 결과를 확인할 수 있습니다.

▼ 그림 10-4 실행 결과

10.3 @ExceptionHandler를 이용한 컨트롤러 기반 예외 처리

SPRING

웹 요청에 따라 예외가 발생하면 이를 처리하는 컨트롤러 안에 예외 처리를 위한 메서드를 선언하
는 @ExceptionHandler를 알아봅니다. 그리고 @ExceptionHandler를 이용하여 도서 쇼핑몰의 예
외 처리 페이지를 만들어 봅니다.

10.3.1 @ExceptionHandler를 이용한 예외 처리

@ExceptionHandler는 웹 요청에 따라 컨트롤러의 요청 처리 메서드를 실행하는 동안 예외가 발생
하면 이를 처리하기 위해 예외 처리 메서드에 사용하며, 형식은 다음과 같습니다.

```
@ExceptionHandler(value={예외 클래스1.class[,예외 클래스2.class,...]})
public String 메서드 이름() {

    ...
}
@ExceptionHandler
public String 메서드 이름(예외 클래스 exp) {

    ...
}
```

※ 제공 패키지: org.springframework.web.bind.annotation

@ExceptionHandler에서 value 속성은 예외 처리를 담당하는 클래스 이름을 설정하며 value 속성이나 {}를 생략할 수 있습니다. 또한 속성을 생략하고 @ExceptionHandler만 사용하려면 예외 처리 메서드의 매개변수로 예외 처리를 담당하는 클래스가 반드시 설정되어 있어야 합니다.

@ExceptionHandler에서 사용하는 속성은 다음과 같습니다.

▼ 표 10-4 @ExceptionHandler에서 사용하는 요소

요소	타입	설명
value	Class<? extends Throwable>[]	@ExceptionHandler가 선언된 메서드가 처리할 예외 클래스입니다.

@ExceptionHandler를 사용하면 @ResponseStatus 없이 발생한 예외를 처리할 수 있습니다. 또한 컨트롤러 안에 요청 처리 메서드가 발생하는 오류나 예외를 직접 구체화하여 처리할 수 있습니다. 즉, 발생한 예외 정보를 얻을 수 있고, 특정한 뷰 페이지로 이동할 수 있어 사용자가 직접 예외 처리에 응답할 수 있습니다.

다음은 예외 처리 메서드에 @ExceptionHandler를 선언하여 웹 요청에 따라 컨트롤러 안의 요청 처리 메서드에서 발생한 오류를 직접 예외 처리하는 예입니다.

@ExceptionHandler를 이용한 예외 처리 메서드 설정 예

```
package com.springmvc.chap10;
...
import org.springframework.web.bind.annotation.ExceptionHandler;

@Controller
public class Example03Controller {

    @GetMapping("/exam03")
    public void handleRequest() {
```

```
            throw new Example03Exception();
    }


    @ExceptionHandler(Example03Exception.class)
    public ModelAndView handleException(Example03Exception ex) {
        ModelAndView model = new ModelAndView();
        model.addObject("errorMassage", ex.getErrMsg());
        model.addObject("exception", ex);
        model.setViewName("webpage10_03");
        return model;
    }
}
```

```
package com.springmvc.chap10;

@SuppressWarnings("serial")
public class Example03Exception extends RuntimeException {

    private String errMsg;

    public Example03Exception() {
        super();
        this.errMsg = "Example03Exception 메시지입니다";
    }

    public String getErrMsg() {
        return errMsg;
    }

    public void setErrMsg(String errMsg) {
        this.errMsg = errMsg;
    }
}
```

다음은 앞의 코드를 실행한 결과입니다.

❤ 그림 10-5 실행 결과

예외 처리 예

오류 메시지 : Example03Exception 메시지입니다

예외 클래스 : com.springmvc.chap10.Example03Exception

10.3.2 실습 @ExceptionHandler를 이용하여 예외 처리하기

@ExceptionHandler를 이용하여 도서 목록 중에서 존재하지 않는 도서 아이디를 요청하는 경우 예외 처리를 구현해 보겠습니다.

1. com.springmvc.exception 패키지에서 BookIdException 클래스를 생성하여 다음 내용을 작성합니다.

코드 10-3 BookIdException.java

```java
package com.springmvc.exception;

@SuppressWarnings("serial")
public class BookIdException extends RuntimeException {

    private String bookId;

    public BookIdException(String bookId) { // 생성자
        this.bookId = bookId;
    }

    public String getBookId() { // Getter() 메서드
        return bookId;
    }
}
```

2. BookRepositoryImpl 클래스에서 getBookById() 메서드를 다음과 같이 수정합니다.

코드 10-4 BookRepositoryImpl.java

```java
package com.springmvc.repository.impl;
...
import com.springmvc.exception.BookIdException;

@Repository
public class BookRepositoryImpl implements BookRepository {
    ...
    public Book getBookById(String bookId) {
        Book bookInfo = null;
        for (int i = 0; i < listOfBooks.size(); i++) {
            Book book = listOfBooks.get(i);
            if (book != null && book.getBookId() != null && book.getBookId().
                equals(bookId)) {
```

```
                bookInfo = book;
                break;
            }
        }
    ---- if (bookInfo == null)
    ❶
    ·------- throw new BookIdException(bookId);
        return bookInfo;
    }
    public void setNewBook(Book book) {
        listOfBooks.add(book);
    }
}
```

❶ 검색한 도서 아이디(bookId)가 없는 경우 예외 처리 클래스 BookIdException을 호출합니다.

3. 웹 브라우저 주소창에 'http://localhost:8080/BookMarket/books/book?id=ISBN0000'
을 입력하여 실행 결과를 확인합니다.

❤ 그림 10-6 실행 결과

4. BookController 클래스에 @ExceptionHandler를 설정한 handleError() 메서드를 추가하여 작
성합니다.

코드 10-5 BookController.java

```
package com.springmvc.controller;
...
import javax.servlet.http.HttpServletRequest;
```

```
import org.springframework.web.bind.annotation.ExceptionHandler;
import com.springmvc.exception.BookIdException;

@Controller
@RequestMapping("/books")
public class BookController {
    ...
    @InitBinder
    public void initBinder(WebDataBinder binder) {
        binder.setAllowedFields("bookId", "name", "unitPrice", "author", "description",
                                "publisher", "category", "unitsInStock", "totalPages",
                                "releaseDate", "condition", "bookImage");
    }

    @ExceptionHandler(value={BookIdException.class}) ❶
    public ModelAndView handleError(HttpServletRequest req, BookIdException exception) {
        ModelAndView mav = new ModelAndView(); ❷
        mav.addObject("invalidBookId", exception.getBookId()); ❸
        mav.addObject("exception", exception); ❹
        mav.addObject("url", req.getRequestURL() + "?" + req.getQueryString()); ❺
        mav.setViewName("errorBook"); ❻
        return mav; ❼
    }
}
```

❶ 예외 클래스 BookIdException을 설정합니다.

❷ ModelAndView 클래스의 mav 인스턴스를 생성합니다.

❸ 모델 속성 invalidBookId에서 요청한 도서 아이디 값을 저장합니다.

❹ 모델 속성 exception에서 예외 처리 클래스 BookIdException을 저장합니다.

❺ 모델 속성 url에서 요청 URL과 요청 쿼리문을 저장합니다.

❻ 뷰 이름으로 errorBook을 설정하여 errorBook.jsp 파일을 출력합니다.

❼ ModelAndView 클래스의 mav 인스턴스를 반환합니다.

5. src/main/webapp/WEB-INF/views 폴더에 예외 처리의 뷰 페이지인 errorBook.jsp 파일을 생성하고 다음 내용을 작성합니다.

코드 **10-6** errorBook.jsp

```jsp
<%@ page contentType="text/html; charset=utf-8" %>
<%@ taglib prefix="c" uri="http://java.sun.com/jsp/jstl/core" %>

<html>
<head>
<link href="<c:url value="/resources/css/bootstrap.min.css"/>" rel="stylesheet">
<title>예외 처리</title>
</head>
<body>
    <nav class="navbar navbar-expand navbar-dark bg-dark">
        <div class="container">
            <div class="navbar-header">
                <a class="navbar-brand" href="../home">Home</a>
            </div>
        </div>
    </nav>
    <div class="jumbotron">
        <div class="container">
            <h2 class="alert alert-danger">
                해당 도서가 존재하지 않습니다.<br>
                도서ID : ${invalidBookId}
            </h2>
        </div>
    </div>
    <div class="container">
        <p>${url}</p>
        <p>${exception}</p>
    </div>
    <div class="container">
        <p>
            <a href="<c:url value="/books"/>" class="btn btn-secondary">
                도서목록 &raquo;</a>
        </p>
    </div>
</body>
</html>
```

6. 웹 브라우저 주소창에 'http://localhost:8080/BookMarket/books/book?id=ISBN0000'
을 입력하여 실행 결과를 확인합니다.

❤ 그림 10-7 실행 결과

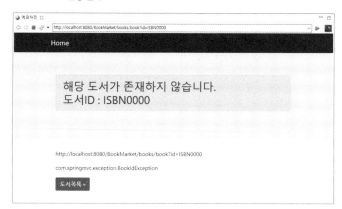

10.4 @ControllerAdvice를 이용한 전역 예외 처리

앞 절에서는 웹 요청에 따라 컨트롤러 안의 요청 처리 메서드에서 예외가 발생할 경우 예외를 처리하는 애너테이션을 살펴보았습니다. 이 절에서는 개별 컨트롤러가 아닌 애플리케이션 전체에 적용할 수 있는 전역 예외 처리 방법을 알아봅니다.

10.4.1 전역 예외 처리를 위한 @ControllerAdvice

스프링 MVC에서는 컨트롤러의 요청 처리 메서드에서 예외가 발생할 경우 같은 컨트롤러 안에서 예외 처리를 작성할 수 있습니다. 이런 예외 발생을 개별 컨트롤러에서 처리하지 않고 전체 애플리케이션에 한 번에 적용할 수 있는 @ControllerAdvice를 지원합니다. @ControllerAdvice를 사용하면 하나의 컨트롤러가 아닌 여러 컨트롤러에서 발생하는 예외를 공통으로 처리할 수 있습니다.

```
@ControllerAdvice(basePackages={"기본 패키지 이름, ...})
public class 클래스 이름 {

    ...
}
```

※ 제공 패키지: org.springframework.web.bind.annotation

> Tip ≡ 스프링 MVC 설정 파일에 <context:component-scan base-package="패키지 이름"/>이 설정되어 있으면 basePackages 옵션 요소를 생략하고 @ControllerAdvice만 선언해도 됩니다.

@ControllerAdvice에서 사용하는 요소는 다음과 같습니다.

▼ 표 10-5 @ControllerAdvice에서 사용하는 요소

요소	타입	설명
annotations	Class<? extends Annotation>[ ]	애너테이션의 배열입니다.
assignableTypes	Class<?>[ ]	클래스의 배열입니다.
basePackageClasses	Class<?>[ ]	@ControllerAdvice가 적용된 클래스가 지원할 컨트롤러를 선택할 수 있는 패키지를 지정합니다.
basePackages	String[ ]	기본 패키지의 배열입니다.
value	String[ ]	basePackages 속성의 별칭입니다.

@ControllerAdvice를 선언한 클래스에서는 컨트롤러에서 설정하는 @ExceptionHandler, @ModelAttribute, @InitBinder가 선언된 메서드를 사용할 수 있습니다.

다음은 @ControllerAdvice를 선언한 클래스 안의 예외 처리를 위한 메서드에 @ExceptionHandler를 설정한 예입니다. 여기에서 @ControllerAdvice를 선언한 클래스 안에는 @ExceptionHandler가 선언된 메서드를 여러 개 설정할 수 있고, 예외가 발생하면 어떤 예외 처리를 할지 value 옵션 요소에 설정해 주면 됩니다.

@ControllerAdvice를 선언한 클래스 예

Example04Controller.java

```
package com.springmvc.chap10;
...
@Controller
```

```java
public class Example04Controller {
    @GetMapping("/exam04")
    public void handleRequest() {
        throw new Example03Exception();
    }
}
```

Example04Exception.java

```java
package com.springmvc.chap10;

import org.springframework.web.bind.annotation.ControllerAdvice;
...
@ControllerAdvice(basePackages={"com.springmvc"})
public class Example04Exception {

    @ExceptionHandler(value={RuntimeException.class})
    private ModelAndView handleErrorMethod(Exception ex) {
        ModelAndView modelAndView = new ModelAndView();
        modelAndView.addObject("errorMassage", "Example04Exception 메시지입니다");
        modelAndView.addObject("exception", ex);
        modelAndView.setViewName("webpage10_03");
        return modelAndView;
    }
}
```

다음은 앞의 코드를 실행한 결과입니다.

❤ 그림 10-8 실행 결과

Note ≡   @ControllerAdvice 클래스 안에 있는 @ExceptionHandler와 컨트롤러 안에 있는 @Exception
Handler가 선언된 메서드가 모두 있을 때 어떤 우선순위로 처리되나요?

@ControllerAdvice가 선언된 클래스 안에 있는 @ExceptionHandler가 선언된 메서드보다 컨트롤러에 선언
된 @ExceptionHandler 메서드가 먼저 실행됩니다. 즉, 컨트롤러의 메서드를 실행하는 과정에서 예외가 발생하면
예외를 처리할 @ExceptionHandler가 선언된 메서드를 찾게 되기 때문입니다.

1. 같은 컨트롤러에 위치한 @ExceptionHandler가 선언된 메서드 중 해당 예외를 처리할 수 있는 메서드를 찾습니다.

2. 같은 컨트롤러에 위치한 메서드가 예외를 처리할 수 없는 경우 @ControllerAdvice가 선언된 클래스 안에
   @ExceptionHandler가 선언된 메서드를 찾습니다.

10.4.2 실습 @ControllerAdvice를 이용하여 예외 처리하기

@ControllerAdvice를 이용하여 도서 목록 중 존재하지 않는 도서 분류를 요청하는 경우의 예외
처리를 구현해 보겠습니다.

1. com.springmvc.exception 패키지에서 CommonException 클래스를 생성하여 다음 내용을 작성
   합니다.

코드 10-7 CommonException.java

```java
package com.springmvc.exception;

import org.springframework.web.bind.annotation.ControllerAdvice;
import org.springframework.web.bind.annotation.ExceptionHandler;
import org.springframework.web.servlet.ModelAndView;

@ControllerAdvice ❶
public class CommonException {
    @ExceptionHandler(RuntimeException.class) ❸
    private ModelAndView handleErrorCommon(Exception e) {
        ModelAndView modelAndView = new ModelAndView(); ❺
        modelAndView.addObject("exception", e); ❻
        modelAndView.setViewName("errorCommon"); ❼
        return modelAndView; ❽
    }
}
```

❶ 전역 예외 처리를 위한 @ControllerAdvice를 선언합니다.

❷ 모든 컨트롤러의 예외 처리 클래스입니다.

❸ 예외 클래스 RuntimeException을 설정합니다.

❹ 컨트롤러에서 발생되는 예외 처리 메서드 handleErrorCommon()입니다.

❺ ModelAndView 클래스의 modelAndView 인스턴스를 생성합니다.

❻ 모델 속성 exception에서 예외 처리 클래스 RuntimeException을 저장합니다.

❼ 뷰 이름으로 errorCommon을 설정하여 errorCommon.jsp 파일을 출력합니다.

❽ ModelAndView 클래스의 modelAndView 인스턴스를 반환합니다.

2. WEB-INF/views 폴더에 예외 처리의 뷰 페이지인 errorCommon.jsp 파일을 생성하고 다음 내용을 작성합니다.

코드 10-8 errorCommon.jsp

```jsp
<%@ page contentType="text/html; charset=utf-8" %>
<%@ taglib prefix="c" uri="http://java.sun.com/jsp/jstl/core" %>

<html>
<head>
<link href="<c:url value="/resources/css/bootstrap.min.css"/>" rel="stylesheet">
<title>예외처리</title>
</head>
<body>
    <nav class="navbar navbar-expand navbar-dark bg-dark">
        <div class="container">
            <div class="navbar-header">
                <a class="navbar-brand" href="../home">Home</a>
            </div>
        </div>
    </nav>
    <div class="jumbotron">
        <div class="container">
            <h2 class="alert alert-danger">요청한 도서가 존재하지 않습니다.</h2>
        </div>
    </div>
    <div class="container">
        <p>${exception}</p>
    </div>
    <div class="container">
        <p>
```

```
            <a href="<c:url value="/books"/>" class="btn btn-secondary">
                  도서목록 &raquo;</a>
          </p>
      </div>
  </body>
</html>
```

3. 웹 브라우저 주소창에 'http://localhost:8080/BookMarket/books/IT교육서'를 입력하면
   실행 결과를 확인할 수 있습니다.

❤ 그림 10-9 실행 결과

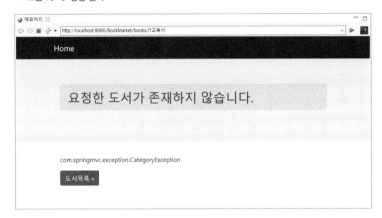

SPRING

10.5 마치며

예외 처리를 HTTP 상태 코드로 응답하는 @ResponseStatus, 컨트롤러 기반의 @ExceptionHandler,
@ControllerAdvice를 적용하여 도서 쇼핑몰에서 발생할 수 있는 예외 처리 페이지를 구현해 보았
습니다.

다음 장에서는 로그 기록을 위한 인터셉터를 살펴본 후 도서 쇼핑몰의 로그 기록을 만들어 보겠습
니다.

11장

로그 기록:
로그 기록 만들기

자바 기반의 로깅 유틸리티인 Log4j와 웹 URL 요청을 할 때 중간에서 요청을 가로채는 인터셉터를 이용하여 로그 기록을 살펴봅니다. 도서 쇼핑몰에서 각 요청 URL에 대한 로그 기록을 구현합니다.

이 장에서 다룰 핵심 내용

- **Log4j 개요**
- **인터셉터 개요**
- **인터셉터를 이용한 로그 기록 만들기**
  - 실습 HandlerInterceptor를 사용하여 로그 기록하기
  - 실습 파일로 로그 기록 출력하기
  - 실습 HandlerInterceptorAdapter를 사용하여 로그 기록하기

11.1 / Log4j 개요

웹 애플리케이션이 실행되는 동안 모든 요청 URL의 경로마다 접근 내역과 특정 사용자가 URL을 요청할 때의 작동 내역 등이 남아 있습니다. 이런 로그를 기록하는 자바 기반의 로깅 유틸리티인 Log4j를 알아봅니다.

11.1.1 로깅 유틸리티 Log4j

Log4j(Log for Java)는 아파치 소프트웨어 라이선스에 따라 배포되는 로깅 프레임워크로, 자바로 작성되어 있고 안정적이고 신속하며 유연합니다. 또한 시스템 성능에 큰 영향을 미치지 않으면서 선택적인 로그를 남긴다거나 특정 파일에 로그를 기록할 수 있는 환경을 제공합니다.

웹 애플리케이션이 동작하는 중에 남긴 로그 기록은 애플리케이션이 운영되는 동안 정확한 상황과 상태 정보를 제공하고, 파일이나 DB에 남긴 로그 기록은 나중에 로그 결과를 분석하는 데 사용할 수 있습니다. 또한 로그 기록은 개발 중 문제가 발생했을 때 개발자가 자세한 상황을 파악할수 있게 하므로 개발을 테스팅할 때 빠질 수 없는 요소입니다.

스프링 MVC에서 로깅 유틸리티 Log4j 기능을 사용하려면 의존성 라이브러리 정보를 등록해야합니다. pom.xml 파일에 다음과 같이 의존 라이브러리를 포함합니다.

```
<dependency>
    <groupId>org.slf4j</groupId>
    <artifactId>slf4j-api</artifactId>
    <version>1.7.25</version>
</dependency>
```

11.1.2 Log4j의 구조와 로깅 레벨

Log4j를 이용하여 로그를 기록하려면 먼저 Log4j의 구조와 로깅 레벨(logging level)을 이해할 필요가 있습니다. Log4j 구조는 크게 logger, appender, layout으로 세 가지 요소로 구성되어 있습니다. 이를 통해 매우 손쉽게 다양한 형태로 로깅할 수 있고, 로깅 레벨을 지정하여 해당 레벨 이상만 로깅할 수 있습니다.

logger

logger는 Log4j에서 지원하는 핵심 클래스로, 로깅 레벨은 다음과 같습니다. 로그 출력 여부는 로깅 레벨에 따라 결정되며, 로그 정보는 appender에 전달됩니다.

다음은 로그 정보를 출력할 때 설정하는 로깅 레벨입니다.

♥ 표 11-1 Log4j의 로깅 레벨

레벨	설명
FATAL	조기 종료를 유발하는 심각한 오류가 발생한 상태를 나타냅니다.
ERROR	기타 런타임 오류 또는 예기치 않은 상태를 나타냅니다.
WARN	사용되지 않는 API 사용, API의 사용 빈도, 오류, 바람직하지 않거나 예기치 않은 런타임 상황의 경고성 메시지를 나타냅니다.
INFO	시작, 종료 같은 런타임 이벤트 메시지를 나타냅니다.
DEBUG	디버그 용도로 시스템 흐름에 대한 자세한 정보를 나타냅니다.
TRACE	가장 하위 로깅 레벨로, 모든 로그에 대한 상세한 정보를 나타냅니다.

로깅 레벨은 TRACE ⟨ DEBUG ⟨ INFO ⟨ WARN ⟨ ERROR ⟨ FATAL 순으로 레벨이 높으며, 로그를 출력할 때 설정한 레벨 이상의 로그 정보가 출력됩니다. 예를 들어 INFO 레벨 이상을 출력한다면 INFO, WARN, ERROR, FATAL의 로그까지 출력됩니다.

♥ 그림 11-1 로깅 레벨

다음은 로깅 레벨 순서에 따른 로그 정보를 출력하는 예입니다. 이 예는 프로젝트를 생성할 때 로그 환경 설정 파일인 log4j.xml에 ⟨root⟩ 요소 내 INFO 레벨로 설정했습니다. 따라서 INFO 레벨 이상의 모든 메시지를 출력하게 됩니다.

```
package com.springmvc.chap11;
import org.slf4j.Logger;
import org.slf4j.LoggerFactory;
...            '
@Controller
public class Example01Controller {

    public static Logger logger = LoggerFactory.getLogger(Example01Controller.class);

    @GetMapping("/exam01")
    public String requestMethod(Model model) {

        logger.trace("Trace 메시지!");
        logger.debug("Debug 메시지!");
        logger.info("Info 메시지!");
        logger.warn("Warn 메시지!");
        logger.error("Error 메시지!");
        return "webpage11_01";

    }
}
```

다음은 앞의 코드를 실행한 결과입니다. 콘솔창을 보면 INFO 레벨 이상의 메시지가 출력된 것을
확인할 수 있습니다.

▼ 그림 11-2 실행 결과

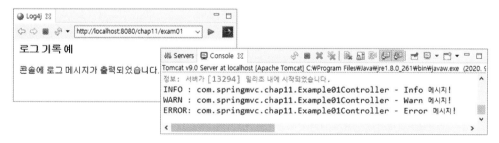

appender

appender는 전달받은 로그 정보를 출력할 위치(파일, 콘솔, DB 등)를 결정하는 클래스입니다.
Appender 클래스의 유형은 다음과 같습니다.

▼ 표 11-2 Appender의 유형

클래스	설명
ConsoleAppender	콘솔에 로그 정보를 출력합니다.
FileAppender	파일에 로그 정보를 출력합니다.
RollingFileAppender	로그 크기가 지정한 용량 이상이 되면 다른 이름의 파일로 출력합니다.
DailyRollingFileAppender	하루 단위로 로그 정보를 파일에 출력합니다.
SMTPAppender	로그 메시지를 이메일로 보냅니다.
NTEventLogAppender	윈도의 이벤트 로그 시스템에 로그 정보를 기록합니다.

layout

layout은 로그 정보의 출력 형식을 결정합니다. 클래스 유형은 다음과 같고 단순한 텍스트 출력, 포맷을 직접 지정한 패턴, HTML 문서 형식 등을 제공합니다.

▼ 표 11-3 layout의 클래스 유형

클래스	설명
DateLayout	로그 정보를 날짜 중심으로 간단하게 기록합니다.
HTMLLayout	로그 정보를 HTML 형식으로 기록합니다.
PatternLayout	로그 정보를 사용자 정의 패턴에 따라 기록합니다. • %c: 카테고리 출력 • %p: 로깅 레벨 출력 • %m: 로그 내용 • %d: 로깅 이벤트가 발생한 시간, yyyy-MM-dd, HH:mm:ss 등 시간 형식 사용 • %t: 로깅 이벤트를 발생한 스레드 이름 • %n: 개행 • %C: 클래스 이름 • %F: 로깅이 발생한 파일 이름 • %l: 로깅이 발생한 호출자 정보 • %L: 로깅이 발생한 코드 라인 수 • %M: 로깅이 발생한 메서드 이름 • %r: 애플리케이션 시작 이후부터 로깅이 발생한 시점의 시간 • %x: 로깅이 발생한 스레드와 관련된 NDC(Nested Diagnostic Context) • %X: 로깅이 발생한 스레드와 관련된 MDC(Mapped Diagnostic Context)
SimpleLayout	로그 정보를 '레벨-정보' 형식으로 간단하게 기록합니다.
XMLLayout	로그 정보를 XML 형식으로 기록합니다.

11.1.3 로그 환경 설정 파일의 구성

로그 환경 설정 파일(log4j.xml)에 Log4j의 구조와 로깅 레벨을 설정하여 다양한 형태의 로그 내용을 출력할 수 있습니다.

❤ 그림 11-3 로그 환경 설정 파일(log4j.xml)의 저장 경로

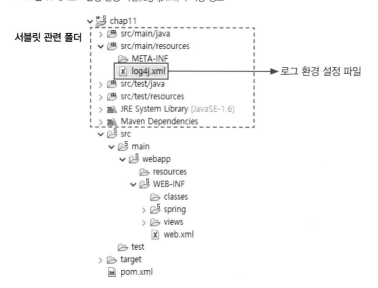

스프링 MVC 프로젝트를 만들면 기본으로 프로젝트 이름 src/main/resources 폴더에 생성되는 로그 환경 설정 파일 log4j.xml을 살펴보겠습니다.

```xml
<?xml version="1.0" encoding="UTF-8"?>
<!DOCTYPE log4j:configuration PUBLIC "-//APACHE//DTD LOG4J 1.2//EN" "log4j.dtd">
<log4j:configuration xmlns:log4j="http://jakarta.apache.org/log4j/">

    <!-- Appenders -->
    <appender name="console" class="org.apache.log4j.ConsoleAppender">
        <param name="Target" value="System.out"/> ❷
        <layout class="org.apache.log4j.PatternLayout">
            <param name="ConversionPattern" value="%-5p: %c - %m%n"/> ❹
        </layout>
    </appender>

    <!-- Application Loggers -->
    <logger name="com.springmvc.controller">
        <level value="info"/> ❻
    </logger>
```

❶ ❸ ❺

```
    <!-- 3rdparty Loggers -->
··· <logger name="org.springframework.core">
⑤       <level value="info"/> ·····················
··· </logger>

··· <logger name="org.springframework.beans">
⑤       <level value="info"/> ·············
··· </logger>
                                              ⑥
··· <logger name="org.springframework.context">
⑤       <level value="info"/> ·············
··· </logger>

··· <logger name="org.springframework.web">
⑤       <level value="info"/> ·············
··· </logger>


    <!-- Root Logger -->
··· <root>
        <priority value="warn"/> ⑧
⑦       <appender-ref ref="console"/> ⑨
··· </root>
```

```
</log4j:configuration>
```

❶ ConsoleAppender 클래스를 설정하여 로그 정보를 콘솔에 출력합니다.

❷ System.out을 사용하여 콘솔에 출력합니다.

❸ PatternLayout 클래스로 로그 정보의 출력 형태를 설정합니다.

❹ ConversionPattern의 "%-5p: %c - %m%n" 패턴으로 설정하여 "priority 출력 : package 출력
　　- 로그 내용 출력 개행문자(\n) 출력" 형식으로 설정합니다.

❺ name 속성 값에 실제 로그 기능을 수행하는 객체를 설정합니다.

❻ 로깅 레벨은 info로 설정합니다.

❼ <root> 요소로 최상위 로거를 설정합니다.

❽ 로깅 레벨 info 이상을 출력합니다.

❾ <appender> 요소에 설정된 name 속성 값인 console을 참조합니다. <appender> 요소는
　　<logger> 요소보다 앞에 선언되어 있어야 합니다.

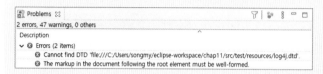
SPRING

11.2 인터셉터 개요

웹 애플리케이션에서 특정 URL을 요청할 때 컨트롤러로 가는 요청을 가로채 특정 작업을 처리할 수 있는 인터셉터를 알아봅니다. 인터셉터를 이용하여 모든 요청 URL 경로의 접근 내역과 특정 사용자가 URL을 요청할 때 작동 내역 등에 대한 로그 기록을 만들어 봅니다.

11.2.1 인터셉터

인터셉터(intercepter)는 사용자가 URL을 요청하면 컨트롤러에 요청이 들어가기 전에, 즉 컨트롤러가 웹으로 응답하기 전에 가로채어 특정 작업을 처리하는 것을 의미합니다. 핸들러 인터셉터

(handler Interceptor)라고도 합니다. 컨트롤러에 들어오는 요청 HttpRequest와 컨트롤러가 응답하는 HttpResponse를 가로채는 역할을 합니다.

인터셉터는 디스패처 서블릿이 컨트롤러를 호출하기 전후에 요청과 응답을 가로채기 때문에 다음과 같은 특정 작업을 수행하는 데 사용할 수 있습니다.

- 응답 페이지를 출력하기 전에 서버에서 미리 데이터를 가져오는 기능(spooling)
- 폼에서 제출(submit)이 중복으로 일어나는 것을 막는 기능
- 요청이 처리되기 전에 파일을 업로드(multipart)하는 기능
- 각 요청에 대한 상세한 내역을 기록(logging)하는 기능
- 유효성을 검사(validation)하는 기능
- 시간별 동작 및 성능의 병목 지점을 검사(profiling)하는 기능

11.2.2 인터셉터 등록

인터셉터를 만들려면 HandlerInterceptor 인터페이스를 구현하거나 HandlerInterceptorAdaptor 클래스를 상속받아야 합니다. 인터셉터를 구현한 클래스를 servlet-context.xml 파일의 ⟨interceptors⟩ 요소를 사용하여 다음과 같이 빈으로 등록합니다.

// 모든 웹 요청 URL에 적용
```
⟨interceptors⟩
    ⟨bean id=" " class="인터셉터 클래스(패키지 포함)"/⟩
⟨/interceptors⟩
```

// 특정 웹 요청 URL에 적용
```
⟨interceptors⟩
    ⟨interceptor⟩
        ⟨mapping path="특정 패턴의 요청 URL"/⟩
        ⟨beans:bean id=" " class="인터셉터 클래스(패키지 포함)"/⟩
    ⟨interceptor⟩
⟨/interceptors⟩
```

⟨interceptors⟩에 빈으로 등록된 인터셉터 클래스는 웹 요청 URL이 들어오면 컨트롤러를 호출하기 전이나 후에 필요한 특정 작업을 처리하는 메서드를 실행합니다.

11.3 / 인터셉터를 이용한 로그 기록

로그를 기록하기 위해 HandlerInterceptor 인터페이스와 HandlerInterceptorAdapter 클래스를 알아봅니다. HandlerInterceptor 인터페이스와 HandlerInterceptorAdapter 클래스를 사용하여 도서 쇼핑몰이 동작하는 동안 요청 URL이 들어오면 그때마다 접근 정보를 로그 기록으로 남겨 봅니다.

11.3.1 HandlerInterceptor를 이용한 로그 기록

HandlerInterceptor 인터페이스는 preHandle(), postHandle(), afterCompletion() 세 메서드를 가지고 있습니다.

preHandle() 메서드는 웹 요청 URL이 컨트롤러에 들어가기 전에 호출되며, false로 반환하면 이후 내용은 실행하지 않습니다. postHandle() 메서드는 웹 요청 URL을 컨트롤러가 처리한 후 호출되며, 컨트롤러에서 예외가 발생하면 더 이상 실행되지 않습니다. afterCompletion() 메서드는 컨트롤러가 웹 요청을 처리하여 뷰에 응답 전송이 종료된 후 호출됩니다.

HandlerInterceptor 인터페이스의 메서드 형식은 다음과 같습니다.

```
boolean preHandle(HttpServletRequest request,
                  HttpServletResponse response,
                  Object handler) throws Exception;
```

- 역할: 컨트롤러를 호출하기 이전에 핸들러 실행을 차단합니다.
- 매개변수:
  - request: 현재 HTTP 요청
  - response: 현재 HTTP 응답
  - handler: 실행 핸들러 선택

```
void postHandle(HttpServletRequest request,
                HttpServletResponse response,
                Object handler,
                ModelAndView modelAndView) throws Exception;
```

- 역할: 컨트롤러를 호출하여 처리한 후에 핸들러 실행을 차단합니다.

- 매개변수:
  - request: 현재 HTTP 요청
  - response: 현재 HTTP 응답
  - handler: 시작된 비동기 실행 핸들러
  - modelAndView: ModelAndView로 반환된 핸들러

```
void afterCompletion(HttpServletRequest request,
                     HttpServletResponse response,
                     Object handler,
                     Exception ex) throws Exception;
```

- 역할: 뷰에 최종 결과를 반환한 후에 핸들러 실행을 차단합니다.
- 매개변수:
  - request: 현재 HTTP 요청
  - response: 현재 HTTP 응답
  - handler: 시작된 비동기 실행 핸들러

다음은 HandlerInterceptor 인터페이스를 사용하여 인터셉터가 각 특정 시점에 동작하는 메서드 네 개를 호출하는 예입니다.

HandlerInterceptor를 사용한 메서드 호출

ExampleInterceptor.java

```java
package com.springmvc.chap11;
...
import org.springframework.web.servlet.HandlerInterceptor;

public class ExampleInterceptor implements HandlerInterceptor {

    public Logger logger = LoggerFactory.getLogger(ExampleInterceptor.class);
    public boolean preHandle(HttpServletRequest request, HttpServletResponse response,
            Object handler) throws Exception {
        stopWatch.start(handler.toString());
        logger.info("preHandle() 호출...");

        if (handler instanceof HandlerMethod) {
            HandlerMethod method = (HandlerMethod) handler;
            logger.info("핸들러 메소드명 : " + method.getMethod().getName());
        }
        return true;
    }
```

```java
    public void postHandle(HttpServletRequest arg0, HttpServletResponse response, Object
            handler, ModelAndView modelAndView) throws Exception {
        logger.info("postHandle() 호출...");
    }

    public void afterCompletion(HttpServletRequest request, HttpServletResponse response,
            Object handler, Exception exception) throws Exception {
        logger.info("afterCompletion() 호출...");
    }
}
```

Example02Controller.java

```java
package com.springmvc.chap11;

import org.slf4j.Logger;
import org.slf4j.LoggerFactory;
...
@Controller
public class Example02Controller {

    public Logger logger = LoggerFactory.getLogger(ExampleInterceptor.class);

    @GetMapping("/exam02")
    public String requestMethod(Model model) {
        logger.info("뷰페이지 webpage11_02 호출");
        model.addAttribute("data", "인터셉터 예제입니다");
        model.addAttribute("data2", "웹 요청 URL은 /exam02 입니다");
        return "webpage11_02";
    }
}
```

servlet-context.xml

```xml
<?xml version="1.0" encoding="UTF-8"?>
<beans:beans...>
    ...
    <context:component-scan base-package="com.springmvc.chap11"/>

    <interceptors>
        <beans:bean class="com.springmvc.chap11.ExampleInterceptor"/>
    </interceptors>
</beans:beans>
```

다음은 앞의 코드를 실행한 결과입니다.

❤️ 그림 11-6 실행 결과

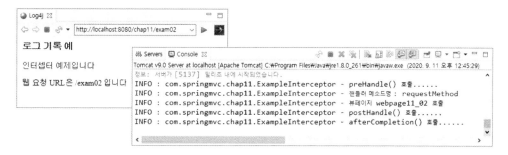

11.3.2 실습 HandlerInterceptor를 사용하여 로그 기록하기

HandlerInterceptor 인터페이스와 Log4j를 이용하여 웹에서 들어오는 모든 요청에 대해 접근 내역을 콘솔 화면과 파일에 출력하도록 구현해 보겠습니다.

1. pom.xml 파일에 로그 관련 의존 라이브러리가 등록되어 있는지 확인합니다. 프로젝트를 생성할 때 자동으로 생성되었습니다.

코드 11-1 pom.xml

```xml
<?xml version="1.0" encoding="UTF-8"?>
<project xmlns="http://maven.apache.org/POM/4.0.0"...>
    ...
    <properties>
        <java-version>15</java-version>
        <org.springframework-version>5.2.8.RELEASE</org.springframework-version>
        <org.aspectj-version>1.9.6</org.aspectj-version>
        <org.slf4j-version>1.7.25</org.slf4j-version>
        <security.version>5.6.3</security.version>
        <commons-fileupload-version>1.4</commons-fileupload-version>
        <commons-io-version>2.11.0</commons-io-version>
    </properties>
    ...
    <!-- Logging -->
    <dependency>
        <groupId>org.slf4j</groupId>
        <artifactId>slf4j-api</artifactId>
        <version>${org.slf4j-version}</version>
```

```
        </dependency>
        <dependency>
            <groupId>org.slf4j</groupId>
            <artifactId>jcl-over-slf4j</artifactId>
            <version>${org.slf4j-version}</version>
            <scope>runtime</scope>
        </dependency>
        ...
</project>
```

2. src/main/resources 폴더에 있는 로그 설정 파일 log4j.xml을 다음 내용으로 수정합니다.

코드 11-2 log4j.xml

```
<?xml version="1.0" encoding="UTF-8"?>
<!DOCTYPE log4j:configuration SYSTEM "http://logging.apache.org/log4j/1.2/apidocs/org/
            apache/log4j/xml/doc-files/log4j.dtd">
<log4j:configuration xmlns:log4j="http://jakarta.apache.org/log4j/">

    <!-- Appenders -->
    <appender name="console" class="org.apache.log4j.ConsoleAppender"> ❶
        <param name="Target" value="System.out"/> ❷
        <layout class="org.apache.log4j.PatternLayout"> ❸
            <param name="ConversionPattern" value="%d{yyyy-MM-dd HH:mm:ss} %-5p
                    %c{1}:%L - %m%n"/> ❹
        </layout>
    </appender>

    <!-- Application Loggers -->
    <logger name="com.springmvc">
        <level value="info"/>
    </logger>
    ...
</log4j:configuration>
```

❶ 콘솔 출력을 설정합니다.

❷ System.out으로 출력을 설정합니다.

❸ 레이아웃을 설정합니다.

❹ 출력 형식을 설정합니다.

3. src/main/java 폴더에 `com.springmvc.interceptor` 패키지를 생성하고 이 패키지에 Monitoring Interceptor 클래스를 만들어 다음 내용을 작성합니다.

코드 11-3 MonitoringInterceptor.java

```java
package com.springmvc.interceptor;

import java.text.DateFormat;
import java.text.SimpleDateFormat;
import java.util.Calendar;
import javax.servlet.http.HttpServletRequest;
import javax.servlet.http.HttpServletResponse;
import org.slf4j.Logger;
import org.slf4j.LoggerFactory;
import org.springframework.util.StopWatch;
import org.springframework.web.servlet.HandlerInterceptor;
import org.springframework.web.servlet.ModelAndView;

public class MonitoringInterceptor implements HandlerInterceptor {

    ThreadLocal<StopWatch> stopWatchLocal = new ThreadLocal<StopWatch>();

    public Logger logger = LoggerFactory.getLogger(this.getClass()); ❶

    public boolean preHandle(HttpServletRequest request,
                            HttpServletResponse response,
                            Object handler) throws Exception {
        StopWatch stopWatch = new StopWatch(handler.toString());
        stopWatch.start(handler.toString());
        stopWatchLocal.set(stopWatch);
        logger.info("접근한 URL 경로 : " + getURLPath(request)); ❸
        logger.info("요청 처리 시작 시각 : " + getCurrentTime()); ❹
        return true;
    }
    public void postHandle(HttpServletRequest arg0,
                            HttpServletResponse response,
                            Object handler,
                            ModelAndView modelAndView) throws Exception {
        logger.info("요청 처리 종료 시각 : " + getCurrentTime()); ❻
    }
    public void afterCompletion(HttpServletRequest request,
                                HttpServletResponse response,
                                Object handler,
```

❷ ❺

```
- - - - - - - - - - - - - - - - - - - - - - - - - - - Exception exception) throws Exception {
       StopWatch stopWatch = stopWatchLocal.get();
       stopWatch.stop();
  ❼   logger.info("요청 처리 소요 시간 : " + stopWatch.getTotalTimeMillis() + " ms"); ❽
       stopWatchLocal.set(null);
       logger.info("========================================"); ❾
  . }
  - - private String getURLPath(HttpServletRequest request) {
       String currentPath = request.getRequestURI();
       String queryString = request.getQueryString();
  ❿   queryString = queryString == null ? "" : "?" + queryString;
       return currentPath + queryString;
  . }
  - - private String getCurrentTime() {
       DateFormat formatter = new SimpleDateFormat("yyyy/MM/dd HH:mm:ss");
       Calendar calendar = Calendar.getInstance();
  ⓫   calendar.setTimeInMillis(System.currentTimeMillis());
       return formatter.format(calendar.getTime());
  . }
}
```

❶ Logger 객체를 가져옵니다.

❷ HandlerInterceptor 인터페이스 메서드입니다. 컨트롤러를 호출하기 전에 실행됩니다.

❸ 로그 메시지를 출력합니다.

❹ 로그 메시지를 출력합니다.

❺ HandlerInterceptor 인터페이스 메서드입니다. 컨트롤러를 호출하여 처리한 후에 실행됩니다.

❻ 로그 메시지를 출력합니다.

❼ HandlerInterceptor 인터페이스 메서드이며, 뷰에 최종 결과를 반환한 후에 실행됩니다.

❽ 로그 메시지를 출력합니다.

❾ 로그 메시지를 출력합니다.

❿ 요청 URL과 쿼리문을 얻어 오는 메서드입니다.

⓫ 현재 년/월/일 시:분:초를 얻어 오는 메서드입니다.

4. servlet-context.xml 파일에 생성한 빈 객체 MonitoringInterceptor를 등록합니다.

코드 11-4 servlet-context.xml

```
<?xml version="1.0" encoding="UTF-8"?>
<beans:beans xmlns="http://www.springframework.org/schema/mvc"...>

    ...
    <beans:bean id="multipartResolver"
                class="org.springframework.web.multipart.commons.
                    CommonsMultipartResolver">
        <beans:property name="maxUploadSize" value="10240000"/>
    </beans:bean>

    <interceptors>
❶       <beans:bean class="com.springmvc.interceptor.MonitoringInterceptor"/>
    </interceptors>
</beans:beans>
```

---

❶ <interceptors> 요소에 인터셉터 클래스를 등록합니다.

5. 웹 브라우저 주소창에 'http://localhost:8080/BookMarket/books'를 입력하여 실행한 후 결과와 함께 콘솔창을 확인합니다.

▼ 그림 11-7 실행 결과

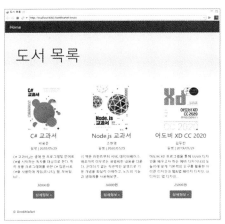

11.3.3 실습 파일로 로그 기록 출력하기

1. 로그 설정 파일 log4j.xml에 다음 내용을 추가합니다.

코드 11-5 log4j.xml

```xml
<?xml version="1.0" encoding="UTF-8"?>
<!DOCTYPE log4j:configuration SYSTEM "http://logging.apache.org/log4j/1.2/apidocs/org/
          apache/log4j/xml/doc-files/log4j.dtd">
<log4j:configuration xmlns:log4j="http://jakarta.apache.org/log4j/">

    <!-- Appenders -->
    <appender name="console" class="org.apache.log4j.ConsoleAppender">
        <param name="Target" value="System.out"/>
        <layout class="org.apache.log4j.PatternLayout">
            <param name="ConversionPattern" value="%d{yyyy-MM-dd HH:mm:ss} %-5p
                   %c{1}:%L - %m%n"/>
        </layout>
    </appender>

    <!-- 파일에 출력하기 -->
    <appender name="monitor" class="org.apache.log4j.RollingFileAppender">
        <param name="append" value="false"/> ❷
        <param name="maxFileSize" value="10KB"/> ❸
        <param name="maxBackupIndex" value="5"/> ❹
        <param name="file" value="c:/logs/monitor.log"/> ❺
        <layout class="org.apache.log4j.PatternLayout">
            <param name="ConversionPattern" value="%d{yyyy-MM-dd HH:mm:ss} %-5p
%c{1}:%L - %m%n"/> ❼
        </layout>
        <filter class="org.apache.log4j.varia.LevelRangeFilter">
            <param name="LevelMin" value="info"/> ❾
            <param name="LevelMax" value="info"/> ❿
        </filter>
    </appender>

    <!-- Application Loggers -->
    <logger name="com.springmvc">
        <level value="info"/>
        <appender-ref ref="monitor"/> ⓫
    </logger>
    ...
</log4j:configuration>
```

❶ ❻ (좌측 마커)

❻ (layout 마커)

❽ (filter 마커)

298

❶ file 출력을 설정합니다.

❷ 기존 로그 파일을 지우고 새로 생성합니다.

❸ 파일 크기를 설정합니다. 최댓값은 10MB입니다.

❹ 생성할 백업 파일 수입니다. 기본값은 1입니다.

❺ 로그 파일 이름을 설정합니다.

❻ 레이아웃을 설정합니다.

❼ 출력 형식을 설정합니다.

❽ 로깅 레벨의 범위를 지정하는 클래스를 설정합니다.

❾ 로깅 레벨의 최하위 레벨을 설정합니다.

❿ 로깅 레벨의 최상위 레벨을 설정합니다.

⓫ 파일 출력을 설정합니다.

2. 웹 브라우저 주소창에 'http://localhost:8080/BookMarket/books'를 입력하여 실행한 후 C:\Logs\monitor.log를 확인합니다.

▼ 그림 11-8 실행 결과

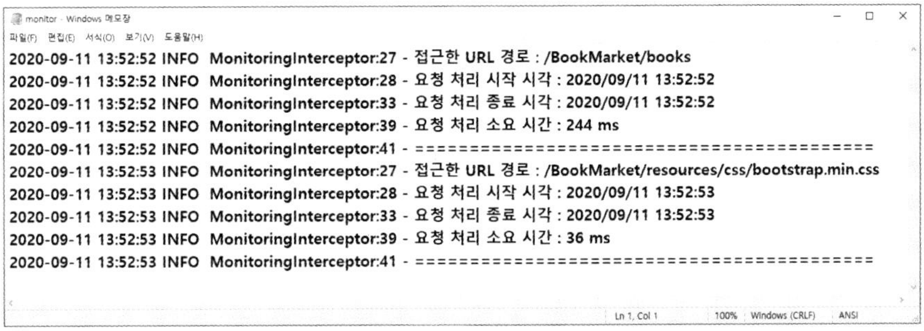

11.3.4 HandlerInterceptorAdapter를 사용한 로그 기록

HandlerInterceptorAdapter 클래스는 HandlerInterceptor 인터페이스를 구현하기 편리하도록 작성된 어댑터 클래스입니다. HandlerInterceptor 인터페이스는 반드시 preHandle(), postHandle(), afterCompletion() 세 메서드를 모두 구현해야 한다는 점에서 번거로웠습니다. 하지만 HandlerInterceptorAdapter 클래스는 모든 메서드를 구현할 필요가 없습니다.

11.3.5 실습 HandlerInterceptorAdapter를 사용하여 로그 기록하기

HandlerInterceptorAdapter 클래스와 Log4j를 이용하여 웹으로 접근하는 사용자를 파일에 출력하도록 구현해 보겠습니다.

1. pom.xml 파일에 로그 관련 의존 라이브러리가 등록되어 있는지 확인합니다. 프로젝트를 생성할 때 자동으로 생성되었습니다.

코드 11-6 pom.xml

```xml
<?xml version="1.0" encoding="UTF-8"?>
<project xmlns="http://maven.apache.org/POM/4.0.0"...>
    ...
    <properties>
        <java-version>15</java-version>
        <org.springframework-version>5.2.8.RELEASE</org.springframework-version>
        <org.aspectj-version>1.9.6</org.aspectj-version>
        <org.slf4j-version>1.7.25</org.slf4j-version>
        <security.version>5.6.3</security.version>
        <commons-fileupload-version>1.4</commons-fileupload-version>
        <commons-io-version>2.11.0</commons-io-version>
    </properties>
    ...
    <!-- Logging -->
    <dependency>
        <groupId>org.slf4j</groupId>
        <artifactId>slf4j-api</artifactId>
        <version>${org.slf4j-version}</version>
    </dependency>
    <dependency>
        <groupId>org.slf4j</groupId>
        <artifactId>jcl-over-slf4j</artifactId>
        <version>${org.slf4j-version}</version>
        <scope>runtime</scope>
    </dependency>
    ...
</project>
```

2. log4j.xml 파일에 다음 내용을 추가합니다.

코드 11-7 log4j.xml

```xml
<?xml version="1.0" encoding="UTF-8"?>
<!DOCTYPE log4j:configuration SYSTEM "http://logging.apache.org/log4j/1.2/apidocs/org/
        apache/log4j/xml/doc-files/log4j.dtd">
<log4j:configuration xmlns:log4j="http://jakarta.apache.org/log4j/">

    ...
    <!-- 파일에 출력하기 -->
    <appender name="monitor" class="org.apache.log4j.RollingFileAppender">
        <param name="append" value="false"/>
        <param name="maxFileSize" value="10KB"/>
        <param name="maxBackupIndex" value="5"/>
        <!-- For Tomcat -->
        <param name="file" value="c:/logs/monitor.log"/>
        <layout class="org.apache.log4j.PatternLayout">
            <param name="ConversionPattern" value="%d{yyyy-MM-dd HH:mm:ss} %-5p
                %c{1}:%L - %m%n"/>
        </layout>
        <filter class="org.apache.log4j.varia.LevelRangeFilter">
            <param name="LevelMin" value="info"/>
            <param name="LevelMax" value="info"/>
        </filter>
    </appender>

    <appender name="audit" class="org.apache.log4j.RollingFileAppender">
        <param name="append" value="false"/> ❷
        <param name="maxFileSize" value="10KB"/> ❸
        <param name="maxBackupIndex" value="5"/> ❹
        <param name="file" value="c:/logs/audit.log"/> ❺
        <layout class="org.apache.log4j.PatternLayout">
            <param name="ConversionPattern" value="%d{yyyy-MM-dd HH:mm:ss} %-5p
                %c{1}:%L - %m%n"/> ❼
        </layout>
        <filter class="org.apache.log4j.varia.LevelRangeFilter">
            <param name="LevelMin" value="warn"/> ❾
            <param name="LevelMax" value="warn"/> ❿
        </filter>
    </appender>

    <!-- Application Loggers -->
    <logger name="com.springmvc">
        <level value="info"/>
```

❶ ❻ (좌측 여백 번호 표기) ❽

```
        <appender-ref ref="monitor"/>
        <appender-ref ref="audit"/>
    </logger>
    ...
</log4j:configuration>
```

❶ file 출력을 설정합니다.

❷ 기존 로그 파일을 지우고 새로 생성합니다.

❸ 파일 크기를 설정합니다. 최댓값은 10MB입니다.

❹ 생성할 백업 파일의 수입니다. 기본값은 1입니다.

❺ 로그 파일 이름을 설정합니다.

❻ 레이아웃을 설정합니다.

❼ 출력 형식을 설정합니다.

❽ 로깅 레벨의 범위를 지정하는 클래스를 설정합니다.

❾ 로깅 레벨의 최하위 레벨을 설정합니다.

❿ 로깅 레벨의 최상위 레벨을 설정합니다.

3. com.springmvc.interceptor 패키지에 AuditingInterceptor 클래스를 생성하고 다음 내용을 작성합니다.

코드 11-8 AuditingInterceptor.java

```java
package com.springmvc.interceptor;

import java.text.DateFormat;
import java.text.SimpleDateFormat;
import java.util.Calendar;
import javax.servlet.http.HttpServletRequest;
import javax.servlet.http.HttpServletResponse;
import org.slf4j.Logger;
import org.slf4j.LoggerFactory;
import org.springframework.web.servlet.handler.HandlerInterceptorAdapter;

public class AuditingInterceptor extends HandlerInterceptorAdapter {

    public Logger logger = LoggerFactory.getLogger(this.getClass()); ❶
```

```
        private String user;
        private String bookId;

        public boolean preHandle(HttpServletRequest request,
                                 HttpServletResponse arg1,
                                 Object handler) throws Exception {
            if (request.getRequestURI().endsWith("books/add") && request.getMethod().
                equals("POST")) {
                user = request.getRemoteUser();
                bookId = request.getParameterValues("bookId")[0];
            }
            return true;
        }

        public void afterCompletion(HttpServletRequest request,
                                    HttpServletResponse response,
                                    Object handler, Exception arg3) throws Exception {
            if (request.getRequestURI().endsWith("books/add")) {
                logger.warn(String.format("신규등록 도서 ID : %s, 접근자 : %s, 접근시각 :
                        %s", bookId, user, getCurrentTime())); ❷
            }
        }

    private String getCurrentTime() {
        DateFormat formatter = new SimpleDateFormat("yyyy/MM/dd HH:mm:ss");
        Calendar calendar = Calendar.getInstance();
❸       calendar.setTimeInMillis(System.currentTimeMillis());
        return formatter.format(calendar.getTime());
    }
}
```

❶ Logger 객체를 가져옵니다.

❷ 로그 메시지를 출력합니다.

❸ 현재 년/월/일 시:분:초를 얻어 오는 메서드입니다.

4. servlet-context.xml 파일에 생성한 빈 객체 AuditingInterceptor를 등록합니다.

코드 11-9 servlet-context.xml

```
<?xml version="1.0" encoding="UTF-8"?>
<beans:beans...>

...
```

```
        <beans:bean id="multipartResolver"
                class="org.springframework.web.multipart.commons.
                    CommonsMultipartResolver">
            <beans:property name="maxUploadSize" value="10240000"/>
        </beans:bean>
        <interceptors>
            <beans:bean class="com.springmvc.interceptor.MonitoringInterceptor"/>
            <beans:bean class="com.springmvc.interceptor.AuditingInterceptor"/>
        </interceptors>
    </beans:beans>
```

5. 웹 브라우저 주소창에 'http://localhost:8080/BookMarket/books/add'를 입력하여 로그
   인하면 신규 도서를 등록하는 도서 등록 화면이 나옵니다. 콘솔창을 확인합니다.

❤ 그림 11-9 도서 등록 화면과 콘솔창

6. C:\logs 폴더에서 로그 파일 이름 audit.log를 확인합니다.

❤ 그림 11–10 audit.log 파일

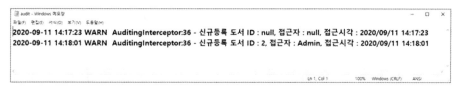

SPRING

11.4 마치며

자바 기반의 로깅 유틸리티인 Log4j와 웹 URL 요청을 할 때 중간에서 요청을 가로채는 인터셉터를 적용하여 도서 쇼핑몰에서 각 요청 URL에 대한 로그 기록을 구현해 보았습니다.

다음 장에서는 웹 페이지의 다양한 언어로 표현할 수 있는 다국어 처리를 살펴본 후 도서 쇼핑몰의 도서 등록 페이지를 다국어로 변환할 수 있도록 만들어 보겠습니다.

memo

12장

다국어 처리:
도서 등록 페이지에서
다국어 페이지 만들기

다국어를 지원하는 국제화를 알아보고, 사용자가 웹에서 요청했을 때 메시지 리소스 파일을 사용하여 다국어로 변경하는 방법을 살펴봅니다. 다국어 처리를 활용하여 도서 쇼핑몰에서 도서 등록 페이지를 다국어로 변환할 수 있도록 해 보겠습니다.

이 장에서 다룰 핵심 내용

- 다국어 처리의 개요
- MessageSource를 이용한 다국어 처리
  실습 MessageSource를 이용하여 다국어 처리하기
- LocaleResolver와 LocaleChangeInterceptor를 이용한 다국어 변경
  실습 LocaleResolver와 LocaleChangeInterceptor를 이용하여 다국어 변경하기

12.1 다국어 처리의 개요

다국어 처리는 웹 브라우저의 로케일(locale)에 따라 다양한 언어를 지원하는 서비스입니다. 즉, 다양한 언어와 지역적 차이에 따라 웹 애플리케이션의 코드를 수정할 필요 없이 웹 브라우저의 로케일을 기준으로 각 언어에 해당하는 메시지로 변경하는 서비스입니다.

> Tip ≡ 로케일은 프로그램이 세계적으로 사용되면서 사용자의 나라 혹은 환경에 따라 결정되는 요소들을 의미합니다. 예를 들어 나라별로 언어, 글자, 날짜나 시간의 양식, 통화 기호, 문자열 정렬 순서 등이 다른데, 이런 요소들을 의미합니다.

예전에는 웹 사이트를 구축할 경우 사용자의 웹 브라우저 환경을 기반으로 웹 화면에 표시되는 모든 텍스트가 각 국가에서 사용하는 언어로 표시되어야 하므로 국가별로 다른 언어로 웹 페이지를 만들어야 했습니다. 이때는 텍스트가 포함된 이미지를 사용하지 않는 디자인 템플릿이 필요하며, 다국어 지원 기능을 직접 개발해야 합니다. 하지만 스프링 MVC에서는 국가별 페이지를 만들 필요 없이 아주 간단하게 다국어 지원을 구현할 수 있습니다.

스프링 MVC에서는 사용자의 로케일에 따라 표시되는 언어를 변경하는 서비스로 국제화를 지원합니다. 국제화(internationalization)란 여러 다른 언어와 지역적 차이에 따라 기술적인 변경 없이 소프트웨어에 적용할 수 있도록 설계하는 과정을 의미합니다. 즉, 웹 애플리케이션의 코드를 수정하지 않고 사용자의 다양한 로케일에 따라 언어를 변경하는 서비스입니다. 이를 국제화 또는 다국어 지원이라고도 합니다.

우선 다국어 처리를 하려면 사용자가 언어를 자유롭고 쉽게 설정할 수 있도록 MessageSource를 적용해야 합니다. MessageSource를 이용하면 화면에 출력할 메시지를 가져와 쉽게 화면에 다국어로 표현할 수 있습니다.

그리고 MessageSource를 기반으로 하는 LocaleResolver와 LocaleChangeInterceptor를 이용하면 사용자가 웹 애플리케이션에서 원하는 언어를 자유롭게 선택하거나 변경하도록 할 수 있습니다.

그럼 다국어 처리를 위해 스프링 MVC가 지원하는 MessageSource와 LocaleResolver의 유형, 사용자의 웹 요청 URL을 다국어로 변경할 수 있는 LocaleChangeInterceptor를 알아보겠습니다.

12.2 MessageSource를 이용한 다국어 처리

다양한 언어로 작성된 메시지 리소스 파일을 읽어 웹 브라우저의 로케일에 따라 각 언어에 해당하는 메시지로 설정할 수 있는 MessageSource를 알아봅니다.

12.2.1 메시지 리소스 파일 작성

프로젝트에 지원 가능한 각 언어에 대해 메시지 리소스 파일(*.properties)을 생성하여 출력할 메시지를 작성합니다. 메시지 리소스 파일에는 key=value 쌍으로 구성되며, 여기에서 key는 뷰 페이지에서 메시지를 참조하는 데 사용됩니다. 기본 언어의 메시지 리소스 파일을 '파일 이름.properties' 형태로 작성합니다.

다음은 기본 언어가 한국어고, 메시지 리소스 파일은 messages.properties로 작성한 예입니다. 여기에서 key는 'Person.form.Enter.message'고 value는 '당신의 정보를 입력하세요.'로 뷰 페이지에서 key를 사용하여 value에 설정된 메시지를 출력합니다.

messages.properties

```
Person.form.Enter.message = 당신의 정보를 입력하세요.
```

다양한 언어로 된 뷰 페이지를 지원하려면 특정 언어별로 메시지 리소스 파일을 작성해야 합니다. 이런 각 특정 언어에 대한 메시지 리소스 파일은 '파일 이름_언어 코드_국가 코드.properties' 형태로 작성하는데 다음과 같습니다.

▼ 표 12-1 언어별로 구분한 파일 유형

파일 형식	설명
파일 이름.properties	시스템의 언어 및 지역에 맞는 리소스 파일이 없을 때 사용합니다.
파일 이름_ko.properties	시스템 언어 코드가 한국어일 때 사용합니다.
파일 이름_en.properties	시스템 언어 코드가 영어일 때 사용합니다.
파일 이름_en_UK.properties	시스템 언어 코드가 영어고 영국(국가 코드)일 때 사용합니다.
파일 이름_ja.properties	시스템 언어 코드가 일본어일 때 사용합니다.

이런 메시지 리소스 파일은 src/main/resources 폴더에 위치해야 합니다.

❤ 그림 12-1 메시지 리소스 파일(messages.properties) 저장 경로

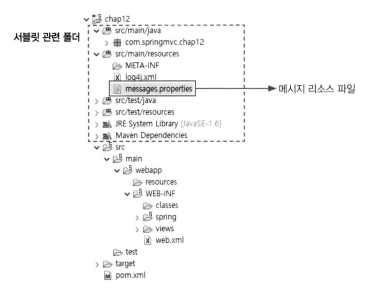

다음은 한글 메시지 리소스 파일인 messages_ko.properties와 영어 메시지 리소스 파일인
messages_en.properties를 작성하는 예입니다.

messages_ko.properties

Person.form.Enter.message = 당신의 정보를 입력하세요.

❤ 그림 12-2 실제 messages_ko.properties 파일

```
messages_ko.properties ⊠
1 Person.form.Enter.message = \uB2F9\uC2E0\uC758 \uC815\uBCF4\uB97C \uC785\uB825\uD558\uC138\uC694.
```

messages_en.properties

Person.form.Enter.message = Input your information

❤ 그림 12-3 실제 messages_en.properties 파일

```
messages_en.properties ⊠
1 Person.form.Enter.message = Input your information
```

Note ≡   **이클립스에 PropertiesEditor 플러그인을 설치하고 싶어요!**

이클립스에서 플러그인 PropertiesEditor를 설치하여 사용하면 메시지 리소스 파일(*.properties)에 영어 외의 언어도 쉽게 작성할 수 있습니다.

- **설치 방법**

    1. 이클립스에서 **Help → Install New Software**를 선택합니다.

        ▼ 그림 12-4 PropertiesEditor 플러그인 설치 1

        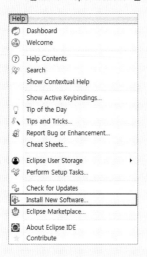

    2. 오른쪽 위에 있는 **Add**를 클릭합니다.

        ▼ 그림 12-5 PropertiesEditor 플러그인 설치 2

        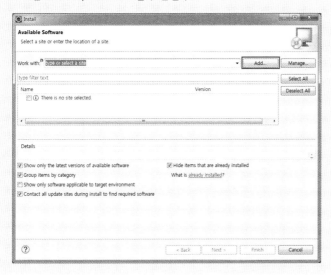

○ 계속

3. Name 항목에 알아볼 수 있는 이름으로 'PropEdit'를 입력하고, Location 항목에 'http://propedit.sourceforge.jp/eclipse/updates'를 입력한 후 **Add**를 클릭합니다.

▼ 그림 12-6 PropertiesEditor 플러그인 설치 3

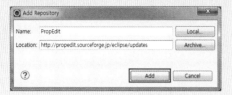

4. 가장 아래 목록에 있는 [PropertiesEditor]를 선택하고 계속해서 **Next**를 클릭합니다.

▼ 그림 12-7 PropertiesEditor 플러그인 설치 4

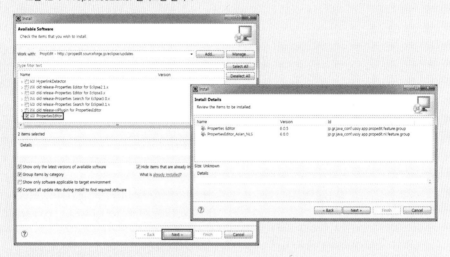

5. 저작권 방침에 동의한 후 **Finish**를 클릭합니다. 설치 중 오류가 발생할 수 있습니다. 다시 한 번 시도한 후 경고 메시지가 나타나면 **OK → Yes**를 클릭합니다. 그리고 이클립스를 다시 시작하세요.

▼ 그림 12-8 PropertiesEditor 플러그인 설치 5

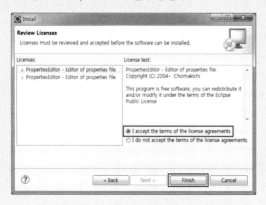

◑ 계속

- 사용 방법

1. src/main/resources 폴더에 messages.properties 파일을 생성합니다.

▼ 그림 12-9 PropertiesEditor 플러그인 사용 방법

2. messages.properties 파일에 메시지 내용을 입력합니다.

Person.form.Enter.message = 당신의 정보를 입력하세요.

3. 유니코드를 보고 싶으면 마우스 오른쪽 버튼을 눌러 Unicode표시를 클릭합니다.

▼ 그림 12-10 유니코드 보기

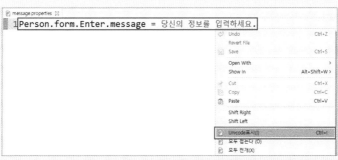

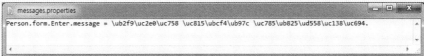

12.2.2 MessageSource 환경 설정

스프링 MVC는 웹 브라우저의 로케일에 따라 다양한 언어의 메시지를 출력할 수 있도록 MessageSource 인터페이스를 제공합니다. MessageSource 인터페이스는 웹 애플리케이션의 화면에 한글을 비롯한 외국어를 표현할 수 있도록 메시지 리소스 파일의 메시지를 가져와 화면에 출력합니다.

스프링에서 빈 객체의 생성과 관계 설정, 사용, 제거 등의 기능을 담당하는 컨테이너 중 하나인 애플리케이션 컨텍스트(application context)는 MessageSource 인터페이스의 구현체를 지원합니다. 스프링 MVC 설정 파일인 servlet-context.xml에 MessageSource 인터페이스의 구현체를 빈 객체로 등록하면 애플리케이션 컨텍스트에 접근하여 원하는 메시지를 가져올 수 있습니다. MessageSource 인터페이스의 구현체를 빈 객체로 설정하는 형식은 다음과 같습니다. 여기에서 id 속성 값은 반드시 messageSource가 되어야 디스패처 서블릿이 인식할 수 있습니다.

```
<bean id="messageSource"
      class="org.springframework.context.support.MessageSource 구현체">
   <property name="basename" value="메시지 리소스 파일"/>
   <property name="defaultEncoding" value="인코딩"/>
   ...
</bean>
```

다음은 빈 객체로 설정할 수 있는 MessageSource 구현체의 유형입니다.

▼ 표 12-2 MessageSource 구현체의 유형

유형	설명
ResourceBundleMessageSource	ResourceBundle과 MessageFormat 클래스 기반으로 만들어졌으며, 특정 이름으로 메시지에 접근할 수 있습니다.
ReloadableResourceBundleMessageSource	⟨property name="cacheSeconds" value="2"/⟩ 프로퍼티 설정으로 다시 시작하지 않고 애플리케이션 실행 도중에 메시지 정의를 다시 로드할 수 있습니다.

다음은 MessageSource 구현체의 빈 객체를 스프링 MVC 설정 파일인 servlet-context.xml에 등록하는 예입니다. 프로퍼티 설정에서 value 속성 값이 messages로 설정되었으므로 메시지 리소스 파일 messages.properties로 실제 출력할 메시지를 가져옵니다.

```
<?xml version="1.0" encoding="UTF-8"?>
<beans:beans...>
...
    <beans:bean id="messageSource"
                class="org.springframework.context.support.ResourceBundleMessageSource">
        <beans:property name="basename" value="messages"/>
    </beans:bean>
</beans:beans>
```

12.2.3 뷰 페이지에 메시지 출력

메시지 리소스 파일에서 메시지를 가져와 뷰 페이지에 출력하려면 메시지 태그를 사용해야 합니다. 다음과 같이 뷰 페이지의 위쪽에 스프링의 태그 라이브러리를 선언합니다.

```
<%@ taglib prefix="spring" uri="http://www.springframework.org/tags" %>
```

앞의 코드에서 prefix 속성 값은 어느 곳이든 태그 이름이 spring인 라이브러리의 태그를 사용한다는 것을 나타냅니다. 그리고 <spring:message> 태그를 사용하여 메시지 리소스 파일에서 메시지를 가져와 뷰 페이지에 출력합니다.

<spring:message> 태그의 속성은 다음과 같습니다.

▼ 표 12-3 〈spring:message〉 태그의 속성

속성	설명
arguments	부가적인 인자를 넘겨줍니다. 콤마로 구분된 문자열, 객체 배열, 객체 하나를 넘깁니다.
argumentSeparator	넘겨줄 인자의 구분자를 설정합니다. 기본값은 콤마입니다.
code	추출할 메시지의 키를 지정합니다. 지정하지 않으면 text 속성에 입력한 값이 출력됩니다.
htmlEscape	HTML의 기본 escape 속성을 오버라이딩합니다. 기본값은 false입니다.
javaScriptEscape	기본값은 false입니다.
message	스프링 MVC에서 유효성 검사를 거친 오류 메시지를 간단하게 보여 줄 때 사용합니다.
scope	결과 값을 변수에 지정할 때 변수 범위(page, request, session, application)를 정합니다.
text	해당 code 속성에서 가져온 값이 없을 때 기본으로 보여 주는 문자열입니다. 빈 값이면 null을 출력합니다.
var	결과 값을 저장할 때 사용합니다. 빈 값이면 JSP에 그대로 출력됩니다.

다음은 〈spring:message〉 태그로 메시지 리소스 파일에서 메시지를 가져와 뷰 페이지에 출력하는 예입니다. 〈spring:message〉 태그의 code 속성은 메시지 리소스 파일에 선언된 'Person. form.Enter.message'의 메시지 값을 가져와 뷰 페이지에 출력합니다.

messages_ko.properties

```
Person.form.Enter.message = 당신의 정보를 입력하세요.
```

messages_en.properties

```
Person.form.Enter.message = Input your information
```

webpage12_01.jsp

```jsp
<%@ page contentType="text/html; charset=utf-8" %>
<%@ taglib prefix="spring" uri="http://www.springframework.org/tags" %>
<html>
<head>
<title>Internationalization</title>
</head>

<body>
<h2>다국어 처리</h2>
    <spring:message code="Person.form.Enter.message"/>
</body>
</html>
```

Example01Controller.java

```java
package com.springmvc.chap12;

import org.springframework.stereotype.Controller;
import org.springframework.web.bind.annotation.GetMapping;

@Controller
public class Example01Controller {

    @GetMapping("/exam01")
    public String requestMethod() {
        return "webpage12_01";
    }
}
```

윈도 설정에서 **시간 및 언어 → 언어 → Windows 표시 언어**의 [한국어]를 선택하면 실행 결과가 한글로 표시되는 것을 확인할 수 있습니다.

▼ 그림 12-11 실행 결과

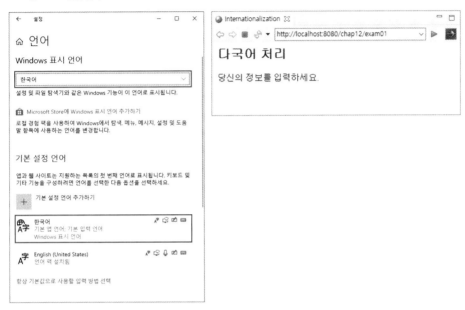

마찬가지로 윈도 설정에서 **시간 및 언어 → 언어 → Windows 표시 언어**의 [영어(English)]를 선택하면 실행 결과가 영어로 표시되는 것을 확인할 수 있습니다.

▼ 그림 12-12 실행 결과

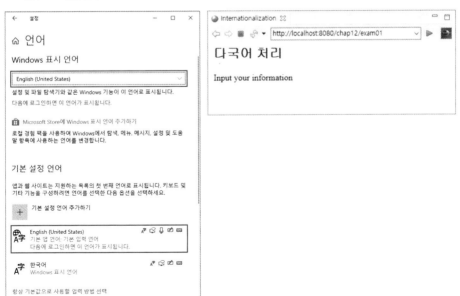

12.2.4 실습 MessageSource를 이용하여 다국어 처리하기

MessageSource로 메시지 리소스 파일에서 가져온 메시지를 〈spring:message〉 태그를 사용하여 도서 등록 페이지의 폼 필드 이름에 출력해 보겠습니다.

1. servlet-context.xml 파일에 MessageSource 구현체의 빈 객체를 등록합니다.

코드 12-1 servlet-context.xml

```xml
<?xml version="1.0" encoding="UTF-8"?>
<beans:beans...>
...
<interceptors>
    <beans:bean class="com.springmvc.interceptor.MonitoringInterceptor"/>
    <beans:bean class="com.springmvc.interceptor.AuditingInterceptor"/>
</interceptors>

<beans:bean id="messageSource"
            class="org.springframework.context.support.ResourceBundleMessageSource"> ❶
    <beans:property name="basename" value="messages"/> ❷
    <beans:property name="defaultEncoding" value="UTF-8"/> ❸
</beans:bean>

</beans:beans>
```

❶ ResourceBundleMessageSource 클래스를 등록합니다.

❷ 메시지 리소스 파일 이름은 messages.properties가 됩니다.

❸ 한글을 출력하고자 인코딩을 UTF-8로 설정합니다.

2. src/main/resources 폴더에 메시지 리소스 파일 messages_ko.properties와 messages_en.properties를 생성하고 다음 메시지를 작성합니다.

코드 12-2 messages_ko.properties

```
addBook.form.title.label = 도서 등록
addBook.form.subtitle.label = 신규 도서 등록
addBook.form.bookId.label = 도서ID
addBook.form.name.label = 도서명
addBook.form.unitPrice.label = 가격
addBook.form.author.label = 저자
addBook.form.description.label = 상세정보
```

```
addBook.form.publisher.label = 출판사
addBook.form.category.label = 분류
addBook.form.unitsInStock.label = 재고수
addBook.form.releaseDate.label = 출판일
addBook.form.condition.label = 상태
addBook.form.bookImage.label = 도서이미지
addBook.form.button.label = 등록
```

코드 12-3 messages_en.properties

```
addBook.form.title.label = Book Addition
addBook.form.subtitle.label = New Book Registration
addBook.form.bookId.label = Book ID
addBook.form.name.label = Name
addBook.form.unitPrice.label = Unit Price
addBook.form.author.label = Author
addBook.form.description.label = Description
addBook.form.publisher.label = Publisher
addBook.form.category.label = Category
addBook.form.unitsInStock.label = Units in Stock
addBook.form.releaseDate.label = Release Date
addBook.form.condition.label = Condition
addBook.form.bookImage.label = Book Image
addBook.form.button.label = Addition
```

3. 메시지 리소스 파일에 설정된 메시지를 도서 등록 페이지의 폼 필드 이름에 출력하려면 뷰 페이지 addBook.jsp 파일의 〈spring:message〉 태그를 수정·작성해야 합니다.

코드 12-4 addBook.jsp

```
<%@ page contentType="text/html; charset=utf-8" %>
<%@ taglib prefix="c" uri="http://java.sun.com/jsp/jstl/core" %>
<%@ taglib prefix="form" uri="http://www.springframework.org/tags/form" %>
<%@ taglib prefix="spring" uri="http://www.springframework.org/tags" %> ❶

<html>
<head>
<link href="<c:url value="/resources/css/bootstrap.min.css"/>" rel="stylesheet">
<title>도서 등록</title>
</head>

<body>
<nav class="navbar navbar-expand navbar-dark bg-dark">
```

```
    <div class="container">
        <div class="navbar-header">
            <a class="navbar-brand" href="./home">Home</a>
        </div>
    </div>
</nav>

<div class="jumbotron">
    <div class="container">
        <h1 class="display-3">
            <spring:message code="addBook.form.title.label"/> ❷
        </h1>
    </div>
</div>

<div class="container">
    <div class="float-right">
        <form:form action="${pageContext.request.contextPath}/logout" method="POST">
            <input type="submit" class="btn btn-success" value="Logout"/>
        </form:form>
    </div>

    <form:form modelAttribute="NewBook"
            action="./add?${_csrf.parameterName}=${_csrf.token}"
            class="form-horizontal"
            enctype="multipart/form-data">
    <fieldset>
        <legend><spring:message code="addBook.form.subtitle.label"/></legend> ❷
            <div class="form-group row">
                <label class="col-sm-2 control-label">
                    <spring:message code="addBook.form.bookId.label"/> ❷
                </label>
                <div class="col-sm-3">
                    <form:input path="bookId" class="form-control"/>
                </div>
            </div>

            <div class="form-group row">
                <label class="col-sm-2 control-label" >
                    <spring:message code="addBook.form.name.label"/> ❷
                </label>
                <div class="col-sm-3">
                    <form:input path="name" class="form-control"/>
```

```
        </div>
    </div>

    <div class="form-group row">
        <label class="col-sm-2 control-label" >
            <spring:message code="addBook.form.unitPrice.label"/> ❷
        </label>
        <div class="col-sm-3">
            <form:input path="unitPrice" class="form-control"/>
        </div>
    </div>

    <div class="form-group row">
        <label class="col-sm-2 control-label" >
            <spring:message code="addBook.form.author.label"/> ❷
        </label>
        <div class="col-sm-3">
            <form:input path="author" class="form-control"/>
        </div>
    </div>

    <div class="form-group row">
        <label class="col-sm-2 control-label">
            <spring:message code="addBook.form.description.label"/> ❷
        </label>
        <div class="col-sm-5">
            <form:textarea path="description" cols="50" rows="2"
                           class="form-control"/>
        </div>
    </div>

    <div class="form-group row">
        <label class="col-sm-2 control-label">
            <spring:message code="addBook.form.publisher.label"/> ❷
        </label>
        <div class="col-sm-3">
            <form:input path="publisher" class="form-control"/>
        </div>
    </div>

    <div class="form-group row">
        <label class="col-sm-2 control-label">
            <spring:message code="addBook.form.category.label"/> ❷
```

```
        </label>
        <div class="col-sm-3">
            <form:input path="category" class="form-control"/>
        </div>
    </div>

    <div class="form-group row">
        <label class="col-sm-2 control-label">
            <spring:message code="addBook.form.unitsInStock.label"/> ❷
        </label>
        <div class="col-sm-3">
            <form:input path="unitsInStock" class="form-control"/>
        </div>
    </div>

    <div class="form-group row">
        <label class="col-sm-2 control-label">
            <spring:message code="addBook.form.releaseDate.label"/> ❷
        </label>
        <div class="col-sm-3">
            <form:input path="releaseDate" class="form-control"/>
        </div>
    </div>

    <div class="form-group row">
        <label class="col-sm-2 control-label">
            <spring:message code="addBook.form.condition.label"/> ❷
        </label>
        <div class="col-sm-3">
            <form:radiobutton path="condition" value="New"/>New
            <form:radiobutton path="condition" value="Old"/>Old
            <form:radiobutton path="condition" value="E-Book"/>E-Book
        </div>
    </div>

    <div class="form-group row">
        <label class="col-sm-2 control-label">
            <spring:message code="addBook.form.bookImage.label"/> ❷
        </label>
        <div class="col-sm-7">
            <form:input path="bookImage" type="file" class="form-control"/>
        </div>
    </div>
```

```
            <div class="form-group row">
                <div class="col-sm-offset-2 col-sm-10">
                    <input type="submit" class="btn btn-primary"
                        value ="<spring:message code="addBook.form.button.label"/> "/> ❷
                </div>
            </div>
        </fieldset>
    </form:form>

    <hr>
    <footer>
        <p>&copy; BookMarket</p>
    </footer>
</div>
</body>
</html>
```

❶ <spring:message> 태그를 사용하려고 스프링 태그 라이브러리를 선언합니다.

❷ <spring:message> 태그로 메시지 리소스 파일 messages.properties에서 폼 필드에 해당
하는 값의 메시지를 읽어 와 출력합니다.

4. 웹 브라우저 주소창에 'http://localhost:8080/BookMarket/books/add'를 입력하면 도서
등록 페이지에서 도서ID, 도서명 등 필드 이름이 출력되는 것을 확인할 수 있습니다.

▼ 그림 12-13 로케일이 한국인 경우

▼ 그림 12-14 로케일이 영어인 경우

12.3 LocaleResolver와 LocaleChangeInterceptor를 이용한 다국어 변경

다양한 언어로 작성된 메시지 리소스 파일을 읽어 웹 브라우저의 로케일에 따라 각 언어에 해당하는 메시지로 설정할 수 있는 LocaleResolver를 알아봅니다. 그리고 다양한 언어를 자유롭게 선택하여 변경할 수 있는 LocaleChangeInterceptor도 알아봅니다.

12.3.1 LocaleResolver 환경 설정

스프링 MVC는 LocaleResolver로 웹 브라우저의 로케일을 추출해서 알맞은 언어를 선택하여 메시지를 출력합니다. 즉, 디스패처 서블릿은 웹 요청이 들어오면 LocaleResolver를 검색합니다. 로케일 객체가 검색된다면 이를 이용하여 로케일을 설정합니다.

```
<bean id="localeResolver" class="org.springframework.web.servlet.i18n.LocaleResolver 구현체">
    <property name="defaultLocal" value="로케일 언어"/>
    ...
</bean>
```

다음은 빈 객체로 설정할 수 있는 LocaleResolver 구현체의 유형입니다.

▼ 표 12-4 LocaleResolver 구현체의 유형

유형	설명
AcceptHeaderLocaleResolver	웹 브라우저에 설정된 기본 로케일 정보를 사용합니다. HTTP 요청의 accept-language 헤더에 지정된 기본 로케일을 사용합니다.
CookieLocaleResolver	쿠키를 이용한 로케일 정보를 사용합니다. 사용자 지정 로케일, 표준 시간대 정보를 브라우저 쿠키로 유지합니다.
SessionLocaleResolver	세션을 이용한 로케일 정보를 사용합니다. 사용자 세션에서 locale 속성을 사용하여 지정된 기본 로케일 또는 요청의 accept-header 로케일로 대체합니다.
FixedLocaleResolver	특정 로케일을 지정합니다. 항상 고정된 기본 로케일을 반환하고 선택적으로 시간대를 반환합니다.

CookieLocaleResolver와 SessionLocaleResolver는 웹 브라우저의 로케일에 따라 원하는 언어를 선택하여 서비스할 수 있습니다. 하지만 FixedLocaleResolver는 웹 브라우저의 로케일과는 상관없이 지정된 언어만 서비스합니다.

다음은 LocaleResolver 구현체의 빈 객체 CookieLocaleResolver를 스프링 MVC 설정 파일인 servlet-context.xml에 등록하는 예입니다. 프로퍼티에서 쿠키 이름과 쿠키의 최대 유지 시간을 설정합니다.

CookieLocaleResolver 빈 등록 설정

```xml
<?xml version="1.0" encoding="UTF-8"?>
<beans:beans...>

...

    <beans:bean id="localeResolver"
                class="org.springframework.web.servlet.i18n.CookieLocaleResolver">
        <beans:property name="cookieName" value="clientlanguage"/>
        <beans:property name="cookieMaxAge" value="100000"/>
        <beans:property name="defaultLocale" value="ko"/>
    </beans:bean>

</beans:beans>
```

코드를 살펴보면 쿠키 이름은 clientlanguage로, 쿠키 유지 시간은 100000(10초)으로 설정했습니다. 쿠키 유지 시간을 기본값 - 1로 설정하면 웹 브라우저를 닫을 때 쿠키를 유지하지 않고 삭제합니다. 그리고 defaultLocale 프로퍼티가 없다면 웹 브라우저의 언어 설정을 따릅니다.

Example02Controller.java

```java
package com.springmvc.chap12;

import org.springframework.stereotype.Controller;
import org.springframework.web.bind.annotation.GetMapping;

@Controller
public class Example02Controller {

    @GetMapping("/exam02")
    public String requestMethod() {
        return "webpage12_01";
    }
}
```

❤ 그림 12-15 실행 결과

12.3.2 LocaleChangeInterceptor를 이용한 로케일 변경

LocaleChangeInterceptor 클래스를 사용하면 로케일을 변경하는 별도의 컨트롤러 클래스를 구현할 필요 없이 메시지를 해당 언어로 변경할 수 있습니다. 즉, 웹 요청의 매개변수를 사용하여 손쉽게 로케일을 바꿀 수 있습니다.

LocaleChangeInterceptor 클래스는 HandlerInterceptor로 다음과 같이 <interceptors> 요소에 등록만 하면 디스패처 서블릿이 컨트롤러에 접근할 때 응답을 가로채서 LocaleChangeInterceptor를 적용할 수 있습니다.

LocaleChangeInterceptor 빈 등록 설정

```xml
<?xml version="1.0" encoding="UTF-8"?>
<beans:beans...>
...
    <interceptors>
        <beans:bean id="localeChangeInterceptor"
                    class="org.springframework.web.servlet.i18n.LocaleChangeInterceptor">
            <beans:property name="paramName" value="language"/>
        </beans:bean>
    </interceptors>
</beans:beans>
```

앞의 예제에서 웹 요청 경로가 http://localhost:8080/Chapter12/book/add라면 '?language=언어 값'을 붙여서 사용합니다. 예를 들어 http://.../book/add?language=ko나 http://.../book/add?language=ko처럼 '?language=언어 값'이라는 요청 매개변수를 포함해서 요청이 들어오면 언어 값이 ko일 때는 한국어로, en일 때는 영어로, ja일 때는 일본어로 변환하는 처리를 하게 됩니다.

Example03Controller.java

```java
package com.springmvc.chap12;

import org.springframework.stereotype.Controller;
import org.springframework.web.bind.annotation.GetMapping;

@Controller
public class Example03Controller {
    @GetMapping("/exam03")
    public String requestMethod() {
        return "webpage12_02";
    }
}
```

webpage12_02.jsp

```jsp
<%@ page contentType="text/html; charset=utf-8" %>
<%@ taglib prefix="spring" uri="http://www.springframework.org/tags" %>
<html>
<head>
<title>Internationalization</title>
</head>

<body>
    <h2>다국어 처리</h2>
    <p><a href="?language=ko">Korean</a>|<a href="?language=en">English</a>
    <p><spring:message code="Person.form.Enter.message"/>
</body>
</html>
```

▼ 그림 12-16 실행 결과

12.3.3 실습 LocaleResolver와 LocaleChangeInterceptor를 이용하여 다국어 변경하기

MessageSource를 기반으로 언어별로 쉽게 변경할 수 있도록 LocaleResolver와 LocaleChange Interceptor를 이용하여 도서 등록 페이지의 폼 필드 이름을 출력하는 것을 구현해 보겠습니다.

앞서 생성한 src/main/resources 폴더에 메시지 리소스 파일 messages_ko.properties와 messages_en.properties를 사용합니다.

1. servlet-context.xml 파일에 언어별로 변경할 수 있게 LocaleResolver와 LocaleChange Interceptor 객체를 등록합니다.

코드 12-5 servlet-context.xml

```xml
<?xml version="1.0" encoding="UTF-8"?>
<beans:beans...>
...
    <interceptors>
        <beans:bean class="com.springmvc.interceptor.MonitoringInterceptor"/>
        <beans:bean class= com.springmvc.interceptor.AuditingInterceptor"/>
        <beans:bean class="org.springframework.web.servlet.i18n.
                    LocaleChangeInterceptor"> ❶
            <beans:property name="paramName" value="language"/> ❷
        </beans:bean>
    </interceptors>

    <beans:bean id="localeResolver"
            class="org.springframework.web.servlet.i18n.SessionLocaleResolver"> ❸
        <beans:property name="defaultLocale" value="ko"/> ❹
    </beans:bean>

    <beans:bean id="messageSource"
            class="org.springframework.context.support.ResourceBundleMessageSource">
        <beans:property name="basename" value="messages"/>
        <beans:property name="defaultEncoding" value="UTF-8"/>
    </beans:bean>
</beans:beans>
```

❶ 로케일을 변경하고자 LocaleChangeInterceptor를 사용합니다.

❷ paramName 프로퍼티는 로케일을 설정할 때 사용할 요청 매개변수 이름을 명시한 것입니다. paramName 프로퍼티 값으로 language를 설정했기 때문에 language 요청 매개변수를 사용해서 로케일을 바꿀 수 있습니다. 예를 들어 웹 요청 URL이 http://.../books/add?language=en이면 요청 매개변수가 language=en으로 로케일을 영어로 설정합니다.

❸ 세션에 로케일 정보를 저장하는 SessionLocaleResolver를 사용했습니다.

❹ defaultLocale 프로퍼티는 로케일을 설정할 때 사용할 기본 로케일을 명시한 것입니다. defaultLocale 프로퍼티 값을 ko로 설정했기에 한국어로 설정됩니다.

2. addBook.jsp 파일에서 한국어와 영어를 선택하여 언어를 변경할 수 있도록 추가합니다.

코드 12-6 addBook.jsp

```jsp
<%@ page contentType="text/html; charset=utf-8" %>
<%@ taglib prefix="c" uri="http://java.sun.com/jsp/jstl/core" %>
<%@ taglib prefix="form" uri="http://www.springframework.org/tags/form" %>
<%@ taglib prefix="spring" uri="http://www.springframework.org/tags" %>
...
    <div class="container">
        <div class="float-right">
            <form:form action="${pageContext.request.contextPath}/logout" method="POST">
                <input type="submit" class="btn btn-success" value="Logout"/>
            </form:form>
        </div>

        <div class="float-right" style="padding-right:30px">
❶          <a href="?language=ko">Korean</a>|<a href="?language=en">English</a>
        </div>

        <br><br>
        <form:form modelAttribute="NewBook"
                   action="./add?${_csrf.parameterName}=${_csrf.token}"
                   class="form-horizontal"
                   enctype="multipart/form-data">
            ...
```

❶ language=ko는 한국어로, language=en은 영어로 바꿉니다. **Korean**을 클릭하면 폼의 필드 이름은 한국어로, **English**를 클릭하면 폼의 필드 이름은 영어로 변경됩니다.

3. 웹 브라우저 주소창에 'http://localhost:8080/BookMarket/books/add'를 입력하여 실행합니다. servlet-context.xml 파일에 기본 언어를 한국어로 설정했으므로 도서 등록 페이지는 한국어로 출력됩니다.

▼ 그림 12-17 실행 결과

4. 오른쪽 위에 English를 클릭하면 다음과 같이 영문 페이지가 출력됩니다. [Korean|English]를 클릭하여 언어의 메시지 변환을 확인합니다.

▼ 그림 12-18 실행 결과

12.4 마치며

메시지 리소스 파일로 사용자의 웹 요청에 따라 도서 쇼핑몰에서 도서 등록 페이지를 다국어로 변경해서 구현해 보았습니다.

다음 장에서는 유효성 검사를 살펴본 후 도서 쇼핑몰 도서 등록 페이지의 유효성 검사를 적용해서 만들어 보겠습니다.

memo

13^장

유효성 검사: 도서 등록 페이지의 오류 메시지 출력하기

폼 페이지의 입력 데이터가 규정된 조건에 적합한지 확인하는 유효성 검사를 살펴봅니다. 유효성 검사를 활용하여 도서 쇼핑몰에서 도서 등록 페이지의 입력 값에 대한 유효성 검사를 구현합니다.

이 장에서 다룰 핵심 내용

- 유효성 검사의 개요
- JSR-380으로 유효성 검사
  - 실습 JSR-380을 이용하여 유효성 검사하기
- 사용자 정의 애너테이션으로 유효성 검사
  - 실습 사용자 정의 애너테이션을 이용하여 유효성 검사하기
- Validator 인터페이스로 유효성 검사
  - 실습 Validator 인터페이스를 사용하여 유효성 검사하기
  - 실습 Validator 인터페이스와 JSR-380을 연동해서 유효성 검사하기

13.1 유효성 검사의 개요

웹 애플리케이션의 폼 페이지에서 입력 항목의 데이터 값을 입력하고 [전송] 버튼을 누르면 폼 데이터 값이 서버로 전송됩니다. 이때 사용자 실수로 유효하지 않은 폼 데이터 값이 서버로 전송될 수도 있습니다. 그래서 이런 유효하지 않은 폼 데이터 값이 서버로 전송되지 않도록 해당 값을 전송하기 전에 검사해서 부적합하다고 판단되면 폼 페이지로 다시 되돌려 폼 데이터 값의 오류를 알립니다.

유효성 검사는 폼 페이지에서 입력 항목의 데이터 값이 서버로 전송되기 전에 정해진 규정으로 정확히 입력되었는지, 입력된 데이터를 이용한 계산 결과가 타당한지 검사하는 것입니다. 예를 들어 폼 페이지에서 입력 항목에 나이를 입력할 때 하는 숫자 검사, 회원 가입할 때 하는 아이디 중복 검사, 로그인 인증할 때 하는 아이디나 패스워드 검사, IP 패킷 검사 등이 이에 해당합니다.

13.1.1 유효성 검사의 유형

폼 데이터 값에 대한 유효성 검사는 JSR-380 Validation(Bean Validation)이나 스프링이 제공하는 Validator 인터페이스를 사용하여 구현할 수 있습니다.

- **JSR-380 Validation(Java Bean Validation 2.0) 방식:** 웹 애플리케이션을 구성하는 특정 도메인 클래스의 멤버 변수, 즉 필드에 대한 유효성 검사 제약 사항(constraints) 애너테이션을 선언하여 해당 값이 올바른지 검증하는 방식입니다.

- **Validator 인터페이스의 구현체 방식:** 웹 애플리케이션을 구성하는 특정 도메인 클래스의 멤버 변수에는 제약 사항 애너테이션을 선언하지 않습니다. 그 대신 스프링에서 제공하는 Validator 인터페이스로 구현하고 이를 Validator 인스턴스로 사용하여 해당 속성 값의 유효성 검사를 수행합니다. 스프링 Validator 인터페이스는 애플리케이션의 모든 계층에서 유효성 검증을 위해 사용할 수 있습니다.

13.1.2 @Valid를 이용한 유효성 검사

스프링 MVC에서는 사용자가 폼 페이지에서 입력한 데이터의 유효성을 검사하기 위해 코드를 작성할 필요 없이 간단한 방법으로 @Valid 애너테이션을 제공합니다. @Valid를 이용하는 데 필요한 환경 설정과 오류 메시지 출력을 살펴보겠습니다.

pom.xml 파일에 의존 라이브러리 등록하기

@Valid를 이용하여 폼 데이터 값에 대한 유효성 검사를 하려면 pom.xml 파일에 validation-api.jar과 hibernate-validator.jar 의존 라이브러리를 등록해야 합니다.

```
<dependency>
    <groupId>javax.validation</groupId>
    <artifactId>validation-api</artifactId>
    <version>2.0.1.Final</version>
</dependency>
<dependency>
    <groupId>org.hibernate</groupId>
    <artifactId>hibernate-validator</artifactId>
    <version>7.0.4.Final</version>
</dependency>
```

요청 처리 메서드의 매개변수에 @Valid 선언하기

@Valid를 이용하면 컨트롤러 내 요청 처리 메서드의 매개변수에 전달되는 폼 데이터 값에 대한 유효성 검사를 실행할 수 있습니다.

```
@PostMapping("/...")
public String 메서드 이름(@Valid 매개변수, ..., BindingResult result) {
    if (result.hasErrors()) {
        // 오류 메시지 저장
    }
    return "뷰 이름";
}
```

뷰 페이지에 오류 메시지 출력하기

유효성을 검사하여 발생한 오류 메시지를 JSP 뷰 페이지에 쉽게 출력하려면 폼 태그 라이브러리 중 〈form:errors〉 태그를 사용하면 됩니다.

```
<%@ taglib prefix="form" uri="http://www.springframework.org/tags/form" %>
...
<form:errors path="커맨드 객체의 멤버 변수 이름">
```

SPRING

13.2 / JSR-380으로 유효성 검사

JSR-380 애너테이션을 이용한 유효성 검사는 웹 애플리케이션을 구성하는 특정 도메인 클래스의 프로퍼티(멤버 변수), 즉 필드에 대해 유효성 검사의 제약 사항 애너테이션을 선언하여 해당 멤버 변수 값이 올바른지 검사하는 것으로, Bean Validation 2.0이라고도 합니다.

> **Note ≡ Bean Validation**
>
> Bean Validation은 자바빈(JavaBean)의 유효성 검사를 위한 메타데이터 모델과 API를 정의합니다. 여기에서 자바빈은 매개변수가 없는 생성자를 가지며, Setter()와 Getter() 메서드를 사용하여 프로퍼티에 접근이 가능한 객체입니다.

❍ 계속

Bean Validation 1.0은 JSR-303, Bean Validation 1.1은 JSR-349, Bean Validation 2.0은 JSR-380입니다. 자세한 내용은 다음 웹 사이트를 참고하기 바랍니다.

- JSR-303 명세서: https://beanvalidation.org/1.0/spec/
- JSR-349 명세서: https://beanvalidation.org/1.1/spec/
- JSR-380 명세서: https://beanvalidation.org/2.0/spec/

▼ 그림 13-1 JSR-380을 이용한 처리 과정

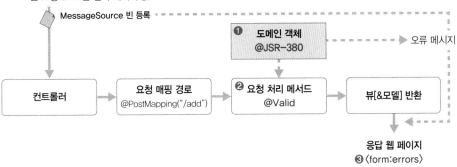

❶ JSR-380 제약 사항의 애너테이션 선언

❷ @Valid를 이용한 유효성 검사 실행

❸ 〈form:errors〉 태그로 오류 메시지 출력

13.2.1 JSR-380 애너테이션 선언

JSR-380 애너테이션은 Hibernate Validator가 제공하는 애너테이션을 그대로 따릅니다. 이와 마찬가지로 JSR-380도 유효성 검사가 필요한 도메인 클래스의 프로퍼티, 즉 필드에 제약 사항을 설정할 수 있습니다. 형식은 다음과 같습니다.

```
public class 클래스 이름 {
    @JSR-380 제약 사항 애너테이션(속성[, message="오류 메시지 또는 [오류 코드]"])
    private String 멤버 변수;
    ...
    // Setter()와 Getter() 메서드 구현 생략
}
```

※ JSR-380 애너테이션 제공 패키지: javax.validation.constraints

다음은 도메인 클래스의 프로퍼티에 적용할 수 있는 JSR-380 애너테이션으로, JSR-380 Bean Validation에 내장된 제약 사항 애너테이션입니다.

❤ 표 13-1 JSR-380 애너테이션 유형

유형	설명	속성
@AssertFalse	프로퍼티 값이 거짓(false)인지 검사합니다.	
@AssertTrue	프로퍼티 값이 참(true)인지 검사합니다.	
@DecimalMax	프로퍼티 값이 가질 수 있는 최대 실수 값을 검사합니다.	• value: 값 • inclusive: true/false
@DecimalMin	프로퍼티 값이 가질 수 있는 최소 실수 값을 검사합니다.	• value: 값 • inclusive: true/false
@Digits	프로퍼티가 가질 수 있는 지정된 범위(정수 부분의 자릿수와 소수 부분의 자릿수)를 검사합니다.	• integer: 정수의 자릿수 • fraction: 소수의 자릿수
@Future	프로퍼티 값이 미래 날짜(현재일 이후)인지 검사합니다.	
@Max	프로퍼티 값이 가질 수 있는 최대 길이를 검사합니다.	value: 값
@Min	프로퍼티 값이 가질 수 있는 최소 길이를 검사합니다.	value: 값
@NotNull	프로퍼티 값이 Null이 아닌지 검사합니다.	
@Null	프로퍼티 값이 Null인지 검사합니다.	
@Past	프로퍼티 값이 과거 날짜(현재일 이전)인지 검사합니다.	
@Pattern	프로퍼티 값이 정의된 정규 표현식에 일치하는지 검사합니다.	regexp: 정규 표현식
@Size	프로퍼티 값이 가질 수 있는 최대, 최소 길이를 검사합니다.	• min: 최소 길이 • max: 최대 길이
@Valid	객체에 대해 유효성 검사를 합니다.	

JSR-380의 기본 메시지 사용하기

유효성 검사를 할 때 JSR-380이 선언된 클래스의 멤버 변수가 제약 사항을 위반하여 오류가 발생하면 다음과 같이 hibernate-validator-xxx.jar 라이브러리에서 제공하는 기본 메시지를 출력합니다. 기본 메시지가 아닌 사용자 정의 오류 메시지를 출력하려면 message 속성 값에 출력할 오류 메시지를 직접 설정해야 합니다.

❤ 표 13-2 JSR-380의 기본 메시지

애너테이션	기본 메시지
@AssertFalse	반드시 거짓(false)이어야 합니다.
@AssertTrue	반드시 참(true)이어야 합니다.
@DecimalMax	반드시 {value}보다 같거나 작아야 합니다.
@DecimalMin	반드시 {value}보다 같거나 커야 합니다.
@Digits	숫자 값이 허용 범위를 벗어납니다(허용 범위: ⟨{integer} 자리⟩.⟨{fraction} 자리⟩).
@Future	반드시 미래 날짜이어야 합니다.
@Max	반드시 {value}보다 같거나 작아야 합니다.
@Min	반드시 {value}보다 같거나 커야 합니다.
@NotNull	반드시 값이 있어야 합니다.
@Null	반드시 값이 없어야 합니다.
@Past	반드시 과거 날짜이어야 합니다.
@Pattern	정규 표현식 "{regexp}" 패턴과 일치해야 합니다.
@Size	반드시 최솟값 {min}과(와) 최댓값 {max} 사이의 크기이어야 합니다.

> Tip ≡   JSR-303의 기본 메시지는 hibernate-validator-5.2.4.Final.jar의 org/hibernate/validator/ 클래스 경로에 있는 ValidationMessages_ko.properties에 정의되어 있습니다.

다음은 두 가지 멤버 변수 name과 price를 가진 간단한 도메인 클래스 Product가 있고 이 멤버 변수의 값에 대한 유효성 검사를 위해 JSR-380 제약 사항의 애너테이션을 선언한 예입니다.

JSR-380 제약 사항의 애너테이션 적용

```
Product.java
public class Product {

    @NotNull ❶
```

```
    @Size(min=4, max=10) ❷
    private String name;

    @Min(value=0) ❸
    private int price;

    // Setter()와 Getter() 메서드
}
```

❶ Null이 될 수 없습니다. 유효성 검사를 할 때 오류가 발생하면 기본 메시지로 '반드시 값이 있어야 합니다.'를 출력합니다.

❷ 최소 4자에서 최대 10자까지 허용합니다. 유효성 검사를 할 때 오류가 발생하면 기본 메시지로 '반드시 최솟값 4과(와) 최댓값 10 사이의 크기이어야 합니다.'를 출력합니다.

❸ 최소 0 이상의 값을 허용합니다. 유효성 검사를 할 때 오류가 발생하면 기본 메시지로 '반드시 0보다 같거나 커야 합니다.'를 출력합니다.

사용자 정의 오류 메시지 설정하기

유효성 검사를 할 때 제약 사항을 위반하여 오류가 발생하는 경우 JSR-380 애너테이션의 기본 메시지가 아닌 사용자 정의 메시지를 출력하고 싶으면 message 속성을 사용합니다. message 속성 값에 출력할 오류 메시지를 직접 정의하거나 메시지 리소스 파일(*.properties)을 만들어 '오류 코드 = 출력할 오류 메시지' 형식으로 다음과 같이 정의하여 message 속성 값에 오류 코드를 설정합니다.

```
JSR-380 애너테이션.커맨드 객체 이름.필드 이름 = 출력할 오류 메시지
// 또는
JSR-380 애너테이션 = 출력할 오류 메시지
```

다음은 메시지 리소스 파일(*.properties)을 사용하여 앞서 살펴본 Product 클래스에 선언된 @NotNull 애너테이션과 @Min 애너테이션에 오류 메시지를 설정한 것입니다.

messages.properties

```
NotNull.Product.name = 값을 입력해 주세요
Min.Product.price = 0 이상의 값을 입력해 주세요
```

여기에서 메시지 리소스 파일을 사용하려면 servlet-context.xml 파일에 다음과 같이 MessageSource의 환경 설정을 해야 합니다.

servlet-context.xml

```
<beans:bean id="messageSource"
            class="org.springframework.context.support.ResourceBundleMessageSource">
    ...
</beans:bean>
```

Tip ≡ 　자세한 MessageSource의 환경 설정 내용은 12장 다국어 처리를 참고하기 바랍니다.

다음은 도메인 클래스 Product의 두 멤버 변수 name과 price 값에 대한 유효성 검사를 위해 JSR-380 제약 사항의 애너테이션과 사용자 정의 오류 메시지를 선언한 예입니다.

Product.java

```
public class Product {

    @NotNull ❶
    @Size(min=4, max=10, message="4자~10자 이내로 입력해 주세요") ❷
    private String name;

    @Min(value=0) ❸
    private int price;

    // Setter()와 Getter() 메서드
}
```

❶ Null이 될 수 없습니다. 유효성 검사를 할 때 오류가 발생하면 메시지 리소스 파일에서 NotNull.Product.name의 설정 값인 '값을 입력해 주세요'를 출력합니다.

❷ 최소 4자에서 최대 10자까지 허용합니다. 유효성 검사를 할 때 오류가 발생하면 message 속성에 설정한 오류 메시지 '4자~10자 이내로 입력해 주세요'를 출력합니다.

❸ 최소 0 이상의 값을 허용합니다. 유효성 검사를 할 때 오류가 발생하면 메시지 리소스 파일에서 Min.Product.price의 설정 값인 '0 이상의 값을 입력해 주세요'를 출력합니다.

13.2.2 @Valid를 이용한 유효성 검사

스프링 MVC에서는 컨트롤러의 요청 처리 메서드 내 바인딩되는 데이터의 유효성 검사를 위해 코드를 작성할 필요 없이 간단한 방법으로 요청 처리 메서드의 매개변수에 선언하는 @Valid를 제공합니다. @Valid를 이용하면 컨트롤러 내 요청 처리 메서드의 매개변수에 전달되는 폼 데이터 값에 대한 유효성 검사를 실행할 수 있습니다.

다음은 컨트롤러 내 요청 처리 메서드의 매개변수에 @Valid를 선언한 예입니다.

@Valid를 적용한 예

```
package com.springmvc.chap13;
...
@Controller
@RequestMapping("/exam01")
public class Example01Controller {

    @GetMapping
    public String showForm(Model model) {
        model.addAttribute("product", new Product());
        return "webpage13_01";
    }
    @PostMapping
    public String submit(@Valid @ModelAttribute Product product, Errors errors) {

        if (errors.hasErrors())
            return "webpage13_01";

        return "webpage13_result";
    }
}
```

앞의 예제에서 @Valid가 선언된 커맨드 객체 product는 요청 처리 메서드가 호출되기 전에 자동으로 JSR-380 Validator로 유효성 검사를 진행합니다. 즉, 폼 페이지에서 입력된 값이 커맨드 객체 product로 매핑될 때 유효성 검사가 진행됩니다. 이때 오류가 발생하면 오류 결과 값은 Errors 타입의 errors 객체에 담기고 뷰 페이지 webpage13_01.jsp 파일로 되돌아갑니다.

13.2.3 〈form:errors〉 태그로 오류 메시지 출력

유효성 검사할 때 발생한 오류 메시지를 JSP 뷰 페이지에 출력하려면 폼 태그 라이브러리 중 〈form:errors〉 태그를 사용해야 합니다.

다음은 〈form:errors〉 태그를 사용하여 유효성 검사에서 발생한 오류 메시지를 JSP 페이지에 출력하는 예입니다. 이 태그는 폼 데이터의 유효성을 검사할 때 오류가 발생하면 오류 메시지를 HTML의 〈span〉 태그로 출력합니다.

webpage13_01.jsp

```jsp
<%@ page contentType="text/html; charset=utf-8" %>
<%@ taglib prefix="form" uri="http://www.springframework.org/tags/form" %>
<html>
<head>
<title>Validation</title>
</head>
<body>
    <h3>유효성 검사</h3>
    <form:form modelAttribute="product" method="post">
        <p>품명 : <form:input path="name"/> <form:errors path="name"/> ❶
        <p>가격 : <form:input path="price"/> <form:errors path="price"/> ❷
        <p><input type="submit" value="확인"/>
        <input type="reset" value="취소"/>
    </form:form>
</body>
</html>
```

❶ 멤버 변수 name에 대한 오류 메시지를 출력합니다.

❷ 멤버 변수 price에 대한 오류 메시지를 출력합니다.

name과 price 값에 오류가 발생하면 message 속성에 설정된 사용자가 정의한 오류 메시지를 출력하고, message 속성이 설정되어 있지 않으면 다음과 같이 기본 메시지를 출력합니다.

❤ 그림 13-2 오류가 발생했을 때 출력되는 메시지

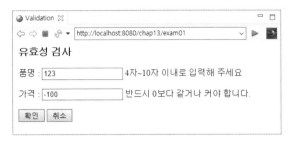

오류 메시지가 출력된 실행 결과의 웹 페이지에서 마우스 오른쪽 버튼을 눌러 **소스 보기**를 선택하면 다음과 같이 HTML의 〈span〉 태그로 출력됩니다.

webpage13_01.jsp

```html
<html>
<head>
<title>Validation</title>
</head>
<body>
    <h3>유효성 검사</h3>
    <form id="product" action="/chap13/exam01" method="post">
        <p>품명 : <input id="name" name="name" type="text" value="123"/>
                <span id="name.errors">4자~10자 이내로 입력해 주세요</span>
        <p>가격 : <input id="price" name="price" type="text" value="-100"/>
                <span id="price.errors">반드시 0보다 같거나 커야 합니다.</span>
        <p><input type="submit" value="확인"/>
            <input type="reset" value="취소"/>
    </form>
</body>
</html>
```

> **Note ≡ 〈form:errors〉 태그는 와일드카드 기능으로 오류 메시지를 출력할 수 있어요!**
>
> 〈form:errors〉 태그는 필드 이름을 지정하는 것 이외에 path 속성에서 와일드카드(*) 기능을 이용하여 오류 메시지를 출력할 수 있습니다.
>
> • path="*": 모든 오류를 출력합니다.
> • path="name": name 필드와 연관된 모든 오류를 출력합니다.
> • path 생략: 객체 오류만 출력합니다.
>
> 페이지 위에는 오류 목록을 출력하고, 필드 옆에는 필드에 대한 오류를 출력하는 예제입니다.

⊙ 계속

path 속성에 와일드카드(*)를 사용한 예

```
<form:form>
    <form:errors path="*" cssClass="errorBox"/>
    <table>
        <tr>
            <td>Name:</td>
            <td><form:input path="name"/></td>
            <td><form:errors path="name"/></td>
        </tr>
    </table>
</form:form>
```

오류 메시지가 HTML로 출력된 <span> 코드

```
<form method="POST">
    <span name="*.errors" class="errorBox">Field is required.<br/>
                                            Field is required.</span>
    <table>
        <tr>
            <td>Name:</td>
            <td><input name="name" type="text" value=""/></td>
            <td><span name="name.errors">Field is required.</span></td>
        </tr>
    </table>
</form>
```

13.2.4 실습 JSR-380을 이용하여 유효성 검사하기

지금까지 배운 내용을 토대로 JSR-380 제약 사항을 이용하여 유효성 검사를 수행하고 항목별로 오류 메시지를 출력해 보겠습니다.

1. JSR-303을 사용하려면 pom.xml 파일에 유효성 검사 관련 의존 라이브러리를 추가합니다.

코드 13-1 pom.xml

```
<?xml version="1.0" encoding="UTF-8"?>
<project...>
    <modelVersion>4.0.0</modelVersion>
    ...
    <dependencies>
        <!-- Validation -->
```

```
<dependency>
    <groupId>javax.validation</groupId>
    <artifactId>validation-api</artifactId>
    <version>2.0.1.Final</version>
</dependency>
<dependency>
    <groupId>org.hibernate</groupId>
    <artifactId>hibernate-validator</artifactId>
    <version>5.4.2.Final</version>
</dependency>

<!-- Spring -->
<dependency>
    <groupId>org.springframework</groupId>
    ...
</project>
```

> Tip ≡ 스프링 유효성 검사 관련 개별 jar을 http://mvnrepository.com에서 직접 내려받아 사용하거나
> 버전을 확인할 수 있습니다.

2. BookMarket/src/main/resources 폴더에 뷰에서 사용할 메시지를 포함하는 메시지 리소스
   파일 messages.properties를 만들고 다음과 같은 메시지를 추가합니다.

코드 13-2 messages.properties

```
Pattern.NewBook.bookId = 유효하지 않은 도서ID입니다(숫자로 조합하고 ISBN으로 시작하세요).
Size.NewBook.name = 유효하지 않은 도서명입니다(최소 4자에서 최대 50자까지 입력하세요).
❶ Min.NewBook.unitPrice = 유효하지 않은 가격입니다(0이상의 수를 입력하세요).
Digits.NewBook.unitPrice = 유효하지 않은 가격입니다(소수점 2자리까지, 8자리까지 입력하세요).
NotNull.NewBook.unitPrice = 유효하지 않은 가격입니다(가격을 입력하세요).
```

❶ 유효성 검사에 따른 출력할 코드와 메시지를 설정합니다. 코드 설정 방법은 Pattern.
NewBook.bookId처럼 'JSR-380 애너테이션 이름.커맨드 객체 이름.필드 이름'으로 정의하
거나 다음과 같이 간단히 'JSR-380 애너테이션 이름'으로 정의할 수 있습니다.

```
Pattern = 유효하지 않은 도서ID입니다(숫자로 조합하고 ISBN으로 시작하세요).
Size = 유효하지 않은 도서명입니다(최소 4자에서 최대 50자까지 입력하세요).
Min = 유효하지 않은 가격입니다(0이상의 수를 입력하세요).
Digits = 유효하지 않은 가격입니다(소수점 2자리까지, 8자리까지 입력하세요).
NotNull = 유효하지 않은 가격입니다(가격을 입력하세요).
```

3. Book 클래스 필드에 대해 JSR-380을 선언합니다.

```
package com.springmvc.domain;

...

import javax.validation.constraints.Pattern;
import javax.validation.constraints.Size;
❶ import javax.validation.constraints.Min;
import javax.validation.constraints.Digits;
import javax.validation.constraints.NotNull;

public class Book {
    @Pattern(regexp="ISBN[1-9]+") ❷
    private String bookId;

    @Size(min=4, max=50) ❸
    private String name;

    @Min(value=0) ❹
    @Digits(integer=8, fraction=2) ❺
    @NotNull ❻
    private int unitPrice;
    ...
}
```

❶ JSR-380 애너테이션인 @Pattern, @Size, @Min, @Digits, @NotNull 등을 사용하려고 이를 제공하는 패키지인 javax.validation.constraints.*를 임포트합니다.

❷ @Pattern은 멤버 변수 bookId의 제약 사항입니다. 첫 문자가 ISBN으로 시작하여 1부터 9까지 연속된 숫자가 오는 정규 표현식 ISBN[1-9]+ 패턴을 갖습니다. 유효성 검사를 할 때 bookId 값이 정규 표현식 ISBN[1-9]+ 패턴과 일치하지 않으면 메시지 리소스 파일에 선언된 Pattern.NewBook.bookId 메시지를 출력합니다. 메시지 리소스 파일에 해당 메시지 가 선언되어 있지 않으면 기본 메시지로 '정규 표현식 "ISBN[1-9]+" 패턴과 일치해야 합니 다'를 출력합니다.

❸ @Size는 멤버 변수 name의 제약 사항입니다. 최소 4자 이상, 최대 50자 이하의 문자열 크기 를 가져야 합니다. 유효성 검사를 할 때 name 값이 기준 문자열 크기에 해당되지 않으면 메 시지 리소스 파일에 선언된 Size.NewBook.name의 메시지를 출력합니다. 메시지 리소스 파 일에 해당 메시지가 선언되어 있지 않으면 기본 메시지로 '크기는 반드시 최솟값 4와 최댓 값 50 사이의 값이어야 합니다'를 출력합니다.

❹~❻ 멤버 변수 unitPrice의 제약 사항으로 세 가지 JSR-380을 갖습니다.

❹ @Min은 멤버 변수 unitPrice의 최솟값을 0으로 설정합니다. 유효성 검사를 할 때 최솟값이 0 미만이면 메시지 리소스 파일에 선언된 Min.NewBook.unitPrice의 메시지를 출력합니다. 메시지 리소스 파일에 해당 메시지가 선언되어 있지 않으면 기본 메시지로 '반드시 0보다 같거나 커야 합니다.'를 출력합니다.

❺ @Digits는 멤버 변수 unitPrice에 정수 8자리와 소수점 2자리를 갖습니다. 유효성 검사를 할 때 자릿수와 일치하지 않으면 메시지 리소스 파일에 선언된 Digits.NewBook.unitPrice 의 메시지를 출력합니다. 메시지 리소스 파일에 해당 메시지가 선언되어 있지 않으면 '숫자 값이 허용 범위를 벗어납니다. (허용 범위: 8 자리.2 자리)'가 출력됩니다.

❻ @NotNull은 멤버 변수 unitPrice가 Null이 아닌 값을 갖습니다. 유효성 검사를 할 때 Null 값이면 메시지 리소스 파일에 선언된 NotNull.NewBook.unitPrice의 메시지를 출력합니다. 메시지 리소스 파일에 해당 메시지가 선언되어 있지 않으면 기본 메시지로 '반드시 널(null) 이 아니어야 합니다.'를 출력합니다.

4. BookController 클래스에서 유효성 검사를 진행합니다. submitAddNewBook() 메서드의 매개변 수 중에서 커맨드 객체에 @Valid를 선언하고 오류 처리 내용을 추가합니다.

코드 13-4 BookController.java

```java
package com.springmvc.controller;
...
import javax.validation.Valid;
import org.springframework.validation.BindingResult;


@Controller
@RequestMapping("/books")
public class BookController {
    ...

    @PostMapping("/add")
    public String submitAddNewBook(@Valid @ModelAttribute("NewBook") Book book,
                                   BindingResult result) { ❶
        if (result.hasErrors())
❷           return "addBook";
        }
        MultipartFile bookImage = book.getBookImage();
        String saveName = bookImage.getOriginalFilename();
        File saveFile = new File("C:\\upload", saveName);
```

```
    ...
}
```

❶ submitAddNewBook() 메서드는 사용자의 입력 값을 커맨드 객체 NewBook으로 매핑할 때 유효성 검사가 진행됩니다. 그 결과 값은 BindingResult 타입의 result 객체에 담깁니다.

❷ 유효성 검사로 발생된 오류가 BindingResult 타입의 result 객체에 있으면 뷰 이름 addBook을 반환하여 addBook.jsp에 출력합니다.

5. addBook.jsp 파일에 유효성 검사에 따른 오류 메시지를 출력할 수 있도록 다음과 같이 추가합니다.

코드 13-5 addBook.jsp

```
<%@ page contentType="text/html; charset=utf-8" %>
    ...
    <form:form modelAttribute="NewBook"
               action="./add?${_csrf.parameterName}=${_csrf.token}"
               class="form-horizontal"
               enctype="multipart/form-data">
    <fieldset>
        <legend><spring:message code="addBook.form.title.label"/></legend>
        <div class="form-group row">
            <label class="col-sm-2 control-label">
                <spring:message code="addBook.form.bookId.label"/>
            </label>
            <div class="col-sm-3">
                <form:input path="bookId" class="form-control"/>
            </div>
            <div class="col-sm-6">
                <form:errors path="bookId" cssClass="text-danger"/> ❶
            </div>
        </div>
        <div class="form-group row">
            <label class="col-sm-2 control-label">
                <spring:message code="addBook.form.name.label"/>
            </label>
            <div class="col-sm-3">
                <form:input path="name" class="form-control"/>
            </div>
            <div class="col-sm-6">
                <form:errors path="name" cssClass="text-danger"/> ❷
            </div>
```

```
        </div>
        <div class="form-group row">
            <label class="col-sm-2 control-label">
                <spring:message code="addBook.form.unitPrice.label"/>
            </label>
            <div class="col-sm-3">
                <form:input path="unitPrice" class="form-control"/>
            </div>
            <div class="col-sm-6">
                <form:errors path="unitPrice" cssClass="text-danger"/> ❸
            </div>
        </div>
    ...
```

❶~❸ 커맨드 객체 NewBook의 멤버 변수 bookId, name, unitPrice에 입력된 값의 유효성 검사를 수행하여 오류가 발생하면 오류 메시지를 〈form:errors〉 태그에 출력합니다.

6. 웹 브라우저 주소창에 'http://localhost:8080/BookMarket/books/add'를 입력하여 실행한 후 각 필드 값을 입력하여 유효성 검사에 따른 메시지를 확인합니다.

❤ 그림 13-3 실행 결과

13.3 사용자 정의 애너테이션으로 유효성 검사

JSR-380 제약 사항의 애너테이션으로 유효성 검사를 할 때는 중복 여부를 체크할 수 없다는 점에서 한계가 있습니다. 이런 문제를 해결하도록 JSR-380 Bean Validation API는 사용자 정의 제약 사항(custom constraints)을 선언할 수 있는 인터페이스를 제공합니다.

보통 웹 애플리케이션에서 회원 관리를 위해 회원을 식별할 수 있는 속성이 ID입니다. 회원 가입을 할 때 아이디에 대해 반드시 중복 여부를 체크합니다. 이처럼 속성 값의 중복 여부를 체크하는 유효성 검사는 앞서 배운 JSR-380 제약 사항으로는 불가능하므로 제약 사항을 사용자가 정의하여 사용하면 됩니다. 사용자 정의 제약 사항을 이용한 유효성 검사는 속성 값의 중복 여부를 비롯하여 다양한 제약 사항을 만들어 사용할 수 있어 유용합니다.

▼ 그림 13-4 사용자 정의 애너테이션을 이용한 처리 과정

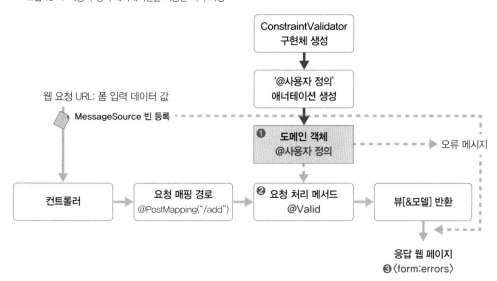

❶ 사용자 정의 애너테이션 선언

  ❶-1 사용자 정의 애너테이션 생성: 제약 사항 및 구성 속성에 설정하는 @interface를 사용하여 사용자 정의 애너테이션을 생성합니다.

  ❶-2 ConstraintValidator 구현체 생성: 생성한 사용자 정의 애너테이션의 유효성 검사 클래스는 javax.validation.ConstraintValidator 인터페이스의 구현체로 생성합니다.

❷ @Valid를 이용한 유효성 검사

❸ 〈form:errors〉 태그로 오류 메시지 출력

사용자 정의 애너테이션을 이용한 유효성 검사는 사용자 정의 애너테이션을 만들어 사용하는 것을 제외하고는 앞서 배운 JSR-380 애너테이션을 이용한 처리 과정과 같습니다. 다음과 같이 도메인 클래스의 멤버 변수에 선언할 사용자 정의 애너테이션인 @MemberId를 만드는 방법을 살펴봅니다.

Product.java

```java
public class Member {
    @MemberId // 사용자 정의 애너테이션 선언
    private String memberId;

    // Setter()와 Getter() 메서드
}
```

13.3.1 사용자 정의 애너테이션 생성

사용자 정의 애너테이션은 JSR-380처럼 도메인 클래스의 멤버 변수에 선언할 수 있는 제약 사항입니다. 또한 내장된 제약 사항이 아니므로 사용자가 직접 생성하여 사용할 수 있습니다. 사용자 정의 애너테이션을 생성하는 형식은 다음과 같습니다.

```java
@Constraint(validatedBy=유효성 검사 클래스.class)
@Target(속성)
@Retention(속성)
@Documented
public @interface 사용자 정의 애너테이션 이름 {
    String message() default "출력할 오류 메시지";
    Class<?>[] groups() default {};
    Class<?>[] payload() default {};
}
```

유효성 검사를 위한 사용자 정의 애너테이션을 만들 때 반드시 있어야 하는 필수 속성은 message, groups, payload입니다.

속성	설명
message	유효성 검사에서 오류가 발생하면 반환되는 기본 메시지입니다.
groups	특정 유효성 검사를 그룹으로 설정합니다.
payload	사용자가 추가한 정보를 전달하는 값입니다.

@Documented는 자바 문서에 문서화 여부를 결정하고, @Retention은 애너테이션의 지속 시간을 설정합니다.

▼ 표 13-4 @Retention의 속성

속성	설명
Source	소스 코드까지만 유지합니다. 즉, 컴파일하면 해당 애너테이션 정보는 사라집니다.
Class	컴파일한 .class 파일에 유지합니다. 즉, 런타임을 할 때 클래스를 메모리로 읽어 오면 해당 정보는 사라집니다.
Runtime	런타임을 할 때도 .class 파일에 유지합니다. 사용자 정의 애너테이션을 만들 때 주로 사용합니다.

@Target은 필드, 메서드, 클래스 등 애너테이션을 작성하는 곳입니다.

▼ 표 13-5 @Target의 속성

속성	애너테이션 적용 시점
TYPE	class, interface, enum
FIELD	클래스의 멤버 변수
METHOD	메서드
PARAMETER	메서드 인자
CONSTRUCTOR	생성자
LOCAL_VARIABLE	로컬 변수
ANNOTATION_TYPE	애너테이션 타입에만 적용
PACKAGE	패키지
TYPE_PARAMETER	제네릭 타입 변수(예 MyClass⟨T⟩)
TYPE_USE	어떤 타입에도 적용(예 extends, implements, 객체 생성할 때 등)

마지막으로 @Constraint는 만들고자 하는 애너테이션이 어떤 클래스를 사용하여 유효성 검사를 할지 설정합니다.

다음은 사용자 정의 애너테이션 @MemberId를 생성하는 예입니다.

사용자 정의 애너테이션 @MemberId 생성 예

```java
import java.lang.annotation.Documented;
import java.lang.annotation.ElementType;
import java.lang.annotation.Retention;
import java.lang.annotation.RetentionPolicy;
import java.lang.annotation.Target;

import javax.validation.Constraint;

@Constraint(validatedBy=MemberIdValidator.class)
@Target({ElementType.METHOD, ElementType.FIELD, ElementType.ANNOTATION_TYPE})
@Retention(RetentionPolicy.RUNTIME)
@Documented
public @interface MemberId {
    String message() default "아이디는 admin 입니다.";
    Class<?>[] groups() default {};
    Class<?>[] payload() default {};
}
```

지금까지 @interface를 이용하여 사용자 정의 애너테이션을 만들어 보았습니다. 여기에서 중요한 점은 사용자 정의 애너테이션 @MemberId가 실제로 유효성 검사를 위해 @Constraint의 validatedBy 요소에 설정한 클래스를 사용한다는 것입니다. 사실 이 클래스는 ConstraintValidator 인터페이스의 구현체입니다.

그럼 다음으로 사용자 정의 애너테이션의 유효성 검사 클래스로 ConstraintValidator 인터페이스의 구현체를 생성하는 방법을 살펴보겠습니다.

13.3.2 ConstraintValidator 인터페이스의 구현체 생성

사용자 정의 애너테이션의 유효성 검사 클래스는 javax.validation.ConstraintValidator 인터페이스의 구현체를 생성합니다. 해당 구현체를 생성하려면 initialize()와 isValid() 메서드를 구현해야 합니다.

유형	설명
void initialize(A constraintAnnotation)	사용자 정의 애너테이션과 관련 정보를 읽어 초기화합니다. 이때 A는 사용자 정의 제약 사항을 설정합니다.
boolean isValid(T value, ConstraintValidatorContext context)	유효성 검사 로직을 수행합니다. value는 유효성 검사를 위한 도메인 클래스의 변수 값이고, context는 제약 사항을 평가하는 컨텍스트입니다.

다음 `MemberIdValidator` 클래스는 앞서 살펴본 사용자 정의 애너테이션 `@MemberId`를 생성할 때 `@Constraint`의 `validatedBy` 요소에 설정한 유효성 검사 클래스 예입니다. 이 클래스는 `ConstraintValidator` 인터페이스의 구현체입니다.

ConstraintValidator 인터페이스의 구현체 생성 예

```
package com.springmvc.chap13;

import javax.validation.ConstraintValidator;
import javax.validation.ConstraintValidatorContext;

public class MemberIdValidator implements ConstraintValidator<MemberId, String> { ❶

    private Member member;

    public void initialize(MemberId constraintAnnotation) { ❷
    }

    public boolean isValid(String value, ConstraintValidatorContext context) { ❸
        if (value.equals("admin")) {
            return false;
        }
        return true;
    }

}
```

❶ `ConstraintValidator` 인터페이스는 매개변수 두 개를 정의합니다. 첫 번째 매개변수는 유효성 검사를 위해 `MemberIdValidator` 클래스를 사용하는 사용자 정의 애너테이션을 지정합니다. 두 번째 매개변수는 사용자 정의 애너테이션이 붙는 도메인 클래스 `Member`의 멤버 변수 타입을 설정합니다.

❷ initialize() 메서드는 사용자 정의 애너테이션 @MemberId가 속성 값이 없기 때문에 구현 부
분 없이 메서드만 선언합니다.

❸ isValid() 메서드는 ConstraintValidator<MemberId, String>에서 두 번째 매개변수 타입으
로 정의한 도메인 클래스의 멤버 변수 값을 읽어 유효성 검사를 수행합니다. 유효성 검사에서
오류가 발생하면 false를 반환합니다.

Example02Controller.java

```java
package com.springmvc.chap13;
...
@Controller
@RequestMapping("/exam02")
public class Example02Controller {

    @GetMapping
    public String showForm(Model model) {
        model.addAttribute("member", new Member());
        return "webpage13_02";
    }

    @PostMapping
    public String submit(@Valid @ModelAttribute Member member, Errors errors) {
        if (errors.hasErrors()) {
            return "webpage13_02";
        }
            return "webpage13_result";
    }
}
```

webpage13_02.jsp

```jsp
<%@ page contentType="text/html; charset=utf-8" %>
<%@ taglib prefix="form" uri="http://www.springframework.org/tags/form" %>
<html>
<head>
<title>Validation</title>
</head>
<body>
    <h3>유효성 검사</h3>
    <form:form modelAttribute="member" method="post">
        <p>아이디 : <form:input path="memberId"/> <form:errors path="memberId"/>
        <p><input type="submit" value="확인"/>
```

```
            <input type="reset" value="취소"/>
        </form:form>
    </body>
</html>
```

❤ 그림 13-5 실행 결과

13.3.3 실습 사용자 정의 애너테이션을 이용하여 유효성 검사하기

지금까지 배운 내용을 토대로 사용자 정의 애너테이션을 생성하고 이를 이용하여 도서 ID의 중복
여부를 확인하는 유효성 검사를 해 보겠습니다. 중복되는 도서가 있으면 오류 메시지도 출력해 보
겠습니다.

1. messages.properties 파일에 다음 메시지를 추가합니다.

코드 13-6 messages.properties

```
...
BookId.NewBook.bookId = 도서ID가 이미 존재합니다.
```

2. Book 클래스에 bookId 속성에 대해 사용자 정의 제약 사항의 애너테이션을 선언합니다.

코드 13-7 Book.java

```
package com.springmvc.domain;
...
import com.springmvc.validator.BookId;

public class Book {
    @BookId ❶
    @Pattern(regexp="ISBN[1-9]+")
    private String bookId;
    ...
}
```

❶ 도메인 클래스 Book의 bookId 필드는 저장소 객체의 존재 여부에 대한 유효성 검사를 위해 사용자 정의 애너테이션 @BookId를 선언합니다.

3. BookMarket/src/main/java 폴더에 com.springmvc.validator 패키지를 생성합니다. 이 패키지에 BookId 클래스를 생성하고 다음 내용을 작성합니다.

코드 13-8 BookId.java

```java
package com.springmvc.validator;

import java.lang.annotation.Documented;
import java.lang.annotation.ElementType;
import java.lang.annotation.RetentionPolicy;
import java.lang.annotation.Target;
import java.lang.annotation.Retention;
import javax.validation.Constraint;

@Constraint(validatedBy=BookIdValidator.class)
@Target({ElementType.METHOD, ElementType.FIELD, ElementType.ANNOTATION_TYPE})   ❶
@Retention(RetentionPolicy.RUNTIME)
@Documented
public @interface BookId {
    String message() default "";
    Class<?>[] groups() default {};    ❷
    Class<?>[] payload() default {};
}
```

❶ 사용자 정의 애너테이션 @BookId는 Method, Field, Annotation_type을 정의하며, 이 는 런타임할 때 적용됩니다. 그리고 도메인 클래스에 @BookId가 부여된 멤버 변수는 BookIdValidator 클래스로 유효성 검사를 수행합니다.

❷ @BookId는 필수 속성(message, groups, payload)을 포함합니다. @BookId에 대한 유효성 검사를 할 때 오류가 발생하면 메시지 리소스 파일 messages.properties에 설정된 BookId. NewBook.bookId의 메시지를 출력합니다.

4. com.springmvc.validator 패키지에 BookIdValidator 클래스를 생성하고 다음 내용을 작성합니다.

```
package com.springmvc.validator;

import javax.validation.ConstraintValidator;
import javax.validation.ConstraintValidatorContext;
import org.springframework.beans.factory.annotation.Autowired;
import com.springmvc.exception.BookIdException;
import com.springmvc.service.BookService;
import com.springmvc.domain.Book;

public class BookIdValidator implements ConstraintValidator<BookId, String> {

    @Autowired
    private BookService bookService;

    public void initialize(BookId constraintAnnotation) { // @BookId 정보 초기화 메서드
    }
    // 유효성 검사 메서드
    public boolean isValid(String value, ConstraintValidatorContext context) {
        Book book;
        try {
            book = bookService.getBookById(value);
        } catch (BookIdException e) {
            return true;
        }
        if (book! = null) {
            return false;
        }
        return true;
    }
}
```

❶ initialize() 메서드는 사용자 정의 애너테이션 @BookId의 관련 정보를 읽어 초기화 작업을 수행합니다.

❷ isValid() 메서드는 도메인 클래스 Book의 bookid 속성 값을 읽어 유효성 검사를 수행합니다. 여기에서 bookService.getBookById() 메서드로 입력된 도서 ID가 이미 있다면 BookIdException 예외 처리가 발생합니다.

5. com.springmvc.controller 패키지의 BookController 클래스에서 유효성 검사를 위해 submitAddNewBook() 메서드의 매개변수 중에서 커맨드 객체에 @Valid가 선언되어 있는지, 오류 처리 내용이 작성되어 있는지 확인합니다.

코드 13-10 BookController.java

```java
package com.springmvc.controller;
...
import javax.validation.Valid;

@Controller
@RequestMapping("/books")
public class BookController {
    ...
    @PostMapping("/add")
    public String submitAddNewBook(@Valid @ModelAttribute("NewBook") Book book,
                                   BindingResult result) {
        if (result.hasErrors()) {
            return "addBook";
        }

        MultipartFile bookImage = book.getBookImage();
        ...
    }
    ...
}
```

6. addBook.jsp 파일에서 유효성 검사에 따른 오류 메시지를 출력할 수 있도록 다음 내용이 작성되어 있는지 확인합니다.

코드 13-11 addBook.jsp

```jsp
<%@ page contentType="text/html; charset=utf-8" %>
    ...
            <div class="col-sm-3">
                <form:input path="bookId" class="form-control"/>
            </div>
            <div class="col-sm-6">
                <form:errors path="bookId" cssClass="text-danger"/>
            </div>
            ...
```

7. 웹 브라우저 주소창에 'http://localhost:8080/BookMarket/books/add'를 입력하여 실행 시킵니다. 도서 ID 필드에 이미 존재하는 도서 ID를 입력하면 유효성 검사에 따른 오류 메시지가 출력되는 것을 확인할 수 있습니다.

❤ 그림 13-6 실행 결과

13.4 Validator 인터페이스로 유효성 검사

SPRING

스프링에서 제공하는 Validator 인터페이스를 사용하여 도메인 클래스의 속성 값이 올바른지 유효성을 검사하는 방법을 다음과 같이 구분하여 알아봅니다.

1. 도메인 클래스의 속성에 애너테이션을 선언하지 않고 스프링에서 제공하는 Validator 인터페이스의 구현체를 생성하고, 이를 이용하여 속성 값의 유효성을 검사하는 방법

2. 스프링의 Validator 인터페이스와 JSR-380 Bean Validation과 연동하여 유효성을 검사하는 방법

13.4.1 유효성 검사 과정

스프링 Validator 인터페이스를 활용하여 유효성을 검사할 때는 크게 네 단계를 거칩니다.

▼ 그림 13-7 Validator 인터페이스를 사용한 유효성 검사 처리 과정

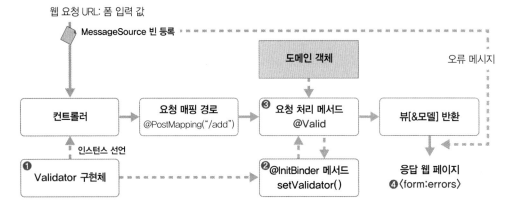

❶ Validator 인터페이스의 구현체 생성

❷ @InitBinder 선언 메서드 추가

❸ @Valid를 이용한 유효성 검사

❹ 〈form:errors〉 태그로 오류 메시지 출력

> Tip ≣ 여기에서 〈form:errors〉 태그를 사용하여 유효성 검사 오류 메시지를 출력하는 설명은 생략합니다.
> 자세한 내용은 12.2절을 참고하세요.

스프링 Validator 인터페이스의 구현체를 선언하려고 스프링 Validator 인터페이스의 구현체를
생성하는 방법을 살펴보겠습니다.

13.4.2 Validator 인터페이스의 구현체 생성

Validator 인터페이스의 구현체는 유효성 검사를 위한 클래스로 다음 두 가지 메서드를 구현해야
합니다.

> Tip ≣ 스프링의 Validator 인터페이스는 org.springframework.validation 패키지에서 제공됩니다.

메서드	설명
boolean supports(Class<?> clazz)	주어진 객체(class)에 대해 유효성 검사를 수행할 수 있는지 검사할 목적으로 사용됩니다.
void validate(Object target, Errors errors)	주어진 객체(target)에 대해 유효성 검사를 수행하고 오류가 발생하면 주어진 Errors 타입의 errors 객체에 오류 관련 정보를 저장합니다.

Validator 인터페이스에서 validate() 메서드의 Errors 객체를 사용하여 유효성 검사를 합니다. 이때 발생하는 오류와 관련 정보를 validate() 메서드의 Errors 객체에 저장합니다. Errors 객체로 유효성 검사를 할 때 발생한 오류에 설정된 기본 오류 메시지를 출력하거나 메시지 리소스 파일을 사용하여 오류 메시지를 출력할 수 있습니다.

> Tip ☰ Errors 객체는 org.springframework.validation 패키지에서 제공됩니다.

유효성 검사를 할 때 발생한 오류를 처리하는 Errors 객체의 주요 메서드는 다음과 같습니다.

▼ 표 13-8 Errors 객체의 주요 메서드

메서드	설명
void rejectValue(String field, String errorCode, String defaultMessage)	설정된 field가 유효성 검사를 할 때 오류를 발생시키면 설정된 errorCode와 함께 거부합니다.
void reject(String errorCode, String defaultMessage)	유효성 검사를 할 때 오류가 발생하면 설정된 errorCode를 사용하여 도메인 객체에 대한 전역 오류로 사용합니다.

다음은 Validator 인터페이스의 구현체를 생성하고 유효성 검사를 할 때 발생한 오류를 Errors 객체에 저장하는 예입니다.

Validator 인터페이스의 구현체 생성 예

Person.java

```java
package com.springmvc.chap13;
public class Person {
    private String name;
    private String age;
    private String email;
    // Setter()와 Getter() 메서드
}
```

```java
package com.springmvc.chap13;

import org.springframework.validation.Validator;
import org.springframework.stereotype.Component;
import org.springframework.validation.Errors;

@Component
public class PersonValidator implements Validator {

    public boolean supports(Class<?> clazz) {
        return Person.class.isAssignableFrom(clazz);
    }

    public void validate(Object target, Errors errors) {
        Person person = (Person) target;
        String name = person.getName();
        if (name == null || name.trim().isEmpty()) {
            errors.rejectValue("name", "name.not.empty");
        }

        String age = person.getAge();
        if (age == null || age.trim().isEmpty()) {
            errors.rejectValue("age", "age.not.inrange");
        }

        String email = person.getEmail();
        if (email == null || email.trim().isEmpty()) {
            errors.rejectValue("email", "email.not.correct");
        }
    }
}
```

13.4.3 @InitBinder를 선언한 메서드 추가

컨트롤러의 메서드 내에 바인딩되는 데이터의 유효성 검사를 하려면 매개변수에 @Valid를 선언하여 커맨드 객체의 속성 값을 전달받습니다. 그리고 @InitBinder 메서드를 정의하고 해당 메서드의 입력 매개변수로 전달된 WebDataBinder 객체를 사용하여 해당 Validator 인터페이스의 구현체를 설정합니다. @InitBinder가 선언된 메서드에 Validator를 미리 등록하면 해당 컨트롤러의 모든 메서드에서 유효성 검사 기능을 사용할 수 있기 때문에 편리합니다.

@InitBinder 메서드를 정의하여 생성한 Validator 인터페이스의 구현체 BookValidator를 설정한 예를 살펴보겠습니다.

@InitBinder를 적용한 예

```
package com.springmvc.chap13;
...
import org.springframework.beans.factory.annotation.Autowired;
import org.springframework.web.bind.WebDataBinder;
import org.springframework.web.bind.annotation.InitBinder;

@Controller
@RequestMapping("/exam03")
public class Example03Controller {

    @Autowired
    private PersonValidator personValidator;

    @GetMapping
    public String showForm(Model model) {
        model.addAttribute("person", new Person());
        return "webpage13_03";
    }

    @PostMapping
    public String submit(@Valid @ModelAttribute Person person, BindingResult result) {
        if (result.hasErrors()) {
            return "webpage13_03";
        }
        return "webpage13_result";
    }

    @InitBinder
    protected void initBinder(WebDataBinder binder) {
        binder.setValidator(personValidator);
    }
}
```

예제에서는 컨트롤러 메서드의 @ModelAttribute 매개변수에 @Valid를 선언합니다.

그리고 생성된 스프링 Validator 인터페이스의 구현체를 해당 컨트롤러 내의 @InitBinder가 선언된 메서드에 설정합니다. 그러면 커맨드 객체를 바인딩하는 WebDataBinder는 @InitBinder 메서드에서 등록된 Validator를 사용하여 모델을 검증하고, 그 결과를 BindingResult에 넣어 전달합니다. 따라서 메서드의 매개변수로 전달받는 BindingResult에는 이미 PersonValidator로 검증한 결과가 담깁니다.

webpage13_03.jsp

```
<%@ page contentType="text/html; charset=utf-8" %>
<%@ taglib prefix="form" uri="http://www.springframework.org/tags/form" %>
<html>
<head>
<title>Validation</title>
</head>
<body>
    <h3>유효성 검사</h3>
    <form:form modelAttribute="person" method="post">
        <p>이름 : <form:input path="name"/> <form:errors path="name"/>
        <p>나이 : <form:input path="age"/> <form:errors path="age"/>
        <p>이메일 : <form:input path="email"/> <form:errors path="email"/>
        <p><input type="submit" value="확인"/>
    </form:form>
</body>
</html>
```

▼ 그림 13-8 실행 결과

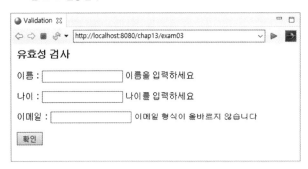

13.4.4 실습 Validator 인터페이스를 사용하여 유효성 검사하기

Validator 인터페이스의 구현체를 생성하고, Validator 인터페이스로 도서 가격이 1만 원 이상이면 도서를 99권 이상 구매할 수 없는 제약 사항에 대해 유효성 검사를 수행해 보겠습니다.

1. messages.properties 파일에 다음 메시지를 추가합니다.

> **코드 13-12** messages.properties

```
...
UnitsInStockValidator.message = 가격이 10000원 이상인 경우에는 99개 이상을 등록할 수 없습니다.
```

2. com.springmvc.validator 패키지의 UnitsInStockValidator 클래스를 생성하고 다음 내용을 작성합니다.

> **코드 13-13** UnitsInStockValidator.java

```java
package com.springmvc.validator;

import org.springframework.stereotype.Component;
import org.springframework.validation.Validator;
import org.springframework.validation.Errors;
import com.springmvc.domain.Book;

@Component
public class UnitsInStockValidator implements Validator {
    public boolean supports(Class<?> clazz) { // Book 클래스의 유효성 검사 여부를 위한 메서드
        return Book.class.isAssignableFrom(clazz);
    }

    public void validate(Object target, Errors errors) { // Book 클래스의 유효성 검사 메서드
        Book book = (Book) target;
        if (book.getUnitPrice() >= 10000 && book.getUnitsInStock() > 99) {
            // 오류 객체의 속성과 메시지 저장
            errors.rejectValue("unitsInStock", "UnitsInStockValidator.message");
        }
    }
}
```

❶ Validator 인터페이스의 supports() 메서드는 주어진 Book 클래스에 대한 유효성 검사 여부를 결정합니다.

❷ Validator 인터페이스의 validate() 메서드는 주어진 Book 클래스에 대해 유효성 검사를 합니다. 도서 가격이 1만 원 이상이고, 재고가 99권을 초과하면 유효성 검사를 할 때 오류가 발생합니다. 그러면 Errors 객체의 rejectValue() 메서드가 메시지 리소스 파일에 설정된 오류 코드 UnitsInStockValidator.message의 메시지를 출력합니다.

3. BookController 클래스에 다음 내용을 추가합니다.

코드 13-14 BookController.java

```java
package com.springmvc.controller;
...
import com.springmvc.validator.UnitsInStockValidator;

@Controller
@RequestMapping("/books")
public class BookController {

    @Autowired
    private BookService bookService;

    @Autowired
    // UnitsInStockValidator의 인스턴스 선언
    private UnitsInStockValidator unitsInStockValidator; ❶
    ...
    @InitBinder
    public void initBinder(WebDataBinder binder) {
        binder.setValidator(unitsInStockValidator); // 생성한 unitsInStockValidator 설정 ❷
        binder.setAllowedFields("bookId", "name", "unitPrice", "author", "description",
                            "publisher", "category", "unitsInStock", "totalPages",
                            "releaseDate", "condition", "bookImage");
    }
    ...
}
```

❶ 생성한 UnitsInStockValidator의 인스턴스를 선언합니다.

❷ initBinder() 메서드의 매개변수 binder 객체에 setValidator() 메서드를 사용하여 생성한 Validator 인터페이스의 구현체 unitsInStockValidator를 설정합니다.

4. 유효성 검사를 위해 BookController 클래스에서 submitAddNewBook() 메서드의 매개변수 중 커맨드 객체에 @Valid가 선언되어 있는지, 오류 처리 내용이 작성되어 있는지 확인합니다.

> **코드 13-15** BookController.java

```java
package com.springmvc.controller;
...
import javax.validation.Valid;

@Controller
@RequestMapping("/books")
public class BookController {
    ...
    @PostMapping("/add")
    public String submitAddNewBook(@Valid @ModelAttribute("NewBook") Book book,
                                   BindingResult result) {
        if (result.hasErrors()) {
            return "addBook";
        }
        ...
    }
    ...
}
```

5. addBook.jsp 파일에 다음 내용을 추가합니다.

> **코드 13-16** addBook.jsp

```jsp
<%@ page contentType="text/html; charset=utf-8" %>
    ...
    <div class="form-group row">
        <label class="col-sm-2 control-label" >
            <spring:message code="addBook.form.unitsInStock.label"/>
        </label>
        <div class="col-sm-3">
            <form:input path="unitsInStock" class="form-control"/>
        </div>
        <div class="col-sm-6">
            <form:errors path="unitsInStock" cssClass="text-danger"/>
        </div>
    </div>
    ...
```

6. 웹 브라우저 주소창에 'http://localhost:8080/BookMarket/books/add'를 입력하여 실행합니다. 가격 필드와 재고수 필드에 각각 20000, 100을 입력하여 표시되는 메시지를 확인합니다.

▼ 그림 13-9 실행 결과

13.4.5 실습 Validator 인터페이스와 JSR-380을 연동해서 유효성 검사하기

앞서 스프링 Validator 인터페이스를 사용한 유효성 검사의 실행 결과를 살펴보면 값을 입력하지 않은 도서 ID와 도서명은 앞 절에서 JSR-380이나 사용자 정의 애너테이션을 적용했음에도 유효성 검사에 따른 오류 메시지가 표시되지 않음을 볼 수 있습니다.

이 경우 JSR-380을 이용한 유효성 검사와 스프링의 Validator 인터페이스를 사용한 유효성 검사를 통합해 봅니다.

1. com.springmvc.validator 패키지의 BookValidator 클래스를 생성하고 다음 내용을 작성합니다.

코드 13-17 BookValidator.java

```
package com.springmvc.validator;

import java.math.BigDecimal;
import java.util.HashSet;
```

```
import java.util.Set;

import javax.validation.ConstraintViolation;
import org.springframework.beans.factory.annotation.Autowired;
import org.springframework.validation.Errors;
import org.springframework.validation.Validator;
import com.springmvc.domain.Book;

public class BookValidator implements Validator {

    @Autowired
    private javax.validation.Validator beanValidator; ❶

    private Set<Validator> springValidators; ❷

    public BookValidator() {
❸       springValidators = new HashSet<Validator>();
    }

    public void setSpringValidators(Set<Validator> springValidators) {
❹       this.springValidators = springValidators;
    }

    public boolean supports(Class<?> clazz) {
❺       return Book.class.isAssignableFrom(clazz);
    }

    public void validate(Object target, Errors errors) {
        // Bean Validation 설정
        Set<ConstraintViolation<Object>> violations = beanValidator.validate(target);
        for (ConstraintViolation<Object> violation : violations) {
            // 오류 발생 필드 저장
            String propertyPath = violation.getPropertyPath().toString();
            String message = violation.getMessage(); // 오류 발생 메시지 저장
❻  ❼       // 오류가 발생된 필드와 메시지를 Errors 객체에 저장
            errors.rejectValue(propertyPath, "", message);
        }
        for (Validator validator: springValidators) {
❽           validator.validate(target, errors); // 발생된 오류 정보를 전달
        }
    }
}
```

❶ bean validation(JSR−303 validator)의 인스턴스를 선언합니다.

❷ spring validation(Validator 인터페이스)의 인스턴스를 선언합니다.

❸ BookValidator 클래스의 생성자입니다.

❹ springValidators의 Setter( ) 메서드입니다.

❺ Book 클래스의 유효성 검사 메서드입니다.

❻ Book 클래스의 유효성 검사 메서드입니다.

❼ bean validation 오류를 저장합니다.

❽ spring validation 오류를 저장합니다.

2. 앞서 설정한 유효성 검사에 따른 오류 메시지를 가져오도록 Book과 BookId 클래스를 수정합
니다.

코드 13−18 Book.java

```java
package com.springmvc.domain;

...

public class Book {
    @BookId
    @Pattern(regexp="ISBN[1-9]+", message="{Pattern.NewBook.bookId}")
    private String bookId;
    @Size(min=4, max=50, message="{Size.NewBook.name}")
    private String name;
    @Min(value=0, message="{Min.NewBook.unitPrice}")
    @Digits(integer=8, fraction=2, message="{Digits.NewBook.unitPrice}")
    @NotNull(message="{NotNull.NewBook.unitPrice}")
    private BigDecimal unitPrice;

    ...
}
```

코드 13−19 BookId.java

```java
package com.springmvc.validator;

...

@Target({METHOD, FIELD, ANNOTATION_TYPE})
@Retention(RUNTIME)
@Constraint(validatedBy=BookIdValidator.class)
public @interface BookId {
```

```
    String message() default "{BookId.NewBook.bookId}"; ❶
    Class<?>[] groups() default {};
    public abstract Class<? extends Payload>[] payload() default {};
}
```

❶ 코드 13-17 BookValidator 클래스의 validate() 메서드에서 살펴보면, 제약 사항에 대한
오류가 발생했을 때 ConstraintViolation 객체는 messageTemplate='{javax.validation.
constraints.필드 이름.message}'처럼 메시지 형식의 정보를 가져옵니다. 그러므로 유효
성 검사에 따른 오류 메시지를 적절하게 출력하려면 messageTemplate에 맞추어 {} 패턴 형
식으로 코드를 수정합니다.

3. BookController 클래스에서 UnitsInStockValidator 클래스를 BookValidator 클래스로 수정
합니다.

코드 13-20 BookController.java

```java
package com.springmvc.controller;
...
import com.springmvc.validator.BookValidator;

@Controller
@RequestMapping("/books")
public class BookController {

    @Autowired
    private BookService bookService;

    @Autowired
    private BookValidator bookValidator; // BookValidator 인스턴스 선언
    ...
    @InitBinder
    public void initBinder(WebDataBinder binder) {
        binder.setValidator(bookValidator); // 생성한 bookValidator 설정
        binder.setAllowedFields("bookId", "name", "unitPrice", "description",
                                "manufacturer", "category", "unitsInStock",
                                "condition", "bookImage", "language");
    }
    ...
}
```

4. BookController 클래스에서 submitAddNewBook() 메서드의 매개변수 중 커맨드 객체에 @Valid 가 선언되어 있는지, 오류 처리 내용이 작성되어 있는지 확인합니다.

코드 13-21 BookController.java

```java
package com.springmvc.controller;
...
import javax.validation.Valid;

@Controller
@RequestMapping("/books")
public class BookController {
    ...
    @PostMapping("/add")
    public String submitAddNewBook(@Valid @ModelAttribute("NewBook") Book book,
                                   BindingResult result,
                                   HttpServletRequest request) {
        if (result.hasErrors()) {
            return "addBook";
        }
        String[] suppressedFields = result.getSuppressedFields();
        ...
    }
    ...
}
```

5. servlet-context.xml 파일에 유효성 검사 관련 빈을 설정합니다.

코드 13-22 servlet-context.xml

```xml
<?xml version="1.0" encoding="UTF-8"?>
<beans:beans...>
    ...
<annotation-driven enable-matrix-variables="true" validator="validator"/> ❶
    ...
<beans:bean id="messageSource"
            class="org.springframework.context.support.ResourceBundleMessageSource">
    <beans:property name="basename" value="messages"/>
    <beans:property name="defaultEncoding" value="UTF-8"/>
</beans:bean>

<beans:bean id="validator"
```

```
---------------- class="org.springframework.validation.beanvalidation.
                    LocalValidatorFactoryBean">
❷        <beans:property name="validationMessageSource" ref="messageSource"/>
---- </beans:bean>

        <beans:bean id="unitsInStockValidator"
                    class="com.springmvc.validator.UnitsInStockValidator"/> ❸
---- <beans:bean id="bookValidator" class="com.springmvc.validator.BookValidator">
            <beans:property name="springValidators">
                <beans:set>
❹                   <beans:ref bean="unitsInStockValidator"/>
                </beans:set>
            </beans:property>
---- </beans:bean>
        </beans:beans...>
```

메시지 리소스 파일을 사용하여 유효성 검사의 오류 메시지를 가져올 때는 다음과 같이 설정합니다.

❶ <beans:annotation-driven> 요소에 등록한 LocalValidatorFactoryBean 빈 객체의 id 이름을 이용하여 validator="id 이름"으로 반드시 설정합니다. 메시지 리소스 파일에서 오류 메시지를 가져오려면 등록한 MessageSource 빈 객체의 id 이름을 프로퍼티에 참조할 수 있도록 설정해야 합니다.

❷ JSR-380 유효성 검사를 위해 LocalValidatorFactoryBean 클래스를 빈으로 등록합니다.

❸ Validator 인터페이스의 구현체인 UnitsInStockValidator 빈 객체를 등록합니다. UnitsInStockValidator에 대한 오류 메시지를 전달받을 수 있도록 UnitsInStockValidator 빈 객체를 등록합니다.

❹ JSR-380과 Validator 인터페이스를 서로 연동하려고 생성한 BookValidator 빈 객체를 등록합니다.

6. 웹 브라우저 주소창에 'http://localhost:8080/BookMarket/books/add'를 입력하여 실행합니다. 앞서 입력한 것과 똑같이 가격 필드와 재고수 필드에 각각 20000, 100을 입력하여 표시되는 메시지를 확인합니다.

▼ 그림 13-10 실행 결과

13.5 마치며

웹 애플리케이션에서 폼 페이지의 입력 데이터가 규정된 조건에 적합한지 확인하는 유효성 검사 방법을 살펴보았습니다.

다음 장에서는 RESTful 웹 서비스의 개념을 설명하고, 이를 이해할 수 있도록 도서 쇼핑몰 애플리케이션의 장바구니 페이지를 만들어 보겠습니다.

14장

RESTful 웹 서비스:
장바구니 페이지 만들기

이 장에서는 RESTful 웹 서비스를 기반으로 웹 애플리케이션을 구축하는 방법을 살펴봅니다. 자바스크립트를 활용하여 RESTful 웹 서비스를 기반으로 한 도서 쇼핑몰의 장바구니를 만드는 방법을 살펴봅니다.

이 장에서 다룰 핵심 내용

- **RESTful 웹 서비스의 개요**
- **RESTful 방식의 애너테이션**
  - 실습 RESTful 방식의 장바구니 기본 구조 만들기
- **RESTful 웹 서비스의 CRUD**
  - 실습 RESTful 웹 서비스를 위한 장바구니 CRUD 만들기

14.1 / RESTful 웹 서비스의 개요

이 절에서는 도서 쇼핑몰의 장바구니를 만드는 RESTful 웹 서비스와 구성 요소를 알아봅니다.

RESTful 웹 서비스는 HTTP와 웹의 장점을 최대한 활용할 수 있는 아키텍처인 REST(REpresentational State Transfer) 원리를 사용하여 구현된 웹 서비스입니다. REST는 HTTP에서 어떤 자원에 대한 CRUD 요청을 리소스와 메서드로 표현하여 특정한 형태로 전달하는 방식입니다. 즉, 어떤 자원에 대해 CRUD(Create, Read, Update, Delete) 연산을 수행하려고 URI로 자원을 명시하고 GET, POST, PUT, DELETE 등 HTTP 방식을 사용해서 요청을 보내며, 요청에 대한 자원은 JSON, XML, TEXT, RSS 등 특정한 형태(representation of resource)로 표현됩니다.

예를 들어 도서 쇼핑몰에서 신규 도서를 작성하기 위해 http://localhost:8080/BookMarket/books/add라는 URI에 POST 방식을 사용하여 JSON 형태의 데이터를 전달할 수 있습니다. 이와 같이 CRUD 연산을 요청할 때는 요청 리소스(URI)와 요청(POST) 메서드, 리소스 형태(JSON)를 사용하면 명확하게 표현할 수 있습니다. 이 세 가지가 REST의 구성 요소입니다.

▼ 표 14-1 REST의 구성 요소

종류	설명
리소스	서버는 고유 아이디가 있는 리소스를 가지며, 클라이언트는 이런 리소스에 요청을 보냅니다. 리소스는 URI에 해당합니다.
메서드	서버에 요청을 보내는 방식으로 GET, POST, PUT, PATCH, DELETE가 있습니다. CRUD 연산 중에서 연산에 맞는 Method를 사용하여 서버에 요청해야 합니다.
리소스 형태	클라이언트와 서버가 데이터를 주고받는 형태로 JSON, XML, TEXT, RSS 등이 있습니다. 최근에는 키(Key), 값(Value)을 활용하는 JSON을 주로 사용합니다.

Note ≡　URL과 URI의 차이

URL은 Uniform Resource Locator로 HTTP에서 리소스 위치를 의미합니다. 리소스 위치라는 것은 결국 어떤 파일 위치를 의미합니다. 반면 URI는 Uniform Resource Identifier로 HTTP에서 리소스를 식별하는 문자열의 구성을 의미합니다. URI는 URL을 포함하고 있습니다. 그러므로 URI가 좀 더 포괄적인 범위라고 할 수 있습니다.

pom.xml 파일에 jackson-databind.jar 또는 jackson-mapper-asl.jar을 의존 라이브러리로 등록해야 합니다.

```
<dependency>
    <groupId>com.fasterxml.jackson.core</groupId>
    <artifactId>jackson-databind</artifactId>
    <version>2.9.10</version>
</dependency>

<dependency>
    <groupId>org.codehaus.jackson</groupId>
    <artifactId>jackson-mapper-asl</artifactId>
    <version>1.9.11</version>
</dependency>
```

SPRING

14.2 / RESTful 방식의 애너테이션

REST 방식으로 컨트롤러를 작성할 때 사용되는 주요 애너테이션은 다음과 같습니다.

▼ 표 14-2 RESTful 방식의 애너테이션

유형	설명
@RestController	@Controller와 @ResponseBody를 결합한 REST API를 제공하는 컨트롤러를 의미합니다.
@RequestBody	컨트롤러 요청 처리 메서드의 매개변수에 선언되면 요청된 HTTP 요청 body를 해당 매개변수에 바인딩합니다.
@ResponseBody	• 컨트롤러 요청 처리 메서드의 매개변수에 선언되면 반환 값을 응답 HTTP 응답 body에 바인딩합니다. • 스프링은 요청된 메시지의 HTTP 헤더에 있는 Content-Type을 기반으로 HTTP Message converter를 사용하여 반환 값을 HTTP 응답 body로 변환합니다.

14.2.1 @RequestBody

@RequestBody 애너테이션은 HTTP 요청 body 내용인 XML, JSON 또는 기타 데이터 등을 자바 객체로 매핑하는 역할을 합니다. 일반적으로 폼 페이지에서 전송되는 매개변수가 name=value 형태이면 @RequestParam이나 @ModelAttribute로 전달받습니다. 하지만 XML이나 JSON처럼 형식을 갖춘 문자열 형태라면 @RequestParam이나 @ModelAttribute로 전달받을 수 없기 때문에 @RequestBody를 이용해야 합니다.

@RequestBody는 컨트롤러 내에 요청 처리 메서드의 매개변수에 설정하며, HTTP 요청 body 내용을 메서드의 매개변수가 전달받을 뿐만 아니라 HTTP 요청 body 내용 전체를 해당 매개변수 타입으로 변환해 줍니다.

다음은 컨트롤러 내에 요청 처리 메서드의 매개변수에 @RequestBody를 선언한 예입니다. @RequestBody가 선언된 메서드의 매개변수는 폼 페이지에서 입력된 다중 값을 &로 연결된 'name=value' 형태로 전달받습니다.

@RequestBody 적용 예

Example01Controller.java

```java
@Controller
@RequestMapping("/exam01")
public class Example01Controller {
    @GetMapping
    public String showForm() {
        return "webpage14_01";
    }
    @PostMapping
    public String submit(@RequestBody String param, Model model) {
        model.addAttribute("title", "@RequestBody로 정보 받기");
        model.addAttribute("result", param);
        return "webpage14_result";
    }
}
```

webpage14_01.jsp

```jsp
<%@ page contentType="text/html; charset=utf-8" %>
<html>
<head>
<title>RESTful 웹 서비스</title>
</head>
<body>
    <h3>RESTful 웹 서비스</h3>
    <form action="./exam01" method="post">
        <p>이름 : <input name="name"/>
        <p>나이 : <input name="age"/>
        <p>이메일 : <input name="email"/>
        <p><input type="submit" value="확인"/>
    </form>
</body>
</html>
```

webpage14_result.jsp

```jsp
<%@ page contentType="text/html; charset=utf-8" %>
<%@ taglib prefix="form" uri="http://www.springframework.org/tags/form" %>
<html>
<head>
<title>RESTful 웹 서비스</title>
</head>
<body>
    <h3>RESTful 웹 서비스</h3>
    <p><% out.print(new java.util.Date()); %>
    <p>${title}
    <p>${result}
</body>
</html>
```

예를 들어 사용자 웹 요청 URL이 http://.../exam01이면 Example01Controller 컨트롤러의 요청 처리 메서드 showForm()으로 webpage14_01.jsp 파일을 출력합니다. 폼 페이지에서 name, age, email 항목에 각각 'HongGilSon', '20', 'hong@naver.com'을 입력하면 Example01Controller 컨트롤러의 요청 처리 메서드 submit()에서 @RequestBody가 선언된 매개변수 param은 name=HongGilSon&age=20&email=hong@naver.com을 전달받습니다. 그리고 webpage14_result.jsp 파일에 각각 title과 result 값을 출력합니다.

❤ 그림 14-1 실행 결과

다음은 컨트롤러 내 요청 처리 메서드의 매개변수에 @RequestBody를 선언하여 JSON 형태로 전달받는 예입니다.

pom.xml

```xml
<?xml version="1.0" encoding="UTF-8"?>
<project>
...
<!-- JSON -->
    <dependency>
        <groupId>com.fasterxml.jackson.core</groupId>
        <artifactId>jackson-databind</artifactId>
        <version>2.13.2.2</version>
    </dependency>

    <dependency>
        <groupId>org.codehaus.jackson</groupId>
        <artifactId>jackson-mapper-asl</artifactId>
        <version>1.9.13</version>
    </dependency>
...
</project>
```

Example01Controller.java

```java
@Controller
public class Example01Controller2 {

    @GetMapping("/json")
    public String showForm() {
        return "webpage14_02";
    }

    @PostMapping("/test")
```

```
    public void submit(@RequestBody HashMap<String, Object> map) {
        System.out.println(map);
    }
}
```

webpage14_02.jsp

```
<%@ page contentType="text/html; charset=utf-8" %>
<%@ taglib prefix="c" uri="http://java.sun.com/jsp/jstl/core" %>

<html>
<head>
<title>RESTful 웹 서비스</title>
</head>
<script src="http://code.jquery.com/jquery-latest.min.js"></script>
<script>
var obj = {"name" : "kim",  "age" : 30};
function test() {
    $.ajax({
        url : "<c:url value="/test"/>",
        type : "post",
        data : JSON.stringify(obj),
        dataType : "json",
        contentType : "application/json",
        success : function(data) {
            alert("성공" );
        },
        error : function(errorThrown) {
            alert("실패");
        }
    });
}
</script>
<body>
    <h3>RESTful 웹 서비스</h3>
    <button onclick="test()" type="button">실행하기</button>

</body>
</html>
```

사용자 웹 요청 URL이 http://.../json이면 Example01Controller2 컨트롤러의 요청 처리 메서드
showForm()으로 webpage14_02.jsp 파일을 출력합니다. 폼 페이지에서 **실행하기** 버튼을 누르면
웹 요청 URL http://.../test가 호출되어 웹 요청 URL에 해당하는 Example01Controller2 컨트롤
러의 요청 처리 메서드 submit()이 실행됩니다.

submit() 메서드에서 @RequestBody가 선언된 매개변수인 HashMap 타입의 map 객체는 HttpMessageConverter 타입의 메시지 변환기로 JSON 형식인 {"name":"kim","age":"30"}으로 전달받게 됩니다.

▼ 그림 14-2 실행 결과

Note ≡   **HttpMessageConverter로 request body를 매개변수로 변환하는 방법을 알려 주세요!**

HttpMessageConverter를 사용하면 HTTP 요청 body를 메서드 매개변수로 변환할 수 있습니다. HttpMessage Converter가 HTTP 요청 메시지를 객체로 변환하고, 객체에서 HTTP 응답 body로 변환하는 담당을 합니다.

RequestMappingHandlerAdapter 클래스는 @RequestBody가 적용된 매개변수나 @ResponseBody가 적용된 메서드에 대해 HttpMessageConverter를 사용해서 변환합니다. HttpMessageConverter를 구현하는 주요 클래스를 정리하면 다음과 같습니다.

▼ 표 14-3 HttpMessageConverter를 구현하는 주요 클래스

구현 클래스	설명
ByteArrayHttpMessageConverter	• HTTP 메시지와 byte 배열 사이의 변환을 처리합니다. • 지원 콘텐츠 타입: application/octet-stream
StringHttpMessageConverter	• HTTP 메시지와 String 사이의 변환을 처리합니다. • 지원 콘텐츠 타입: text/plain;charset=ISO-8859-1
FormHttpMessageConverter	• HTML 폼 데이터를 MultiValueMap으로 전달받을 때 사용합니다. • 지원 콘텐츠 타입: application-x-www-form-urlencorded
SourceHttpMessageConverter	• HTTP 메시지와 javax.xml.transform.Source 사이의 변환을 처리합니다. • 지원 콘텐츠 타입: application/xml 또는 text/xml
MarshallingHttpMessage Converter	• 스프링의 Marshaller와 unMarshaller를 이용하여 XML HTTP 메시지와 객체 사이의 변환을 처리합니다. • 지원 콘텐츠 타입: application/xml 또는 text/xml
MappingJacksonHttpMessage Converter	• Jackson 라이브러리로 JSON HTTP 메시지와 객체 사이의 변환을 처리합니다. • 지원 콘텐츠 타입: applicaion/json

14.2.2 @ResponseBody

@ResponseBody 애너테이션은 자바 객체를 HTTP 응답 body 내용으로 매핑하는 역할을 합니다. @RequestBody처럼 XML이나 JSON 형식을 갖춘 문자열 형태로 응답할 때 이용합니다.

컨트롤러 내 요청 처리 메서드 수준으로 설정하며, 요청 처리 메서드의 반환 결과 값을 HTTP 응답 body 내용으로 전달합니다.

다음은 컨트롤러 내 요청 처리 메서드에 @ResponseBody를 선언한 예입니다. @ResponseBody가 선언된 메서드의 반환 결과 값은 JSON 형식으로 변환해서 응답합니다.

@ResponseBody를 적용한 예

Example02Controller.java

```java
@Controller
@RequestMapping("/exam02")
public class Example02Controller {
    @GetMapping
    public @ResponseBody Person submit() {
        Person person = new Person();
        person.setName("HongGilSon");
        person.setAge("20");
        person.setEmail("Hong@naver.com");
        System.out.println(person);
        return person;
    }
}
```

예를 들어 사용자 웹 요청 URL이 http://.../exam02이면 Example02Controller 컨트롤러의 요청 처리 메서드 submit()에서 설정된 person 객체의 값을 JSON 형식으로 변환해서 {"name": "HongGilSon","age":"20","email":"Hong@naver.com"}처럼 응답합니다.

❤ 그림 14-3 실행 결과

14.2.3 @RestController

@RestController 애너테이션은 컨트롤러에 @ResponseBody가 추가된 것으로 JSON 형태로 데이터를 반환합니다. @Controller와는 다르게 @RestController는 반환 값에 자동으로 @ResponseBody가 붙어 자바 객체가 HTTP 응답 body 내용에 매핑되어 전달됩니다.

@RestController를 사용하면 @ResponseBody를 사용하지 않아도 되지만, @Controller일 때는 반드시 @ResponseBody를 선언해야 합니다.

앞서 살펴본 컨트롤러 내 요청 처리 메서드에 @ResponseBody를 선언한 예에서 @Controller 대신 @RestController로 선언하면 @ResponseBody를 생략할 수 있고, @ResponseBody처럼 요청 처리 메서드의 반환 결과 값을 JSON 형식으로 변환해서 응답합니다.

@RestController를 적용한 예(Example03Controller.java)

```java
@RestController
@RequestMapping("/exam03")
public class Example03Controller {
    @GetMapping
    public Person submit() {
        Person person = new Person();
        person.setName("HongGilSon");
        person.setAge("20");
        person.setEmail("Hong@naver.com");
        System.out.println(person);
        return person;
    }
}
```

Note ≡   ResponseEntity

ResponseEntity는 HTTP 요청에 대한 응답 데이터를 포함하는 클래스로, 상태 코드(HttpStatus), 헤더(HttpHeaders), 몸체(HttpBody)를 포함합니다.

@RestController는 별도의 뷰 페이지를 제공하지 않는 형태로 실행하기 때문에 결과 데이터가 예외적인 오류를 발생할 수 있습니다. 이에 사용자가 직접 결과 데이터와 HTTP 상태 코드를 제어할 수 있습니다.

ResponseEntity 적용 예

```java
@Controller
@RequestMapping("/exam04")
public class Example04Controller {
```

● 계속

```
@GetMapping
public ResponseEntity<Person> submit() {
    Person person = new Person();
    person.setName("HongGilSon");
    person.setAge("20");
    person.setEmail("Hong@naver.com");
    System.out.println(person);
    return new ResponseEntity("person", HttpStatus.BAD_REQUEST);
    }
}
```

❤ 그림 14-4 실행 결과

14.2.4 실습 RESTful 방식의 장바구니 기본 구조 만들기

이 절에서는 RESTful 웹 서비스 기반의 장바구니를 구축하기 위해 먼저 장바구니 공통 모듈을 만들어 보겠습니다.

❤ 그림 14-5 도서 쇼핑몰 장바구니의 계층적 구조

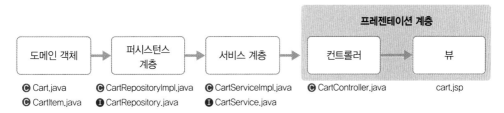

장바구니 정보가 담긴 도메인 객체 생성하기

1. com.springmvc.domain 패키지에 CartItem 클래스를 생성하고 다음 내용을 작성합니다.

코드 14-1 CartItem.java

```java
package com.springmvc.domain;

public class CartItem {
    private Book book;       // 도서
    private int quantity;    // 도서 개수
    private int totalPrice;  // 도서 가격

    public CartItem() {                            // ❶
        // TODO Auto-generated constructor stub
    }

    public CartItem(Book book) {                   // ❷
        super();
        this.book = book;
        this.quantity = 1;
        this.totalPrice = book.getUnitPrice();
    }

    public Book getBook() {
        return book;
    }

    public void setBook(Book book) {
        this.book = book;
        this.updateTotalPrice();
    }

    public int getQuantity() {                     // ❸
        return quantity;
    }

    public void setQuantity(int quantity) {
        this.quantity = quantity;
        this.updateTotalPrice();
    }

    public int getTotalPrice() {
        return totalPrice;
    }
}
```

```
      public void updateTotalPrice() {
❹         totalPrice = this.book.getUnitPrice() * this.quantity;
      }


      @Override
      public int hashCode() {
          final int prime = 31;
          int result = 1;
          result = prime * result + ((book == null) ? 0 : book.hashCode());
          return result;
      }


      @Override
      public boolean equals(Object obj) {
          if (this == obj)
              return true;
❺         if (obj == null)
              return false;
          if (getClass() != obj.getClass())
              return false;
          CartItem other = (CartItem) obj;
          if (book == null) {
              if (other.book != null)
                  return false;
          } else if (!book.equals(other.book))
              return false;
          return true;
      }
}
```

❶ 이클립스에서 Source → Generate Constructors from Superclass를 선택합니다. 이때
나타나는 창에서 [Object]를 선택한 후 Generate를 클릭하면 기본 생성자 CartItem()이
자동으로 생성됩니다. 그리고 코드 14-1처럼 수정합니다.

❷ 이클립스에서 Source → Generate Constructor using Fields를 선택합니다. 이때 나타나
는 창에서 book 필드만 선택한 후 Generate를 클릭하면 일반 생성자 CartItem(...)이 자
동으로 생성됩니다. 그리고 코드 14-1처럼 수정합니다.

❸ 이클립스에서 Source → Generate Getters and Setters를 선택합니다. 이때 나타나
는 창에서 모든 필드를 선택한 후 Generate를 클릭하면 각각의 필드에 대한 Setter()와
Getter() 메서드가 자동으로 생성됩니다. 그리고 코드 14-1처럼 수정합니다.

❹ updateTotalPrice( ) 메서드는 장바구니에 등록되는 도서별 총액을 산출합니다.

❺ 이클립스에서 **Source → Generate hashCode( ) and equals( )**를 선택합니다. 이때 나타
나는 창에서 book 필드만 선택한 후 **Generate**를 클릭하면 필드 book에 대한 hashCode( )
와 equals( ) 메서드가 자동으로 생성됩니다.

2. com.springmvc.domain 패키지에 Cart 클래스를 생성하고 다음 내용을 작성합니다.

코드 14-2 Cart.java

```java
package com.springmvc.domain;

import java.util.HashMap;
import java.util.Map;

public class Cart {
    private String cartId;                  // 장바구니 ID
    private Map<String, CartItem> cartItems; // 장바구니 항목
    private int grandTotal;                 // 총액

    public Cart() {
        cartItems = new HashMap<String, CartItem>();
        grandTotal = 0;
    }

    public Cart(String cartId) {
        this();
        this.cartId = cartId;
    }

    public String getCartId() {
        return cartId;
    }

    public void setCartId(String cartId) {
        this.cartId = cartId;
    }

    public Map<String, CartItem> getCartItems() {
        return cartItems;
    }

    public void setCartItems(Map<String, CartItem> cartItems) {
        this.cartItems = cartItems;
```

```
    }

    public int getGrandTotal() {
        return grandTotal;
    }

    public void updateGrandTotal() {
        grandTotal = 0;
        for (CartItem item : cartItems.values()) {
            grandTotal = grandTotal + item.getTotalPrice();
        }
    }

    @Override
    public int hashCode() {
        final int prime = 31;
        int result = 1;
        result = prime * result + ((cartId == null) ? 0 : cartId.hashCode());
        return result;
    }

    @Override
    public boolean equals(Object obj) {
        if (this == obj)
            return true;
        if (obj == null)
            return false;
        if (getClass() != obj.getClass())
            return false;
        Cart other = (Cart) obj;
        if (cartId == null) {
            if (other.cartId != null)
                return false;
        } else if (!cartId.equals(other.cartId))
            return false;
        return true;
    }
}
```

❹

❺

---

❶ 이클립스에서 Source → Generate Constructors from Superclass를 선택합니다. 이때
나타나는 창에서 [Object]를 선택한 후 Generate를 클릭하면 기본 생성자 Cart()가 자동
으로 생성됩니다. 그리고 코드 14-2처럼 수정합니다.

❷ 이클립스에서 Source → Generate Constructor using Fields를 선택합니다. 이때 나타나는 창에서 cartId 필드만 선택한 후 Generate를 클릭하면 일반 생성자 Cart(...)가 자동으로 생성됩니다. 그리고 코드 14-2처럼 수정합니다.

❸ 이클립스에서 Source → Generate Getters and Setters를 선택합니다. 이때 나타나는 창에서 모든 필드를 선택한 후 Generate를 클릭하면 각각의 필드에 대한 Setter()와 Getter() 메서드가 자동으로 생성됩니다. 그리고 코드 14-2처럼 수정합니다.

❹ updateGrandTotal() 메서드는 장바구니에 등록되는 도서 가격의 총액을 산출합니다.

❺ 이클립스에서 Source → Generate hashCode() and equals()를 선택합니다. 이때 나타나는 창에서 cartId를 선택한 후 Generate를 클릭하면 cartId 필드에 대한 hashCode()와 equals() 메서드가 자동으로 생성됩니다.

장바구니 정보를 관리하는 퍼시스턴스 계층 구현하기

1. com.springmvc.repository 패키지에 CartRepository 인터페이스를 생성한 후 다음 내용을 작성합니다.

코드 14-3 CartRepository.java

```java
package com.springmvc.repository;

import com.springmvc.domain.Cart;

public interface CartRepository {
    Cart create(Cart cart);
    Cart read(String cartId);
}
```

2. com.springmvc.repository 패키지에 CartRepositoryImpl 클래스를 생성하여 다음 내용을 작성합니다. CartRepositoryImpl 인터페이스를 구현한 클래스는 CartRepository 인터페이스에 정의한 create()와 read() 메서드를 구현합니다.

코드 14-4 CartRepositoryImpl.java

```java
package com.springmvc.repository;

import java.util.HashMap;
import java.util.Map;
import org.springframework.stereotype.Repository;
import com.springmvc.domain.Cart;
```

```
@Repository
public class CartRepositoryImpl implements CartRepository {

    private Map<String, Cart> listOfCarts;

    public CartRepositoryImpl() {
        listOfCarts = new HashMap<String, Cart>();
    }

    public Cart create(Cart cart) {
        if (listOfCarts.keySet().contains(cart.getCartId())) {
            throw new IllegalArgumentException(String.format("장바구니를 생성할 수 없습니다.
                장바구니 id(%)가 존재합니다", cart.getCartId()));
❶       }

        listOfCarts.put(cart.getCartId(), cart);
        return cart;
    }

    public Cart read(String cartId) {
❷       return listOfCarts.get(cartId);
    }
}
```

❶ create() 메서드는 새로운 장바구니를 생성하여 장바구니 ID를 등록하고 생성된 장바구니 객체를 반환합니다. 동일한 장바구니 ID가 존재하면 예외 처리를 위해 IllegalArgumentException() 메서드를 호출합니다.

❷ read() 메서드는 장바구니 ID를 이용하여 장바구니에 등록된 모든 정보를 가져와 반환합니다.

도서 장바구니 정보를 반환하는 서비스 계층 구현하기

1. com.springmvc.service 패키지에 CartService 인터페이스를 생성한 후 다음 내용을 작성합니다.

코드 14-5 CartService.java

```
package com.springmvc.service;

import com.springmvc.domain.Cart;
```

```java
public interface CartService {
    Cart create(Cart cart);
    Cart read(String cartId);
}
```

2. com.springmvc.service 패키지에 CartServiceImpl 클래스를 생성하여 다음 내용을 작성합니다. CartServiceImpl 인터페이스를 구현한 클래스는 CartService 인터페이스에 정의한 create()와 read() 메서드를 구현합니다.

```java
package com.springmvc.service;

import org.springframework.beans.factory.annotation.Autowired;
import org.springframework.stereotype.Service;
import com.springmvc.domain.Cart;
import com.springmvc.repository.CartRepository;

@Service
public class CartServiceImpl implements CartService {

    @Autowired
    private CartRepository cartRepository;

    public Cart create(Cart cart) {
❶       return cartRepository.create(cart);
    }

    public Cart read(String cartId) {
❷       return cartRepository.read(cartId);
    }
}
```

❶ create() 메서드는 장바구니 저장소 객체에서 생성한 장바구니를 가져와 반환합니다.

❷ read() 메서드는 저장소 객체에서 장바구니 ID에 대해 장바구니에 등록된 모든 정보를 가져와 반환합니다.

MVC를 담당하는 프레젠테이션 계층 구현하기

1. com.springmvc.controller 패키지에 CartController 클래스를 생성한 후 장바구니 요청을 위한 requestCartId()와 requestCartList() 메서드를 작성합니다.

코드 14-7 CartController.java

```java
package com.springmvc.controller;

import javax.servlet.http.HttpServletRequest;

import org.springframework.beans.factory.annotation.Autowired;
import org.springframework.stereotype.Controller;
import org.springframework.ui.Model;

import org.springframework.web.bind.annotation.RequestBody;
import org.springframework.web.bind.annotation.ResponseBody;
import org.springframework.web.bind.annotation.GetMapping;
import org.springframework.web.bind.annotation.PathVariable;
import org.springframework.web.bind.annotation.PostMapping;
import org.springframework.web.bind.annotation.PutMapping;
import org.springframework.web.bind.annotation.RequestMapping;

import com.springmvc.domain.Cart;
import com.springmvc.service.CartService;

@Controller
@RequestMapping(value="/cart")
public class CartController {

    @Autowired
    private CartService cartService;

    @GetMapping
    public String requestCartId(HttpServletRequest request) {
        String sessionid = request.getSession(true).getId();
        return "redirect:/cart/" + sessionid;
    }

    @PostMapping
    public @ResponseBody Cart create(@RequestBody Cart cart) {
        return cartService.create(cart);
    }
```

```
··· @GetMapping("/{cartId}")
    public String requestCartList(@PathVariable(value="cartId") String cartId, Model
                                  model) {
❸      Cart cart = cartService.read(cartId);
        model.addAttribute("cart", cart);
        return "cart";
··· }


··· @PutMapping("/{cartId}")
❹   public @ResponseBody Cart read(@PathVariable(value="cartId") String cartId) {
        return cartService.read(cartId);
··· }
}
```

❶ requestCartId() 메서드는 웹 요청 URL이 http://localhost:8080/BookMarket/cart/
일 때 요청 처리 메서드로 사용자 요청을 처리합니다. 세션 ID 값을 가져와서 URI cart/
sessionid로 리다이렉션합니다.

❷ create() 메서드는 웹 요청 URI가 /BookMarket/cart/고 HTTP 메서드가 POST 방식이
면 매핑되는 요청 처리 메서드로, 사용자 요청을 처리합니다. Cart 클래스 정보를 HTTP 요
청 body로 전달받아 장바구니를 새로 생성하고 HTTP 응답 body로 전달합니다.

❸ requestCartList() 메서드는 웹 요청 URI가 /BookMarket/cart/cartId고, HTTP 메서드
가 GET 방식이면 매핑되는 요청 처리 메서드로, 사용자 요청을 처리합니다. 요청 URL에서
경로 변수 cartId(장바구니 ID)에 대해 장바구니에 등록된 모든 정보를 읽어 와 커맨드 객
체 cart 속성에 등록하고, 뷰 이름을 cart로 반환하므로 JSP 파일은 cart.jsp가 됩니다.

❹ read() 메서드는 웹 요청 URI가 /cart/cartId고, HTTP 메서드가 PUT 방식이면 매핑되는
요청 처리 메서드로 사용자 요청을 처리합니다. read() 메서드는 요청 URL에서 경로 변수
인 장바구니 ID(cartId)에 대해 장바구니에 등록된 모든 정보를 가져옵니다.

2. 도서를 장바구니에 담고자 book.jsp 파일에 다음 코드를 추가합니다.

코드 14-8 book.jsp

```
<%@ page contentType="text/html; charset=utf-8" %>
...
<body>
...
            <h4>${book.unitPrice} 원</h4>
            <br>
```

```
    <p><a href="#" class="btn btn-primary">도서주문 &raquo;</a>
        <a href="<c:url value="/cart"/>" class="btn btn-warning">장바구니 &raquo;</a> ❶
        <a href="<c:url value="/books"/>" class="btn btn-secondary">도서 목록 &raquo;</a>
    </div>
  </div>
...
```

❶ [장바구니 〉〉] 버튼을 만들었고, **장바구니 〉〉** 버튼을 누르면 웹 요청 URL은 /cart로 이동합
니다.

3. 장바구니에 해당하는 cart.jsp 파일을 생성하고 다음 내용을 작성합니다.

코드 14-9 cart.jsp

```
<%@ page contentType="text/html; charset=utf-8" %>
<%@ taglib prefix="c" uri="http://java.sun.com/jsp/jstl/core" %>

<html>
<head>
<title>Cart</title>
<link href="<c:url value="/resources/css/bootstrap.min.css"/>"
        rel="stylesheet">
</head>
<body>
<nav class="navbar navbar-expand navbar-dark bg-dark">
    <div class="container">
        <div class="navbar-header">
            <a class="navbar-brand" href="../">Home</a>
        </div>
    </div>
</nav>
<div class="jumbotron">
    <div class="container">
        <h1 class="display-3">장바구니</h1>
    </div>
</div>
<div class="container">
    <div>
        <a href="#" class="btn btn-success float-right">주문하기</a>
    </div>
    <div style="padding-top: 50px">
        <table class="table table-hover">
            <tr>
```

```
                <th>도서</th>
                <th>가격</th>
                <th>수량</th>
                <th>소계</th>
                <th>비고</th>
            </tr>
        <c:forEach items="${cart.cartItems}" var="item">
            <tr>
                <td>${item.value.book.bookId}-${item.value.book.name}</td>
❶              <td>${item.value.book.unitPrice}</td>
                <td>${item.value.quantity}</td>
                <td>${item.value.totalPrice}</td>
            </tr>
        </c:forEach>
            <tr>
                <th></th>
                <th></th>
                <th>총액</th>
                <th>${cart.grandTotal}</th>
                <th></th>
            </tr>
            </table>
            <a href="<c:url value="/books"/>" class="btn btn-secondary">&laquo; 쇼핑 계속하기
                </a> ❷
        </div>
        <hr>
        <footer>
            <p>&copy; BookMarket</p>
        </footer>
    </div>
</body>
</html>
```

---

❶ JSTL의 〈for Each〉...〈/for Each〉 구문을 이용한 반복문으로 장바구니에 등록된 도서 정
보 목록을 출력합니다. 커맨드 객체 cart.cartItems를 item 변수로 재정의하여 book 객체,
quantity, totalPrice 등을 ${item.value.필드 이름}을 이용하여 출력합니다.

❷ [쇼핑 계속하기 〉〉] 버튼을 작성하고 《 **쇼핑 계속하기** 버튼을 누르면 웹 요청 URL은 /books
로 이동합니다.

4. 웹 브라우저 주소창에 'http://localhost:8080/BookMarket/books'를 입력하여 실행한 후
   도서 상세 정보 화면에서 **장바구니 >>** 버튼을 누르면 장바구니 화면으로 이동합니다.

❤ 그림 14-6 실행 결과

SPRING

14.3 RESTful 웹 서비스의 CRUD

웹 애플리케이션은 게시판에 게시글을 올리고(Create), 읽고(Read), 수정하고(Update), 삭제하는
(Delete) 등 리소스에 대한 CRUD 연산을 모두 포함하고 있습니다.

기존 웹 접근 방식으로 웹 게시판을 개발한다면 GET과 POST만으로도 CRUD 연산을 모두 처리
할 수 있습니다. 예를 들어 웹 게시판의 글 읽기와 삭제하기는 GET 방식을 이용하고, 글쓰기와
수정하기는 POST 방식을 이용합니다. 하지만 URI는 실행을 위한 액션을 나타낼 뿐 제어하려는
리소스나 리소스 위치를 명확하게 나타내지는 않습니다. 이와 같이 기존 웹 접근 방식으로는 URI
를 통해 제어하려는 리소스가 무엇이며, 리소스에서 GET이나 POST 방식으로만 어떤 액션을 할
것인지 명확하게 식별할 수 없습니다.

최근 웹 애플리케이션은 HTTP 메서드로 GET, PUT, POST, DELETE와 URI를 통해 리소스의
접근을 명확히 식별할 수 있도록 RESTful 웹 서비스 기반으로 개발되고 있습니다. 이런 RESTful
웹 서비스에서 GET, PUT, POST, DELETE 등 HTTP 메서드를 사용하려면 web.xml 파일에
다음과 같이 HiddenHttpMethodFilter 클래스를 설정해야 합니다.

```
<filter>
    <filter-name>httpMethodFilter</filter-name>
    <filter-class>org.springframework.web.filter.HiddenHttpMethodFilter</filter-class>
</filter>

<filter-mapping>
    <filter-name>httpMethodFilter</filter-name>
    <servlet-name>appServlet</servlet-name>
</filter-mapping>
```

RESTful 웹 서비스에서 HTTP 메서드가 리소스에 접근하여 수행하는 CRUD 연산 작업은 다음과 같습니다.

❤ 표 14-4 HTTP 메서드 유형

유형	설명	CRUD 매핑
POST	기존 리소스를 갱신하거나 새로운 리소스를 생성하는 데 사용합니다.	Create
GET	리소스를 조회하여 읽어 오는 데 사용합니다.	Read
PUT	리소스를 변경하는 데 사용합니다.	Update
DELETE	기존 리소스를 삭제하는 데 사용합니다.	Delete
OPTION	기존 리소스에 대한 리소스 작업을 얻는 데 사용합니다.	

다음은 HTTP 메서드의 PUT을 지정한 예입니다.

HTTP 메서드의 PUT 적용 예

Example05Controller.java

```java
@Controller
@RequestMapping("/exam05")
public class Example05Controller {

    @GetMapping
    public String showForm(@ModelAttribute("Member") Person person) {
        return "webpage14_03";
    }

    @PutMapping
    public String submit(@ModelAttribute("Member") Person person) {
        System.out.println(person);
```

```
            return "redirect:/exam05";
    }
}
```

```jsp
<%@ page contentType="text/html; charset=utf-8" %>
<%@ taglib prefix="form" uri="http://www.springframework.org/tags/form" %>
<html>
<head>
<title>RESTful 웹 서비스</title>
</head>

<body>
    <h3>RESTful 웹 서비스</h3>
    <form:form modelAttribute="Member" action="./exam05" method="put">
        <p>이름 : <form:input path="name"/>
        <p>나이 : <form:input path="age"/>
        <p>이메일 : <form:input path="email"/>
        <p><input type="submit" value="확인"/>
    </form:form>
</body>
</html>
```

앞 예제처럼 PUT 방식의 <form:form> 태그를 작성한 후 HTML 코드로 보면 hidden 타입의
<input> 태그가 자동으로 추가된 것을 알 수 있습니다. HTML 코드에서는 외부적으로는 HTTP
메서드가 POST이지만, 내부적으로 POST 방식이 아닌 _method 값인 PUT 방식을 전달하여 처
리합니다.

```html
<html>
<head>
<title>RESTful 웹 서비스</title>
</head>

<body>
<h3>RESTful 웹 서비스</h3>
<form id="Member" action="./exam05" method="post"><input type="hidden" name="_method"
    value="put"/>
    <p>이름 : <input id="name" name="name" type="text" value="">
    <p>나이 : <input id="age" name="age" type="text" value=""/>
```

```
        <p>이메일 : <input id="email" name="email" type="text" value=""/>
        <p><input type="submit" value="확인"/>
    </form>
</body>
</html>
```

예를 들어 사용자 웹 요청 URL이 http://.../exam05이면 Example05Controller 컨트롤러의 요청 처리 메서드 showForm()으로 webpage14_03.jsp 파일을 출력합니다. 폼 페이지에서 name, age, email 항목에 각각 'HongGilSon', '20', 'hong@naver.com'을 입력하면 Example05Controller 컨트롤러의 요청 처리 메서드 submit()에서 매개변수 person으로 전달받습니다.

▼ 그림 14-7 실행 결과

14.3.1 실습 RESTful 웹 서비스를 위한 장바구니 CRUD 만들기

도서 쇼핑몰의 장바구니 공통 모듈을 만들어 보았으니 RESTful 웹 서비스의 구성 요소를 적용한 도서 장바구니의 뷰 화면을 구현해 봅니다.

HiddenHttpMethodFilter 필터 설정하기

1. HTTP 메서드를 사용하려고 web.xml 파일에 HiddenHttpMethodFilter를 설정합니다.

코드 14-10 web.xml

```
<?xml version="1.0" encoding="UTF-8"?>
<web-app...>
...
    <filter-mapping>
```

```
        <filter-name>springSecurityFilterChain</filter-name>
        <url-pattern>/*</url-pattern>
    </filter-mapping>

    <filter>
        <filter-name>httpMethodFilter</filter-name>
        <filter-class>org.springframework.web.filter.HiddenHttpMethodFilter</filter-
                    class>
    </filter>
    <filter-mapping>
        <filter-name>httpMethodFilter</filter-name>
        <servlet-name>appServlet</servlet-name>
    </filter-mapping>
</web-app>
```

장바구니에 도서 등록하기

1. Cart 클래스 안에 addCartItem() 메서드를 추가로 작성합니다. addCartItem() 메서드는 도서 목록 중 선택한 도서를 장바구니에 등록합니다.

코드 14-11 Cart.java

```java
package com.springmvc.domain;
...
public class Cart {
    ...
    public void addCartItem(CartItem item) {
        String bookId = item.getBook().getBookId(); // 현재 등록하기 위한 도서 ID 가져오기

        // 도서 ID가 cartItems 객체에 등록되어 있는지 여부 확인
        if (cartItems.containsKey(bookId)) {
            CartItem cartItem = cartItems.get(bookId); // 등록된 도서 ID에 대한 정보 가져오기
            // 등록된 도서 ID의 개수 추가 저장
            cartItem.setQuantity(cartItem.getQuantity() + item.getQuantity());
            cartItems.put(bookId, cartItem); // 등록된 도서 ID에 대한 변경 정보(cartItem) 저장
        } else {
            cartItems.put(bookId, item); // 도서 ID에 대한 도서 정보(item) 저장
        }
        updateGrandTotal(); // 총액 갱신
    }
}
```

2. CartRepository 인터페이스에 updateCart() 메서드를 선언합니다.

코드 14-12 CartRepository.java

```
package com.springmvc.repository;

import com.springmvc.domain.Cart;

public interface CartRepository {
    ...
    void update(String cartId, Cart cart);
}
```

---

3. CartRepositoryImpl 클래스에 update() 메서드를 구현합니다.

코드 14-13 CartRepositoryImpl.java

```
package com.springmvc.repository;
...
@Repository
public class CartRepositoryImpl implements CartRepository {

    private Map<String, Cart> listOfCarts;
    ...
    public void update(String cartId, Cart cart) {
        if (!listOfCarts.keySet().contains(cartId)) {
            // 장바구니 ID가 존재하지 않은 경우 예외 처리
            throw new IllegalArgumentException(String.format("장바구니 목록을 갱신할 수 없습
                        니다. 장바구니 id(%)가 존재하지 않습니다", cartId));
        }
        listOfCarts.put(cartId, cart);
    }
}
```

---

4. CartService 인터페이스에 update() 메서드를 선언합니다.

코드 14-14 CartService.java

```
package com.springmvc.service;
...
public interface CartService {
    ...
    void update(String cartId, Cart cart);
}
```

---

5. CartServiceImpl 클래스에 update() 메서드를 구현합니다.

```java
package com.springmvc.service;
...
@Service
public class CartServiceImpl implements CartService {

    @Autowired
    private CartRepository cartRepository;
    ...
    public void update(String cartId, Cart cart) {
        cartRepository.update(cartId, cart);
    }
}
```

6. CartController 클래스에 장바구니에 등록하는 addCartByNewItem() 메서드를 추가로 작성합니다.

```java
package com.springmvc.controller;
...
import com.springmvc.domain.Book;
import com.springmvc.service.BookService;
import com.springmvc.exception.BookIdException;
import com.springmvc.domain.CartItem;
import org.springframework.http.HttpStatus;
import org.springframework.web.bind.annotation.ResponseStatus;

@Controller
@RequestMapping(value="/cart")
public class CartController {

    @Autowired
    private CartService cartService;

    @Autowired
    private BookService bookService;

    ...
```

```
     @PutMapping("/add/{bookId}")
     @ResponseStatus(value=HttpStatus.NO_CONTENT) // 오류 응답 상태 코드 설정
     public void addCartByNewItem(@PathVariable String bookId, HttpServletRequest
             request) {
         // 장바구니 ID인 세션ID 가져오기
         String sessionId = request.getSession(true).getId();
         Cart cart = cartService.read(sessionId); // 장바구니에 등록된 모든 정보 얻어 오기
         if (cart == null)
❶        cart = cartService.create(new Cart(sessionId));
         // 경로 변수 bookId에 대한 정보 얻어 오기
         Book book = bookService.getBookById(bookId);
         if (book == null)
             throw new IllegalArgumentException(new BookIdException(bookId));
         // bookId에 대한 도서 정보를 장바구니에 등록하기
         cart.addCartItem(new CartItem(book));
         cartService.update(sessionId, cart); // 세션 ID에 대한 장바구니 갱신하기
     }
 }
```

❶ addCartByNewItem() 메서드는 HTTP 메서드가 PUT 방식으로 요청 URI가 /cart/add/
{bookId}일 때 경로 변수 bookId에 대해 해당 도서를 장바구니에 추가로 등록하고 장바구
니를 갱신합니다.

7. WebContent/resources 폴더에 js 폴더를 생성합니다. 여기에 자바스크립트 controllers.js
파일을 만든 후 장바구니에 등록하는 addToCart() 메서드를 작성합니다.

코드 14-17 controllers.js

```
function addToCart(action) {
    document.addForm.action = action;
    document.addForm.submit();
    alert("도서가 장바구니에 추가되었습니다!");
}
```

8. 도서를 장바구니에 담는 book.jsp 파일을 다음과 같이 수정합니다.

코드 14-18 book.jsp

```
<%@ page contentType="text/html; charset=utf-8" %>
<%@ taglib prefix="c" uri="http://java.sun.com/jsp/jstl/core" %>
<%@ taglib prefix="form" uri="http://www.springframework.org/tags/form" %> ❶
```

```
<html>
<head>
<link href="<c:url value="/resource/css/bootstrap.css"/>" rel="stylesheet">
<script src="${pageContext.request.contextPath}/resources/js/controllers.js"></script> ❷
<title>도서 상세 정보</title>
</head>

<body>
...
    <h4>${book.unitPrice} 원</h4>
    <br>
    <form:form name="addForm" method="put">
        <p><a href="javascript:addToCart('../cart/add/${book.bookId}')" class="btn
            btn-primary">도서주문 &raquo;</a>
        <a href="<c:url value="/cart"/>" class="btn btn-warning">장바구니 &raquo;</a>
        <a href="<c:url value="/books"/>" class="btn btn-default">도서 목록 &raquo;</a>
    </form:form>

...
```

❶ 스프링에서 제공하는 폼 태그 라이브러리를 사용하려고 선언합니다.

❷ 애플리케이션에 적용할 자바스크립트 파일 controllers.js의 경로 위치를 설정합니다. 여기
에서 ${pageContext.request.contextPath}는 요청 경로가 바뀌어도 소스를 수정하지 않
고 적용하는 데 사용됩니다.

예를 들어 요청 URL이 http://localhost:8080/BookMarket/resource/js/controllers.js
라면 pageContext.request.contextPath는 http://localhost:8080/Chapter14/ 경로에
해당됩니다.

❸ 스프링에서 제공하는 폼 태그 라이브러리 중 <form:form> 태그를 사용하여 [도서주문 >>]
버튼 동작을 수행하는 설정을 추가했습니다. **도서주문 >>** 버튼을 누르면 자바스크립트의
addToCart() 함수가 호출됩니다. 또한 <form:form> 태그에 선언된 웹 요청 URI ../cart/add/
${book.bookId} 및 HTTP 메서드가 PUT 방식으로 전송됩니다. CartController 클래스
의 addCartByNewItem() 메서드에 매핑되어 해당 도서가 장바구니에 추가로 등록됩니다.

9. 웹 브라우저 주소창에 'http://localhost:8080/BookMarket/books'를 입력해서 실행합니다. 도서 상세 정보 화면에서 **도서주문 >>** 버튼을 눌러 해당 도서를 장바구니에 추가합니다.

10. 도서 상세 정보 화면에서 **장바구니 >>** 버튼을 눌러 장바구니 화면으로 이동합니다.

장바구니에 등록된 도서 항목별 삭제하기

1. Cart 클래스에 장바구니에 등록된 도서 항목을 삭제하는 removeCartItem() 메서드를 추가합니다.

코드 14-19 Cart.java

```
package com.springmvc.domain;
...
public class Cart {
    ...
```

```
    public void removeCartItem(CartItem item) {
        String bookId = item.getBook().getBookId();
        cartItems.remove(bookId); // bookId 도서 삭제
        updateGrandTotal();       // 총액 갱신
    }
}
```

2. CartController 클래스에 장바구니에 등록된 도서 항목을 삭제하는 removeCartByItem() 메서드를 추가합니다.

코드 14-20 CartController.java

```
package com.springmvc.controller;
...
@Controller
@RequestMapping(value="/cart")
public class CartRestController {

    @Autowired
    private CartService cartService;
    ...
    @PutMapping("/remove/{bookId}")
    @ResponseStatus(value=HttpStatus.NO_CONTENT)
    public void removeCartByItem(@PathVariable String bookId, HttpServletRequest request) {
        // 장바구니 ID인 세션 ID 가져오기
        String sessionId = request.getSession(true).getId();
        Cart cart = cartService.read(sessionId); // 장바구니에 등록된 모든 정보 얻어 오기
        if (cart == null)
            cart = cartService.create(new Cart(sessionId));
            // 경로 변수 bookId에 대한 정보 얻어 오기
            Book book = bookService.getBookById(bookId);
        if (book == null)
            throw new IllegalArgumentException(new BookIdException(bookId));
        // bookId에 대한 도서 정보를 장바구니에서 삭제하기
        cart.removeCartItem(new CartItem(book));
        cartService.update(sessionId, cart); // 세션 ID에 대한 장바구니 갱신하기
    }
}
```

❶ removeCartByItem() 메서드는 HTTP 메서드가 PUT 방식으로 요청 URI가 /cart/remove/ {bookId}일 때 경로 변수 bookId에 대해 해당 도서를 장바구니에서 삭제하고 장바구니를 갱신합니다.

409

3. 자바스크립트 controllers.js 파일에 장바구니에 등록된 도서 항목을 삭제하는 removeFromCart( ) 메서드를 추가합니다.

코드 14-21 controllers.js

```
...
function removeFromCart(action) {
    document.removeForm.action = action;
    document.removeForm.submit();
    window.location.reload();
}
```

4. 장바구니에 해당하는 cart.jsp 파일에 장바구니에 등록된 도서 항목을 삭제하려면 다음과 같이 수정해야 합니다.

코드 14-22 cart.jsp

```
<%@ page contentType="text/html; charset=utf-8" %>
<%@ taglib prefix="c" uri="http://java.sun.com/jsp/jstl/core" %>
<%@ taglib prefix="form" uri="http://www.springframework.org/tags/form" %> ❶

<html>
<head>
<title>Cart</title>
<link href="<c:url value="/resource/css/bootstrap.css"/>" rel="stylesheet">
<script src="<c:url value="/resources/js/controllers.js"/>"></script> ❷
</head>

<body>
...
    <div style="padding-top: 50px">
        <table class="table table-hover">
        <tr>
            <th>도서</th>
            <th>가격</th>
            <th>수량</th>
            <th>소계</th>
            <th>비고</th>
        </tr>
        <form:form name="removeForm" method="put">
            <c:forEach items="${cart.cartItems}" var="item">
            <tr>
                <td>${item.value.book.bookId}-${item.value.book.name}</td>
                <td>${item.value.book.unitPrice}</td>
```

```
            <td>${item.value.quantity}</td>
            <td>${item.value.totalPrice}</td>
❸           <td><a href="javascript:removeFromCart('../cart/remove/${item.value.
                book.bookId}')" class="badge badge-danger">삭제</a></td>
        </tr>
        </c:forEach>
    </form:form>
        <tr>
            <th></th>
            <th></th>
            <th>총액</th>
            <th>${cart.grandTotal}</th>
            <th></th>
        </tr>
    </table>
...
```

❶ 스프링에서 제공하는 폼 태그 라이브러리를 사용하려고 선언합니다.

❷ 애플리케이션에 적용할 자바스크립트 파일 controllers.js의 경로 위치를 설정합니다.

❸ 스프링에서 제공하는 폼 태그 라이브러리 중 <form:form> 태그를 사용하여 [삭제] 버튼에 동
작을 수행하는 설정을 추가했습니다. **삭제** 버튼을 누르면 자바스크립트의 removeFromCart( )
함수가 호출됩니다. 또한 웹 요청 URI ../cart/remove/도서ID 및 HTTP 메서드가 PUT
방식으로 전송됩니다. CartController 클래스의 removeCartByItem( ) 메서드에 매핑되어
장바구니에 등록된 도서 정보 중에서 선택한 도서를 삭제합니다.

5. 장바구니 화면에서 **삭제** 버튼을 누르면 해당 도서가 장바구니에서 삭제됩니다.

▼ 그림 14-8 실행 결과

411

장바구니에 등록된 모든 도서 삭제하기

1. CartRepository 인터페이스에 delete( ) 메서드를 선언합니다.

코드 14-23 CartRepository.java

```java
package com.springmvc.repository;
...
public interface CartRepository {
    ...
    void delete(String cartId);
}
```

2. CartRepositoryImpl 클래스에 delete( ) 메서드를 구현합니다.

코드 14-24 CartRepositoryImpl.java

```java
package com.springmvc.repository;
...
@Repository
public class CartRepositoryImpl implements CartRepository {

    private Map<String, Cart> listOfCarts;
    ...
    public void delete(String cartId) {
        if (!listOfCarts.keySet().contains(cartId)) {
            // 장바구니 ID가 존재하지 않으면 예외 처리
            throw new IllegalArgumentException(String.format("장바구니 목록을 삭제할 수
                    없습니다. 장바구니 id(%s)가 존재하지 않습니다", cartId));
        }
        listOfCarts.remove(cartId);
    }
}
```

3. CartService 인터페이스에 delete( ) 메서드를 선언합니다.

코드 14-25 CartService.java

```java
package com.springmvc.service;
...
public interface CartService {
    ...
    void delete(String cartId);
}
```

4. CartServiceImpl 클래스에 delete( ) 메서드를 구현합니다.

코드 14-26 CartServiceImpl.java

```java
package com.springmvc.service;
...
@Service
public class CartServiceImpl implements CartService {

    @Autowired
    private CartRepository cartRepository;
    ...
    public void delete(String cartId) {
        cartRepository.delete(cartId);
    }
}
```

5. CartController 클래스에 장바구니에 등록된 모든 도서를 삭제하는 deleteCartList( ) 메서드
를 추가합니다.

코드 14-27 CartController.java

```java
package com.springmvc.controller;
...
import org.springframework.web.bind.annotation.DeleteMapping;

@Controller
@RequestMapping(value="/cart")
public class CartRestController {

    @Autowired
    private CartService cartService;
    ...
    @DeleteMapping("/{cartId}")
    @ResponseStatus(value=HttpStatus.NO_CONTENT)
❶  public void deleteCartList(@PathVariable(value="cartId") String cartId) {
        cartService.delete(cartId);
    }
}
```

❶ deleteCartList( ) 메서드는 웹 요청 URI가 /BookMarket/cart/cartId고 HTTP 메서드가
DELETE 방식일 때 매핑되는 요청 처리 메서드로, 사용자 요청을 처리합니다. delete( ) 메

서드는 요청 URL에서 경로 변수인 장바구니 ID(cartId)에 대해 장바구니에 등록된 모든 정보를 삭제합니다.

6. 자바스크립트 controllers.js 파일에 장바구니에 저장된 모든 도서 항목을 삭제하는 clearCart() 메서드를 추가로 작성합니다.

코드 14-28 controllers.js

```
...
function clearCart() {
    document.clearForm.submit();
    window.location.reload();
}
```

7. 장바구니에 해당하는 cart.jsp 파일에 장바구니에서 저장된 모든 도서 항목을 삭제하려면 다음 내용을 작성해야 합니다.

코드 14-29 cart.jsp

```
<%@ page contentType="text/html; charset=utf-8" %>
...
<div class="container">
    <div>
    ┌··· <form:form name="clearForm" method="delete">
    ❶         <a href="javascript:clearCart()" class="btn btn-danger pull-left">삭제하기</a>
    └··· </form:form>
            <a href="#" class="btn btn-success pull-right">주문하기</a>
    </div>
</div>
...
```

❶ 스프링에서 제공하는 폼 태그 라이브러리 중 <form:form> 태그를 사용하여 [삭제하기] 버튼에 동작을 수행하는 설정을 추가했습니다. **삭제하기** 버튼을 누르면 자바스크립트의 clearCart() 함수를 호출합니다. 또한 디폴트 웹 요청 URI ../cart/cartId 및 HTTP 메서드가 DELETE 방식으로 전송됩니다. 이는 CartController 클래스의 deleteCartList() 메서드에 매핑되어 장바구니에 등록된 정보를 삭제해서 장바구니를 비웁니다.

8. 장바구니 화면에서 **삭제하기** 버튼을 누르면 장바구니에 담긴 모든 도서가 장바구니에서 삭제됩니다.

▼ 그림 14-9 실행 결과

14.4 마치며

SPRING

웹 애플리케이션에서 HTTP와 웹 애플리케이션 아키텍처 REST 원리를 이용하여 구현하는 RESTful 웹 서비스를 구축하는 방법을 살펴보았습니다. 또한 RESTful 웹 서비스를 위해 자바스크립트를 애플리케이션에 적용하는 방법도 살펴보았습니다.

memo

15^장

장

스프링 웹 플로우:
주문 처리 페이지
만들기

이 장에서는 독립된 프레임워크인 스프링 웹 플로우를 적용하는 방법을 살펴 봅니다. 스프링 웹 플로우는 코드를 재사용할 수 있으며, 유지 보수할 수 있는 웹 플로우 기반의 웹 애플리케이션을 쉽게 개발할 수 있습니다. 이를 활용하여 도서 쇼핑몰의 주문 처리를 만드는 방법을 살펴봅니다.

이 장에서 다룰 핵심 내용

- **웹 플로우의 개요**
  - [실습] 웹 플로우를 적용하는 주문 처리의 기본 구조 만들기
- **웹 플로우와 MVC 연동을 위한 환경 설정**
  - [실습] 웹 플로우 적용을 위한 환경 설정하기
- **주문 처리를 위한 웹 플로우 정의**
  - [실습] 주문 처리를 위한 웹 플로우 정의 파일 만들기
  - [실습] 주문 처리를 위한 웹 플로우 페이지 작성하기

15.1 / 웹 플로우의 개요

웹 페이지 구성이 복잡한 웹 애플리케이션을 개발할 때 필요한 웹 페이지의 흐름을 추적하고 관리할 수 있는 기능을 알아봅니다.

15.1.1 스프링 웹 플로우

웹 애플리케이션을 개발할 때 구성이 복잡한 웹 페이지의 흐름을 이해하고 관리하는 것은 어떤 프레임워크를 사용하든 꽤 어렵습니다. 또한 뷰를 여러 개 포함하는 복잡한 경로나 처리 흐름을 가진 웹 애플리케이션을 개발할 때도 기존 웹 개발 접근 방법을 사용하기가 어렵습니다. 페이지별로 전후 이동을 연결하는 반복 코딩 작업을 해야 하고, 페이지마다 각 요청을 처리하는 액션을 작성하며, 다양한 뷰로 개별 액션들이 서로 연결되어야 하는 작업 등이 쉽지 않기 때문입니다.

웹 애플리케이션의 페이지 구성이 복잡해지면 개발자가 애플리케이션의 처리 흐름을 이해하려고 코드에 파고들어야 하는데 유지 보수가 어려워집니다. 이보다 더 크고 복잡한 웹 애플리케이션일수록 문제는 더 악화됩니다. 또한 일반적인 프레임워크로는 이런 수준의 페이지 흐름을 추적하기도 난해합니다.

스프링에서는 이런 문제를 해결할 수 있도록 미리 정의된 페이지 흐름을 구현하는 스프링 웹 플로우(Web Flow)를 제공합니다.

스프링 웹 플로우는 스프링 MVC 기반으로 웹 애플리케이션에서 웹 페이지 흐름을 정의하고 구현할 수 있는 스프링 기반의 웹 애플리케이션 모듈입니다. 보통 웹 애플리케이션을 개발할 때는 페이지 흐름을 제어하기 위해 복잡하고 반복적인 코드로 전후 이동이나 웹 요청에 따른 액션 처리 등을 작성합니다. 이때 스프링 웹 플로우를 사용할 경우 미리 정해진 페이지 흐름을 따를 수 있도록 각 요소를 개발할 수 있기에 웹 애플리케이션의 페이지 흐름을 좀 더 편하게 관리할 수 있습니다. 예를 들어 웹 쇼핑몰 사이트에서 상품을 구매할 때 장바구니에 상품을 넣고, 배송 정보와 결제 수단을 입력하고, 마지막에 주문을 확인하는 과정으로 진행됩니다. 이와 같이 단계별 웹 페이지 흐름을 제어하는 데 스프링 웹 플로우를 사용하면 페이지 흐름을 정의하고 수행할 수 있어 간단명료하게 웹 페이지 흐름을 손쉽게 작성할 수 있으며, 전체 페이지 흐름도 관리할 수 있습니다.

15.1.2 스프링 웹 플로우의 특징

스프링 웹 플로우의 특징은 다음과 같습니다.

- 웹 애플리케이션 내 페이지 흐름을 XML 파일이나 자바 클래스 같은 웹 플로우 정의(web flow definition) 문서에 설정할 수 있어 웹 페이지 흐름을 깔끔하게 한눈에 파악할 수 있습니다.

- 스트럿츠, 스프링 MVC, JSF 등 다양한 프레임워크에 포함해서 연동할 수 있도록 비의존적으로 설계되어 있습니다. 이는 애플리케이션의 다양한 위치에서 재사용할 수 있는 모듈과 같습니다.

- 특정한 상황에 특정한 컨트롤러를 사용하지 않고 동일하고 일관성 있는 방식의 기술을 사용해서 항상 웹 애플리케이션 내에서 적절한 페이지 흐름을 획득할 수 있습니다.

- 자동으로 페이지 흐름이 간단명료하게 관리되며, 명확하고 관찰 가능한 라이프사이클(lifecycle)을 가집니다. 이는 시스템이 복잡한 페이지 흐름을 관리하고 결과적으로는 사용하기 쉽게 합니다.

15.1.3 실습 웹 플로우를 적용하는 주문 처리의 기본 구조 만들기

이 절에서는 스프링 웹 플로우를 적용하고자 먼저 주문 처리의 공통 모듈을 만들어 봅니다. 도서 쇼핑몰의 장바구니에 등록된 도서들을 주문 처리하는 첫 번째 단계입니다.

▼ 그림 15-1 도서 쇼핑몰의 주문 처리 계층적 구조

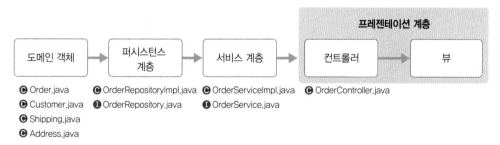

도서 주문 처리 정보가 담긴 도메인 객체 생성하기

1. Book, Cart, CartItem 클래스를 Serializable 인터페이스 구현체로 수정하고, 여기에 long 타입의 serialVersionUID 상수를 추가합니다.

코드 15-1 Book.java

```
package com.springmvc.domain;
...
import java.io.Serializable;

public class Book implements Serializable {
    private static final long serialVersionUID = -7715651009026349175L; ❶
    ...
}
```

코드 15-2 Cart.java

```
package com.springmvc.domain;
...
import java.io.Serializable;

public class Cart implements Serializable {
    private static final long serialVersionUID = 2155125089108199199L; ❶
    ...
}
```

코드 15-3 CartItem.java

```
package com.springmvc.domain;

import java.io.Serializable;

public class CartItem implements Serializable {
    private static final long serialVersionUID = 3636831123198280235L; ❶
    ...
}
```

❶ serialVersionUID는 직렬화(serialize)를 할 때 메타 정보로 저장되는 id 값입니다. 서로 다른 자바 컴파일러 구현체 사이에서도 동일한 serialVersionUID 값을 얻으려면 명시적으로 serialVersionUID 값을 선언해야 합니다. 가능한 private으로 선언해야 합니다.

15

Note ≡   serialVersionUID 대신 @SuppressWarnings로 변경해도 됩니다!

serialVersionUID 필드 값을 앞서 실습한 것처럼 직접 작성하거나 다음과 같이 @SuppressWarnings ("serial")로 선언해도 됩니다.

```java
import java.io.Serializable;

@SuppressWarnings("serial")
public class Book implements Serializable {
    ...
}
```

2. com.springmvc.domain 패키지에서 Address 클래스를 생성하고 다음 내용을 작성합니다.

코드 15-4 Address.java

```java
package com.springmvc.domain;

import java.io.Serializable;

public class Address implements Serializable {

    private static final long serialVersionUID = 613846598817670033L;

    private String detailName;    // 세부 주소
    private String addressName;   // 주소
    private String country;       // 국가명
    private String zipCode;       // 우편번호

    public String getDetailName() {
        return detailName;
    }

    public void setDetailName(String detailName) {
        this.detailName = detailName;
    }

    public String getAddressName() {
        return addressName;
    }

    public void setAddressName(String addressName) {
        this.addressName = addressName;
```

❶

❷

```
    }

    public String getCountry() {
        return country;
    }

    public void setCountry(String country) {
        this.country = country;
    }

    public String getZipCode() {
        return zipCode;
    }

    public void setZipCode(String zipCode) {
        this.zipCode = zipCode;
    }

    @Override
    public int hashCode() {
        final int prime = 31;
        int result = 1;
        result = prime * result + ((addressName == null) ? 0 : addressName.hashCode());
        result = prime * result + ((country == null) ? 0 : country.hashCode());
        result = prime * result + ((detailName == null) ? 0 : detailName.hashCode());
        result = prime * result + ((zipCode == null) ? 0 : zipCode.hashCode());
        return result;
    }

    @Override
    public boolean equals(Object obj) {
        if (this == obj)
            return true;
        if (obj == null)
            return false;
        if (getClass() != obj.getClass())
            return false;
        Address other = (Address) obj;

        if (addressName == null) {
            if (other.addressName != null)
                return false;
        } else if (!addressName.equals(other.addressName))
```

❷ (setCountry method marker)

❸ (equals method marker)

```
                return false;
        if (country == null) {
            if (other.country != null)
                return false;
        } else if (!country.equals(other.country))
            return false;
        if (detailName == null) {
            if (other.detailName != null)
                return false;
❸      } else if (!detailName.equals(other.detailName))
            return false;
        if (zipCode == null) {
            if (other.zipCode != null)
                return false;
        } else if (!zipCode.equals(other.zipCode))
            return false;
        return true;
    }
}
```

❶ Address 클래스의 detailName(세부 주소), addressName(주소), country(국가명), zipCode(우편번호) 필드 등을 선언합니다.

❷ 각 필드에 대한 Setter()와 Getter() 메서드를 추가합니다. 이클립스에서 **Source →** **Generate Getters and Setters**를 선택합니다. 이때 나타나는 창에서 모든 필드를 선택한 후 **Generate**를 클릭하면 메서드가 자동으로 생성됩니다.

❸ hashCode()와 equals() 메서드를 추가합니다. 이클립스에서 **Source → Generate hashCode() and equals()**를 선택합니다. 이때 나타나는 창에서 모든 필드를 선택한 후 **Generate**를 클릭하면 메서드가 자동으로 생성됩니다.

3. com.springmvc.domain 패키지에서 Customer 클래스를 생성하고 다음 내용을 작성합니다.

코드 15-5 Customer.java

```
package com.springmvc.domain;

import java.io.Serializable;

public class Customer implements Serializable {
```

```java
        private static final long serialVersionUID = 3636831123198280235L;

❶      private String customerId; // 고객ID
        private String name;       // 고객 이름
        private Address address;   // 고객 주소 객체
        private String phone;      // 고객 전화번호

❷      public Customer() {
            this.address= new Address();
        }

        public Customer(String customerId, String name) {
            this();
❸          this.customerId = customerId;
            this.name = name;
        }

        public String getCustomerId() {
            return customerId;
        }

        public void setCustomerId(String customerId) {
            this.customerId = customerId;
        }

        public String getName() {
            return name;
        }

❹      public void setName(String name) {
            this.name = name;
        }

        public Address getAddress() {
            return address;
        }

        public void setAddress(Address address) {
            this.address = address;
        }

        public String getPhone() {
            return phone;
```

```
        }

    public void setPhone(String phone) {
        this.phone = phone;
    }
}


    @Override
    public int hashCode() {
        final int prime = 31;
        int result = 1;
        result = prime * result + ((customerId == null) ? 0 : customerId.hashCode());
        return result;
    }

    @Override
    public boolean equals(Object obj) {
        if (this == obj)
            return true;
        if (obj == null)
            return false;
        if (getClass() != obj.getClass())
            return false;
        Customer other = (Customer) obj;
        if (customerId == null) {
            if (other.customerId != null)
                return false;
        } else if (!customerId.equals(other.customerId))
            return false;
        return true;
    }
}
```

❺

❶ Customer 클래스의 customerId(고객 ID), name(고객 이름), address(고객 주소 객체),
phone(고객 전화번호) 필드 등을 선언합니다.

❷ 기본 생성자 Customer()를 추가합니다. 이클립스에서 **Source → Generate Constructors
from Superclass**를 선택합니다. 이때 나타나는 창에서 [Object]를 선택한 후 **Generate**를
클릭하면 기본 생성자가 자동으로 생성됩니다. 그리고 코드 15–5처럼 수정합니다.

❸ 일반 생성자 Customer(...)를 추가합니다. 이클립스에서 **Source → Generate Constructor using Fields**를 선택합니다. 이때 나타나는 창에서 customerId와 name 필드를 선택한 후 **Generate**를 클릭하면 일반 생성자가 자동으로 생성됩니다. 그리고 코드 15-5처럼 수정합니다.

❹ 각 필드에 대한 Setter()와 Getter() 메서드를 추가합니다. 이클립스에서 **Source → Generate Getters and Setters**를 선택합니다. 이때 나타나는 창에서 모든 필드를 선택한 후 **Generate**를 클릭하면 메서드가 자동으로 생성됩니다.

❺ hashCode()와 equals() 메서드를 추가합니다. 이클립스에서 **Source → Generate hashCode() and equals()**를 선택합니다. 이때 나타나는 창에서 customerId 필드만 선택한 후 **Generate**를 클릭하면 메서드가 자동으로 생성됩니다.

4. com.springmvc.domain 패키지에서 Shipping 클래스를 생성하고 다음 내용을 작성합니다.

코드 15-6 Shipping.java

```java
package com.springmvc.domain;

import java.io.Serializable;
import java.util.Date;
import org.springframework.format.annotation.DateTimeFormat;

public class Shipping implements Serializable {

    private static final long serialVersionUID = 8121814661110003493L;

    private String name;        // 배송 고객 이름
    @DateTimeFormat(pattern="yyyy/MM/dd") ❷
    private Date date;          // 배송일
    private Address address;    // 배송 주소 객체

    public Shipping() {
        this.address = new Address();
    }

    public String getName() {
        return name;
    }

    public void setName(String name) {
        this.name = name;
    }
```

❶ ❸

```
    public Date getDate() {
        return date;
    }

    public void setDate(Date date) {
        this.date = date;
    }
❹
    public Address getAddress() {
        return address;
    }

    public void setAddress(Address address) {
        this.address = address;
    }
}
```

❶ Shipping 클래스의 name(배송 고객 이름), date(배송일), address(배송 주소 객체) 필드 등을 선언합니다.

❷ @DateTimeFormat 애너테이션은 date 속성의 제약 사항으로 날짜 표현 형식으로 yyyy/MM/dd 패턴을 갖습니다. 여기에서 date 속성은 패턴과 일치해야 하고 유효성 검사를 할 때 패턴과 불일치하면 동작하지 않습니다.

❸ 기본 생성자 Shipping()을 생성합니다. 이클립스에서 **Source → Generate Constructors from Superclass**를 선택합니다. 이때 나타나는 창에서 [Object]를 선택한 후 **Generate**를 클릭하고 코드 15–6처럼 수정합니다.

❹ 각 필드에 대한 Setter()와 Getter() 메서드를 추가합니다. 이클립스에서 **Source → Generate Getters and Setters**를 선택합니다. 이때 나타나는 창에서 모든 필드를 선택한 후 **Generate**를 클릭합니다.

5. com.springmvc.domain 패키지에서 Order 클래스를 생성하고 다음 내용을 작성합니다.

코드 15–7 Order.java

```
package com.springmvc.domain;

import java.io.Serializable;

public class Order implements Serializable {
```

```java
    private static final long serialVersionUID = 2659461092139119863L;

    private Long orderId;          // 주문ID
    private Cart cart;             // 장바구니 객체
❶   private Customer customer;     // 고객 객체
    private Shipping shipping;     // 배송지 객체

    public Order() {
❷       this.customer = new Customer();
        this.shipping = new Shipping();
    }

    public Long getOrderId() {
        return orderId;
    }

    public void setOrderId(Long orderId) {
        this.orderId = orderId;
    }

    public Cart getCart() {
        return cart;
    }

    public void setCart(Cart cart) {
        this.cart = cart;
    }
❸
    public Customer getCustomer() {
        return customer;
    }

    public void setCustomer(Customer customer) {
         this.customer = customer;
    }

    public Shipping getShipping() {
        return shipping;
    }

    public void setShipping(Shipping shipping) {
        this.shipping = shipping;
    }
```

```
 @Override
  public int hashCode() {
      final int prime = 31;
      int result = 1;
      result = prime * result + ((orderId == null) ? 0 : orderId.hashCode());
      return result;
  }

  @Override
❹ public boolean equals(Object obj) {
      if (this == obj) return true;
      if (obj == null) return false;
      if (getClass() != obj.getClass()) return false;
      Order other = (Order) obj;
      if (orderId == null) {
          if (other.orderId != null) return false;
      } else if (!orderId.equals(other.orderId)) return false;
          return true;
  }
}
```

❶ 클래스의 orderId(주문 ID), cart(장바구니 객체), customer(고객 객체), shipping(배송지 객체) 필드 등을 선언합니다.

❷ 기본 생성자 Order()를 추가합니다. 이클립스에서 **Source → Generate Constructors from Superclass**를 선택합니다. 이때 나타나는 창에서 [Object]를 선택한 후 **Generate**를 클릭하면 기본 생성자가 자동으로 생성됩니다. 그리고 코드 15-7처럼 수정합니다.

❸ 각 필드에 대한 Setter()와 Getter() 메서드를 추가합니다. 이클립스에서 **Source → Generate Getters and Setters**를 선택합니다. 이때 나타나는 창에서 모든 필드를 선택한 후 **Generate**를 클릭하면 메서드가 자동으로 생성됩니다.

❹ hashCode()와 equals() 메서드를 추가합니다. 이클립스에서 **Source → Generate hashCode() and equals()**를 선택합니다. 이때 나타나는 창에서 orderId 필드만 선택한 후 **Generate**를 클릭하면 메서드가 자동으로 생성됩니다.

도서 주문 처리 정보를 관리하는 퍼시스턴스 계층인 저장소 객체 구현하기

1. com.springmvc.repository 패키지에서 OrderRepository 인터페이스를 생성한 후 다음 내용을 작성합니다.

코드 15-8 OrderRepository.java

```
package com.springmvc.repository;

import com.springmvc.domain.Order;

public interface OrderRepository {
    Long saveOrder(Order order);
}
```

2. com.springmvc.repository 패키지에서 OrderRepositoryImpl 클래스를 생성하고 다음 내용을 작성합니다. OrderRepositoryImpl 인터페이스 구현체 클래스는 OrderRepository 인터페이스에 정의한 saveOrder() 메서드를 구현합니다.

코드 15-9 OrderRepositoryImpl.java

```
package com.springmvc.repository;

import java.util.HashMap;
import java.util.Map;
import org.springframework.stereotype.Repository;
import com.springmvc.domain.Order;

@Repository
public class OrderRepositoryImpl implements OrderRepository {
    private Map<Long, Order> listOfOrders;
    private long nextOrderId;

    public OrderRepositoryImpl() {
        listOfOrders = new HashMap<Long, Order>();
        nextOrderId = 2000;
    }

    public Long saveOrder(Order order) {
        order.setOrderId(getNextOrderId());
❶       listOfOrders.put(order.getOrderId(), order);
        return order.getOrderId();
    }
```

```
        private synchronized long getNextOrderId() {
            return nextOrderId++;
        }
    }
```

❶ saveOrder() 메서드는 주문 내역에 대한 ID와 주문 내역 등을 저장하고 주문 내역 ID를 반환합니다.

도서 장바구니 정보를 반환하는 서비스 계층인 서비스 객체 구현하기

1. com.springmvc.exception 패키지에서 CartException 클래스를 생성하고 다음 내용을 작성합니다.

코드 15-10 CartException.java

```java
package com.springmvc.exception;

public class CartException extends RuntimeException {
    private static final long serialVersionUID = -5192041563033358491L;
    private String cartId;

    public CartException(String cartId) {
        this.cartId = cartId;
    }

    public String getCartId() {
        return cartId;
    }
}
```

2. CartService 인터페이스에 장바구니의 예외 처리를 위한 validateCart() 메서드를 추가합니다.

코드 15-11 CartService.java

```java
package com.springmvc.service;

import com.springmvc.domain.Cart;

public interface CartService {
    ...
    Cart validateCart(String cartId);
}
```

3. CartServiceImpl 클래스에 장바구니의 예외 처리를 위한 validateCart( ) 메서드를 추가합니다.

코드 15-12 CartServiceImpl.java

```java
package com.springmvc.service;
...
import com.springmvc.exception.CartException;

@Service
public class CartServiceImpl implements CartService {

    @Autowired
    private CartRepository cartRepository;
      ...
    public Cart validateCart(String cartId) {
        Cart cart = cartRepository.read(cartId);
        if (cart == null || cart.getCartItems().size() == 0) {
❶           throw new CartException(cartId);
        }
        return cart;
    }
}
```

---

❶ validateCart( ) 메서드는 장바구니 ID에 대한 장바구니 저장소 객체에서 장바구니 정보를 가져와 반환합니다. 장바구니 저장소 객체에 장바구니 ID가 없으면 예외 처리로 CartException( ) 메서드를 호출합니다.

4. com.springmvc.service 패키지에서 OrderService 인터페이스를 생성하고 다음 내용을 작성합니다.

코드 15-13 OrderService.java

```java
package com.springmvc.service;

import com.springmvc.domain.Order;

public interface OrderService {
    void confirmOrder(String bookId, long quantity);
    Long saveOrder(Order order);
}
```

---

5. com.springmvc.service 패키지에서 OrderServiceImpl 클래스를 생성하고 다음 내용을 작성
합니다. OrderServiceImpl 인터페이스 구현체 클래스는 OrderService 인터페이스에 정의한
confirmOrder()와 saveOrder() 메서드를 구현합니다.

코드 15-14 OrderServiceImpl.java

```java
package com.springmvc.service;

import org.springframework.beans.factory.annotation.Autowired;
import org.springframework.stereotype.Service;
import com.springmvc.domain.Book;
import com.springmvc.domain.Order;
import com.springmvc.repository.BookRepository;
import com.springmvc.repository.OrderRepository;

@Service
public class OrderServiceImpl implements OrderService {

    @Autowired
    private BookRepository bookRepository;

    @Autowired
    private OrderRepository orderRepository;

    @Autowired
    private CartService cartService;

    public void confirmOrder(String bookId, long quantity) {
        Book bookById = bookRepository.getBookById(bookId);
        if (bookById.getUnitsInStock() < quantity) {
            throw new IllegalArgumentException("품절입니다. 사용가능한 제고수 :" +
                    bookById.getUnitsInStock());
        }
        bookById.setUnitsInStock(bookById.getUnitsInStock() - quantity);
    }

    public Long saveOrder(Order order) {
        Long orderId = orderRepository.saveOrder(order);
        cartService.delete(order.getCart().getCartId());
        return orderId;
    }
}
```

❶ confirmOrder() 메서드는 도서 재고 수에 대한 도서 주문 가능 여부를 처리합니다. 주문 도서 수가 재고 수보다 많으면 IllegalArgumentException 예외를 발생합니다.

❷ saveOrder() 메서드는 주문 내역에 대해 Order 저장소 객체에 저장하고, 현재 장바구니 정보를 삭제한 후 주문 내역 ID를 반환합니다.

MVC를 담당하는 프레젠테이션 계층인 컨트롤러 구현하기

1. com.springmvc.controller 패키지에서 OrderController 클래스를 생성하고 다음 내용을 작성합니다. OrderController 컨트롤러는 실제 작동하지 않고 웹 플로우가 주문 처리를 작동합니다.

코드 15-15 OrderController.java

```java
package com.springmvc.controller;

import org.springframework.beans.factory.annotation.Autowired;
import org.springframework.stereotype.Controller;
import org.springframework.web.bind.annotation.RequestMapping;

import com.springmvc.service.OrderService;

@Controller
public class OrderController {

    @Autowired
    private OrderService orderService;

    @RequestMapping("/order/ISBN1234/2")
    public String process() {
        orderService.confirmOrder("ISBN1234", 2);
        return "redirect:/books";
    }
}
```

15.2 웹 플로우와 MVC 연동을 위한 환경 설정

이 절에서는 웹 애플리케이션에 스프링 웹 플로우의 환경 설정과 MVC를 연동할 수 있는 빈 등록을 알아봅니다.

15.2.1 스프링 웹 플로우 환경 설정

웹 플로우는 자바 및 XML 기반 구성에서 모두 사용할 수 있는 구성을 지원합니다. XML 기반 구성을 시작하려면 스프링 MVC 설정 파일인 servlet-context.xml에 스프링 웹 플로우 관련 네임스페이스와 스키마 위치를 선언해야 합니다.

```
<beans:beans...
    xmlns:webflow="http://www.springframework.org/schema/webflow-config"
    xsi:schemaLocation="http://www.springframework.org/schema/webflow-config
                        http://www.springframework.org/schema/webflow-config/spring-
                        webflow-config.xsd">
</beans::beans>
```

다음으로 웹 애플리케이션에서 스프링 웹 플로우를 사용하려면 <webflow:flow-registry>와 <webflow:flow-executor> 옵션을 설정해야 합니다.

<webflow:flow-registry> 옵션

<webflow:flow-registry> 옵션은 웹 페이지 흐름의 시나리오가 작성된 파일인 웹 플로우 정의 파일을 가져오는 역할을 합니다. 형식은 다음과 같습니다.

```
<webflow:flow-registry id="flowRegistry">
    <webflow:flow-location path="웹 플로우 정의 파일과 경로" [id="아이디 이름"]/>
</webflow:flow-registry>

<webflow:flow-registry id="flowRegistry" base-path="경로1">
    <webflow:flow-location path="경로2/웹 플로우 정의 파일" [id="아이디 이름"]/>
</webflow:flow-registry>
```

▼ 표 15-1 ⟨webflow:flow-registry⟩의 속성

속성	설명
id	⟨webflow:flow-registry⟩ 옵션 ID입니다.
base-path	웹 플로우 정의 파일이 위치한 상대 경로입니다.
flow-builder-services	흐름을 빌드하는 데 사용되는 서비스 및 설정을 사용자 지정할 수 있습니다.

⟨webflow:flow-registry⟩ 옵션은 ⟨webflow:flow-location⟩ 옵션을 이용하여 웹 플로우 정의 파일을 설정합니다.

▼ 표 15-2 ⟨webflow:flow-location⟩의 속성

속성	설명
id	웹 플로우 정의 파일의 흐름 ID입니다.
path	웹 플로우 정의 파일과 경로입니다.

다음은 ⟨webflow:flow-registry⟩ 옵션 내 ⟨webflow:flow-location⟩ 옵션에 웹 플로우 정의 파일과 위치 경로를 설정한 예입니다. 웹 플로우 정의 파일은 order-flow.xml이고, path 속성 값에 설정된 /WEB-INF/flows/order/에 위치합니다.

⟨webflow:flow-registry⟩ 옵션 설정 예 1

```
<webflow:flow-registry id="flowRegistry">
    <webflow:flow-location path="/WEB-INF/flows/order/order-flow.xml" id="order"/>
</webflow:flow-registry>
```

앞의 예를 ⟨webflow:flow-registry⟩ 옵션에 base-path 속성을 사용하여 다음과 같이 경로를 분리해서 작성할 수도 있습니다.

⟨webflow:flow-registry⟩ 옵션 설정 예 2

```
<webflow:flow-registry id="flowRegistry" base-path="/WEB-INF/flows">
    <webflow:flow-location path="/order/order-flow.xml" id="order"/>
</webflow:flow-registry>
```

〈webflow:flow-executor〉 옵션

〈webflow:flow-executor〉 옵션은 웹 플로우 정의 파일에 작성된 웹 페이지 흐름의 시나리오에
따라 웹 페이지 흐름을 생성하고 실행합니다. 형식은 다음과 같습니다.

```
<webflow:flow-executor id="flowExecutor" flow-registry="flowRegistry"/>
```

❤ 표 15-3 〈webflow:flow-executor〉의 속성

속성	설명
id	〈webflow:flow-executor〉 옵션 ID입니다.
flow-registry	〈webflow:flow-registry〉 옵션 ID입니다.

다음은 〈webflow:flow-executor〉 옵션을 설정한 예입니다. 〈webflow:flow-executor〉 옵션 내
flow-registry 속성을 설정하지 않으면 flowRegistry가 기본값이 됩니다.

〈webflow:flow-executor〉 옵션 설정 예

```
<webflow:flow-executor id="flowExecutor"/>
```

Tip ≡   자세한 스프링 웹 플로우 내용은 Spring Web Flow Reference Guide 웹 사이트(http://docs.
spring.io/spring-webflow/docs/current/reference/html/)를 참고하기 바랍니다.

15.2.2 스프링 MVC 환경 설정

웹 플로우를 적용하기 위해 의존 라이브러리 등록과 빈 등록에 대한 환경 설정을 알아봅니다.

pom.xml 파일에 의존 라이브러리 등록하기

스프링 웹 플로우를 사용하려면 pom.xml 파일에 spring-webflow.jar 의존 라이브러리를 등록해야 합니다.

```
<dependency>
    <groupId>org.springframework.webflow</groupId>
    <artifactId>spring-webflow</artifactId>
    <version>2.5.1.RELEASE</version>
</dependency>
```

스프링 웹 플로우를 연동하여 이용하려면 디스패처 서블릿에 웹 요청에 대한 요청 처리를 매핑해야 합니다. 스프링 MVC 설정 파일인 servlet-context.xml에 FlowHandlerMapping과 FlowHandlerAdapter 클래스를 빈으로 등록합니다.

FlowHandlerMapping 빈 등록하기

FlowHandlerMapping은 디스패처 서블릿이 내부적으로 웹 플로우 정의 파일을 참조하여 웹 요청에 대한 요청 처리를 매핑시킵니다. 여기에서 <webflow:flow-registry> 옵션 ID를 참조하여 디스패처 서블릿이 애플리케이션의 리소스 경로를 웹 플로우 정의 파일에 등록된 웹 흐름에 매핑시킵니다. 등록 형식은 다음과 같습니다.

```
<beans:bean class="org.springframework.webflow.mvc.servlet.FlowHandlerMapping">
    <beansproperty name="flowRegistry" ref="flowRegistry"/>
</beans:bean>
```

FlowHandlerAdapter 빈 등록하기

FlowHandlerAdapter는 웹 흐름의 요청을 처리하고, 이런 요청을 기반으로 웹 흐름을 제어할 수 있도록 합니다. 여기에서는 요청을 처리하는 웹 흐름을 실행하고자 <webflow:flow-executor> 옵션 ID를 참조합니다. 등록 형식은 다음과 같습니다.

```
<beans:bean class="org.springframework.webflow.mvc.servlet.FlowHandlerAdapter">
    <beans:property name="flowExecutor" ref="flowExecutor"/>
</beans:bean>
```

15.2.3 실습 웹 플로우 적용을 위한 환경 설정하기

도서 쇼핑몰 애플리케이션에 웹 플로우를 적용하기 위해 스프링 MVC 설정 파일에 환경 설정을
작성해 봅니다.

1. pom.xml 파일에 웹 플로우 관련 의존성 라이브러리를 추가합니다.

코드 15-16 pom.xml

```
<?xml version="1.0" encoding="UTF-8"?>
<project...>
    ...
        <!-- Test -->
        <dependency>
            <groupId>junit</groupId>
            <artifactId>junit</artifactId>
            <version>4.7</version>
            <scope>test</scope>
        </dependency>
        <!-- Web Flow -->
        <dependency>
            <groupId>org.springframework.webflow</groupId>
            <artifactId>spring-webflow</artifactId>
            <version>2.5.1.RELEASE</version>
        </dependency>
    </dependencies>
    ...
</project>
```

2. servlet-context.xml 파일에 웹 플로우를 설정합니다.

코드 15-17 servlet-context.xml

```
<?xml version="1.0" encoding="UTF-8"?>
<beans:beans
    ...
    xmlns:webflow="http://www.springframework.org/schema/webflow-config"
```

```
    xsi:schemaLocation="...

    ...
❶       http://www.springframework.org/schema/context
        http://www.springframework.org/schema/context/spring-context.xsd
        http://www.springframework.org/schema/webflow-config
        http://www.springframework.org/schema/webflow-config/spring-webflow-config.xsd">

    ...

❷ <webflow:flow-registry id="flowRegistry">
        <webflow:flow-location path="/WEB-INF/flows/order/order-flow.xml" id="order"/>
  </webflow:flow-registry>

    <webflow:flow-executor id="flowExecutor" flow-registry="flowRegistry"/> ❸

❹ <beans:bean id="flowHandlerMapping"
                class="org.springframework.webflow.mvc.servlet.FlowHandlerMapping">
        <beans:property name="flowRegistry" ref="flowRegistry"/>
  </beans:bean>

    <beans:bean id="flowHandlerAdapter"
❺               class="org.springframework.webflow.mvc.servlet.FlowHandlerAdapter">
        <beans:property name="flowExecutor" ref="flowExecutor"/>
  </beans:bean>
</beans:beans>
```

❶ 웹 플로우를 사용하기 위한 네임 스페이스와 스키마를 설정합니다.

❷ `<webflow:flow-registry>` 옵션을 이용하여 흐름 레지스트리를 설정합니다. 여기에서 웹 플로우 정의 파일은 `<webflow:flow-location>` 옵션의 path 속성 값인 /WEB-INF/flows/order/ 위치에 있는 order-flow.xml 파일이 됩니다.

❸ `<webflow:flow-executor>` 옵션을 이용하여 흐름 실행자를 설정하고 flow-registry 속성 값으로 flowRegistry를 설정합니다.

❹ 웹 요청에 대한 흐름을 매핑시키려고 FlowHandlingMapping 빈을 등록하고 `<webflow:flow-registry>` 옵션의 id 속성 값 flowRegistry로 흐름 레지스트리를 참조합니다.

❺ 웹 요청에 대한 흐름을 매핑시키려고 FlowHandlerAdapter 빈을 등록하고 `<webflow:flow-executor>` 옵션의 id 속성 값 flowExecutor로 흐름 실행자를 참조해서 요청을 처리하는 흐름을 실행합니다.

15.3 웹 플로우 구성 요소

웹 애플리케이션에 스프링 웹 플로우를 적용하려면 XML 기반으로 한 웹 플로우 정의 문서가 필요합니다. 이 절에서는 웹 플로우 정의 문서에 사용되는 주요 구성 요소를 살펴봅니다.

15.3.1 〈flow〉 요소

모든 웹 페이지 흐름은 루트 〈flow〉 요소로 시작하여 〈/flow〉로 종료할 때까지 〈flow〉... 〈/flow〉 요소 단위 내에서 웹 페이지의 상태(state) 또는 전환(transition)으로 정의됩니다. 형식은 다음과 같습니다. 필요에 따라 xml 네임스페이스와 스키마 위치 등을 정의합니다.

```
<?xml version="1.0" encoding="UTF-8"?>
<flow xmlns="http://www.springframework.org/schema/webflow"
      xmlns:xsi="http://www.w3.org/2001/XMLSchema-instance"
      xsi:schemaLocation="http://www.springframework.org/schema/webflow
                          http://www.springframework.org/schema/webflow/spring-webflow.
                          xsd">
...
</flow>
```

15.3.2 〈view-state〉 요소

〈view-state〉 요소는 웹 플로우에서 보여 줄 뷰를 정의하는 역할을 합니다. 즉, 〈view-state〉 요소에서 id 속성 값은 웹 브라우저에 출력할 뷰 페이지와 매핑됩니다. 형식은 다음과 같습니다.

```
<view-state id="뷰 이름" [view="뷰 페이지 파일 이름" model="참조할 변수 이름"]>
</view-state>
```

다음은 〈view-state〉 요소와 관련된 속성입니다.

❤ 표 15-4 〈view-state〉 요소의 속성

속성	설명
id	뷰 이름
view	뷰 페이지 파일 이름
model	참조할 변수 이름

〈view-state〉 요소의 적용 예

```
<view-state id="orderCustomerInfo"/>
```

앞의 예제에서 웹 플로우 정의 파일이 WEB−INF/flows/order 경로에 있다면 현재 상태는 WEB−INF/flows/order 폴더에 위치한 orderCustomerInfo.jsp 파일을 사용자에게 뷰 페이지로 보여 줍니다. 〈view-state〉 요소의 id 속성 값과 일치하는 뷰 이름을 찾을 수 없으면 HTTP Status 404 오류가 발생합니다.

> Tip ≡ 뷰 페이지 파일은 웹 플로우 정의 파일이 위치한 경로에 반드시 위치해야 합니다. 그래서 뷰 페이지(JSP 파일 이름을 말함)는 편의상 웹 플로우 정의 파일이 위치하는 경로에서 〈view-state〉의 id 속성 값과 일치하도록 맞추어 설정합니다.

〈view-state〉 요소에 view 속성 적용 예

```
<var name="order" class="com.springmvc.domain.Order"/>
...
<view-state id="orderCustomerInfo" view="orderCustomerInfo.jsp" model="order"/>
```

〈view-state〉 요소 내 view 속성을 사용하면 id 속성 값은 현재 상태의 ID일 뿐 실제로는 view 속성 값인 orderCustomerInfo.jsp 파일이 뷰 페이지로 출력됩니다. 이때 model 속성을 사용하여 커맨드 객체를 참조합니다. 즉, 뷰 페이지인 orderCustomerInfo.jsp 파일은 model 속성 값인 커맨드 객체 order를 사용하여 출력합니다. 여기에서 커맨드 객체 order는 플로 변수로, 반드시 플로 변수를 설정하는 〈var〉 요소 내에 설정되어 있어야 합니다.

15.3.3 〈transition〉 요소

〈transition〉 요소는 현재 상태에서 발생한 이벤트를 처리하여 다른 상태로 전환하는 역할을 합니다. 형식은 다음과 같습니다.

```
<view-state ...>
    <transition on="이벤트 ID" to="뷰 이름/상태 ID"/>
    ... // 다중 <transition> 요소 설정 가능
</view-state>
```

다음은 〈transition〉 요소와 관련된 속성입니다.

▼ 표 15-5 〈transition〉 요소의 속성

속성	설명
on	현재 상태에서 발행하는 이벤트 ID
to	이동하는 뷰 템플릿 ID
on-exception	참조하려는 예외 처리 객체

〈transition〉 요소의 적용 예

```
<view-state id="orderCustomerInfo" model="order">
    <transition on="customerInfo" to="orderShippingInfo"/>
</view-state>
```

앞서 발생한 이벤트 ID에 따라 사용자에게 보여 줄 뷰 페이지로 이동합니다. 예를 들어 현재 뷰 페이지 orderCustomerInfo에서 이벤트 ID customerInfo가 발생하면 뷰 페이지 orderShippingInfo. jsp로 이동하게 됩니다. 이때 JSP 웹 페이지에서 이벤트 ID를 얻으려면 '_eventId_이벤트 ID'로 이벤트 ID customerInfo를 설정해야 합니다. 형식은 다음과 같습니다.

웹 페이지에서 이벤트 ID를 설정하는 예

```
<button id="back" name="_eventId_customerInfo">submit</button>
```

15.3.4 〈end-state〉 요소

〈end-state〉 요소는 페이지 흐름의 종료를 정의합니다. 형식은 다음과 같습니다.

```
<end-state id="상태 ID/뷰 이름" [view="뷰 페이지 파일 이름"] />
```

다음은 〈end-state〉 요소와 관련된 속성입니다.

❤ 표 15-6 〈end-state〉 요소의 속성

속성	설명
id	현재 상태의 ID
view	현재 상태의 뷰 페이지 파일 이름

〈end-state〉 요소의 적용 예

```
<end-state id="orderCancelled"/>
```

현재 상태가 뷰 페이지 orderCancelled이면 페이지 흐름을 종료하고 결과를 반환합니다.

15.3.5 〈evaluate〉 요소

〈evaluate〉 요소는 웹 플로우에서 상태가 시작될 때, 화면을 보여 줄 때, 전환이 일어날 때, 상태가 종료될 때, 흐름이 종료될 때처럼 시점에서 액션을 호출하는 데 사용합니다. 웹 플로우 내 어떤 지점에서 애플리케이션의 메서드 또는 플로 변수를 호출할 수 있습니다. 형식은 다음과 같습니다.

```
<action-state...>
    <evaluate expression="커맨드 객체의 메서드" [result="메서드의 반환 값"
                                     result-type="자료형"]/>
    <transition.../>
    ...
</action-state>
```

다음은 〈evaluate〉 요소와 관련된 속성입니다.

속성	설명
expression	참조하려는 객체의 메서드
result	메서드의 반환 결과 값을 저장하는 커맨드 객체 이름
result-type	메서드의 반환 결과 값에 대한 자료형

〈evaluate〉 요소의 적용 예

```
<var name="order" class="com.springmvc.domain.Order"/>
...
<evaluate expression="orderServiceImpl.saveOrder(order)"/>
```

앞의 예제에서 expression 속성 값을 보면 orderServiceImpl 클래스의 saveOrder( ) 메서드에 커맨드 객체 order를 매개변수로 호출합니다. 여기에서 커맨드 객체 order는 플로 변수로, 반드시 플로 변수를 설정하는 〈var〉 요소 내에 설정되어 있어야 합니다.

호출된 메서드가 반환 값이 있다면 result 속성을 사용하여 그 값을 플로 변수에 저장할 수 있습니다.

〈evaluate〉 요소의 적용 예

```
<evaluate expression="orderServiceImpl.saveOrder(order)" result="order.orderId"/>
```

앞의 예제에서 orderServiceImpl 클래스의 saveOrder( ) 메서드를 호출하고 실행 결과를 플로 변수인 커맨드 객체 order의 속성인 orderId에 저장합니다.

15.3.6 〈action-state〉 요소

〈action-state〉 요소는 웹 플로우에서 특정 시점에 페이지 흐름을 제어하는 데 사용합니다. 웹 플로우에서 〈action-state〉 요소를 사용하면 액션 결과를 기반으로 다른 상태로 전환합니다.

```
<action-state id="상태 ID">
    <evaluate.../>
    <transition.../>
    ...
</action-state>
```

다음은 〈action-state〉 요소와 관련된 속성입니다.

▼ 표 15-8 〈action-state〉 요소의 속성

속성	설명
id	현재 상태의 ID

〈action-state〉 요소의 적용 예

```
<action-state id="confirmOrder">
    <evaluate expression="orderServiceImpl.saveOrder(order)"/>
    <transition on="yes" to="thankOrder"/>
    <transition on="no" to="orderCancelled"/>
</action-state>
```

예제에서 현재 상태의 id는 confirmOrder고, orderServiceImpl.saveOrder() 메서드가 실행된 후 반환 값이 true일 때 이벤트 ID는 yes가 되어 뷰 페이지 thankOrder로 이동합니다. 반환 값이 false일 때는 이벤트 ID가 no가 되어 뷰 페이지 orderCancelled로 이동합니다.

15.3.7 〈decision-state〉 요소

〈decision-state〉 요소는 웹 플로우에서 페이지의 흐름 방향을 결정하는 데 사용합니다. 〈action-state〉 요소를 대신하여 if/else 문법으로 페이지의 흐름 방향을 쉽게 결정할 수 있습니다.

```
<decision-state id="상태 ID">
    <if test="커맨드 객체의 메서드" then="뷰 이름/상태 ID" else="뷰 이름/상태 ID"/>
</decision-state>
```

다음은 〈decision-state〉 요소와 관련된 속성입니다.

▼ 표 15-9 〈decision-state〉 요소의 속성

속성	설명
id	현재 상태의 ID

다음은 앞에 ⟨action-state⟩ 요소로 구현한 예를 ⟨decision-state⟩ 요소로 변경하는 예입니다.

⟨decision-state⟩ 요소의 적용 예

```
<decision-state id="confirmOrder">
    <if test="orderServiceImpl.saveCustomer()" then="thankOrder" else="orderCancelled"/>
</decision-state>
```

> Tip ≡   자세한 스프링 웹 플로우 내용은 Spring Web Flow Reference Guide 웹 사이트(http://docs.
> spring.io/spring-webflow/docs/current/reference/html/)를 참고하세요.

15.3.8 실습 주문 처리를 위한 웹 플로우 정의 파일 만들기

다음 주문 처리를 위한 페이지 흐름의 시나리오를 설정하는 웹 플로우 정의 파일을 작성해 봅니다.

1. WEB-INF 폴더에 flows/order 폴더를 생성하고 웹 플로우 정의 파일 order-flow.xml을
만들어 다음 내용을 작성합니다.

코드 15-18 order-flow.xml

```
<?xml version="1.0" encoding="UTF-8"?>
<flow xmlns="http://www.springframework.org/schema/webflow"
      xmlns:xsi="http://www.w3.org/2001/XMLSchema-instance"
      xsi:schemaLocation="http://www.springframework.org/schema/webflow
                          http://www.springframework.org/schema/webflow/spring-
                          webflow.xsd">

    <var name="order" class="com.springmvc.domain.Order"/> ❶

    <action-state id="addCartToOrder">
        <evaluate expression="cartServiceImpl.validateCart(requestParameters.cartId)"
                result="order.cart"/> ❷-1
        <transition to="orderCartWarning" on-exception="com.springmvc.exception.
                CartException"/> ❷-2
        <transition to="orderCustomerInfo"/> ❷-3
    </action-state>

    <view-state id="orderCustomerInfo" model="order">
        <transition on="customerInfo" to="orderShippingInfo"/>
    </view-state>
```

```
    ┌··· <view-state id="orderShippingInfo" model="order">
    │          <transition on="shippingInfo" to="orderConfirmation"/>
  ❺ │          <transition on="backToCustomerInfo" to="orderCustomerInfo"/>
    └··· </view-state>

    ┌··· <view-state id="orderConfirmation">
    │          <transition on="orderConfirmed" to="confirmOrder"/>
  ❻ │          <transition on="backToShippingInfo" to="orderShippingInfo"/>
    └··· </view-state>
 ❸
    ┌··· <action-state id="confirmOrder">
    │          <evaluate expression="orderServiceImpl.saveOrder(order)" result="order.orderId"/>
  ❼ │          <transition to="orderFinished"/>
    └··· </action-state>

    ┌··· <view-state id="orderCartWarning">
  ❽ │          <transition to="endState"/>
    └··· </view-state>

    ┌··· <view-state id="orderFinished" model="order">
  ❾ │          <transition to="endState"/>
    └··· </view-state>

         <end-state id="endState"/> ❿

         <end-state id="orderCancelled" view="orderCartWarning.jsp"/> ⓫

  ┌··· <global-transitions>
⓬ │          <transition on="cancel" to="endState"/>
  └··· </global-transitions>
  </flow>
```

---

❶ <var> 요소를 사용하여 플로 변수를 선언합니다. 플로 변수 이름 order는 com.springmvc.
domain.Order 클래스로 커맨드 객체 Order를 의미합니다. 여기에서 Order 클래스는 java.
io.Serializable 인터페이스로 구현되어 있어야 합니다.

❷ <action-state> 요소를 사용하여 액션을 실행합니다.

❷-1: cartServiceImpl.validateCart() 메서드의 실행 결과를 커맨드 객체 order의 속성
인 cart에 저장합니다.

❷-2: cartServiceImpl.validateCart() 메서드를 실행 중 CartException 예외가 발생하
면 뷰 페이지 orderCartWarning으로 이동합니다.

448

❷-3: `cartServiceImpl.validateCart()` 메서드가 정상적으로 처리되면 뷰 페이지 `orderCustomerInfo`로 이동합니다.

❸ `<view-state>` 요소를 사용하여 흐름 단계에서 뷰를 보여 주는 역할을 하며 `<view-state>` 요소 내의 `id` 속성은 플로 내에서 유일해야 합니다. `model` 속성은 커맨드 객체로 `<var>` 요소에 선언된 플로 변수이어야 합니다. 또한 `view` 속성을 사용하여 출력하는 뷰 페이지를 설정하는 데 `view` 속성을 정의하지 않을 때는 `<view-state>` 요소 내의 `id` 속성이 뷰 페이지 이름과 동일해야 합니다.

❹ 현재 상태 뷰 페이지 `orderCustomerInfo`에서 이벤트 ID가 customerInfo이면 뷰 페이지 `orderShippingInfo`로 이동합니다.

❺ 현재 상태 뷰 페이지 `orderShippingInfo`에서 이벤트 ID가 shippingInfo이면 뷰 페이지 orderConfirmation으로 이동하고, 이벤트 ID가 backToCustomerInfo이면 뷰 페이지 orderCustomerInfo로 이동합니다.

❻ 현재 상태 뷰 페이지 `orderConfirmation`에서 이벤트 ID가 orderConfirmed이면 뷰 페이지 ConfirmOrder로 이동하고, 이벤트 ID가 backToShippingInfo이면 뷰 페이지 orderShippingInfo로 이동합니다.

❼ 현재 상태 뷰 페이지 confirmOrder에서 `orderServiceImpl.saveOrder()` 메서드를 실행한 후 반환 값을 커맨드 객체 order의 orderId 속성에 저장하고, 뷰 페이지 orderFinished로 이동합니다.

❽ 현재 상태가 뷰 페이지 orderCartWarning이면 endState 상태로 이동하여 페이지 흐름을 종료합니다.

❾ 현재 상태가 뷰 페이지 orderFinished가 되면 endState 상태로 이동하여 페이지 흐름을 종료합니다.

❿ 현재 상태가 endState로 페이지 흐름을 종료합니다.

⓫ 현재 상태가 orderCancelled이면 뷰 페이지 orderCancelled를 출력합니다.

⓬ `<global-transitions>` 요소는 모든 상태에서 사용할 수 있으며, 어떤 상태이든지 이벤트 ID로 cancel이 발생하면 endState 상태로 이동합니다.

다음 도서 쇼핑몰 실습에서는 웹 플로우 정의 파일인 order-flow.xml에 설정된 페이지 흐름에 따라 고객 정보, 배송 정보, 주문 확인, 주문 완료 등 주문 처리 과정의 웹 페이지를 작성해 봅니다.

15.3.9 실습 주문 처리를 위한 웹 플로우 페이지 작성하기

1. WEB-INF/flows/order 폴더에 orderCustomerInfo.jsp 파일을 생성하여 다음 내용을 작성합니다. orderCustomerInfo.jsp 파일은 웹 플로우 정의 파일 order-flow.xml의 `<view-state>` 요소에 설정한 뷰 페이지입니다.

코드 15-19 orderCustomerInfo.jsp

```jsp
<%@ page contentType="text/html; charset=utf-8" %>
<%@ taglib prefix="c" uri="http://java.sun.com/jsp/jstl/core" %>
<%@ taglib prefix="form" uri="http://www.springframework.org/tags/form" %>

<html>
<head>
<link href="<c:url value="/resources/css/bootstrap.min.css"/>" rel="stylesheet">
<title>Customer</title>
</head>
<body>
<nav class="navbar navbar-expand navbar-dark bg-dark">
    <div class="container">
        <div class="navbar-header">
            <a class="navbar-brand" href="./home">Home</a>
        </div>
    </div>
</nav>

<div class="jumbotron">
    <div class="container">
        <h1 class="display-3">고객정보</h1>
    </div>
</div>

<div class="container">
    <form:form modelAttribute="order.customer" class="form-horizontal"> ❶
    <fieldset>
    <legend>고객 세부 사항</legend>
    <div class="form-group row">
        <label class="col-sm-2 control-label">고객 ID</label>
        <div class="col-sm-3">
            <form:input path="customerId" class="form-control"/>
        </div>
    </div>
    <div class="form-group row">
```

```
            <label class="col-sm-2 control-label">성명</label>
        <div class="col-sm-3">
            <form:input path="name" class="form-control"/>
        </div>
    </div>
    <div class="form-group row">
        <label class="col-sm-2 control-label">전화번호</label>
        <div class="col-sm-3">
            <form:input path="phone" class="form-control"/>
        </div>
    </div>
    <div class="form-group row">
        <label class="col-sm-2 control-label">국가명</label>
        <div class="col-sm-3">
            <form:input path="address.country" class="form-control"/>
        </div>
    </div>
❷  <div class="form-group row">
        <label class="col-sm-2 control-label">우편번호</label>
        <div class="col-sm-3">
            <form:input path="address.zipCode" class="form-control"/>
        </div>
    </div>
    <div class="form-group row">
        <label class="col-sm-2 control-label">주소</label>
        <div class="col-sm-5">
            <form:input path="address.addressName" class="form-control"/>
        </div>
    </div>
    <div class="form-group row">
        <label class="col-sm-2 control-label">세부주소</label>
        <div class="col-sm-3">
            <form:input path="address.detailName" class="form-control"/>
        </div>
    </div>
    <input type="hidden" name="_flowExecutionKey" value="${flowExecutionKey}"/> ❸
    <div class="form-group row">
        <div class="col-sm-offset-2 col-sm-10">
            <input type="submit" class="btn btn-primary" value="등록" name="_eventId_
❹              customerInfo"/>
            <button class="btn btn-default" name="_eventId_cancel">취소</button>
        </div>
    </div>
```

```
        </fieldset>
    </form:form>
</div>
</body>
</html>
```

❶ 고객 정보 폼 페이지에서 입력된 데이터를 바인딩하려면 modelAttribute 속성을 사용하여
   커맨드 객체 order.customer로 설정합니다.

❷ 장바구니에 담긴 도서를 주문할 때 고객의 세부 사항으로 고객 ID, 성명, 전화번호, 국가 이
   름, 우편번호, 주소, 세부 주소 등을 입력받습니다.

❸ _flowExecutionKey는 웹 플로우에서 플로 순번의 키 값을 가집니다. 예를 들어 고
   객 세부 사항의 뷰 페이지에 대한 요청 URL이 http://localhost:8080/Chapter15/
   checkout?execution=els1이라면 _flowExecutionKey 값은 els1이 됩니다.

❹ 웹 플로우 정의 파일을 설정하여 **등록** 버튼을 누르면 이벤트 ID가 customerInfo로 되면서
   뷰 페이지 orderShippingInfo가 출력됩니다. **취소** 버튼을 누르면 이벤트 ID가 cancel이
   되면서 뷰 페이지 orderCancelled가 출력됩니다.

> Tip ≡   실행 결과 화면은 그림 15-2의 고객 정보 화면을 참고하세요.

2. WEB-INF/flows/order 폴더에 orderShippingInfo.jsp 파일을 생성하고 다음 내용을 작성합
   니다. 웹 플로우 설정 파일 order-flow.xml의 〈view-state〉 요소에 설정한 뷰 페이지입니다.

코드 15-20 orderShippingInfo.jsp

```
<%@ page contentType="text/html; charset=utf-8" %>
<%@ taglib prefix="c" uri="http://java.sun.com/jsp/jstl/core" %>
<%@ taglib prefix="form" uri="http://www.springframework.org/tags/form" %>

<html>
<head>
<link href="<c:url value="/resources/css/bootstrap.min.css"/>" rel="stylesheet">
<title>Shipping</title>
</head>
<body>
<nav class="navbar navbar-expand navbar-dark bg-dark">
    <div class="container">
        <div class="navbar-header">
```

```
                <a class="navbar-brand" href="./home">Home</a>
            </div>
        </div>
    </nav>
    <div class="jumbotron">
        <div class="container">
            <h1 class="display-3">배송정보</h1>
        </div>
    </div>

    <div class="container">

        <form:form modelAttribute="order.shipping" class="form-horizontal"> ❶
        <fieldset>
        <legend>배송 세부 사항</legend>
        <div class="form-group row">
            <label class="col-sm-2 control-label">성명</label>
            <div class="col-sm-3">
                <form:input path="name" class="form-control"/>
            </div>
        </div>
        <div class="form-group row">
            <label class="col-sm-2 control-label">배송일</label>
            <div class="col-sm-3">
                <form:input path="date" class="form-control"/> (yyyy/mm/dd)
            </div>
            <div class="col-sm-6">
                <form:errors path="date" cssClass="text-danger"/>
            </div>
❷        </div>
        <div class="form-group row">
            <label class="col-sm-2 control-label">국가명</label>
            <div class="col-sm-3">
                <form:input path="address.country" class="form-control"/>
            </div>
        </div>
        <div class="form-group row">
            <label class="col-sm-2 control-label">우편번호</label>
            <div class="col-sm-3">
                <form:input path="address.zipCode" class="form-control"/>
            </div>
        </div>
        <div class="form-group row">
            <label class="col-sm-2 control-label">주소</label>
```

```
                <div class="col-sm-5">
                    <form:input path="address.addressName" class="form-control"/>
                </div>
            </div>
            <div class="form-group row">
                <label class="col-sm-2 control-label">세부주소</label>
                <div class="col-sm-3">
                    <form:input path="address.detailName" class="form-control"/>
                </div>
            </div>
            <input type="hidden" name="_flowExecutionKey" value="${flowExecutionKey}"/> ❸
            <div class="form-group row">
                <div class="col-sm-offset-2 col-sm-10">
                    <button class="btn btn-default" name="_eventId_backToCustomerInfo">이전
                        </button>
                    <input type="submit" class="btn btn-primary" value="등록" name="_eventId_
                        shippingInfo"/>
                    <button class="btn btn-default" name="_eventId_cancel">취소</button>
                </div>
            </div>
        </fieldset>
        </form:form>
        </div>
</body>
</html>
```

❶ 배송 정보의 폼 페이지에서 입력된 데이터를 바인딩하려면 modelAttribute 속성을 사용하여 커맨드 객체 order.shipping으로 설정합니다.

❷ 장바구니에 담긴 도서를 주문할 때 배송의 세부 사항으로 성명, 배송일, 국가명, 우편번호, 주소, 세부 주소 등을 입력받습니다. 배송일을 입력할 때 유효성 검사로 오류가 발생하면 메시지를 출력합니다.

❸ _flowExecutionKey는 웹 플로우에서 플로 순번의 키 값을 가집니다. 예를 들어 배송 세부 사항의 뷰 페이지에 대한 요청 URL이 http://localhost:8080/Chapter15/checkout?execution=els2라면 _flowExecutionKey 값은 els2가 됩니다.

❹ 웹 플로우 정의 파일을 설정하여 **이전** 버튼을 누르면 이벤트 ID가 backToCustomerInfo로 되면서 뷰 페이지 orderCustomerInfo가 출력되고, **취소** 버튼을 누르면 이벤트 ID가 cancel로 되면서 뷰 페이지 orderCancelled가 출력됩니다.

3. 메시지 리소스 파일 messages.properties에 뷰 페이지 orderShippingInfo.jsp 파일에서 사용할 '배송일'의 유효성 검사를 하여 다음과 같이 오류 메시지를 추가합니다.

코드 15-21 messages.properties

```
...
typeMismatch = 유효하지 않은 날짜입니다. (yyyy/mm/dd 형식으로 입력하세요.) ❶
```

❶ 도메인 객체 Shipping의 date 속성에 유효성 검사를 위한 @DateTimeFormat(pattern="yyyy/mm/dd")에 대한 오류 메시지를 설정합니다. 배송 정보 뷰 페이지(orderShippingInfo.jsp)에서 입력한 배송일이 yyyy/mm/dd 형식과 맞지 않다면 오류 메시지로 '유효하지 않은 날짜입니다. (yyyy/mm/dd 형식으로 입력하세요.)'가 출력됩니다.

4. WEB-INF/flows/order 폴더에 orderConfirmation.jsp 파일을 생성하고 다음 내용을 작성합니다. 웹 플로우 정의 파일 order-flow.xml의 〈view-state〉 요소에 설정한 뷰 페이지입니다.

코드 15-22 orderConfirmation.jsp

```
<%@ page contentType="text/html; charset=utf-8" %>
<%@ taglib prefix="c" uri="http://java.sun.com/jsp/jstl/core" %>
<%@ taglib prefix="form" uri="http://www.springframework.org/tags/form" %>
<%@ taglib prefix="fmt" uri="http://java.sun.com/jsp/jstl/fmt" %>

<html>
<head>
<link href="<c:url value="/resources/css/bootstrap.min.css"/>" rel="stylesheet">
<title>Order</title>
</head>
<body>
<nav class="navbar navbar-expand navbar-dark bg-dark">
    <div class="container">
        <div class="navbar-header">
            <a class="navbar-brand" href="./home">Home</a>
        </div>
    </div>
</nav>
<div class="jumbotron">
    <div class="container">
        <h1 class="display-3">주문정보</h1>
```

```
                </div>
            </div>
        <div class="container">
            <form:form modelAttribute="order" class="form-horizontal"> ❶
                <div class="well col-md-9 col-md-offset-2" style="background:#fafafe; padding:
                    20px">
                    <div class="text-center">
                        <h1>영수증</h1>
                    </div>
                    <div class="row">
                        <div class="col-md-6">
                            <address>
                                <strong>배송 주소</strong><br>
                                성명 : ${order.shipping.name}<br>
                                우편번호 : ${order.shipping.address.zipCode}<br>
                                주소 : ${order.shipping.address.addressName}  ${order.shipping.
                                    address.detailName} (${order.shipping.address.country})<br>
                            </address>
                        </div>
                        <div class="col-md-6 text-right">
                            <p><em>배송일: <fmt:formatDate type="date" value="${order.shipping.
                            date}"/></em></p>
                        </div>
                    </div>
                    <div class="row">
                        <div class="col-md-9">
                            <address>
                                <strong>청구주소</strong><br>
                                성명 : ${order.customer.name}<br>
                                우편번호 :${order.customer.address.zipCode}<br>
                                주소 : ${order.customer.address.addressName} ${order.customer.
                                    address.detailName} (${order.customer.address.country})<br>
                                HP : ${order.customer.phone}<br>
                            </address>
                        </div>
                    </div>
                    <div class="row">
                        <table class="table table-hover">
                            <thead>
                            <tr><th>도서</th>
                            <th>#</th>
                            <th class="text-center">가격</th>
                            <th class="text-center">소계</th>
                            </tr>
```

```
                    </thead>
                    <tbody>
                        <c:forEach var="cartItem" items="${order.cart.cartItems}">
                        <tr>
                        <td><em>${cartItem.value.book.name}</em></td>
                        <td style="text-align: center">${cartItem.value.quantity}</td>
                        <td class="text-center">${cartItem.value.book.unitPrice}원</td>
                        <td class="text-center">${cartItem.value.totalPrice}원</td>
                        </tr>
❹                      </c:forEach>
                        <tr>
                        <td> </td>
                        <td> </td>
                        <td class="text-right"><h5><strong>총액: </strong></h5></td>
                        <td class="text-center text-danger"><h4><strong>${order.cart.
                            grandTotal}</strong></h4></td>
                        </tr>
                    </tbody>
                </table>
                <input type="hidden" name="_flowExecutionKey" value="${flowExecutionKey}"/> ❺
                <button class="btn btn-default" name="_eventId_backToShippingInfo">이전
                    </button>
❻               <button type="submit" class="btn btn-success" name="_eventId_
                    orderConfirmed">주문완료</button>
                <button class="btn btn-default" name="_eventId_cancel">취소</button>
            </div>
        </div>
    </form:form>
</div>
</body>
</html>
```

❶ 저장된 주문 관련 정보의 데이터를 바인딩하려면 modelAttribute 속성을 사용하여 커맨드 객체 order로 설정합니다.

❷ 배송 정보에 대해 저장된 배송 세부 사항인 성명, 우편번호, 주소, 국가명, 배송일 등을 출력합니다.

❸ 고객 정보에 저장된 고객 세부 사항인 성명, 우편번호, 주소, 국가명, 전화번호 등을 출력합니다.

❹ 주문한 도서 정보로 도서명, 주문 수, 가격, 소계, 총액 등을 출력합니다.

❺ _flowExecutionKey는 웹 플로우에서 플로 순번의 키 값을 가집니다. 예를 들어 주문 정보의 뷰 페이지에 대한 요청 URL이 http://localhost:8080/Chapter15/checkout?execution=els3이라면 _flowExecutionKey 값은 els3이 됩니다.

❻ 웹 플로우 정의 파일을 설정하여 **이전** 버튼을 누르면 이벤트 ID가 backToShippingInfo로 되면서 뷰 페이지 orderShippingInfo가 출력됩니다. **주문완료** 버튼을 누르면 이벤트 ID가 orderConfirmed로 되면서 `confirmOrder()` 메서드를 호출하고, **취소** 버튼을 누르면 이벤트 ID가 cancel로 되면서 뷰 페이지 orderCancelled가 출력됩니다.

> Tip ☰ 실행 결과 화면은 그림 15-2의 주문 정보 화면을 참고하세요.

5. WEB-INF/flows/order 폴더에 orderFinished.jsp 파일을 생성하고 다음 내용을 작성합니다. 웹 플로우 정의 파일 order-flow.xml의 `<view-state>` 요소에 설정한 뷰 페이지입니다.

코드 15-23 orderFinished.jsp

```jsp
<%@ page contentType="text/html; charset=utf-8" %>
<%@ taglib prefix="c" uri="http://java.sun.com/jsp/jstl/core" %>
<%@ taglib prefix="fmt" uri="http://java.sun.com/jsp/jstl/fmt" %>

<html>
<head>
<link href="<c:url value="/resources/css/bootstrap.min.css"/>" rel="stylesheet">
<title>Thank you</title>
</head>
<body>
<nav class="navbar navbar-expand navbar-dark bg-dark">
    <div class="container">
        <div class="navbar-header">
            <a class="navbar-brand" href="./home">Home</a>
        </div>
    </div>
</nav>
<div class="jumbotron">
    <div class="container">
        <h1 class="display-3">주문완료</h1>
    </div>
</div>
<div class="container">
    <h2 class="alert alert-danger">주문해 주셔서 감사합니다.</h2>
    <p>
```

```
            주문은
            <fmt:formatDate type="date" value="${order.shipping.date}"/>
            에 배송될 예정입니다! !
        </p>
        <p>주문번호 : ${order.orderId}</p>
    </div>
    <div class="container">
        <p>
            <a href="<c:url value="/books"/>" class="btn btn-primary">
                &laquo; 도서목록</a>
        </p>
    </div>
    </body>
    </html>
```

> *Tip* ≡ 실행 결과 화면은 그림 15-2의 주문 완료 화면을 참고하세요.

6. WEB-INF/flows/order 폴더에 orderCartWarning.jsp 파일을 생성하고 다음 내용을 작성합니다. 웹 플로우 정의 파일 order-flow.xml의 〈view-state〉 요소에 설정한 뷰 페이지입니다.

코드 15-24 orderCartWarning.jsp

```
<%@ page contentType="text/html; charset=utf-8" %>
<%@ taglib prefix="c" uri="http://java.sun.com/jsp/jstl/core" %>

<html>
<head>
<link href="<c:url value="/resources/css/bootstrap.min.css"/>" rel="stylesheet">
<title>Thanks you</title>
</head>
<body>

<nav class="navbar navbar-expand navbar-dark bg-dark">
    <div class="container">
        <div class="navbar-header">
            <a class="navbar-brand" href="./home">Home</a>
        </div>
    </div>
</nav>
<div class="jumbotron">
    <div class="container">
        <h1 class="display-3">주문취소</h1>
```

```
        </div>
    </div>
    <div class="container" >
        <h2 class="alert alert-danger">주문을 취소하였습니다.</h2>
    </div>
    <div class="container">
        <p><a href="<c:url value="/books"/>" class="btn btn-primary">&laquo; 도서목록</a></p>
    </div>
</body>
</html>
```

Tip ≡   실행 결과 화면은 그림 15-2의 주문 취소 화면을 참고하세요.

7. 마지막으로 [주문하기] 버튼을 웹 플로우 액션과 연결해야 합니다. cart.jsp 파일에서 다음과
같이 수정합니다.

코드 15-25 cart.jsp

```
...
    <div>
        <form:form name="clearForm" method="delete">
            <a href="javascript:clearCart()" class="btn btn-danger pull-left">삭제하기
                </a>
        </form:form>
        <a href="<c:url value="/order?cartId=${cartId}"/>" class="btn btn-success
            float-right">주문하기</a>
    </div>
...
```

8. 웹 브라우저 주소창에 'http://localhost:8080/BookMarket/books'를 입력하여 실행한 후
장바구니에 도서를 추가하고 장바구니 화면에서 **주문하기** 버튼을 누르면 실행 결과는 다음과
같습니다.

Tip ≡   다음 실행 결과는 이 절의 환경 설정까지 작성해야 확인할 수 있습니다. 이해를 돕기 위해 뷰 페이지
별로 실행한 결과 화면입니다.

15.4 마치며

우리는 지금까지 도서 쇼핑몰 애플리케이션을 구현할 때 스프링 MVC에서 웹 애플리케이션을 개선할 수 있도록 웹 페이지의 흐름을 제어하는 웹 플로우를 적용하는 방법을 살펴보았고, 이를 통해 웹 플로우를 적용해서 코드도 작성해 보았습니다.

다음 장에서는 웹 애플리케이션을 개발할 때 템플릿을 재사용할 수 있도록 하는 오픈 소스 프레임워크인 아파치 타일즈를 적용하여 도서 쇼핑몰을 만들어 보겠습니다.

16 장

타일즈: 웹 페이지 모듈화하기

중복되는 코드를 줄여 재사용할 수 있는 템플릿을 기반으로 하는 오픈 소스 프레임워크인 아파치 타일즈를 살펴봅시다. 그리고 이 장에서 배운 내용으로 도서 쇼핑몰의 페이지를 모듈화해 봅시다.

이 장에서 다룰 핵심 내용

- **타일즈 개요**
  - 실습 타일즈 적용을 위한 환경 설정하기
- **타일즈 레이아웃 정의**
  - 실습 타일즈 레이아웃 정의하기
- **타일즈와 웹 플로우 연동**
  - 실습 스프링 웹 플로우에 타일즈 연동하기

16.1 타일즈 개요

중복되는 코드를 모듈화하여 재사용할 수 있고 쉽게 관리할 수 있도록 지원하는 오픈 소스 프레임 워크인 아파치 타일즈를 살펴봅니다.

16.1.1 타일즈

웹 애플리케이션을 개발하다 보면 전체 웹 페이지의 일관된 화면을 보여 주고자 반복적으로 나타 내는 코드들이 있기 마련입니다. 이때 웹 페이지마다 중복으로 코딩하는 작업은 비효율적입니다. 또 수정 사항이라도 생기면 중복된 코드가 포함된 모든 웹 페이지를 반복해서 수정해야 하므로 효 율성이 떨어집니다. 그래서 중복을 줄이려고 코드를 재사용하며, 편리하게 유지 보수를 하려고 웹 페이지를 모듈화합니다. 즉, 보통 반복되는 코드 부분을 Header, Footer, Menu 등 별도의 JSP 웹 페이지로 모듈화하고, 이를 include를 사용하여 웹 페이지에 포함해서 한 화면으로 구현하는 것이 일반적입니다.

이런 include를 사용하지 않고 페이지 레이아웃 구성에 대한 정보를 XML 문서로 관리해서 웹 페이지를 모듈화할 수 있는 프레임워크가 바로 타일즈입니다.

웹 애플리케이션에서 타일즈를 적용하면 Header, Footer, Menu, Content 등의 역할을 하는 페이지를 만들어 관리할 수 있도록 도와줍니다. 타일즈는 항상 출력되는 페이지 정보와 바뀌는 페 이지 정보를 XML 문서로 관리하기 때문에 디자인이 변경되거나 구성이 변경되더라도 쉽게 적용 할 수 있습니다. 또한 코드 중복성을 줄일 수 있고, 템플릿 재사용성을 높여 줄 수 있습니다.

> Note ☰ **타일즈를 사용하는 이유**
>
> 웹 페이지 모듈화에서 JSP include도 동일한 효과를 보여 줄 수 있지만, 타일즈는 좀 더 세분화하여 관리 가능할 뿐 만 아니라 부분적으로만 페이지 새로 고침이 가능하기 때문에 그 활용성에 차이가 있습니다.

16.1.2 pom.xml 파일에 의존 라이브러리 등록

스프링 MVC에서 타일즈를 적용하려면 tiles-servlet.jar, tiles-jsp.jar, tiles-extras.jar 파일을 의존 정보 라이브러리로 등록해야 합니다. pom.xml 파일에 다음과 같이 라이브러리를 포함합니다.

```
<dependency>
    <groupId>org.apache.tiles</groupId>
    <artifactId>tiles-servlet</artifactId>
    <version>3.0.8</version>
</dependency>

<dependency>
    <groupId>org.apache.tiles</groupId>
    <artifactId>tiles-jsp</artifactId>
    <version>3.0.8</version>
</dependency>

<dependency>
    <groupId>org.apache.tiles</groupId>
    <artifactId>tiles-extras</artifactId>
    <version>3.0.8</version>
</dependency>
```

16.1.3 servlet-context.xml 파일에 타일즈 환경 설정

스프링 MVC에서 타일즈를 적용하려면 스프링 MVC 설정 파일에 타일즈 뷰 리졸버와 타일즈를 제어할 수 있는 xml 파일도 설정해야 합니다.

타일즈의 ViewResolver 빈 등록하기

스프링 MVC 애플리케이션에서 기본 뷰 리졸버(InternalResourceViewResolver)는 타일즈 기능을 제공하지 않으므로 다음과 같이 별도의 타일즈 뷰 리졸버 UrlBasedViewResolver를 등록해야 합니다. 이때 UrlBasedViewResolver는 기본 뷰 리졸버보다 우선적으로 적용되어야 하기 때문에 order 속성 순위를 기본 리졸버보다 높여 주어야 합니다.

```
<beans:bean id="tilesViewResolver"
            class="org.springframework.web.servlet.view.UrlBasedViewResolver">
    <beans:property name="viewClass"
                    value="org.springframework.web.servlet.view.tiles3.TilesView"/>
    ...
</beans:bean>
```

타일즈 레이아웃 정의 파일 등록하기

TilesConfigurer 클래스를 사용하여 뷰 페이지의 레이아웃이 설정된 타일즈 레이아웃 정의 파일과 위치한 경로를 등록해야 합니다.

```
<beans:bean id="tilesConfigurer"
            class="org.springframework.web.servlet.view.tiles3.TilesConfigurer">
    <beans:property name="definitions" value="타일즈 레이아웃 정의 파일"/>
</beans:bean>
```

다음은 TilesConfigurer 클래스를 사용하여 타일즈 레이아웃 정의 파일을 등록하는 예입니다.

타일즈 레이아웃 정의 파일 등록 예

```
<?xml version="1.0" encoding="UTF-8"?>
...
<beans:beans...>
    <beans:bean id="tilesConfigurer"
                class="org.springframework.web.servlet.view.tiles3.TilesConfigurer">
        <beans:property name="definitions" value="WEB-INF/tiles/tiles.xml"/>
    </beans:bean>
</beans:beans>
```

앞의 예제처럼 TilesConfigurer 클래스는 타일즈 레이아웃 정의 파일의 위치를 정의하는 데 사용됩니다. <property> 요소의 value 속성 값은 사용할 타일즈 레이아웃 정의 파일의 경로를 포함하여 정의합니다. 예를 들어 이렇게 설정하면 /WEB-INF/tiles/ 경로에 있는 타일즈 레이아웃 정의 파일 tiles.xml을 로드하여 해당 파일 내에 설정된 각각의 뷰 이름에 맞는 타일즈 레이아웃이 적용되어 뷰 페이지를 반환합니다.

16.1.4 실습 타일즈 적용을 위한 환경 설정하기

도서 쇼핑몰 애플리케이션에 타일즈를 적용하기 위해 스프링 MVC 설정 파일에 환경 설정을 작성해 봅니다.

1. pom.xml 파일에 웹 플로우 관련 의존 라이브러리를 추가합니다.

코드 16-1 pom.xml

```xml
<?xml version="1.0" encoding="UTF-8"?>
<project...>
    ...
    <properties>
        ...
        <commons-io-version>2.11.0</commons-io-version>
        <org.apache.tiles-version>3.0.8</org.apache.tiles-version>
    </properties>

    <dependencies>
        ...
        <!-- Tiles -->
        <dependency>
            <groupId>org.apache.tiles</groupId>
            <artifactId>tiles-servlet</artifactId>
            <version>${org.apache.tiles-version}</version>
        </dependency>
        <dependency>
            <groupId>org.apache.tiles</groupId>
            <artifactId>tiles-jsp</artifactId>
            <version>${org.apache.tiles-version}</version>
        </dependency>
        <dependency>
            <groupId>org.apache.tiles</groupId>
            <artifactId>tiles-extras</artifactId>
            <version>${org.apache.tiles-version}</version>
        </dependency>
    </dependencies>
    ...
</project>
```

2. 스프링 MVC 설정 파일 servlet-context.xml에 타일즈 적용을 위한 뷰 리졸버와 타일즈 레이아웃 정의 파일을 등록합니다.

코드 16-2 servlet-context.xml

```xml
<?xml version="1.0" encoding="UTF-8"?>
<beans:beans...>

    ...
    <beans:bean id="tilesViewResolver"
            class="org.springframework.web.servlet.view.UrlBasedViewResolver">
        <beans:property name="viewClass"
                        value="org.springframework.web.servlet.view.tiles3.TilesView"/>
        <beans:property name="order" value="1"/>
    </beans:bean>

    <beans:bean id="tilesConfigurer"
            class="org.springframework.web.servlet.view.tiles3.TilesConfigurer">
        <beans:property name="definitions" value="/WEB-INF/tiles/tiles.xml"/>
    </beans:bean>
</beans:beans>
```

---

❶ 스프링 MVC 애플리케이션에 타일즈를 적용하여 뷰를 만들도록 뷰 리졸버를 빈으로 등록합니다.

❷ 타일즈 레이아웃 정의 파일의 위치를 설정하려고 TilesConfigurer 빈을 등록합니다. 여기에서 〈property〉 요소의 value 속성 값은 사용할 타일즈 레이아웃 정의 파일의 경로를 포함하여 설정합니다.

16.2 타일즈 레이아웃 정의

SPRING

웹 애플리케이션에 타일즈를 적용하여 기본 레이아웃에 따른 레이아웃 정의 파일의 구조를 알아보고, 각 레이아웃 페이지를 생성하는 방법을 살펴봅니다.

16.2.1 기본 레이아웃 정의

레이아웃은 단위 뷰 페이지의 템플릿을 의미합니다. JSP 페이지의 기본 골격을 구성하는 것을 의미합니다. 즉, 다음과 같이 Menu, Header, Body, Footer 등의 속성을 가지는 페이지 레이아웃 구조를 템플릿이라고 합니다.

▼ 그림 16-1 기본 레이아웃 구조

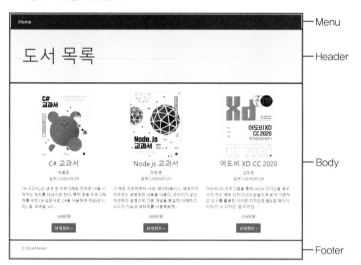

그림과 같이 기본 레이아웃을 만들려면 타일즈에서 제공하는 태그를 사용합니다. 먼저 JSP 웹 페이지에 타일즈가 지원하는 기능을 사용하기 위해 다음과 같이 선언합니다.

```
<%@ taglib prefix="tiles" uri="http://tiles.apache.org/tags-tiles" %>
```

앞의 코드에서 prefix="tiles"는 어느 곳이든 태그 이름이 tiles인 라이브러리의 태그를 사용한다는 것을 나타냅니다.

16.2.2 타일즈 레이아웃 정의 파일 만들기

기본 레이아웃을 구성하기 위해 타일즈의 구성 요소인 <tiles-definitions>, <definition>, <put-attribute> 등을 사용하여 타일즈 레이아웃 정의 파일을 생성합니다.

〈tiles-definitions〉 요소

타일즈 레이아웃 정의 파일은 〈tiles-definitions〉 요소에서 시작하고, 〈tiles-definitions〉 와 〈/tiles-definitions〉 요소 사이에 기본 레이아웃 구조를 설정하고자 〈definition〉과 〈put-attribute〉 요소로 정의합니다. 형식은 다음과 같습니다.

〈tiles-definitions〉 요소의 적용 예

```
<?xml version="1.0" encoding="UTF-8"?>
<!DOCTYPE tiles-definitions PUBLIC "-//Apache Software Foundation//DTD Tiles
        Configuration 3.0//EN" "http://tiles.apache.org/dtds/tiles-config_3_0.dtd">
<tiles-definitions>
    ...
</tiles-definitions>
```

〈definition〉 요소

〈definition〉 요소는 사용자에게 보여지는 웹 페이지의 기본 레이아웃 구조에 대한 각각의 템플릿 이름과 적용할 해당 페이지를 정의합니다.

```
<tiles-definitions>
    <definition name="기본 템플릿 이름" template="웹 페이지 파일과 위치 경로">
    ...
    </definition>
</tiles-definitions>
```

```
<tiles-definitions>
    <definition name="템플릿 이름" extends="기본 템플릿 이름">
    ...
    </definition>
</tiles-definitions>
```

▼ 표 16-1 〈definition〉 요소의 관련 속성

속성	설명
name	템플릿 이름입니다. 기본 템플릿을 제외하고 컨트롤러 안에 요청 처리 메서드가 반환하는 뷰 페이지 이름과 동일해야 합니다.
template	기본 템플릿 파일 이름입니다(경로 포함).
extends	서브 템플릿에 적용할 기본 템플릿 이름입니다.

다음은 기본 템플릿 이름을 정의하고 해당 템플릿에 적용할 JSP 페이지를 설정하는 예입니다.

```
<tiles-definitions>
    <definition name="base" template="/WEB-INF/tiles/baseLayout.jsp">
        ...
    </definition>
</tiles-definitions>
```

앞의 예제에서 템플릿 이름은 name 속성에 설정된 base이며, 템플릿 페이지는 template 속성에 설정된 /WEB-INF/tiles/ 경로에 있는 baseLayout.jsp 파일이 됩니다. 여기에서 template 속성 값은 기본 템플릿 페이지를 정의하므로 name 속성 값 base는 기본 템플릿 이름이 됩니다.

다음은 정의된 기본 템플릿 이름을 사용하여 또 다른 서브 템플릿 이름을 정의하는 예입니다.

```
<tiles-definitions>
    <definition name="webpage16_01" extends="base">
        ...
    </definition>
</tiles-definitions>
```

앞의 예제에서 템플릿 이름은 name 속성에 설정된 webpage16_01이며, 템플릿 페이지는 extends 속성에 설정된 기본 템플릿 이름 base의 레이아웃 구조를 따릅니다. extends 속성을 사용하려면 반드시 사용할 기본 템플릿 이름이 정의되어 있어야 하고, 〈definition〉 요소의 name 속성 값은 다음과 같이 컨트롤러의 요청 처리 메서드에 매핑하는 요청 처리 경로 및 컨트롤러의 요청 처리 메서드에서 반환하는 뷰 페이지 이름과 반드시 동일해야 합니다.

Example01Controller.java

```
package com.springmvc.chap16;
...
@Controller
public class Example01Controller {
    @RequestMapping("/webpage16_01")
    public String requestMethod() {
        ...
        return "webpage16_01";
}
```

〈put-attribute〉 요소

〈put-attribute〉 요소는 레이아웃 구조의 속성 이름(그림 16-1의 menu, header, body, footer 속성의 레이아웃 구조인 경우)과 실제 경로를 포함한 파일이나 문자열을 정의합니다.

```
<tiles-definitions>
    <definition...>
        <put-attribute name="템플릿 이름" value="문자열 또는 템플릿 파일 이름"/>
        ...
    </definition>
</tiles-definitions>
```

❤ 표 16-2 〈put-attribute〉 요소의 관련 속성

속성	설명
name	템플릿 내의 영역 이름입니다.
value	적용할 파일 이름이나 문자열입니다.

다음은 기본 템플릿 속성으로 title, menu, header, body, footer를 가진 레이아웃 구조에서 각 속성에 해당하는 웹 페이지의 파일 이름 또는 문자열을 설정하는 예입니다.

〈put-attribute〉 요소의 적용 예

```
<tiles-definitions>
    <definition name="base" template="/WEB-INF/tiles/baseLayout.jsp">
        <put-attribute name="title" value="제목"/>
        <put-attribute name="menu" value="/WEB-INF/tiles/menu.jsp"/>
        <put-attribute name="header" value="머리말"/>
        <put-attribute name="body" value=""/>
        <put-attribute name="footer" value="/WEB-INF/tiles/footer.jsp"/>
    </definition>

    <definition name="webpage16_01" extends="base">
        <put-attribute name="title" value="타일즈"/>
        <put-attribute name="header" value="Chapter16 예제"/>
        <put-attribute name="body" value="/WEB-INF/views/webpage16_01.jsp"/>
    </definition>
</tiles-definitions>
```

앞의 예제에서 〈put-attribute〉 요소의 name 속성 값은 기본 템플릿의 속성 이름에 해당됩니다. 템플릿의 속성 이름 title과 header는 웹 브라우저에 문자열을 출력하고, 템플릿의 속성 이름 menu와 footer는 웹 브라우저에 경로를 포함한 웹 페이지를 출력합니다.

16.2.3 타일즈 레이아웃 페이지 만들기

타일즈 레이아웃 정의 파일에 설정된 템플릿 이름으로 타일즈가 적용한 웹 페이지를 만들려면 〈tiles:getAsString〉 또는 〈tiles:insertAttribute〉 요소를 사용해야 합니다.

〈tiles:getAsString〉 요소는 타일즈 레이아웃 정의 파일에서 설정된 템플릿 이름에 지정한 값을 웹 브라우저에 그대로 문자열로 출력하고 〈tiles:insertAttribute〉 요소는 JSP 페이지 또는 HTML 등을 출력합니다. 형식은 다음과 같습니다.

16

타일즈: 웹 페이지 모듈화하기

```
<tiles:getAsString name="기본 템플릿의 속성 이름">
<tiles:insertAttribute name="기본 템플릿의 속성 이름">
```

다음은 기본 템플릿의 속성으로 title, menu, header, body, footer를 가진 레이아웃 구조에서 템플릿 레이아웃 정의 파일에 설정한 기본 템플릿의 속성 이름으로 웹 페이지의 레이아웃을 작성한 예입니다.

타일즈 레이아웃 페이지의 정의 예

```
<%@ taglib uri="http://tiles.apache.org/tags-tiles" prefix="tiles" %>

<html>
<head><title><tiles:getAsString name="title"/></title></head>
<body>
    <table>
        <tr><td><tiles:insertAttribute name="menu"/></td></tr>
        <tr><td><tiles:insertAttribute name="header"/></td></tr>
        <tr><td><tiles:insertAttribute name="body"/></td></tr>
        <tr><td><tiles:insertAttribute name="footer"/></td></tr>
    </table>
</body>
</html>
```

예제에서 ⟨tiles:getAsString⟩ 또는 ⟨tiles:insertAttribute⟩ 요소 내에 name 속성 값은 기본 템플릿의 속성 이름을 설정합니다. 기본 템플릿이 구성되면 웹 브라우저에 템플릿의 속성 이름 title, menu, header, body, footer에 해당하는 문자열이나 JSP 웹 페이지를 가져와 출력합니다.

코드 16-3 menu.jsp

```
<%@ page contentType="text/html; charset=utf-8" %>
<p> Chapter16 : 메뉴입니다 </p>
```

코드 16-4 footer.jsp

```
<hr>
<p>&copy; Chapter16</p>
```

코드 16-5 webpage16_01.jsp

```
<%@ page contentType="text/html; charset=utf-8"%>
<html>
<head>
<title></title>
</head>
<body>
<h3>타일즈 예제입니다.</h3>
</body>
</html>
```

❤ 그림 16-2 실행 결과

474

16.2.4 실습 타일즈 레이아웃 정의하기

이제 스프링 MVC 애플리케이션에 타일즈를 적용하는 기본 템플릿과 이를 구성하는 데 필요한 웹 페이지, 기본 템플릿을 정의할 템플릿 정의 파일을 만들어 봅니다.

도서 쇼핑몰의 기본 템플릿은 다음과 같이 title, menu, heading, subheading, content, footer 속성으로 구성합니다.

❤ 그림 16-3 실습할 기본 레이아웃 구조

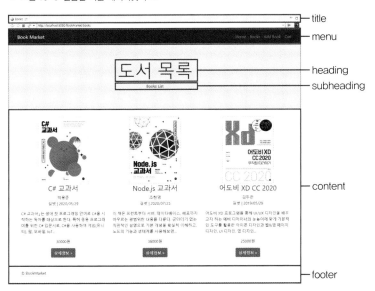

- **title** 속성은 웹 브라우저의 창에 표시되는 제목입니다.

- **menu** 속성은 Book Market, Home, Books, Add Book, Cart 메뉴 등으로 구성합니다.

- **heading** 속성은 각각의 뷰 화면에 나타나는 제목입니다.

- **subheading** 속성은 각각의 뷰 화면에 나타나는 제목의 부제목입니다.

- **content** 속성은 각각의 뷰 화면에 실행 결과를 출력합니다.

- **footer** 속성은 © BookMarket 같은 카피라이트를 표시합니다.

타일즈 레이아웃 정의 파일 만들기

1. WEB-INF 폴더에 tiles 폴더를 생성하고, 타일즈 레이아웃 정의 파일인 tiles.xml을 생성하여 기본 템플릿의 레이아웃을 정의하는 내용을 작성합니다.

코드 16-6 tiles.xml

```
<?xml version="1.0" encoding="UTF-8"?>
<!DOCTYPE tiles-definitions PUBLIC "-//Apache Software Foundation//DTD Tiles
          Configuration 3.0//EN" "http://tiles.apache.org/dtds/tiles-config_3_0.dtd">

<tiles-definitions>
    <definition name="base-Template" template="/WEB-INF/tiles/layout/baseLayout.jsp">
        <put-attribute name="title" value="Sample Title"/>
        <put-attribute name="heading" value=""/>
        <put-attribute name="subheading" value=""/>
        <put-attribute name="menu" value="/WEB-INF/tiles/template/menu.jsp"/>
        <put-attribute name="content" value=""/>
        <put-attribute name="footer" value="/WEB-INF/tiles/template/footer.jsp"/>
    </definition>
</tiles-definitions>
```

❶ <definition> 요소의 기본 템플릿 이름을 base-Template으로 정의하고, 기본 템플릿 페이지는 /WEB-INF/tiles/layout/ 경로에 있는 baseLayout.jsp 파일에 정의합니다. <put-attribute> 요소를 사용하여 기본 템플릿 이름을 title, menu, heading, subheading, content, footer로 지정합니다.

2. WEB-INF/tiles 폴더에 layout 폴더를 생성하고, 기본 템플릿 페이지로 baseLayout.jsp 파일을 생성하여 다음 내용을 작성합니다.

코드 16-7 baseLayout.jsp

```
<%@ page contentType="text/html; charset=utf-8" %>
<%@ taglib prefix="c" uri="http://java.sun.com/jsp/jstl/core" %>
<%@ taglib prefix="tiles" uri="http://tiles.apache.org/tags-tiles" %>

<html>
<head>
<link href="<c:url value="/resources/css/bootstrap.min.css"/>" rel="stylesheet">
<title><tiles:insertAttribute name="title"/></title>
</head>
<body>
<tiles:insertAttribute name="menu"/>
<div class="jumbotron" align="center">
    <div class="container">
        <h1 class="display-3"><tiles:insertAttribute name="heading"/></h1>
        <p><tiles:insertAttribute name="subheading"/></p>
    </div>
```

```
    </div>
    <div class="container">
        <div class="row" >
··········<tiles:insertAttribute name="content"/>
        </div>
        <div class="footer">
··········<tiles:insertAttribute name="footer"/>
        </div>
    </div>
    </body>
    </html>
```

❶ <tiles:insertAttribute> 태그를 사용하여 기본 템플릿 페이지의 속성 이름 title, menu,
heading, subheading, content, footer를 설정합니다.

3. WEB-INF/tiles 폴더에 template 폴더를 생성하고, 기본 템플릿을 구성할 menu 속성의 템플
릿 페이지 menu.jsp 파일을 생성하여 다음 내용을 작성합니다.

코드 16-8 menu.jsp

```
<%@ page contentType="text/html; charset=utf-8" %>
<%@ taglib prefix="c" uri="http://java.sun.com/jsp/jstl/core" %>

<nav class="navbar navbar-expand navbar-dark bg-dark">
    <div class="container">
        <div class="navbar-header">
            <a class="navbar-brand" href="${pageContext.request.contextPath}/
                home">Book Market</a> ❶
        </div>
        <div>
··········<ul class="navbar-nav mr-auto">
            <li class="nav-item"><a class="nav-link" href="<c:url value="/home"/>">
                Home</a></li>
            <li class="nav-item"><a class="nav-link" href="<c:url value="/books"/>">
                Books</a></li>
❶           <li class="nav-item"><a class="nav-link" href="<c:url value="/books/
                add"/>">Add Book</a></li>
            <li class="nav-item"><a class="nav-link" href="<c:url value="/cart/"/>">
                Cart</a></li>
··········</ul>
        </div>
    </div>
</nav>
```

❶ 기본 템플릿을 구성하는 menu 속성의 페이지는 Book Market, Home, Books, AddBook, Cart 등의 메뉴로 구성합니다.

4. WEB-INF/tiles/template 폴더에 footer.jsp 파일을 생성하고 다음 내용을 작성합니다. footer.jsp 기본 템플릿을 구성할 footer 속성의 템플릿 페이지입니다.

코드 16-9 footer.jsp

```
<hr>
<p>&copy; Book Market</p> ❶
```

❶ 기본 템플릿을 구성하는 footer 속성의 페이지는 카피라이트 © Book Market을 표시합니다.

이전에 작성된 JSP 파일에서 타일즈 정의 파일에 정의된 템플릿 페이지의 content 속성 영역 부분만 남기고 menu와 footer에 해당되는 템플릿 페이지의 영역은 삭제해서 수정합니다.

모든 JSP 뷰 페이지에 타일즈 적용하기

1. 타일즈의 기본 템플릿을 적용할 모든 JSP 뷰 페이지를 타일즈 정의 파일 tiles.xml에 추가로 작성합니다.

코드 16-10 tiles.xml

```
<?xml version="1.0" encoding="UTF-8"?>
<!DOCTYPE tiles-definitions PUBLIC "-//Apache Software Foundation//DTD Tiles
        Configuration 3.0//EN" "http://tiles.apache.org/dtds/tiles-config_3_0.dtd">

<tiles-definitions>
    <definition name="base-Template" template="/WEB-INF/tiles/layout/baseLayout.jsp">
        <put-attribute name="title" value="Sample Title"/>
        <put-attribute name="heading" value=""/>
        <put-attribute name="subheading" value=""/>
        <put-attribute name="menu" value="/WEB-INF/tiles/template/menu.jsp"/>
        <put-attribute name="content" value=""/>
        <put-attribute name="footer" value="/WEB-INF/tiles/template/footer.jsp"/>
    </definition>

    <definition name="welcome" extends="base-Template">
        <put-attribute name="title" value="Welcome"/>
        <put-attribute name="heading" value="도서 웹 쇼핑몰"/>
```

```
            <put-attribute name="subheading" value="Welcome to BookMarket"/>
            <put-attribute name="content" value="/WEB-INF/views/welcome.jsp"/>
        </definition>

        <definition name="books" extends="base-Template">
            <put-attribute name="title" value="Books"/>
            <put-attribute name="heading" value="도서 목록"/>
            <put-attribute name="subheading" value="Books List"/>
            <put-attribute name="content" value="/WEB-INF/views/books.jsp"/>
        </definition>

        <definition name="book" extends="base-Template">
            <put-attribute name="title" value="Book"/>
            <put-attribute name="heading" value="도서 정보"/>
            <put-attribute name="subheading" value="Book Details"/>
            <put-attribute name="content" value="/WEB-INF/views/book.jsp"/>
        </definition>

        <definition name="addBook" extends="base-Template">
            <put-attribute name="title" value="Books"/>
            <put-attribute name="heading" value="도서 등록"/>
            <put-attribute name="subheading" value="Book Addition"/>
            <put-attribute name="content" value="/WEB-INF/views/addBook.jsp"/>
        </definition>

        <definition name="login" extends="base-Template">
            <put-attribute name="title" value="Login"/>
            <put-attribute name="heading" value="로그인"/>
            <put-attribute name="subheading" value="Login"/>
            <put-attribute name="content" value="/WEB-INF/views/login.jsp"/>
        </definition>

        <definition name="cart" extends="base-Template">
            <put-attribute name="title" value="Shopping Cart"/>
            <put-attribute name="heading" value="장바구니"/>
            <put-attribute name="subheading" value="Shopping Cart"/>
            <put-attribute name="content" value="/WEB-INF/views/cart.jsp"/>
        </definition>
</tiles-definitions>
```

❶ <definition> 요소의 템플릿 이름을 welcome, books, book, addBook, login, cart로 정의합
니다. 각 뷰 페이지는 <definition> 요소 내 extends 속성을 사용하여 기본 템플릿 페이지

base-Template의 형식을 그대로 따릅니다. 그리고 〈put-attribute〉 요소를 사용하여 기본 템플릿 구성의 내용을 변경합니다. 여기에서 〈definition〉 요소의 템플릿 이름은 반드시 컨트롤러 내 요청 처리 메서드에서 반환되는 뷰 이름과 동일해야 합니다.

2. 뷰 페이지 welcome.jsp 파일에서 다음 내용을 삭제합니다.

코드 16-11 welcome.jsp

```
<%@ page contentType="text/html; charset=utf-8" %>
...
<body>
<nav class="navbar navbar-expand navbar-dark bg-dark">
    <div class="container">
        <div class="navbar-header">
            <a class="navbar-brand" href="./home">Home</a>
        </div>
    </div>
</nav>
<div class="jumbotron">
    <div class="container">
        <h1 class="display-3">${greeting}</h1>
    </div>
</div>
<div class="container">
    <div class="row" align="center">
        <h3>${stapline}</h3>
    </div>
    <footer class="container">
     <hr>
        <p>&copy; BookMarket</p>
    </footer>
</div>
</html>
```

3. 뷰 페이지 books.jsp 파일에서 다음 내용을 삭제합니다.

코드 16-12 books.jsp

```
<%@ page contentType="text/html; charset=utf-8" %>
...
<body>
<nav class="navbar navbar-expand navbar-dark bg-dark">
    <div class="container">
```

```
        <div class="navbar-header">
            <a class="navbar-brand" href="./home">Home</a>
        </div>
    </div>
</nav>
<div class="jumbotron">
    <div class="container">
        <h1 class="display-3">도서 목록</h1>
    </div>
</div>
<div class="container">
    <div class="row" align="center">
        <c:forEach items="${bookList}" var="book">
            ...
        </c:forEach>
    </div>
    <hr>
    <footer>
        <p>&copy; BookMarket</p>
    </footer>
</div>
</html>
```

4. 뷰 페이지 book.jsp 파일에서 다음 내용을 삭제합니다.

코드 16-13 book.jsp

```
<%@ page contentType="text/html; charset=utf-8" %>
...
<body>
<nav class="navbar navbar-expand navbar-dark bg-dark">
    <div class="container">
        <div class="navbar-header">
            <a class="navbar-brand" href="./home">Home</a>
        </div>
    </div>
</nav>
<div class="jumbotron">
    <div class="container">
        <h1 class="display-3">도서 정보</h1>
    </div>
</div>
<div class="container">
```

```
    <div class="row">
        <div class="col-md-4">
            ...
        </div>
    </div>
    <hr>
    <footer>
        <p>&copy; BookMarket</p>
    </footer>
</div>
</body>
</html>
```

5. 뷰 페이지 login.jsp 파일에서 다음 내용을 삭제합니다.

코드 16-14 login.jsp

```
<%@ page contentType="text/html; charset=utf-8" %>
...
<body>
<nav class="navbar navbar-expand navbar-dark bg-dark">
    <div class="container">
        <div class="navbar-header">
            <a class="navbar-brand" href="./home">Home</a>
        </div>
    </div>
</nav>
<div class="jumbotron">
    <div class="container">
        <h1 class="display-3">로그인</h1>
    </div>
</div>
<div class="container col-md-4">
    <div class="text-center">
        <h3 class="form-signin-heading">Please login</h3>
    </div>
    ...
</div>
</body>
</html>
```

6. 뷰 페이지 addBook.jsp 파일에서 다음 내용을 삭제합니다.

코드 16-15 addBook.jsp

```jsp
<%@ page contentType="text/html; charset=utf-8" %>
...
<body>
<nav class="navbar navbar-expand navbar-dark bg-dark">
    <div class="container">
        <div class="navbar-header">
            <a class="navbar-brand" href="./home">Home</a>
        </div>
    </div>
</nav>
<div class="jumbotron">
    <div class="container">
        <h1 class="display-3"><spring:message code="addBook.form.title.label"/></h1>
    </div>
</div>

<div class="container">
    <div class="float-right">
        <form:form action="${pageContext.request.contextPath}/logout" method="POST">
            <input type="submit" class="btn btn-success" value="Logout"/>
        </form:form>
    </div>
    ...
    <hr>
    <footer>
        <p>&copy; BookMarket</p>
    </footer>
</div>
</body>
</html>
```

7. 뷰 페이지 cart.jsp 파일에서 다음 내용을 삭제합니다.

코드 16-16 cart.jsp

```jsp
<%@ page contentType="text/html; charset=utf-8" %>
...
<body>
<nav class="navbar navbar-expand navbar-dark bg-dark">
```

```
    <div class="container">
        <div class="navbar-header">
            <a class="navbar-brand" href="../home">Home</a>
        </div>
    </div>
</nav>
<div class="jumbotron">
    <div class="container">
        <h1 class="display-3">장바구니</h1>
    </div>
</div>

<div class="container">
    <div>
...
  <hr>
    <footer>
        <p>&copy; BookMarket</p>
    </footer>
</body>
</html>
```

8. 뷰 페이지 errorBook.jsp 파일에서 다음 내용을 삭제합니다.

코드 16-17 errorBook.jsp

```
<%@ page contentType="text/html; charset=utf-8" %>
...
<body>
<nav class="navbar navbar-expand navbar-dark bg-dark">
    <div class="container">
        <div class="navbar-header">
            <a class="navbar-brand" href="../home">Home</a>
        </div>
    </div>
</nav>
...
</body>
</html>
```

9. 웹 브라우저 주소창에 'http://localhost:8080/BookMarket/home'을 입력한 실행 결과는 다음과 같습니다. 각각의 메뉴를 선택하여 실행 결과를 확인합니다.

❤ 그림 16-4 실행 결과

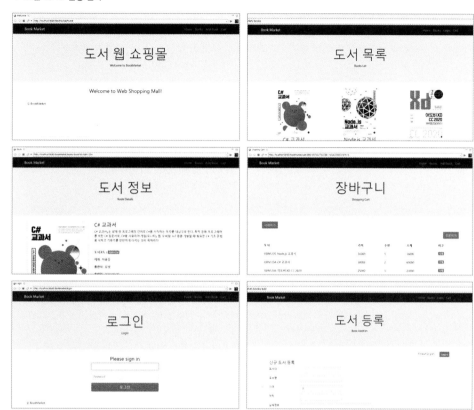

SPRING

16.3 / 타일즈와 웹 플로우 연동

앞 장의 도서 쇼핑몰에서 스프링 웹 플로우가 적용된 주문 처리 페이지를 작성했습니다. 이 주문 처리 페이지의 웹 플로우에 타일즈를 적용하려면 스프링 MVC 설정 파일에 커스텀 FlowBuilder 서비스 설정 및 웹 플로우에서 타일즈를 사용할 수 있도록 설정해야 합니다.

16.3.1 FlowBuilder 서비스 설정

FlowBuilder 서비스는 `<webflow:flow-builder-services>` 요소에 웹 플로우를 적용하여 사용되는 서비스나 설정 등을 커스터마이징할 수 있도록 합니다.

```
<webflow:flow-builder-services id="FlowBuilder 서비스 ID"
        view-factory-creator="viewFactoryCreator를 커스터마이징하는 빈 ID"/>
```

❤ 표 16-3 〈webflow:flow-executor〉 요소의 속성

속성	설명
id	FlowBuilder 서비스의 ID입니다.
view-factory-creator	ViewFactoryCreator를 커스터마이징하는 스프링 빈 ID입니다.
conversion-service	SWF 시스템에서 사용하는 ConversionService를 커스터마이징할 수 있습니다.
expression-parser	ExpressionParser를 커스터마이징하는 데 사용합니다.
development	Flow 개발 모드를 설정합니다. true일 때는 Flow 정의가 변경되면 hot-reloading을 적용합니다(message bundles와 같은 리소스 포함).

FlowBuilder 서비스 설정

```
<webflow:flow-registry id="flowRegistry" flow-builder-services="flowBuilderServices">
    <webflow:flow-location path="WEB-INF/flows/order/order-flow.xml"/>
</webflow:flow-registry>

<webflow:flow-builder-services id="flowBuilderServices"/>
```

앞의 예제에서 `<webflow:flow-builder-services>` 요소에 웹 플로우를 적용하여 사용되는 서비스나 설정 등을 커스터마이징할 수 있도록 합니다. 이때 `<webflow:flow-builder-services>` 요소의 id 속성 값은 웹 플로우의 흐름 레지스트리 `<webflow:flow-registry>` 요소의 flow-builder-services 속성 값으로 설정되어 있어야 합니다.

> $Tip \equiv$ 자세한 스프링 웹 플로우 내용은 14장을 참고하기 바랍니다.

16.3.2 ViewResolver 빈 등록

웹 플로우 2.0 이상에서는 별도의 지정 없이도 웹 플로우 작업 디렉터리에 있는 뷰 페이지에 뷰 리졸버를 매핑해 줍니다. 기존 스프링 MVC 애플리케이션에 웹 플로우를 연동할 경우, 이미 외부 뷰 리졸버가 매핑하고 있습니다. 그러므로 기존 뷰 리졸버를 계속 사용하면서 웹 플로우에 설정된 뷰 페이지가 변경되는 것을 방지하려면 MvcViewFactoryCreator 클래스를 사용해야 합니다. 그러면 스프링 MVC의 뷰 리졸버를 웹 플로우에서도 사용할 수 있습니다. 형식은 다음과 같습니다.

```
<bean id="viewFactoryCreator"
      class="org.springframework.webflow.mvc.builder.MvcViewFactoryCreator">
   <property name="viewResolvers" ref="참조할 타일즈 뷰 리졸버"/>
</bean>
```

다음은 스프링 MVC 설정 파일에 MvcViewFactoryCreator 클래스를 빈으로 설정하는 예입니다.

ViewResolver 빈 등록

```
<webflow:flow-builder-services id="flowBuilderServices"
        view-factory-creator="viewFactoryCreator"/>

<bean id="viewFactoryCreator"
      class="org.springframework.webflow.mvc.builder.MvcViewFactoryCreator">
   <property name="viewResolvers" ref="tilesViewResolver"/>
</bean>
```

MvcViewFactoryCreator 클래스는 스프링 MVC의 뷰 리졸버를 스프링 웹 플로우에서 사용할 수 있도록 합니다. 예를 들어 앞의 예제처럼 스프링 웹 플로우에서 사용하고자 하는 뷰 리졸버가 tilesViewResolver라면 MvcViewFactoryCreator 빈에서 <property> 요소의 ref 속성 값에 설정합니다.

16.3.3 실습 스프링 웹 플로우에 타일즈 연동하기

스프링 웹 플로우가 적용된 주문 처리 페이지에 타일즈의 기본 템플릿을 적용하기 위해 주문 처리 페이지들을 타일즈 레이아웃 정의 파일에 정의하고 뷰 페이지를 수정해 봅니다.

웹 플로우와 타일즈 연동을 위한 환경 설정하기

1. 스프링 MVC 설정 파일 servlet-context.xml에 스프링 웹 플로우와 타일즈가 서로 연동되도록 다음 내용을 작성합니다.

코드 16-18 servlet-context.xml

```xml
<?xml version="1.0" encoding="UTF-8"?>
<beans:beans...>
...
    <webflow:flow-registry id="flowRegistry"
            flow-builder-services="flowBuilderServices">
        <webflow:flow-location path="/WEB-INF/flows/order/order-flow.xml" id="order"/>
    </webflow:flow-registry>
    ...

    <webflow:flow-builder-services id="flowBuilderServices"
            view-factory-creator="viewFactoryCreator"/> ❶
    <beans:bean id="viewFactoryCreator"
            class="org.springframework.webflow.mvc.builder.MvcViewFactoryCreator">
❷       <beans:property name="viewResolvers" ref="tilesViewResolver"/>
    </beans:bean>
</beans:beans>
```

❶ `<webflow:flow-builder-services>` 요소는 웹 플로우를 구축하는 데 사용되는 서비스나 설정 등을 커스터마이징할 수 있습니다. 이때 view-factory-creator 속성은 웹 플로우에서 사용되는 ViewFactoryCreator를 커스터마이징하는 데 사용됩니다.

> Tip ≡ 기본 ViewFactoryCreator는 JSP, Velocity, Freemaker 등을 화면에 보여 주는 스프링 MVC의 viewFactories로 되어 있습니다.

❷ 이미 등록된 타일즈 뷰 리졸버 빈인 tilesViewResolver를 스프링 웹 플로우 내에서 사용하려면 MvcViewFactoryCreator 클래스를 빈으로 등록해야 합니다.

웹 플로우가 적용된 JSP 뷰 페이지 수정하기

1. 타일즈 정의 파일 tiles.xml에 주문 처리 뷰 페이지를 추가로 작성합니다.

```
<?xml version="1.0" encoding="UTF-8"?>
<!DOCTYPE tiles-definitions PUBLIC "-//Apache Software Foundation//DTD Tiles
         Configuration 3.0//EN" "http://tiles.apache.org/dtds/tiles-config_3_0.dtd">

<tiles-definitions>
    <definition name="base-Template" template="/WEB-INF/tiles/template/baseLayout.
              jsp">
        <put-attribute name="title" value="Sample Title"/>
        <put-attribute name="heading" value=""/>
        <put-attribute name="subheading" value=""/>
        <put-attribute name="menu" value="/WEB-INF/tiles/template/menu.jsp"/>
        <put-attribute name="content" value=""/>
        <put-attribute name="footer" value="/WEB-INF/tiles/template/footer.jsp">
    </definition>
...

    <definition name="cart" extends="base-Template">
        <put-attribute name="title" value="Shopping Cart"/>
        <put-attribute name="heading" value="장바구니"/>
        <put-attribute name="subheading" value="Shopping Cart"/>
        <put-attribute name="content" value="/WEB-INF/views/cart.jsp"/>
    </definition>

    <definition name="orderCustomerInfo" extends="base-Template">
        <put-attribute name="title" value="Order"/>
        <put-attribute name="heading" value="고객정보"/>
        <put-attribute name="subheading" value="Customer Details"/>
        <put-attribute name="content" value="/WEB-INF/flows/order/orderCustomerInfo.jsp"/>
    </definition>

❶   <definition name="orderShippingInfo" extends="base-Template">
        <put-attribute name="title" value="Order"/>
        <put-attribute name="heading" value="배송정보"/>
        <put-attribute name="subheading" value="Shipping Details"/>
        <put-attribute name="content" value="/WEB-INF/flows/order/orderShippingInfo.jsp"/>
    </definition>

    <definition name="orderConfirmation" extends="base-Template">
        <put-attribute name="title" value="Order"/>
        <put-attribute name="heading" value="주문정보"/>
        <put-attribute name="subheading" value="Order Confirmation"/>
```

```
            <put-attribute name="content" value="/WEB-INF/flows/order/orderConfirmation.jsp"/>
        </definition>

        <definition name="orderFinished" extends="base-Template">
            <put-attribute name="title" value="Order"/>
            <put-attribute name="heading" value="주문완료"/>
            <put-attribute name="subheading" value="Thanks you"/>
            <put-attribute name="content" value="/WEB-INF/flows/order/orderFinished.jsp"/>
        </definition>

        <definition name="orderCartWarning" extends="base-Template">
            <put-attribute name="title" value="Order"/>
            <put-attribute name="heading" value="주문취소"/>
            <put-attribute name="subheading" value="Invalid Cart"/>
            <put-attribute name="content" value="/WEB-INF/flows/order/orderCartWarning.jsp"/>
        </definition>
</tiles-definitions>
```

❶ <definition> 요소의 템플릿 이름을 orderCustomerInfo, orderShippingInfo, orderConfirmation, orderFinished, orderCartWarning으로 정의합니다. 각 뷰 페이지는 <definition> 요소 내 extends 속성을 사용하여 기본 템플릿 페이지 base-Template 형식을 그대로 따릅니다. 그리고 <put-attribute> 요소를 사용하여 기본 템플릿 구성 내용을 변경합니다.

2. 뷰 페이지 orderCustomerInfo.jsp 파일에서 다음 내용을 삭제합니다.

코드 16-20 orderCustomerInfo.jsp

```
<%@ page contentType="text/html; charset=utf-8" %>
...
<body>
<nav class="navbar navbar-expand navbar-dark bg-dark">
    <div class="container">
        <div class="navbar-header">
            <a class="navbar-brand" href="./home">Home</a>
        </div>
    </div>
</nav>
<div class="jumbotron">
    <div class="container">
        <h1 class="display-3">고객정보</h1>
    </div>
```

```
    </div>
    <div class="container">
        <form:form modelAttribute="order.customer" class="form-horizontal">
            ...
        </form:form>
    </div>
    </body>
    </html>
```

3. 뷰 페이지 orderShippingInfo.jsp 파일에서 다음 내용을 삭제합니다.

코드 16-21 orderShippingInfo.jsp

```
<%@ page contentType="text/html; charset=utf-8" %>
...
<body>
<nav class="navbar navbar-expand navbar-dark bg-dark">
    <div class="container">
        <div class="navbar-header">
            <a class="navbar-brand" href="./home">Home</a>
        </div>
    </div>
</nav>
<div class="jumbotron">
    <div class="container">
        <h1 class="display-3">배송정보</h1>
    </div>
</div>

<div class="container">
    <form:form modelAttribute="order.shipping" class="form-horizontal">
        ...
    </form:form>
</div>
</body>
</html>
```

4. 뷰 페이지 orderConfirmation.jsp 파일에서 다음 내용을 삭제합니다.

코드 16-22 orderConfirmation.jsp

```
<%@ page contentType="text/html; charset=utf-8" %>
...
<body>
```

```
<nav class="navbar navbar-expand navbar-dark bg-dark">
    <div class="container">
        <div class="navbar-header">
            <a class="navbar-brand" href="./home">Home</a>
        </div>
    </div>
</nav>
<div class="jumbotron">
    <div class="container">
        <h1 class="display-3">주문정보</h1>
    </div>
</div>

<div class="container">
    <form:form modelAttribute="order" class="form-horizontal">
    ...
    </form:form>
</div>
</body>
</html>
```

5. 뷰 페이지 orderFinished.jsp 파일에서 다음 내용을 삭제합니다.

코드 **16-23** orderFinished.jsp

```
<%@ page contentType="text/html; charset=utf-8" %>
...
<body>
<nav class="navbar navbar-expand navbar-dark bg-dark">
    <div class="container">
        <div class="navbar-header">
            <a class="navbar-brand" href="./home">Home</a>
        </div>
    </div>
</nav>
<div class="jumbotron">
    <div class="container">
        <h1 class="display-3">주문완료</h1>
    </div>
</div>
<div class="container">
    <h2 class="alert alert-danger">주문해 주셔서 감사합니다.</h2>
    ...
```

```
</body>
</html>
```

6. 뷰 페이지 orderCartWarning.jsp 파일에서 다음 내용을 삭제합니다.

코드 16-24 orderCartWarning.jsp

```
<%@ page contentType="text/html; charset=utf-8" %>
...
<body>
<nav class="navbar navbar-expand navbar-dark bg-dark">
    <div class="container">
        <div class="navbar-header">
            <a class="navbar-brand" href="./home">Home</a>
        </div>
    </div>
</nav>
<div class="jumbotron">
    <div class="container">
        <h1 class="display-3">주문취소</h1>
    </div>
</div>
<div class="container" >
    <h2 class="alert alert-danger">주문을 취소하였습니다.</h2>
...
</body>
</html>
```

7. 웹 브라우저 주소창에 'http://localhost:8080/BookMarket/books'를 입력하여 실행한 후 장
바구니에 도서를 추가하고 장바구니 화면에서 **주문하기** 버튼을 눌러 실행 결과를 확인합니다.

❤ 그림 16-5 실행 결과

SPRING

16.4 / 마치며

웹 애플리케이션을 개발할 때 코드를 재사용할 수 있으며 손쉽게 유지 보수할 수 있게 지원하는
오픈 소스 프레임워크인 아파치 타일즈를 살펴보았습니다. 아파치 타일즈를 적용하여 도서 쇼핑
몰의 웹 페이지를 모듈화해 보았습니다.

다음 장에서는 서버와 연동할 수 있는 JDBC 개념을 설명하고, 이를 이해할 수 있도록 도서 쇼핑
몰 애플리케이션을 데이터베이스와 연동하여 도서 등록, 삭제, 수정, 조회 등의 페이지를 만들어
보겠습니다.

17 장

데이터베이스 연동: 도서 목록 CRUD 처리하기

데이터베이스와 연동하는 스프링 JDBC를 알아보고, 데이터베이스에 연결하는 DataSource 설정 방법을 살펴봅니다. 또한 JdbcTemplate 클래스에서 제공하는 등록, 삭제, 수정, 조회 등 CRUD 메서드도 살펴봅니다.

이 장에서 다룰 핵심 내용

- **데이터베이스 설치**
  - 실습 데이터베이스와 테이블 생성 및 데이터 등록하기
- **JDBC 연동을 위한 환경 설정**
  - 실습 JDBC 연동을 위한 환경 설정하기
- **데이터 검색**
  - 실습 CRUD 메서드를 사용하여 도서 목록 조회하기
- **데이터 삽입, 수정, 삭제**
  - 실습 CRUD 메서드를 사용하여 신규 도서 삽입하기
  - 실습 CRUD 메서드를 사용하여 도서 정보 수정하기
  - 실습 CRUD 메서드를 사용하여 도서 삭제하기

17.1 데이터베이스 설치

웹 애플리케이션에서 데이터베이스와 연동은 필수적인 작업입니다. 웹 애플리케이션에서 데이터
베이스와 상호 작용하려면 데이터베이스 관리 시스템을 설치해야 합니다.

17.1.1 MySQL 설치

스프링 MVC 애플리케이션에 데이터베이스를 연동할 수 있는 환경을 구축하기 위해 오픈 소스 데
이터베이스 관리 시스템(DBMS)이면서 웹 기반 애플리케이션을 개발하는 데 가장 많이 사용되고
다양한 성능을 지원하는 MySQL을 설치합니다.

1. MySQL 공식 사이트(http://dev.mysql.com/downloads/installer/)에 접속하여 화면 아래
   쪽에 MySQL Installer 8.0.xx에서 Microsoft Windows를 선택한 후 **Download**를 클릭합니
   다. 내려받는 파일이 두 개 있는데, 위쪽은 웹으로 내려받는 것이고 아래쪽은 실행 파일을 내려
   받는 것입니다. 편한 것으로 내려받습니다.

▼ 그림 17-1 MySQL 내려받기

2. 내려받은 설치 파일을 더블클릭하여 설치를 진행합니다. Choosing a Setup Type 창에서 [Custom]을 선택하고 **Next**를 클릭합니다.

❤ 그림 17-2 MySQL 설치하기 1

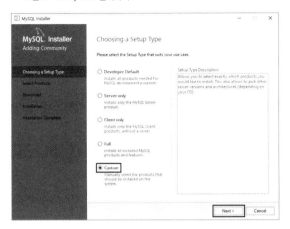

3. Select Products 창에서 Available Products 상자 목록 중 [MySQL Servers] → [MySQL Server]에 있는 [MySQL Server 8.0.xx – X64]와 [MySQL Connectors] → [Connector/ODBC]에 있는 [Connector/ODBC 8.0.xx – X64]를 선택합니다. **녹색의 오른쪽 방향 화살표**를 클릭하여 Products To Be Installed 상자로 이동시키고 **Next**를 클릭합니다.

❤ 그림 17-3 MySQL 설치하기 2

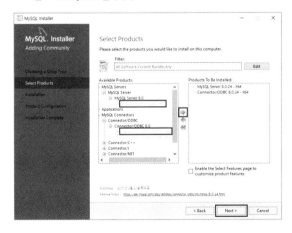

4. Installation 화면에서 **Execute**를 클릭하여 설치를 시작합니다. 설치 목록에 녹색 체크 마크가 표시되면 정상적으로 설치된 것이므로 **Next**를 클릭합니다.

❤ 그림 17-4 MySQL 설치하기 3

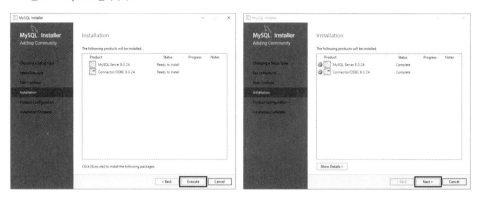

MySQL 초기 설정하기

1. 설치한 MySQL의 초기 설정을 시작합니다. root 계정의 패스워드 설정 화면이 나올 때까지 모두 기본 설정을 그대로 두고 **Next**를 클릭합니다.

❤ 그림 17-5 MySQL 초기 설정하기 1

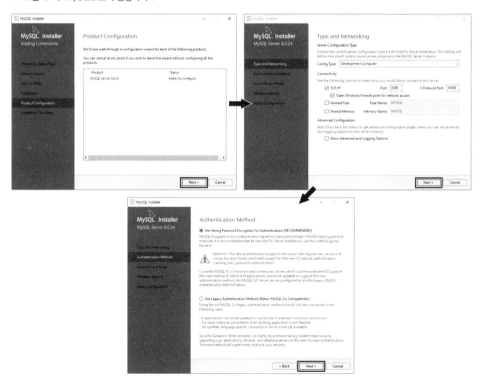

2. root 계정의 패스워드 설정과 계정 추가 화면에서 관리자 계정인 root 계정의 패스워드를 설정하고 계정 추가는 생략합니다. 설정이 끝나면 **Next**를 클릭합니다.

▼ 그림 17-6 MySQL 초기 설정하기 2

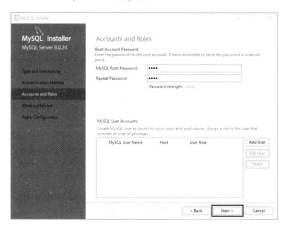

3. Windows Service 창 이후에는 설치 단계마다 모두 기본 설정을 그대로 두고 **Next**나 **Execute**를 클릭합니다. 설치 진행 작업이 완료되어 **Finish**가 나오면 이를 클릭합니다.

▼ 그림 17-7 MySQL 초기 설정하기 3

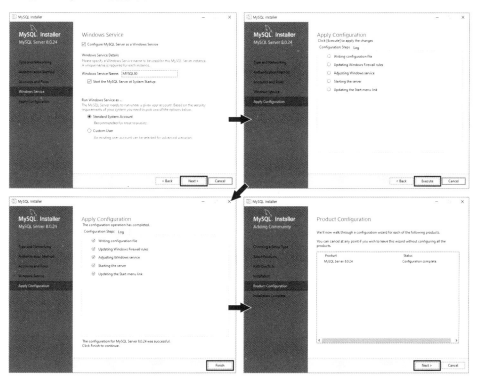

데이터베이스 연동: 도서 목록 CRUD 처리하기

❤ 그림 17-7 MySQL 초기 설정하기 3(계속)

MySQL 설치 확인하기

윈도의 **시작** 버튼을 눌러 MySQL 8.0 Command Line Client를 실행합니다. root 계정의 비밀
번호를 입력한 후 Enter를 누릅니다. 다음과 같이 나오면 MySQL이 제대로 설치된 것입니다.

❤ 그림 17-8 MySQL 설치 확인하기 1

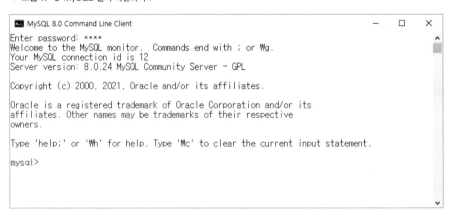

Note ≡　명령 프롬프트를 실행하여 MySQL이 설치되었는지 확인하는 방법

1. 명령 프롬프트를 실행합니다.

2. 프롬프트에 -u root -p 명령을 입력하고 Enter를 누릅니다.

3. Enter password가 나타나면 root 계정의 비밀번호를 입력하고 Enter를 누릅니다.

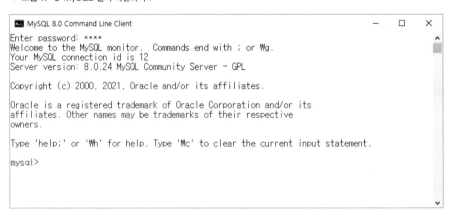

○ 계속

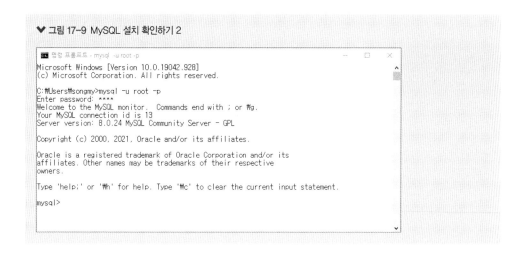

▼ 그림 17-9 MySQL 설치 확인하기 2

```
명령 프롬프트 - mysql -u root -p
Microsoft Windows [Version 10.0.19042.928]
(c) Microsoft Corporation. All rights reserved.

C:\Users\songmy>mysql -u root -p
Enter password: ****
Welcome to the MySQL monitor.  Commands end with ; or \g.
Your MySQL connection id is 13
Server version: 8.0.24 MySQL Community Server - GPL

Copyright (c) 2000, 2021, Oracle and/or its affiliates.

Oracle is a registered trademark of Oracle Corporation and/or its
affiliates. Other names may be trademarks of their respective
owners.

Type 'help;' or '\h' for help. Type '\c' to clear the current input statement.

mysql>
```

17.1.2 MySQL 기본 명령어

데이터베이스 언어는 데이터베이스를 이용하여 특정한 정보를 추출하고 보여 주는 언어를 의미합니다. 대표적인 것이 바로 SQL(Structured Query Language)입니다. SQL은 데이터베이스용 쿼리 언어의 일종입니다. 관계형 데이터베이스를 관리하는 DBMS에서 사용하는 언어로, 질의 기능뿐만 아니라 데이터 정의 기능과 조작 기능도 있으며 개개의 레코드보다 테이블 단위로 연산을 수행합니다.

▼ 표 17-1 SQL 문장의 종류

종류	기능
데이터 정의 언어(Data Definition Language)	CREATE, ALTER, DROP 등
데이터 조작 언어(Data Manipulation Language)	SELECT, INSERT, DELETE, UPDATE 등
데이터 제어 언어(Data Control Language)	GRANT, REVOKE, COMMIT, ROLLBACK 등

데이터베이스 관련 명령어

다음은 데이터베이스와 관련된 명령어입니다.

```
CREATE DATABASE 데이터베이스 이름; -- 데이터베이스 생성
SHOW DATABASES; -- 데이터베이스 조회
DROP DATABASE 데이터베이스 이름; -- 데이터베이스 삭제
```

다음은 새로운 데이터베이스 Spring을 생성하고 데이터베이스 목록을 확인하는 예입니다.

```
mysql> CREATE database Spring;
...
mysql> SHOW databases;
+--------------------+
| Database           |
+--------------------+
| information_schema |
| mysql              |
| performance_schema |
| spring             |
| sys                |
+--------------------+
5 rows in set (0.00 sec)
```

테이블 관련 명령어

사용할 데이터베이스에 접속하여 테이블을 제어하는 주요 명령어는 다음에 정리했습니다.

테이블 생성은 다음과 같습니다.

```
CREATE TABLE 테이블 이름(필드 이름1 자료형1[, 필드 이름2 자료형2, ...]);
```

테이블 조회하기는 다음과 같습니다.

```
SHOW TABLES;
```

다음은 테이블 세부 조회하기입니다.

```
DESC 테이블 이름;
```

다음은 데이터베이스 Spring에서 id, name, password 세 열을 포함하는 Member 테이블을 생성하고 테이블 생성을 확인하는 예입니다.

```
mysql> CREATE TABLE member(
    id int NOT NULL AUTO_INCREMENT,
    name VARCHAR(100) not null,
    password VARCHAR(50) not null,
    PRIMARY KEY (id)
);
...
mysql> SHOW TABLES;
```

앞의 예제에서 반드시 사용할 데이터베이스를 선택해야 테이블을 생성할 수 있습니다. id 열은 int 유형이며 정수를 포함합니다. name과 password 열은 varchar 유형으로 문자를 포함하며, 이 필드의 최대 길이는 각각 100자, 50자입니다.

테이블 생성 예

```
mysql> use Spring;
Database changed
mysql> create table member(
    -> id int not null auto_increment,
    -> name varchar(100) not null,
    -> password varchar(50) not null,
    -> primary key(id) );
Query OK, 0 rows affected (0.08 sec)
masql> SHOW TABLES;
+--------------------+
| Table_in_spring    |
+--------------------+
| member             |
+--------------------+
1 rows in set (0.03 sec)
```

데이터 조작 관련 명령어

데이터베이스의 테이블에서 관리하는 데이터를 조작하는 주요 명령어인 INSERT, SELECT, UPDATE, DELETE를 살펴봅니다.

데이터 등록하기는 다음과 같습니다.

```
INSERT [INTO] 테이블 이름 [(필드 이름, 필드 이름, ...)] VALUES (필드 값, 필드 값, ...)
```

다음은 데이터 조회하기입니다.

SELECT 필드 이름[, 필드 이름, ...] FROM 테이블 이름 [WHERE 검색 조건] [ORDER BY 필드 이름 [ASC
or DESC]] [GROUP BY 필드 이름[, 필드 이름, ...]] ...

데이터 수정하기는 다음과 같습니다.

UPDATE 테이블 이름 SET 필드 이름 = 필드 값[, 필드 이름 = 필드 값, ...] [WHERE 검색 조건]

마지막으로 데이터 삭제하기입니다.

DELETE FROM 테이블 이름 [WHERE 검색 조건]

다음은 데이터베이스 Spring에서 테이블 member에 새로운 데이터로 id, name, password에 1, 홍
길동, 1234를 삽입하고 조회하는 예입니다.

데이터 삽입 및 조회 예

```
mysql> INSERT INTO member values('1', '홍길동', '1234');
...
mysql> SELECT * FROM member;
+----+--------+----------+
| id | name   | password |
|  1 | 홍길동  | 1234     |
+----+--------+----------+
1 row in set (0.00 sec)
```

17.1.3 실습 데이터베이스와 테이블 생성 및 데이터 등록하기

도서 쇼핑몰에서 메모리 저장소 객체에 저장한 전체 도서 목록을 데이터베이스에 저장하려고 합
니다. 이를 위해 우선 사용할 데이터베이스와 도서 목록을 저장할 테이블을 생성하고, 마지막으로
전체 도서 목록을 생성된 테이블에 삽입해 봅니다.

1. src/main/webapp/resources 폴더에 sql 폴더를 만듭니다. 이 폴더에 book.sql 파일을 생
   성하여 다음 내용을 작성합니다.

```sql
charset utf8; -- 윈도 명령 프롬프트의 기본 문자셋이 euckr이므로 utf8로 문자셋 변경
USE springmvcDB; ❶

CREATE TABLE IF NOT EXISTS book(
    b_bookId VARCHAR(10) NOT NULL,
    b_name VARCHAR(30),
    b_unitPrice INTEGER,
    b_author VARCHAR(50),
    b_description TEXT,
    b_publisher VARCHAR(20),
    b_category VARCHAR(20),
    b_unitsInStock LONG,
    b_releaseDate VARCHAR(20),
    b_condition VARCHAR(20),
    b_fileName VARCHAR(20),
    PRIMARY KEY (b_bookId)
)DEFAULT CHARSET=utf8;

DELETE FROM book; ❸

INSERT INTO book VALUES('ISBN1234', 'C# 교과서', 30000, '박용준', 'C# 교과서』는 생
        애 첫 프로그래밍 언어로 C#을 시작하는 독자를 대상으로 한다. 특히 응용 프로그래머를 위
        한 C# 입문서로, C#을 사용하여 게임(유니티), 웹, 모바일, IoT 등을 개발할 때 필요
        한 C# 기초 문법을 익히고 기본기를 탄탄하게 다지는 것이 목적이다.','길벗','IT전문서',
        1000,'2020/05/29','','ISBN1234.png');
INSERT INTO book VALUES('ISBN1235', 'Node.js 교과서', 36000, '조현영', '이 책은 프런트부
        터 서버, 데이터베이스, 배포까지 아우르는 광범위한 내용을 다룬다. 군더더기 없는 직관적인
        설명으로 기본 개념을 확실히 이해하고, 노드의 기능과 생태계를 사용해 보면서 실제로 동작
        하는 서버를 만들어보자. 예제와 코드는 최신 문법을 사용했고 실무에 참고하거나 당장 적용할
        수 있다.','길벗','IT전문서',1000, '2020/07/25','', 'ISBN1235.png');
INSERT INTO book VALUES('ISBN1236', '어도비 XD CC 2020', 25000, '김두한', '어도비 XD 프
        로그램을 통해 UI/UX 디자인을 배우고자 하는 예비 디자이너의 눈높이에 맞게 기본적인 도구
        를 활용한 아이콘 디자인과 웹&앱 페이지 디자인, UI 디자인, 앱 디자인에 애니메이션과 인
        터랙션을 적용한 프로토타이핑을 학습합니다.', '길벗', 'IT활용서', 1000, '2019/05/29',
        '','ISBN1236.png');
```

❶ 사용할 데이터베이스를 springmvcDB로 설정합니다.

❷ b_bookId(도서 ID), b_name(도서명), b_unitPrice(가격), b_author(저자), b_description(상세 정보), b_publisher(출판사), b_category(분류), b_unitsInStock(재고수), b_totalPages(페이지 수), b_releaseDate(출판일), b_condition(상태), b_fileName(파

일) 필드를 가진 book 테이블을 생성합니다.

❸ book 테이블이 있다면 삭제합니다.

❹ 도서 목록을 INSERT 구문을 이용하여 저장합니다.

2. MySQL에 접속하려면 명령 프롬프트 창을 열고 MySQL 루트 계정의 ID와 password를 입력해야 합니다. MySQL 8.0 Command Line Client를 사용한다면 root 계정의 password만 입력합니다.

코드 17-2 명령 프롬프트 화면

```
C:\>mysql -u root -p ❶
Enter password: **** ❷
Welcome to the MySQL monitor. Commands end with ; or \g.
Your MySQL connection id is 774
Server version: 5.6.24-log MySQL Community Server (GPL)

Copyright (c) 2000, 2015, Oracle and/or its affiliates. All rights reserved.

Oracle is a registered trademark of Oracle Corporation and/or its
affiliates. Other names may be trademarks of their respective
owners.

Type 'help;' or '\h' for help. Type '\c' to clear the current input statement.

mysql> ❸
```

❶ MySQL에 접속하려고 mysql -u root -p 명령을 입력합니다.

❷ password를 입력합니다.

❸ 올바르게 MySQL에 접속하면 mysql> 프롬프트가 나타납니다.

3. 데이터베이스 이름 springmvcDB를 생성하고, springmvcDB 데이터베이스가 제대로 생성되었는지 확인합니다.

코드 17-3 명령 프롬프트 화면

```
...
mysql> CREATE database springmvcDB; ❶
Query OK, 1 row affected (0.00 sec)

mysql> SHOW databases; ❷
```

```
+--------------------+
| Database           |
+--------------------+
| information_schema |
| mysql              |
| performance_schema |
| spring             |
| springmvcdb        | ❸
| sys                |
+--------------------+
6 rows in set (0.01 sec)
```

❶ 사용할 데이터베이스 이름 springmvcDB를 생성합니다.

❷ 데이터베이스 목록을 표시합니다.

❸ 새로 생성한 데이터베이스 springmvcDB가 표시된 것을 볼 수 있습니다.

4. BookMarket/src/main/webapp/resources/sql/book.sql 파일의 내용을 불러와 SQL 문
   으로 실행합니다. book 테이블을 생성하고 데이터를 일괄 삽입합니다.

코드 17-4 명령 프롬프트 화면

```
...
mysql> source book.sql ❶
Database changed
Query OK, 0 rows affected, 1 warning (0.00 sec)

Query OK, 0 rows affected (0.00 sec)

Query OK, 1 row affected (0.00 sec)

Query OK, 1 row affected (0.00 sec)

Query OK, 1 row affected (0.00 sec)

mysql>
```

❶ source 명령어는 MySQL에서 외부 파일의 SQL 문을 실행시킵니다. source 명령어를 사용
  하는 방법은 다음과 같습니다.

```
mysql> source 파일 이름;
```

앞의 코드에서 source book.sql은 앞서 생성한 book.sql 파일을 실행하여 테이블을 생성하고, 생성된 테이블에 레코드 세 개를 삽입합니다. 여기에서 book.sql 파일은 MySQL을 접속하기 전 실행한 경로와 반드시 같아야 합니다.

접속된 MySQL 현재 경로와 book.sql 파일이 위치한 경로가 다르면 다음과 같이 book.sql 파일이 위치한 경로 이름을 정확히 표시해야 합니다.

```
mysql> source C:/프로젝트 경로/WebContent/resources/sql/book.sql
```

5. book 테이블에 삽입된 데이터를 확인합니다.

코드 17-5 명령 프롬프트 화면

```
...
mysql> SELECT b_bookId, b_name, b_releaseDate, b_condition, b_fileName FROM book; ❶
+ -------- + -------------------- + ----------- + ---------- + ----------- + ···
| b_bookId | b_name              | b_releaseDate| b_condition| b_fileName  |
+ -------- + -------------------- + ----------- + ---------- + ----------- +
| ISBN1234 | C# 교과서            | 2020/05/29  |            | ISBN1234.png | ❷
| ISBN1235 | Node.js 교과서       | 2020/07/25  |            | ISBN1235.png |
| ISBN1236 | 어도비 XD CC 2020    | 2091/05/29  |            | ISBN1236.png |
+ -------- + -------------------- + ----------- + ---------- + ----------- +
3 rows in set (0.00 sec)

mysql>
```

❶ book 테이블에서 b_bookId, b_name, b_releaseDate, b_condition, b_fileName 값만 조회합니다. book 테이블의 모든 필드에 대해 등록된 레코드를 조회할 때는 select * from book 으로 입력해야 합니다.

❷ book 테이블의 모든 필드와 레코드 값이 출력된 결과입니다.

JDBC 연동을 위한 환경 설정

17.2.1 pom.xml 파일에 의존 라이브러리 등록

스프링 MVC에서 데이터베이스를 접속하려면 spring-jdbc.jar, commons-dbcp2.jar, mysql-connector-java.jar 파일을 의존성 정보 라이브러리로 등록해야 합니다. pom.xml 파일에 다음과 같이 라이브러리를 포함합니다.

```
<dependency>
    <groupId>org.springframework</groupId>
    <artifactId>spring-jdbc</artifactId>
    <version>5.1.3.RELEASE</version>
</dependency>
<dependency>
    <groupId>org.apache.commons</groupId>
    <artifactId>commons-dbcp2</artifactId>
    <version>2.5.0</version>
</dependency>
<dependency>
    <groupId>mysql</groupId>
    <artifactId>mysql-connector-java</artifactId>
    <version>8.0.24</version>
</dependency>
```

17.2.2 servlet-context.xml에 데이터베이스 환경 설정

DataSource 설정

스프링 JDBC가 JDBC API를 사용하여 데이터베이스에 접속하려면 드라이버를 로드하고 데이터베이스에 접속하여 커넥션(connection) 객체를 받아 와야 합니다. 따라서 DataSource를 데이터베이스와 연결하므로 다음과 같이 DataSource를 빈 객체로 등록해야 합니다.

```
<beans:bean id="dataSource"
            class="org.springframework.jdbc.datasource.DriverManagerDataSource">
    <beans:property name="driverClassName" value="JDBC 드라이버 클래스 이름"/>
    <beans:property name="url" value="jdbc:mysql://localhost/데이터베이스 이름"/>
```

```
        <beans:property name="username" value="MySQL 관리자 ID"/>
        <beans:property name="password" value="MySQL 비밀번호"/>
    </beans:bean>
```

다음은 데이터베이스에 연결하는 DataSource 빈 객체로 DriverManagerDataSource를 설정하는
예입니다. DriverManagerDataSource 클래스는 표준 DataSource 인터페이스의 구현체로 빈(bean)
프로퍼티를 이용하여 일반 JDBC 드라이버를 설정하고 매번 새로운 연결을 반환합니다.

DataSource 설정 예

```
<?xml version="1.0" encoding="UTF-8"?>
<beans:bean
...
    <beans:bean id="dataSource"
                class="org.springframework.jdbc.datasource.DriverManagerDataSource">
        <beans:property name="driverClassName" value="com.mysql.cj.jdbc.Driver"/> ❶
        <beans:property name="url" value="jdbc:mysql://localhost/SPRING"/> ❷
        <beans:property name="username" value="root"/>
        <beans:property name="password" value="1234"/> ❸
    </beans:bean>
...
</beans:bean>
```

예에서 ❶JDBC 드라이버 클래스 이름은 com.mysql.cj.jdbc.Driver로 설정하고, ❷url 프로퍼
티는 JDBC 접속 데이터베이스 이름인 SPRING으로 설정했습니다. 또한 ❸MySQL 관리자 ID와
비밀번호는 각각 root와 1234로 설정했습니다.

> **Note ≡ DriverManagerDataSource 구현체**
>
> 이 구현체는 스프링 IoC 컨테이너에서 DataSource 빈이나 간단한 JNDI(Java Naming and Directory
> Interface) 환경과 결합해서 사용해도 유용합니다. 또한 Java EE 컨테이너 외부의 단독적인 환경이나 테스트 환경에
> 서도 유용합니다.
>
> 커넥션 풀을 지원하지 않으므로 웹에서 데이터베이스로 쿼리를 보내 데이터베이스와 연결하는 여러 요청이 있을 때는
> 성능이 저하될 수 있으므로 오로지 테스트용으로만 사용하기 권장합니다.

앞서 DriverManagerDataSource 구현체는 커넥션 풀을 지원하지 않아 웹에서 데이터베이스로 쿼리를 보내 데이터베이스와 연결하기 때문에 여러 요청이 있을 때는 성능이 저하될 수 있다고 설명했습니다. 그럼 커넥션 풀을 지원하는 데이터 소스 설정 방식을 알아봅니다.

스프링의 JDBC 계층을 사용하는 경우 JNDI에서 DataSource를 얻거나 커넥션 풀링 구현체로 DataSource를 설정할 수 있습니다. 또한 많이 사용하는 구현체로 Apache Jakarta Commons DBCP와 C3P0을 설정할 수 있습니다.

- **커넥션 풀을 이용하여 DataSource 설정하기**

    스프링에서는 직접적으로 커넥션 풀 구현 클래스를 제공하지 않지만, DBCP(Jakarta Commons DataBase Connection Pool) API를 이용하여 커넥션 풀 기반의 DataSource를 설정할 수 있습니다.

    DBCP를 이용한 예

    ```xml
    <bean id="dataSource" class="org.apache.commons.dbcp.BasicDataSource" destroy-
        method="close">
        <property name="driverClassName" value="${jdbc.driverClassName}"/>
        <property name="url" value="${jdbc.url}"/>
        <property name="username" value="${jdbc.username}"/>
        <property name="password" value="${jdbc.password}"/>
    </bean>
    ```

    C3P0은 DBCP와 함께 널리 사용되는 커넥션 풀 API로 DataSource를 구현한 ComboPooledDataSource 클래스를 제공하므로 ComboPooledDataSource를 스프링 빈으로 등록해서 DataSource로 사용합니다.

    C3P0을 이용한 예

    ```xml
    <bean id="dataSource" class="com.mchange.v2.c3p0.ComboPooledDataSource"
        destroy-method="close">
        <property name="driverClass" value="${jdbc.driverClassName}"/>
        <property name="jdbcUrl" value="${jdbc.url}"/>
        <property name="user" value="${jdbc.username}"/>
        <property name="password" value="${jdbc.password}"/>
    </bean>
    ```

- **JNDI를 이용하여 DataSource 설정하기**

    JDBC를 사용할 때는 먼저 커넥션을 얻을 때마다 드라이버를 DriverManager에 등록(driver 이름, url, 사용자 정보)해야 합니다. 그러나 JNDI를 사용하면 서버를 실행할 때 연동 객체로 DriverManager에 드라이버를 등록하고, JDBC를 사용하면 커넥션을 얻는 부분에서 연동 객체를 이름으로 찾아 씁니다.

    JNDI를 이용한 예

    ```xml
    <bean id="dataSource" class="org.springframework.jndi.JndiObjectFactoryBean">
        <property name="jndiName">
            <value>java:comp/env/jdbc/SpringDS</value>
        </property>
    </bean>
    ```

⊙ 계속　**511**

17

데이터베이스 연동: 도서 목록 CRUD 처리하기

- **DriverManager를 이용하여 DataSource 설정하기**

커넥션 풀이나 JNDI를 사용할 수 없을 때는 DriverManager를 이용하여 커넥션을 제공하는 DriverManager DataSource 클래스를 사용해야 합니다.

DriverManager를 이용한 예

```
<bean id="dataSource" class="org.springframework.jdbc.datasource.
    DriverManagerDataSource"
    p:driverClassName="com.mysql.jdbc.Driver"
    p:url="jdbc:mysql://localhost/test?characterEncoding=euckr"
    p:usename="root" p:password="root"/>
</bean>
```

JdbcTemplate 빈 등록하기

데이터베이스 연결을 위한 DataSource 설정이 끝나면 jdbcTemplate 빈 객체가 dataSource를 참조하도록 다음과 같이 설정합니다.

```
<beans:bean id="jdbcTemplate" class="org.springframework.jdbc.core.JdbcTemplate">
    <beans:property name="dataSource" ref="dataSource"/>
</beans:bean>
```

저장소 객체에서 JdbcTemplate 클래스 사용하기

DAO(데이터 액세스 객체 = 저장소 객체) 클래스에서 JdbcTemplate 클래스를 사용하려면 다음과 같이 설정합니다.

먼저 JdbcTemplate 클래스의 인스턴스를 선언하고, 이 인스턴스의 Setter() 메서드를 생성합니다. 그리고 Setter() 메서드의 매개변수로 dataSource를 전달받아 JdbcTemplate 클래스의 생성자 매개변수로 전달합니다. 이때 스프링 MVC 설정 파일에 DataSource 설정과 컴포넌트 스캔 <context:component-scan base-package="com.springmvc"/>가 반드시 설정되어 있어야 합니다.

```
@Repository
public class JdbcDAOImpl implements JdbcDAO {

    private JdbcTemplate template;

    @Autowired
```

```
    public void setJdbctemplate(DataSource dataSource) {
        this.template = new JdbcTemplate(dataSource);
    }
}
```

17.2.3 실습 JDBC 연동을 위한 환경 설정하기

도서 쇼핑몰 애플리케이션에 데이터베이스를 연동하기 위해 스프링 MVC 설정 파일에 환경 설정을 작성해 봅니다.

1. pom.xml 파일에 JDBC 연동 관련 의존 라이브러리를 추가합니다.

코드 17-6 pom.xml

```xml
<?xml version="1.0" encoding="UTF-8"?>
<project...>
...
    <dependencies>
    <!-- Tiles -->
    ...

    <!-- MySQL -->

    <dependency>
        <groupId>org.springframework</groupId>
        <artifactId>spring-jdbc</artifactId>
        <version>${org.springframework-version}</version>
    </dependency>
    <dependency>
        <groupId>org.apache.commons</groupId>
        <artifactId>commons-dbcp2</artifactId>
        <version>2.5.0</version>
    </dependency>

    <dependency>
        <groupId>mysql</groupId>
        <artifactId>mysql-connector-java</artifactId>
        <version>8.0.24</version>
    </dependency>
    </dependencies>
    ...
```

2. 스프링 MVC 설정 파일 servlet-context.xml에 DataSource 설정과 JdbcTemplate 빈 객체를 등록합니다.

코드 17-7 servlet-context.xml

```xml
<?xml version="1.0" encoding="UTF-8"?>
<beans:beans...>
...
<beans:bean id="dataSource"
            class="org.springframework.jdbc.datasource.DriverManagerDataSource">
    <beans:property name="driverClassName" value="com.mysql.cj.jdbc.Driver"/> ❶
    <beans:property name="url"
                    value="jdbc:mysql://localhost:3306/springmvcDB?serverTimezone=UTC"/> ❷
    <beans:property name="username" value="root"/> ❸
    // value 값은 코드 17-2에서 설정한 password이어야 한다.
    <beans:property name="password" value="1234"/> ❹
</beans:bean>

<beans:bean id="jdbcTemplate" class="org.springframework.jdbc.core.JdbcTemplate">
    <beans:property name="dataSource" ref="dataSource"/>
</beans:bean>

</beans:beans>
```

❶ JDBC 드라이버 클래스를 설정합니다.

❷ JDBC 접속 데이터베이스 이름을 설정합니다.

❸ MySQL 관리자의 ID를 설정합니다.

❹ MySQL 관리자의 비밀번호를 설정합니다.

❺ JdbcTemplate 빈 객체를 등록합니다.

3. BookRepositoryImpl 클래스에 다음과 같이 JdbcTemplate 클래스의 속성에 대한 Setter() 메서드를 추가합니다.

코드 17-8 BookRepositoryImpl.java

```java
package com.springmvc.repository;
...
import javax.sql.DataSource;
import org.springframework.jdbc.core.JdbcTemplate;
import org.springframework.beans.factory.annotation.Autowired;
```

```
@Repository
public class BookRepositoryImpl implements BookRepository {

    private JdbcTemplate template; ❶

    @Autowired
    public void setJdbctemplate(DataSource dataSource) {
        this.template = new JdbcTemplate(dataSource);
    }
    ...
}
```

❶ JdbcTemplate 클래스를 사용하기 위해 JdbcTemplate 객체 타입의 jdbcTemplate을 선언합니다.

❷ setJdbctemplate() 메서드는 데이터베이스 연동을 위해 스프링 MVC 설정 파일에 DataSource를 JdbcTemplate 클래스에 전달합니다.

17.3 데이터 검색

SPRING

JdbcTemplate 클래스에서 지원하는 조회(Select) 메서드로 queryForObject(), queryForList(), query()를 알아보겠습니다.

17.3.1 queryForObject() 메서드

queryForObject() 메서드는 쿼리문 실행 결과로 구하는 행(Row, 레코드) 개수가 정확히 하나인 경우 사용합니다.

```
T queryForObject(String sql, Class<T> requiredType)
T queryForObject(String sql, Object[] args, int[] argTypes, Class<T> requiredType)
T queryForObject(String sql, Object[] args, Class<T> requiredType)
T queryForObject(String sql, Object[] args, int[] argTypes, RowMapper<T> rowMapper)
T queryForObject(String sql, Object[] args, RowMapper<T> rowMapper)
```

```
T queryForObject(String sql, RowMapper<T> rowMapper)
```

- 매개변수
  - sql: 실행 쿼리
  - requiredType: 예상되는 결과 객체 타입
  - RowMapper: 조회 결과 ResultSet에서 데이터를 읽어 와 행마다 하나의 객체를 매핑하는 객체
  - args: 매개변수 바인딩 값 목록
  - argTypes: 매개변수를 바인딩할 때 사용할 SQL 타입 목록

※ 제공 패키지: org.springframework.jdbc.JdbcTemplate

다음은 전체 행, 즉 레코드 개수를 가져오는 예입니다.

queryForObject() 메서드 사용 예 1

```
int rowCount = this.jdbcTemplate.queryForObject(
        "select count(*) from t_actor", Integer.class);
```

t_actor 테이블에 저장된 행 개수를 Integer 타입으로 가져와 반환합니다.

다음은 테이블의 필드 값을 조회하여 일치하는 레코드 개수를 가져오는 예입니다.

queryForObject() 메서드 사용 예 2

```
int countOfActorsNamedJoe = this.jdbcTemplate.queryForObject(
        "select count(*) from t_actor where first_name = ?", Integer.class, "Joe");
}
```

t_actor 테이블에 저장된 행 중에서 first_name 필드 값이 Joe와 일치하는 행 개수를 Integer 타입으로 가져와 반환합니다.

다음은 테이블의 필드 값을 조회하여 원하는 필드에 대해 문자열로 가져오는 예입니다.

queryForObject() 메서드 사용 예 3

```
String lastName = this.jdbcTemplate.queryForObject(
        "select last_name from t_actor where id = ?", new Object[]{1212L}, String.class);
```

t_actor 테이블에 저장된 행 중에서 id가 1212L과 일치하는 필드 last_name을 String 타입으로 가져와 반환합니다.

다음은 테이블의 필드 값을 조회하여 원하는 필드들을 도메인 객체 하나로 가져오는 예입니다.

```
Actor actor = this.jdbcTemplate.queryForObject("select first_name,
                                                last_name from t_actor where id = ?",
                                       new Object[]{1212L},
                                       new RowMapper<Actor>() {
    public Actor mapRow(ResultSet rs, int rowNum) throws SQLException {
        Actor actor = new Actor();
        actor.setFirstName(rs.getString("first_name"));
        actor.setLastName(rs.getString("last_name"));
        return actor;
    }
});
```

t_actor 테이블에 저장된 행 중에서 id가 1212L과 일치하는 결과 값을 ResultSet으로 가져와 Actor 객체 타입의 actor에 저장합니다.

이와 같이 RowMapper 클래스를 사용하면 결과 값을 ResultSet으로 반환하여 테이블의 필드 이름 또는 순번으로 접근할 수 있고, 도메인 객체에 매핑할 수도 있습니다.

17.3.2 queryForList() 메서드

쿼리문 실행 결과로 가져오는 행 개수가 하나인 경우 queryForList() 메서드를 사용합니다. 이 메서드는 RowMapper 클래스를 지원하지 않기 때문에 쿼리문 실행 결과의 다중 행을 가져올 때는 Map을 사용해야 합니다.

```
List<T> queryForList(String sql, Class<T> elementType)
List<T> queryForList(String sql, Object[] rgs, Class<T> elementType)
List<T> queryForList(String sql, Object[] args, int[] argTypes, Class<T> elementType)
List<Map<String, Object>> queryForList(String sql)
List<Map<String, Object>> queryForList(String sql, Object... args)
List<Map<String, Object>> queryForList(String sql, Object[] args, int[] argTypes)
```

• 매개변수:
  - sql: 실행 쿼리
  - elementType: 조회할 데이터 타입을 지정

- args: 매개변수 바인딩 값 목록
- argTypes: 매개변수를 바인딩할 때 사용할 SQL 타입 목록

※ 제공 패키지: org.springframework.jdbc

다음은 테이블을 조회하여 전체 레코드를 가져오는 예입니다.

queryForList() 메서드 사용 예

```java
public List<Map<String, Object>> getList() {
        return this.jdbcTemplate.queryForList("select * from t_actor");
}
```

t_actor 테이블에 저장된 행 목록을 반환합니다. 반환된 목록은 다음 형태가 됩니다.

```
[{first_name=Bob, last_name=Park}, {first_name=Anny, last_name=Kim}]
```

이와 같이 queryForList() 메서드가 다중 행을 가져올 때는 다음과 같이 Map을 사용하여 데이터들을 가져옵니다.

```java
public List<Map<String, Object>> getList() {
    List<Actor> actors = new ArrayList<Actor>();
    List<Map<String, Object>> rows = this.jdbcTemplate.queryForList("select * from t_
                                actor");
    for (Map<String, Object> row : rows) {
        Actor actor = new Actor();
        actor.setFirstName((String)row.get("first_name"));
        actor.setLastName((String)row.get("last_name"));
        actor.setAge((Integer)row.get("age"));
        actors.add(actor);
    }
    return actors ;
}
```

17.3.3 query() 메서드

query() 메서드는 쿼리 실행 결과로 가져오는 행 개수가 하나 이상일 때 사용합니다. 이때 PreparedStatement용 SQL 쿼리문 또는 RowMapper를 사용하여 쿼리문 실행 결과의 다중 행을 가져옵니다.

```
List<T> query(String sql, RowMapper<T>, rowMapper)
List<T> query(String sql, Object[] args, RowMapper<T> rowMapper)
List<T> query(String sql, Object[] args, int[] argTypes, RowMapper<T>, rowMapper)
```

- 역할: 주어진 SQL과 반환 타입에 대한 결과를 조회합니다.
- 매개변수:
  - sql: 실행 쿼리
  - RowMapper: 조회 결과 ResultSet에서 데이터를 읽어 와 행마다 하나의 객체를 매핑하는 객체
  - args: 매개변수 바인딩 값 목록
  - argTypes: 매개변수를 바인딩할 때 사용할 SQL 타입 목록

※ 제공 패키지: org.springframework.jdbc

다음은 테이블을 조회해서 다수의 도메인 객체로 가져오는 예입니다.

query() 메서드 사용 예

```
List<Actor> actors = this.jdbcTemplate.query(
    "select first_name, last_name from t_actor", new RowMapper<Actor>() {
    public Actor mapRow(ResultSet rs, int rowNum) throws SQLException {
        Actor actor = new Actor();
        actor.setFirstName(rs.getString("first_name"));
        actor.setLastName(rs.getString("last_name"));
        return actor;
    }
    }
);
```

t_actor 테이블에 저장된 행 중에서 first_name과 last_name 값을 ResultSet의 레코드로 가져와 Actor 객체 타입의 actor에 매핑하도록 RowMapper 클래스를 사용합니다.

17.3.4 실습 CRUD 메서드를 사용하여 도서 목록 조회하기

JdbcTemplate 클래스의 조회 메서드로 도서 쇼핑몰에서 데이터베이스에 저장된 전체 도서 목록을 조회하여 가져오는 뷰 페이지에 출력하도록 구현해 봅니다.

1. Book 클래스에 도서 이미지 파일 이름 속성을 추가합니다.

코드 17-9 Book.java

```java
package com.springmvc.domain;
...
public class Book implements Serializable {

    private static final long serialVersionUID = -7715651009026349175L;
    ...
    private MultipartFile bookImage;
    private String fileName; ❶


    ...

    public MultipartFile getBookImage() {
        return bookImage;
    }
    public void setBookImage(MultipartFile bookImage) {
        this.bookImage = bookImage;
    }
    public String getFileName() {
        return fileName;
    }
❷
    public void setFileName(String fileName) {
        this.fileName = fileName;
    }
}
```

❶ 이미지 파일 이름을 저장·관리하려고 문자열 타입의 fileName 필드를 추가했습니다.

❷ fileName 필드에 대한 Setter()와 Getter() 메서드를 추가합니다. 이클립스에서 **Source** → **Generate Getters and Setters**를 선택합니다. 이때 나타나는 창에서 fileName 필드를 선택한 후 **OK**를 클릭하면 메서드가 자동으로 생성됩니다.

2. com.springmvc.repository 패키지에서 BookRowMapper 클래스를 생성하여 다음 내용을 작성합니다.

코드 17-10 BookRowMapper.java

```java
package com.springmvc.repository;

import java.sql.ResultSet;
```

```
import java.sql.SQLException;
import org.springframework.jdbc.core.RowMapper;
import com.springmvc.domain.Book;

public class BookRowMapper implements RowMapper<Book> {
    public Book mapRow(ResultSet rs, int rowNum) throws SQLException {
        Book book = new Book();
        book.setBookId(rs.getString(1));
        book.setName(rs.getString(2));
        book.setUnitPrice(rs.getInt(3));
        book.setAuthor(rs.getString(4));
        book.setDescription(rs.getString(5));
        book.setPublisher(rs.getString(6));
        book.setCategory(rs.getString(7));
        book.setUnitsInStock(rs.getLong(8));
        book.setReleaseDate(rs.getString(9));
        book.setCondition(rs.getString(10));
        book.setFileName(rs.getString(11));
        return book;
    }
}
```

❶ 데이터베이스에 등록된 도서 목록의 Book 객체를 목록에 담기 위해 BookRowMapper 클래스를 생성했습니다.

3. 데이터베이스와 연동하려면 BookRepositoryImpl 클래스의 getAllBookList() 메서드를 다음과 같이 수정합니다.

코드 17-11 BookRepositoryImpl.java

```
package com.springmvc.repository;
...
@Repository
public class BookRepositoryImpl implements BookRepository {

    ...
    public List<Book> getAllBookList() {
        String SQL = "SELECT * FROM book"; ❷
        List<Book> listOfBooks = template.query(SQL, new BookRowMapper()); ❸
        return listOfBooks;
    }
}
```

❶ getAllBookList() 메서드는 데이터베이스의 book 테이블에 등록된 모든 전체 도서 목록을 조회하여 도서 목록을 반환합니다.

❷ SQL 문을 SELECT * FROM book으로 간단히 설정합니다.

❸ 도서 목록에 대한 조회이므로 query() 메서드를 사용합니다. query() 메서드를 대신하여 queryForList() 메서드를 사용할 수도 있습니다. queryForList() 메서드는 RowMapper를 제공하지 않으므로 다음과 같이 변경해야 합니다.

```java
List<Map<String, Object>> rows = this.jdbcTemplate.queryForList(SQL);
for (Map<String, Object> row : rows) {
    Book book = new Book();
    book.setBookId((String)row.get("b_bookId"));
    book.setName((String)row.get("b_name"));
    book.setUnitPrice(new BigDecimal((Integer)row.get("b_unitPrice")));
    book.setAuthor((String)row.get("b_author"));
    book.setDescription((String)row.get("b_description"));
    book.setPublisher((String)row.get("b_publisher"));
    book.setCategory((String)row.get("b_category"));
    book.setUnitsInStock(new Long((String)row.get("b_unitsInStock")));
    book.setReleaseDate((String)row.get("b_releaseDate"));
    book.setCondition((String)row.get("b_condition"));
    book.setFileName((String)row.get("b_fileName"));
    listOfBooks.add(book);
}
```

4. 마찬가지로 BookRepositoryImpl 클래스에서 데이터베이스와 연동할 수 있게 getBookById() 메서드를 다음과 같이 수정합니다.

코드 17-12 BookRepositoryImpl.java

```java
package com.springmvc.repository.impl;
...
@Repository
public class BookRepositoryImpl implements BookRepository {
    ...
    public Book getBookById(String bookId) {
        Book bookInfo = null;
        String SQL = "SELECT count(*) FROM book where b_bookId=?"; ❷
        int rowCount = template.queryForObject(SQL, Integer.class, bookId); ❸
        if (rowCount != 0) {
            SQL = "SELECT * FROM book where b_bookId=?"; ❹
```

```
            bookInfo = template.queryForObject(SQL, new Object[] { bookId }, new
                    BookRowMapper());  ❺
        }
        if (bookInfo == null)
            throw new BookIdException(bookId);
        return bookInfo;
    }
}
```

❶ getBookById() 메서드는 데이터베이스의 book 테이블에 등록된 전체 도서 목록 중에서 검색 조건인 도서 ID와 일치하는 도서를 조회하여 해당 도서를 반환합니다.

❷ 등록된 전체 도서 목록 중에서 검색 조건인 도서 ID와 일치하는 레코드 개수를 얻어 옵니다. 이것은 검색 조건인 도서 ID가 등록될 때만 데이터베이스에 접근하여 해당 도서를 조회할 수 있도록 하기 위함입니다.

❸ 레코드 개수가 한 개 이상일 때 검색 조건인 도서 ID와 일치하는 도서를 조회합니다.

❹ SQL 문을 SELECT * FROM book WHERE b_bookId=?로 간단히 설정합니다.

❺ 도서 ID는 book 테이블의 기본 키로 검색 조건인 도서 ID에 대한 도서는 한 개만 있으므로 queryForObject() 메서드를 사용합니다.

5. 계속해서 BookRepositoryImpl 클래스의 getBookListByCategory() 메서드를 다음과 같이 수정합니다.

코드 17-13 BookRepositoryImpl.java

```
package com.springmvc.repository.impl;
...
@Repository
public class BookRepositoryImpl implements BookRepository {
    ...
    public List<Book> getBookListByCategory(String category) {
        List<Book> booksByCategory = new ArrayList<Book>();
        String SQL = "SELECT * FROM book where b_category LIKE '%" + category + "%'";  ❷
        booksByCategory = template.query(SQL, new BookRowMapper());  ❸
        return booksByCategory;
    }
}
```
❶

❶ getBookListByCategory() 메서드는 데이터베이스의 book 테이블에 등록된 모든 도서 목록 중에서 검색 조건인 도서 분류(category)와 일치하는 전체 도서 목록을 조회하여 도서 목록을 반환합니다.

❷ SQL 문을 SELECT * FROM book WHERE b_category LIKE '%" + category + "%'로 간단히 설정해도 됩니다.

❸ 검색 조건인 도서 분류에 대한 도서 목록을 조회하므로 query() 메서드는 RowMapper로 변경했습니다. 또는 다음과 같이 queryForList() 메서드를 사용할 수도 있습니다.

```java
List<Map<String, Object>> rows = this.jdbcTemplate.queryForList(SQL);
    for (Map<String, Object> row : rows) {
        Book book = new Book();
        book.setBookId((String)row.get("b_bookId"));
        book.setName((String)row.get("b_name"));
        book.setUnitPrice(new BigDecimal((Integer)row.get("b_unitPrice")));
        book.setAuthor((String)row.get("b_author"));
        book.setDescription((String)row.get("b_description"));
        book.setPublisher((String)row.get("b_publisher"));
        book.setCategory((String)row.get("b_category"));
        book.setUnitsInStock(new Long((String)row.get("b_unitsInStock")));
        book.setTotalPages(new Long((String)row.get("b_totalPages")));
        book.setReleaseDate((String)row.get("b_releaseDate"));
        book.setCondition((String)row.get("b_condition"));
        book.setFileName((String)row.get("b_fileName"));
        booksByCategory.add(book);
    }
```

6. getBookListByFilter() 메서드도 다음과 같이 수정합니다.

코드 17-14 BookRepositoryImpl.java

```java
package com.springmvc.repository;
...
@Repository
public class BookRepositoryImpl implements BookRepository {
    ...
    public Set<Book> getBookListByFilter(Map<String, List<String>> filter) {
        Set<Book> booksByPublisher = new HashSet<Book>();
        Set<Book> booksByCategory = new HashSet<Book>();
        Set<String> criterias = filter.keySet();
```

```
        if (criterias.contains("publisher")) {
            for (int j = 0; j < filter.get("publisher").size(); j++) {
                String publisherName = filter.get("publisher").get(j);
                String SQL = "SELECT * FROM book where b_publisher LIKE '%" +
                                publisherName + "%'"; ❷
                booksByPublisher.addAll(template.query(SQL, new BookRowMapper())); ❸
            }
        }

        if (criterias.contains("category")) {
            for (int i = 0; i < filter.get("category").size(); i++) {
                String category = filter.get("category").get(i);
                String SQL = "SELECT * FROM book where b_category LIKE '%" + category
                                + "%'"; ❹
                booksByCategory.addAll(template.query(SQL, new BookRowMapper())); ❺
            }
        }
        booksByCategory.retainAll(booksByPublisher);
        return booksByCategory;
    }

    ...
}
```

❶ getBookListByFilter( ) 메서드는 데이터베이스의 book 테이블에 등록된 모든 도서 목록 중에서 검색 조건인 출판사(publisher) 및 도서 분류(category)와 일치하는 전체 도서 목록을 조회하여 도서 목록을 반환합니다.

❷ SQL 문을 SELECT * FROM book WHERE b_publisher LIKE '%" + publisherName + "%'로 간단히 설정합니다.

❸ 검색 조건인 출판사에 대한 도서 목록을 조회하므로 query( ) 메서드를 사용합니다. 또는 queryForList( ) 메서드를 사용할 수도 있습니다.

❹ SQL 문을 SELECT * FROM book WHERE b_category LIKE '%" + category + "%'로 설정합니다.

❺ 검색 조건인 도서 분류에 대한 도서 목록을 조회하므로 query( ) 메서드를 사용합니다. 또는 queryForList( ) 메서드를 사용할 수도 있습니다.

7. books.jsp 파일에서 도서 이미지를 출력하기 위해 다음과 같이 수정합니다.

코드 17-15 books.jsp

```
<%@ page contentType="text/html; charset=utf-8" %>
...
    <c:forEach items="${bookList}" var="book">
        <div class="col-md-4">
            <c:choose>
                <c:when test="${book.getBookImage() == null}">
                    <img src="<c:url value="C:\\upload\\${book.fileName}"/>"
                        style="width: 60%"/> ❶
                </c:when>
                <c:otherwise>
                    <img src="<c:url value="C:\\upload\\${book.fileName}"/>"
                        style="width: 60%"/> ❶
                </c:otherwise>
            </c:choose>
            <h3>${book.name}</h3>
            <p>${book.author}
            <br>${book.publisher} | ${book.releaseDate}
            <p align=left>${fn:substring(book.description, 0, 100)}...
            <p>${book.unitPrice}원
            <p><a href="<c:url value="/books/book?id=${book.bookId}"/>" class="btn
                btn-Secondary" role="button">상세정보 &raquo;</a>
        </div>
    </c:forEach>
...
```

❶ 도서 이미지가 업로드되어 저장되는 경로인 C:\\upload/로 수정했습니다.

8. 도서 이미지를 출력하기 위해 book.jsp 파일을 다음과 같이 수정합니다.

코드 17-16 book.jsp

```
<%@ page contentType="text/html; charset=utf-8" %>
...
    <div class="col-md-4">
        <c:choose>
            <c:when test="${book.getBookImage() == null}">
                <img src="<c:url value="C:\\upload\\${book.fileName}"/>" style="width:
                    100%"/> ❶
            </c:when>
            <c:otherwise>
```

```
                    <img src="<c:url value="C:\\upload\\${book.fileName}"/>" style="width:
                        100%"/> ❶
                </c:otherwise>
            </c:choose>
        </div>
...
```

❶ 도서 이미지가 업로드되어 저장되는 경로인 C:\\upload/로 수정했습니다.

9. 웹 브라우저 주소창에 'http://localhost:8080/BookMarket/books'를 입력하여 실행 결과를 확인합니다.

▼ 그림 17-10 실행 결과

10. 또는 웹 브라우저 주소창에 'http://localhost:8080/BookMarket/books/IT활용서'를 입력하여 실행 결과를 확인합니다.

▼ 그림 17-11 실행 결과

17.4 데이터 삽입, 수정, 삭제

JdbcTemplate 클래스에서 지원하는 삽입, 수정, 삭제 등 메서드를 알아보겠습니다.

17.4.1 삽입, 수정, 삭제

JdbcTemplate 클래스는 SQL 쿼리문을 실행할 수 있도록 삽입(insert), 삭제(delete), 수정(update) 쿼리를 수행할 수 있는 update( ) 메서드를 다음과 같이 지원합니다. 이 update( ) 메서드를 사용하여 삽입, 수정, 삭제 작업을 수행합니다.

```
int update(PreparedStatementCreator psc)
int update(PreparedStatementCreator psc, KeyHolder generatedKeyHolder)
int update(String sql, PreparedStatementSetter pss)
int update(String sql, Object[] args, int[] argTypes)
int update(String sql, Object... args)
```

- 매개변수:
  - psc: SQL하고 필요한 매개변수를 제공하는 객체
  - generatedKeyHolder: 생성된 키 KeyHolder 객체
  - sql: 실행 쿼리
  - args: 매개변수 바인딩 값 목록
  - argTypes: 매개변수를 바인딩할 때 사용할 SQL 타입 목록

※ 제공 패키지: org.springframework.jdbc

다음은 update( ) 메서드를 사용하여 테이블에 새로운 데이터를 삽입하는 예입니다.

update( ) 메서드를 사용한 삽입 예

```
this.jdbcTemplate.update(
        "insert into t_actor (first_name, last_name) values (?, ?)",
        "Leonor", "Watling");
```

t_actor 테이블의 first_name과 last_name 필드에 각각 Leonor와 Watling을 삽입합니다.

다음은 update( ) 메서드를 사용하여 테이블에 있는 데이터를 수정하는 예입니다.

```
this.jdbcTemplate.update(
        "update t_actor set last_name = ? where id = ?",
        "Banjo", 5276L);
```

t_actor 테이블에 id가 5276L인 레코드를 조회하여 해당 레코드의 last_name 필드 값을 Banjo로 수정합니다.

다음은 update() 메서드를 사용하여 테이블에 있는 데이터를 삭제하는 예입니다.

update() 메서드를 사용한 삭제 예

```
this.jdbcTemplate.update(
        "delete from t_actor where id = ?",
        Long.valueOf(actorId));
```

t_actor 테이블에 id가 actorId인 레코드를 조회하여 해당 레코드를 삭제합니다.

17.4.2 실습 CRUD 메서드를 사용하여 신규 도서 삽입하기

JdbcTemplate 클래스의 update() 메서드로 도서 쇼핑몰에서 새로운 도서 정보를 저장하여 뷰 페이지에 출력하는 것을 구현해 봅니다.

1. 새로운 도서 내용을 삽입하기 위해 BookRepositoryImpl 클래스의 setNewBook() 메서드를 다음과 같이 수정합니다.

코드 17-17 BookRepositoryImpl.java

```
package com.springmvc.repository;
...
@Repository
public class BookRepositoryImpl implements BookRepository {
    ...
    public void setNewBook(Book book) {
        String SQL = "INSERT INTO book (b_bookId, b_name, b_unitPrice, b_author,
                        b_description, b_publisher, b_category, b_unitsInStock, b_
                        releaseDate, b_condition, b_fileName) " + "VALUES (?, ?, ?, ?,
                        ?, ?, ?, ?, ?, ?, ?)";
```

```
        template.update(SQL, book.getBookId(), book.getName(), book.getUnitPrice(),
                    book.getAuthor(), book.getDescription(), book.getPublisher(),
                    book.getCategory(), book.getUnitsInStock(), book.
                    getReleaseDate(), book.getCondition(), book.getFileName());

    }
}
```

❶ setNewBook( ) 메서드는 데이터베이스의 book 테이블에 신규 도서를 저장합니다.

2. 도서 등록을 위해 BookController 클래스의 submitAddNewBook( ) 메서드를 다음과 같이 수정합니다.

코드 17-18 BookController.java

```
package com.springmvc.controller;
...
@Controller
@RequestMapping("/books")
public class BookController {
    ...
    @GetMapping("/add")
    public String requestAddBookForm(@ModelAttribute("NewBook), Book newBook) {
        return "addBook";
    }

    @PostMapping("/add")
    public String submitAddNewBook(@Valid @ModelAttribute("NewBook") Book book,
            BindingResult result) {

        if (result.hasErrors()) {
            return "addBook";
        }

        MultipartFile bookImage = book.getBookImage();
        String saveName = bookImage.getOriginalFilename();
        File saveFile = new File("C:\\upload", saveName);
        if (bookImage != null && !bookImage.isEmpty()) {
            try {
                bookImage.transferTo(saveFile);
                book.setFileName(saveName);
            } catch (Exception e) {
                throw new RuntimeException("도서 이미지 업로드가 실패하였습니다.", e);
```

```
            }
        }
        bookService.setNewBook(book);
        return "redirect:/books";
    }

    ...
}
```

❶ submitAddNewBook() 메서드는 폼에서 입력된 신규 도서를 데이터베이스에 등록합니다. 또한 신규 도서를 등록할 때 이미지는 C://upload/ 폴더에 업로드되도록 수정했습니다.

3. addBook.jsp 파일의 다음 내용을 삭제합니다.

코드 17-19 addBook.jsp

```
<%@ page contentType="text/html; charset=utf-8" %>
    ...
    <div class="container">
        <div class="float-right">
            <form:form action="${pageContext.request.contextPath}/logout" method="POST">
❶               <input type="submit" class="btn btn-success" value="Logout"/>
            </form:form>
        </div>
        <div class="float-right" style="padding-right:30px">
            <a href="?language=ko">Korean</a>|<a href="?language=en">English</a>
        </div>
<br>
<br>

        <form:form modelAttribute="NewBook"
                   action="./add?${_csrf.parameterName}=${_csrf.token}"
                   class="form-horizontal" enctype="multipart/form-data">
        <fieldset>
    ...
```

❶ 이전의 [logout] 버튼 표시는 다음 단계에서 작성할 타일즈의 레이아웃에서 메뉴로 이동하여 변경했으므로 삭제했습니다. 그리고 국제화 표현의 한국어와 영어의 [Korean|English] 버튼 출력 위치를 수정했습니다.

4. 스프링 시큐리티 태그를 사용하는 의존 라이브러리를 등록합니다.

코드 17-20 pom.xml

```xml
<?xml version="1.0" encoding="UTF-8"?>
<project...>
    ...
    <properties>
        ...
        <security-version>5.6.3</security-version>
    </properties>
    <!-- Spring Security -->
    ...
        <dependency>
            <groupId>org.springframework.security</groupId>
            <artifactId>spring-security-config</artifactId>
            <version>${security-version}</version>
        </dependency>

        <dependency>
            <groupId>org.springframework.security</groupId>
❶          <artifactId>spring-security-taglibs</artifactId>
            <version>${security-version}</version>
        </dependency>
        ...
    </dependencies>
    ...
</project>
```

❶ 스프링 시큐리티 태그를 사용하려고 의존 라이브러리를 등록합니다.

5. 메뉴바(menu) 템플릿인 menu.jsp 파일을 다음과 같이 수정합니다.

코드 17-21 menu.jsp

```jsp
<%@ page contentType="text/html; charset=utf-8" %>
<%@ taglib prefix="c" uri="http://java.sun.com/jsp/jstl/core" %>
<%@ taglib prefix="sec" uri="http://www.springframework.org/security/tags" %> ❶
<%@ taglib prefix="form" uri="http://www.springframework.org/tags/form" %>

<nav class="navbar navbar-expand navbar-dark bg-dark">
    <div class="container">
        <div class="navbar-header">
```

```
        <a class="navbar-brand" href="${pageContext.request.contextPath}/
            home">Book Market</a>
    </div>
    <div>
    <ul class="navbar-nav mr-auto">
        <li class="nav-item"><a class="nav-link" href="<c:url value="/home"/>">
            Home</a></li>
        <li class="nav-item"><a class="nav-link" href="<c:url value="/books"/>">
            Books</a></li>
        <li class="nav-item"><a class="nav-link" href="<c:url value="/books/
            add"/>">Add Book</a></li>
        <li class="nav-item"><a class="nav-link" href="<c:url value="/cart/"/>">
            Cart</a></li>

        <li class="nav-item">
            <sec:authorize access="isAuthenticated()">
                <form:form action="${pageContext.request.contextPath}/logout"
                        method="POST">
                <input type="submit" class="btn btn-success" value="Logout"/>
                </form:form>
            </sec:authorize>
        </li>

        <li class="nav-item">
            <sec:authorize access="!isAuthenticated()">
                <a class="nav-link" href="<c:url value="/login"/>">Login</a>
            </sec:authorize>
        </li>
    </ul>
    </div>
    </div>
</nav>
```

❷

❸

17

데이터베이스 연동: 도서 목록 CRUD 처리하기

---

❶ JSP 뷰 페이지에서 시큐리티 태그를 사용하려고 태그 라이브러리를 선언합니다.

❷ <sec:authorize>...</sec:authorize>는 관리자가 인증되면 **Logout** 버튼을 표시합니다.

❸ <sec:authorize>...</sec:authorize>는 관리자가 미인증되면 **Login** 버튼을 표시합니다.

6. 웹 브라우저 주소창에 'http://localhost:8080/BookMarket/home'을 입력하고 **Add Book**을 눌러 실행 결과를 확인합니다.

❤ 그림 17-12 실행 결과

17.4.3 실습 CRUD 메서드를 사용하여 도서 정보 수정하기

JdbcTemplate 클래스의 update( ) 메서드로 도서 쇼핑몰에서 도서 정보를 수정하여 뷰 페이지에 출력하는 것을 구현해 봅니다.

1. BookRepository 인터페이스에 도서 정보를 수정하는 메서드를 추가합니다.

코드 17-22 BookRepository.java

```
package com.springmvc.repository;
...
public interface BookRepository {
...
    void setUpdateBook(Book book);
}
```

2. BookRepositoryImpl 클래스에 도서를 수정하는 메서드를 추가합니다. BookRepositoryImpl 인터페이스 구현체 클래스는 BookRepository 인터페이스에 정의한 setUpdateBook() 메서드를 구현하고 있습니다.

> **코드 17-23** BookRepositoryImpl.java

```java
package com.springmvc.repository;
...
@Repository
public class BookRepositoryImpl implements BookRepository {
...
    public void setUpdateBook(Book book) {
        if (book.getFileName() != null) {
            String SQL = "UPDATE Book SET b_name = ?, b_unitPrice = ?, b_author = ?,
                          b_description = ?, b_publisher = ?, b_category = ?,
                          b_unitsInStock = ?, b_releaseDate = ?, b_condition = ?,
                          b_fileName = ? where b_bookId = ? ";
            template.update(SQL, book.getName(), book.getUnitPrice(), book.getAuthor(),
                          book.getDescription(), book.getPublisher(),
                          book.getCategory(), book.getUnitsInStock(),
                          book.getReleaseDate(), book.getCondition(),
                          book.getFileName(), book.getBookId());
        } else if (book.getFileName() == null) {
            String SQL = "UPDATE Book SET b_name = ?, b_unitPrice = ?, b_author = ?,
                        b_description = ?, b_publisher = ?, b_category = ?,
                        b_unitsInStock = ?, b_releaseDate = ?, b_condition = ?
                        where b_bookId = ? ";
            template.update(SQL, book.getName(), book.getUnitPrice(), book.getAuthor(),
                        book.getDescription(), book.getPublisher(),
                        book.getCategory(), book.getUnitsInStock(),
                        book.getReleaseDate(), book.getCondition(), book.getBookId());
        }
    }
}
```

❶

❶ setUpdateBook() 메서드는 도서 정보의 수정을 요청한 도서 내용을 갱신합니다. 업로드하는 도서 이미지가 없을 때는 b_fileName(도서 이미지 파일 이름) 필드를 제외하고 도서 내용을 갱신합니다.

3. BookService 인터페이스에 도서 정보를 수정하는 메서드를 추가합니다.

코드 17-24 BookService.java

```java
package com.springmvc.service;
...
public interface BookService {
    ...
    void setUpdateBook(Book book);
}
```

4. BookServiceImpl 클래스에 도서를 수정하는 메서드를 추가합니다. BookServiceImpl 인터페이스 구현체 클래스는 BookService 인터페이스에 정의한 setUpdateBook() 메서드를 구현합니다.

코드 17-25 BookServiceImpl.java

```java
package com.springmvc.service;
...
@Service
public class BookServiceImpl implements BookService {
    ...
    public void setUpdateBook(Book book) {
❶       bookRepository.setUpdateBook(book);
    }
}
```

❶ setUpdateBook() 메서드는 도서 정보의 수정을 요청한 도서 내용을 갱신합니다.

5. BookController 클래스에 도서 정보를 수정하는 GET 방식의 getUpdateBookForm() 메서드와 POST 방식의 submitUpdateBookForm() 메서드를 각각 추가합니다.

코드 17-26 BookController.java

```java
package com.springmvc.controller;
...
@Controller
@RequestMapping("/books")
public class BookController {
    ...
    @GetMapping("/update")
    public String getUpdateBookForm(@ModelAttribute("updateBook") Book book,
```

```
            @RequestParam("id") String bookId, Model model) {
        Book bookById = bookService.getBookById(bookId);
❶       model.addAttribute("book", bookById);
        return "updateForm";
    }


❷   @PostMapping("/update")
    public String submitUpdateBookForm(@ModelAttribute("updateBook") Book book) {
        MultipartFile bookImage = book.getBookImage();
        String rootDirectory = "c:/upload/";
        if (bookImage != null && !bookImage.isEmpty()) {
            try {
                String fname = bookImage.getOriginalFilename();
                bookImage.transferTo(new File("c:/upload/" + fname));
                book.setFileName(fname);
            } catch (Exception e) {
                throw new RuntimeException("Book Image saving failed", e);
            }
        }
        bookService.setUpdateBook(book);
        return "redirect:/books";
    }
}
```

❶ getUpdateBookForm() 메서드는 웹 브라우저에서 사용자의 요청 URL이 http://.../books/update고, HTTP 메서드가 GET 방식이면 매핑되는 요청 처리 메서드입니다. 수정하려는 도서 정보를 updateBook 커맨드 객체로 뷰 페이지에 전달하고 뷰 이름인 updateForm을 반환합니다. 웹 브라우저의 뷰 페이지는 JSP 파일인 updateForm.jsp가 출력됩니다.

❷ submitUpdateBookForm() 메서드는 웹 브라우저에서 사용자의 요청 URL이 http://.../books/update고, HTTP 메서드가 POST 방식이면 매핑되는 요청 처리 메서드입니다. 뷰 페이지인 updateForm.jsp에서 <form:input> 태그에 입력된 수정 데이터 값은 updateBook 커맨드 객체로 전달되며, 웹 요청 처리 메서드 submitUpdateBookForm()에서 전달받은 updateBook 커맨드 객체의 데이터 값으로 도서 정보가 수정됩니다. 이때 수정 요청을 처리한 후 URL은 http://.../books로 이동합니다.

6. 도서를 장바구니에 담을 수 있는 book.jsp 파일을 다음과 같이 추가합니다.

코드 17-27 book.jsp

```
<%@ page contentType="text/html; charset=utf-8" %>
<%@ taglib prefix="c" uri="http://java.sun.com/jsp/jstl/core" %>
<%@ taglib prefix="form" uri="http://www.springframework.org/tags/form" %>
<%@ taglib prefix="sec" uri="http://www.springframework.org/security/tags" %> ❶

<html>
<head>
<link href="<c:url value="/resources/css/bootstrap.min.css"/>" rel="stylesheet">
<script src="${pageContext.request.contextPath}/resources/js/controllers.js"></script>
<title>도서 상세 정보</title>
</head>
<body>
...
<div class="container">
    <div class="row">
        <div class="col-md-4">
    ...
            <form:form name="addForm" id="addForm" method="put">
                <p><a href="javascript:addToCart('../cart/add/${book.bookId}')"
                    class="btn btn-primary">도서주문 &raquo;</a>
                <a href="<c:url value="/cart"/>" class="btn btn-warning">장바구니
                    &raquo;</a>
                <a href="<c:url value="/books"/>" class="btn btn-secondary">도서 목록
                    &raquo;</a>
                <sec:authorize access="isAuthenticated()">
                    <a href="<c:url value="/books/update?id=${book.bookId}"/>"
                        class="btn btn-success">수정&raquo;</a>
                </sec:authorize>
            </form:form>
        </div>
    </div>
</div>
</body>
</html>
```

❶ JSP 뷰 페이지에서 시큐리티 태그를 사용하려면 태그 라이브러리를 선언합니다.

❷ <sec:authorize>...</sec:authorize>는 관리자가 인증되면 [수정] 버튼을 표시합니다.

7. WEB-INF/views/ 폴더에 updateForm.jsp 파일을 생성하고 다음 내용을 작성합니다.

코드 17-28 updateForm.jsp

```jsp
<%@ page contentType="text/html; charset=utf-8" %>
<%@ taglib prefix="c" uri="http://java.sun.com/jsp/jstl/core" %>
<%@ taglib prefix="form" uri="http://www.springframework.org/tags/form" %>


<html>
<head>
<link href="<c:url value="/resources/css/bootstrap.min.css"/>" rel="stylesheet">
<title>도서 상세 정보</title>
</head>
<body>
<div class="container">
    <div class="row">
        <div class="col-md-4">
            <img src="<c:url value="c:/upload/${book.fileName}"></c:url>" alt="image"
                style="width:100%"/>
        </div>
        <div class="col-md-7">
            <form:form modelAttribute="updateBook" action="./update?${_csrf.
                parameterName}=${_csrf.token}" class="form-horizontal"
                enctype="multipart/form-data">
                <fieldset>
                    <div class="form-group row">
                        <label class="col-sm-2 control-label">도서 ID</label>
                        <div class="col-sm-6" style="padding-top: 10px">
                            <form:input id="bookId" path="bookId" type="hidden"
                                        class="form-control" value="${book.bookId}"/> ❷
                            <span class="badge badge-info">${book.bookId}</span>
                        </div>
                    </div>
                    <div class="form-group row">
                        <label class="col-sm-2 control-label">도서명</label>
                        <div class="col-sm-6">
                            <form:input path="name" class="form-control"
                                        value="${book.name}"/> ❷
                        </div>
                    </div>
                    <div class="form-group row">
                        <label class="col-sm-2 control-label">가격</label>
                        <div class="col-sm-6">
                            <form:input path="unitPrice" class="form-control"
                                        value="${book.unitPrice}"/>
```

❶

```
                </div>
            </div>
            <div class="form-group row">
                <label class="col-sm-2 control-label">저자</label>
                <div class="col-sm-6">
                    <form:input path="author" class="form-control"
                            value="${book.author}"/> ❷
                </div>
            </div>
            <div class="form-group row">
                <label class="col-sm-2 control-label">상세정보</label>
                <div class="col-sm-10">
                    <textarea path="description" cols="50" rows="2"
                            class="form-control">${book.description}
                    </textarea>
                </div>
            </div>
            <div class="form-group row">
            <label class="col-sm-2 control-label">출판사</label>
            <div class="col-sm-6">
                <form:input path="publisher" class="form-control"
                        value="${book.publisher}"/> ❷
            </div>
        </div>
        <div class="form-group row">
            <label class="col-sm-2 control-label">분류</label>
            <div class="col-sm-6">
                <form:input path="category" class="form-control"
                        value="${book.category}"/> ❷
            </div>
        </div>
        <div class="form-group row">
            <label class="col-sm-2 control-label">재고수</label>
            <div class="col-sm-6">
                <form:input path="unitsInStock" class="form-control"
                        value="${book.unitsInStock}"/> ❷
            </div>
        </div>
        <div class="form-group row">
            <label class="col-sm-2 control-label">출판일</label>
            <div class="col-sm-6">
                <form:input path="releaseDate" class="form-control"
                        value="${book.releaseDate}"/> ❷
            </div>
```

❶

```
                </div>
                <div class="form-group row">
                <label class="col-sm-2 control-label">상태</label>
                    <div class="col-sm-6">
                        <form:radiobutton path="condition" value="New"/>New
                        <form:radiobutton path="condition" value="Old"/>Old
                        <form:radiobutton path="condition" value="E-Book"/>E-Book
                    </div>
                </div>
                <div class="form-group row">
                    <label class="col-sm-2 control-label">이미지</label>
                    <div class="col-sm-10">
❶                      <form:input path="bookImage" type="file" class="form-control"/> ❷
                    </div>
                </div>
                <div class="form-group row">
                    <div class="col-sm-offset-2 col-sm-10">
                        <input type="submit" class="btn btn-primary" value="수정"/> ❸
                        <a href="<c:url value="/books"/>" class="btn btn-primary">취소
                        </a> ❹
                    </div>
                </div>
            </fieldset>
        </form:form>
    </div>
  </div>
 </div>
</body>
</html>
```

❶ `<form:form>` 태그의 `modelAttribute` 속성 값은 사용자의 요청 URL에 매핑되는 컨트롤러에 메서드의 매개변수로 선언한 커맨드 객체 이름 updateBook과 일치해야 합니다.

❷ `<form:input>` 태그의 `path` 속성에 설정된 커맨드 객체의 필드 이름에 따라 필드 값이 출력됩니다.

❸ [수정] 버튼을 나타냅니다. 뷰 페이지에서 각 `<form:input>` 태그 값을 입력하여 완료한 후 **수정** 버튼을 누르면 커맨드 객체 이름 updateBook으로 입력된 모든 데이터가 바인딩됩니다. 이때 현재 요청 URL이 http://.../books/updateFrom이므로 컨트롤러에 요청 매핑 경로가 books/updateFrom이고 요청 메서드가 POST 방식으로 설정된 `@RequestMapping`의 submitUpdateFromBookForm( ) 메서드가 요청을 처리합니다.

❹ [취소] 버튼을 나타냅니다. **취소** 버튼을 누르면 해당 도서에 대한 수정을 취소하고 /books 경로로 이동합니다.

8. 타일즈 설정 파일 tiles.xml에 다음 내용을 추가합니다.

코드 17-29 tiles.xml

```xml
<?xml version="1.0" encoding="UTF-8"?>
<!DOCTYPE tiles-definitions PUBLIC "-//Apache Software Foundation//DTD Tiles
         Configuration 3.0//EN" "http://tiles.apache.org/dtds/tiles-config_3_0.dtd">
<tiles-definitions>
    <definition name="base-Template" template="/WEB-INF/tiles/template/baseLayout.jsp">
        <put-attribute name="title" value="Sample Title"/>
        <put-attribute name="heading" value=""/>
        <put-attribute name="subheading" value=""/>
        <put-attribute name="menu" value="/WEB-INF/tiles/template/menu.jsp"/>
        <put-attribute name="content" value=""/>
        <put-attribute name="footer" value="/WEB-INF/tiles/template/footer.jsp"/>
        ...
    <definition name="updateForm" extends="base-Template">
        <put-attribute name="title" value="Book"/>
        <put-attribute name="heading" value="도서수정"/>
        <put-attribute name="subheading" value="Book Editing"/>
        <put-attribute name="content" value="/WEB-INF/views/updateForm.jsp"/>
    </definition>
</tiles-definitions>
```

❶ 수정 페이지 폼을 설정한 것으로, 뷰 이름을 title, heading, subheading, content 등으로 정의했습니다. baseLayout의 레이아웃을 그대로 따릅니다.

9. 웹 브라우저 주소창에 'http://localhost:8080/BookMarket/books'를 입력하여 실행한 후 **상세정보 >>** 버튼을 눌러 도서 정보 화면으로 이동합니다. 이 화면에서 **수정** 버튼을 눌러 가격을 20000에서 21000으로 변경하여 실행 결과를 확인합니다.

❤ 그림 17-13 실행 결과

17.4.4 실습 CRUD 메서드를 사용하여 도서 삭제하기

JdbcTemplate 클래스의 update() 메서드로 도서 쇼핑몰에서 도서 정보를 삭제하고 뷰 페이지에 출력하는 것을 구현해 봅니다.

1. BookRepository 인터페이스에 도서를 삭제하는 메서드를 추가합니다.

코드 **17-30** BookRepository.java

```
package com.springmvc.repository;
...
public interface BookRepository {
    ...
    void setUpdateBook(Book book);
    void setDeleteBook(String bookID);
}
```

2. BookRepositoryImpl 클래스에 도서를 삭제하는 메서드를 추가합니다. BookRepositoryImpl 인터페이스 구현체 클래스는 BookRepository 인터페이스에 정의한 setDeleteBook() 메서드를 구현합니다.

```
package com.springmvc.repository;
...
@Repository
public class BookRepositoryImpl implements BookRepository {
    ...
    public void setDeleteBook(String bookID) {
❶       String SQL = "DELETE from Book where b_bookId = ? ";
        this.template.update(SQL, bookID);
    }
}
```

❶ setDeleteBook() 메서드는 요청 도서 ID에 대한 해당 도서를 데이터베이스에서 삭제합니다.

3. BookService 인터페이스에 도서를 삭제하는 메서드를 추가합니다.

```
package com.springmvc.service;
...
public interface BookService {
    ...
    void setUpdateBook(Book book);
    void setDeleteBook(String bookID);
}
```

4. BookServiceImpl 클래스에 도서를 삭제하는 메서드를 추가합니다. BookServiceImpl 인터페이스 구현체 클래스는 BookService 인터페이스에 정의한 setDeleteBook() 메서드를 구현합니다.

```
package com.springmvc.service;
...
@Service
public interface BookServiceImpl implements BookService {
    ...
    public void setDeleteBook(String bookID) {
❶       bookRepository.setDeleteBook(bookID);
    }
}
```

❶ setDeleteBook() 메서드는 요청 도서 ID에 대한 해당 도서를 데이터베이스에서 삭제합니다.

5. BookController 클래스에 도서를 삭제하는 getDeleteBookForm() 메서드를 다음과 같이 추가
합니다.

코드 17-34 BookController.java

```java
package com.springmvc.controller;
...
@Controller
@RequestMapping("/books")
public class BookController {
    ...
    @RequestMapping(value="/delete")
    public String getDeleteBookForm(Model model, @RequestParam("id") String bookId) {
❶       bookService.setDeleteBook(bookId);
        return "redirect:/books";
    }
}
```

❶ getDeleteBookForm() 메서드는 웹 브라우저에서 사용자의 요청 URL이 http://.../books/
delete7이고, HTTP 메서드가 GET 방식이면 매핑되는 요청 처리 메서드입니다. 이 메서
드는 요청 도서 ID에 대한 해당 도서를 데이터베이스에서 삭제합니다. 그리고 요청을 처리
한 후 URL은 http://.../books로 이동합니다.

6. 자바스크립트 controllers.js 파일에 도서를 삭제하는 자바스크립트 메서드를 다음과 같이 작
성합니다.

코드 17-35 controllers.js

```javascript
...
function clearCart() {
    document.clearForm.submit();
    window.location.reload();
}

function deleteConfirm(id) {
    if (confirm("삭제합니다!!") == true) location.href = "./delete?id=" + id;
    else return;
}
```

❶ deleteConfirm() 메서드는 요청된 도서를 삭제할 때 이를 확인한 후 삭제하는 자바스크립
트입니다.

7. 도서를 장바구니에 담으려면 book.jsp 파일을 다음과 같이 추가합니다.

코드 17-36 book.jsp

```jsp
<%@ page contentType="text/html; charset=utf-8" %>
<%@ taglib prefix="c" uri="http://java.sun.com/jsp/jstl/core" %>
<%@ taglib prefix="form" uri="http://www.springframework.org/tags/form" %>
<%@ taglib prefix="sec" uri="http://www.springframework.org/security/tags" %>

<html>
<head>
<link href="<c:url value="/resources/css/bootstrap.min.css"/>" rel="stylesheet">
<script src="${pageContext.request.contextPath}/resources/js/controllers.js"></script>
<title>도서 상세 정보</title>
</head>
<body>
...

    <sec:authorize access="isAuthenticated()">
        <a href="<c:url value="/books/update?id=${book.bookId}"/>" class="btn btn-
            success">수정&raquo;</a>
        <a href="<c:url value="javascript:deleteConfirm('${book.bookId}')"/>"
            class="btn btn-danger">삭제 &raquo;</a> ❶
    </sec:authorize>
...
```

---

❶ 어떤 책을 삭제하려고 **삭제** 버튼을 누르면, 해당 도서를 삭제하기 위해 자바스크립트
   deleteConfirm() 메서드를 호출하여 도서 ID를 전달합니다.

8. 웹 브라우저 주소창에 'http://localhost:8080/BookMarket/books'를 입력하여 실행한 후
   상세정보 〉〉 버튼을 눌러 도서 정보 화면으로 이동합니다. 도서 정보 화면에서 **삭제 〉〉** 버튼을
   눌러 실행 결과를 확인합니다.

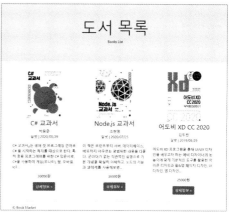

17.5 마치며

도서 쇼핑몰 애플리케이션을 구현하면서 스프링 MVC 애플리케이션에 데이터베이스를 연동하는 방법을 살펴보았습니다. 또한 이것으로 서버와 연동하는 JDBC 개념을 설명하고, 이를 이해할 수 있도록 도서 쇼핑몰 애플리케이션을 데이터베이스와 연동하여 도서 등록, 삭제, 수정, 조회 등 코드를 작성해 보았습니다.

memo